Thekla Schade-Zielke
Schuhputzer Gottes

Thekla Schade-Zielke

Schuhputzer Gottes

Eine unwahrscheinliche und doch fast wahre
Geschichte für Jung und Alt

Mit Illustrationen von
Barbara Hülshoff

Haag + Herchen

Bibliografische Information Der Deutschen Bibliothek
Die Deutsche Bibliothek verzeichnet diese Publikation in der Deutschen
Nationalbibliografie; detaillierte bibliografische Angaben sind im Internet
über http://dnb.ddb.de abrufbar.

ISBN 3-89846-250-1
© 2004 by HAAG + HERCHEN Verlag GmbH,
Fichardstraße 30, 60322 Frankfurt am Main
Alle Rechte vorbehalten
Produktion: Herchen + Herchen & Co. Medien KG,
Frankfurt am Main
Satz: Hannelore Kniebes, Babensham
Herstellung: ip, Erlangen
Printed in Germany

Verlagsnummer 3250

Danksagung

Gewidmet meinem geliebten Auftraggeber!

Und Dank allen, die mir bei diesem Buche halfen! Die Wichtigsten will ich hier nennen:
Da ist zuallererst mein bester Freund und Mann! Begeistert verhalf er mir zu meinem eigenen Arbeitsraum sowie P.C., um dieses Buch zu schreiben. Wer ihn kennenlernen möchte, lese nach: Unbewußt beschrieb ich ihn als Evas Vater im letzten Buchkapitel. Geduldig ließ er sich immer wieder im fernen Carácas die Schuhe putzen, damit ich mich mit diesen Schuhputzerjungen ausgiebig unterhalten konnte.

Weiter ist da unser guter Freund Dirk Bornhorst, bekannter Architekt und Buchautor, der seit vielen Jahren treu und unermüdlich Zeitungsberichte über die *Straßenkinder* sowie Verlagshinweise schickt, welche jetzt *Gottes Schuhputzern* zur Veröffentlichung verhelfen.

Ganz wichtig für dieses Buch und für mich selbst ist unsere Quintina (die Fünfzehnte)! Sie ist meine treue Freundin, tiefgläubig, gesegnet mit dem sechsten Sinn und seit vielen Jahren unser guter Hausgeist. Durch sie bekam ich wichtige Kontakte sowie Einblicke in viele Eigenheiten und Gebräuche der einheimischen Bevölkerung.

Meine Freundin Tanja las mir in ihrem holländischen Akzent begeistert meine neuesten Kapitel vor und lobte oder kritisierte mit ihrem ungewöhnlich feinen Sprachgefühl.

Und Schwiegertochter Haike rettete mich immer wieder geduldig bei meinen vielen Computerabstürzen, und ebenso mein Schwager Hartmut, der vieles korrigierte und obendrein zu meiner großen Freude mein Manuskript binden ließ.

Und wer wohl sonst als Barbara Hülshoff könnte meine geliebten Schuhputzer mit ihrem Zeichenstift lebendig machen? Graphisch hielt sie jahrzehntelang gekonnt das tägliche Leben von Land und Leuten zur Freude vieler Menschen in Venezuela fest.

Ganz besonderen Dank meinem Freund Volker Gürke für seine

tiefgreifende Buchbesprechung, die mir wegen seiner langjährigen Tätigkeit als Auslandspfarrer in Südamerika und Kenner der dort herrschenden sozialen Verhältnisse besonders kompetent und wichtig erscheint. Seine umfassende Menschenkenntnis als Theologe sowie sein reiches Wissen zeigen sich weiterhin in seinen historischen Arbeiten als Buchautor und Vortragender.

Danke allen unseren Kindern, Enkeln, unseren Freunden und Verwandten für das felsenfeste Vertrauen in dieses Buch und seinen Erfolg! Denn: Der Glaube versetzt Berge.

»Que dios les oiga«
(Möge Gott euch hören)
geläufiges Sprichwort in unserem Land

Inhalt

Danksagung		5
1) Aufregende Exkursion		9
2) Auf hoher See		17
3) Überraschende Begegnung		24
4) Ankunft		36
5) Der Zopf ist ab		45
6) Flucht		53
7) Allein		65
8) Ein Loch im Zaun		71
9) Verlost		80
10) Diebe		89
11) Ein saurer Tag für Eva		95
12) Verbrannt		106
13) Wie eine Kokosnuß vom Baum		118
14) Himmlische Melonen		129
15) Dreizehn		137
16) Eine böse Nacht		149
17) Tauschgeschäft		156
18) Mitschöpfer		165
19) Pedro legt 'ne Leitung		175
20) Eva hört nicht zu		184
21) Ein 'pico'		189
22) Bähh		197
23) Ungleiche Waffen		210
24) Das verlorene Gesicht		219
25) Einmal wieder Mädchen sein		229
26) Wer bin ich...?		234
27) Wozu ein bißchen Wasser nützlich ist		241
28) Verschleppt		253
29) Wohin...?		260

30) Ein tollkühner Plan	267
31) Es wird dramatisch	274
32) Dreh einfach alles um	282
33) Steuermann gesucht	292
34) Frei	298
35) Orakel	303
36) Schwesterchen	311
37) Eine heiße Nacht	316
38) Unter der Heiligen Kapelle	323
39) Das schlägt wie eine Bombe ein	335
40) Heimkehr	341
Nachwort	359
Biographie	361

Aufregende Exkursion

Es ist ein wunderbarer früher Morgen, taufrisch und angenehm. Evas Vater sitzt auf seiner herrlichen Terrasse, trinkt seinen Morgenkaffee und blättert zerstreut die Zeitung durch, umgeben von dem Spektakel unzähliger Vögel, die sich heftig um die Früchtereste zanken, die seine Wirtschafterin Donna großzügig im Gras verteilte.

Da klingelt das Telefon. Ein Anruf, der buchstäblich alles durcheinanderwirbelt!

»Hola Jorge«, kommt die Stimme seines Freundes. »Alter Junge, como estas...? Wie geht es dir...? Was macht die Gesundheit...? Alles in Ordnung...? Gibt es Neuigkeiten...? Wie ist es dir ergangen...? Was noch...? Berichte...! Ist alles gut...? Wie hast du es gehabt...? Und sonst...? Erzähle...!«

Don Carlos ist es, sein guter, alter Freund. »Bist du wieder im Lande?«, ruft Herr Petermann erfreut. »Wie war dein Kurzurlaub...?« Und nun geht die umfangreiche Begrüßung noch einmal los, nur diesmal von der anderen Seite. Es ist ein ganzes Ritual! Wie's einem wirklich geht, erzählt man sich dann irgendwann ein bißchen später.

Endlich kommt sein Freund zur Sache. »Jorge, kommst du mit...?«

Herr Petermann schreckt auf. »Ich...? Wohin...?«

»Einmal quer durchs Land zu meinen Indios mit einer Ladung Medizin und Spritzen.« Don Carlos ist leidenschaftlicher Arzt, und seine ganze Hilfsbereitschaft gilt einer Gruppe von Indianern, die er einstmals betreute und jetzt in regelmäßigen Abständen mit Medizin versorgt.

»Und wann...?«

»Jetzt gleich!«

»Na, du hast 'riñones' (Nieren)...!«

»Hab ich! Komm schon! Du weißt doch, wieviel Spaß wir zwei bei unseren Touren haben...«, drängt Don Carlos. »Falls das Wetter so klar und herrlich bleibt, drehen wir danach noch ein paar Runden um die Tafelberge!«

»Carlos, du weißt, wie gern ich mit dir fliege! Aber leider nichts zu machen...! Morgen kommt Eva mit der 'Bremen' in La Guaira an!«

»Die kleine Eva...? Jetzt schon...? Gratuliere...! Na, sie wird euer einsames Junggesellenleben mächtig durcheinander bringen...!«, freut sich Don Carlos.

»Sicher...! Ich werde abends an ihrem Bettrand sitzen, Händchen halten und Märchen mit ihr lesen...!«, stimmt Herr Petermann zu. »Und Donna wird sie wie eine Glucke unter ihre Schürze nehmen...!«

»Wenn sie sich nehmen läßt...!«, warnt Don Carlos. »Sollte sie jedoch wie ihre wunderbare Mutter sein, wird sie nicht unter Donnas Schürze kriechen, vergiß es...! Eher wird sie deine Hände halten, und ihre Bücher liest sie selbst...! Du weißt, der Apfel fällt nicht weit vom Stamm!« Don Carlos seufzt. »Mein Herz schmerzt immer noch, weil deine Frau Maria dich und damit uns verließ und jetzt für immer von uns ging!«

Herr Petermann stöhnt. »Und ich... ich Trottel hoffte immer noch, sie würde wiederkommen...!«, erwidert er gepreßt.

»Sie kommt...! Sie ist schon unterwegs! Nur heißt sie nicht Maria, sondern Eva...!«, bemerkt Don Carlos weise. »Und was unseren Flug betrifft... wo ist denn das Problem...?« Mit einem fröhlichen Lachen wischt er dieses Thema wie eine unscheinbare Mücke glatt vom Tisch. »Wir zwei sind heute noch vor Dunkelheit zurück, und morgen kannst du in aller Ruhe deine kleine Eva holen!«

Unter diesen Umständen ist es nicht schwer, Herrn Petermann zu überzeugen. »Gut, in zwanzig Minuten bin ich auf dem Flughafen!«

»Großartig, alter Junge! Bring' mir ein paar 'arepas' (Maisbrote) von deiner Donna mit. Ich habe in meiner Eisbox außer Wasser ein paar Flaschen Bier, und dann bis gleich!«

Herr Petermann saust in die Küche, schnappt die restlichen arepas, stopft sie in eine Plastikbox und zieht sich in fliegender Eile um. Alte Jeans, ausgelatschte Tennisschuhe, Anorak, Mückenschutz und Sonnenhut, Dokumente, Haus- und Autoschlüssel, fertig...!

Doch nun taucht Donna auf, jammernd und verstört. Ihre Schwester ist gestürzt, hat sich ein Bein gebrochen, wird gerade eingegipst und verarztet und braucht jetzt dringend Pflege! Herzzerreißend schluchzt sie ihren Kummer in die Schürze: »Ich kann doch gar nicht weg...! Ausgerechnet jetzt, wo unsere Eva kommt...!«

»Selbstverständlich kannst du weg...!« Herr Petermann nimmt

sie tröstend in den Arm. »Wegen mir und Eva mach' dir keine Sorgen! Frühstück und Abendmahlzeit kriegen wir alleine hin, und mittags essen wir im Klub. Ich bin in dieser ganzen Woche frei und fahre sowieso mit Eva in die Berge oder sonstwohin, damit wir uns ein bißchen kennenlernen und beriechen. Pack' schnellstens deine Siebensachen, ich bestell' ein Taxi.«

Alles geht wie geschmiert. Noch immer leise schniefend braust Donna ab. Ebenso Herr Petermann. Mit nur zehn Minuten Verspätung erreicht er den Flughafen, und eine halbe Stunde später haben sie bereits die Carácasberge hinter sich und fliegen über eine endlos flache Landschaft Richtung Süden.

Es ist ein märchenhafter Tag. Spiegelklar mit wunderbarer Sicht! Nicht das kleinste Wölkchen ist am Himmel. Herr Petermann langt nach den Maisbroten, schiebt Don Carlos eins hinüber und beißt genußvoll selbst hinein. Lecker! Von Donna präpariert und liebevoll mit Schinken, Käse, Thunfisch und Tomaten gefüllt. Dazu für jeden eine Büchse Bier.

Ganz weit unter ihnen liegt die Erde, und alles, was dort vor sich geht, wird plötzlich klein und nichtig im Rausch und Hochgefühl des Fliegens. Der ganze Alltag, die verstopften Autobahnen, aller Kleinkram, die lächerlichen Ärgernisse oder Sorgen rücken in die weite Ferne. Sie flippen förmlich aus, lachen über nichts und wieder nichts, singen laut und falsch schon längst vergessene Lieder und albern wie zwei kleine Jungen, die Schule schwänzen.

Nach gut zwei Stunden überqueren sie den Orinoco, Venezuelas gewaltigen Strom mit der großen Stadt Ciudad Bolivar und das Ende jeder Zivilisation. Von nun an gibt es nur noch die unermeßliche Weite dieses menschenleeren Landes.

Don Carlos steht in Funkverbindung mit Carácas und berichtet hin und wieder seine Position und Wetterlage.

Unter ihnen schlängelt sich alsbald ein schmales Band durch die dürre Landschaft. Steil drückt Don Carlos die kleine Maschine mit der Nase herunter, und schon wird der Fluß zu einem breiten Strom. Sie folgen dem Flußbett und schnurren nun dicht an der Oberfläche entlang über massive Felsen und gewaltige Stromschnellen, entdecken ein Goldwäscherboot, drehen eine Runde und sehen sich diesen modernen Staubsauger genauer an, der unentwegt den Flußsand an die Oberfläche spuckt und Goldstaub siebt. Weiter unten finden sie Indios, die vereinzelt und in Gruppen bis zum Bauch im Wasser stehen und stundenlang den Flußsand durch die handgemachten Siebe schütteln auf der Suche nach den begehrten goldenen Körnern.

Eine gute Weile später landen sie rumpelnd auf einer abenteuerlichen, hoppeligen Erdpiste in irgendeinem Nirgendwo der endlosen 'Gran Sabana', einer riesigen Hochebene. Kaum öffnen sie die Türen, überfällt sie drückende, feuchte Hitze und bleibt sofort an ihren Körpern kleben. Die beiden Freunde klettern aus der Maschine, rekken ihre steifen Glieder, vertreten sich die Beine und schauen sich ein wenig um. Trostlose Landschaft! Nichts als Busch um sie herum, nur weiter hinten ein paar einsame Morichepalmen.

Aus dem spärlichen Schatten des primitiven Schuppens lösen sich drei rötlich-dunkle männliche Gestalten. Sie sind fast nackt, nur mit einem Lendentuch bekleidet, doch dafür bunt bemalt mit dicken roten und weißen Streifen auf Gesicht und Körper und tragen große Körbe auf dem Rücken. Sie sind gekommen, um die Medikamente für die Mission zu holen. Gut möglich, daß sie schon seit Tagen warten. Zeit spielt bei ihnen keine Rolle. Mit einem fast unverständlichen Wortschwall aus spanischen Brocken und ihrer eigenen Sprache begrüßen sie erfreut die beiden Neuankömmlinge und überreichen ihrem weißen Freund, der meist zur Vollmondzeit wie ein Geschenk mit seinem silbernen Vogel vom Himmel fällt, eine wunderschöne Jagd- und Ledertasche, angefüllt mit runden, flachen Yucafladen, dem berühmten Brot der Indios aus der Yucawurzel. Keine Fliege setzt sich drauf, kein Ungeziefer geht an dieses Brot. Man kann es ewig aufbewahren, denn es wird nicht schlecht.

Fast neidvoll blicken die beiden Freunde die drei nackten Männer an. So müßte man herumlaufen...! Anmutig wie Gazellen gleiten sie durch das hohe Gras, leicht und mühelos und völlig lautlos bewegen sich ihre kleinen geschmeidigen Körper, und offensichtlich haben sie keinerlei Probleme mit dieser dampfigen, heißen Luft.

So schnell wie möglich klettern die beiden weißen Männer nach dem wortreichen Abschied zurück in die Maschine. Nichts wie weg aus diesem Brutofen...!

»Gracias a DIOS (GOTT sei Dank), gibt es jetzt eine Mission mit ärztlicher Betreuung!«, berichtet Don Carlos erleichtert. »Vor Jahren bin ich noch stundenlang mit den Indios durch ihren Urwald gestolpert, um ihre Kranken zu versorgen...!«

Eine herrliche Landschaft öffnet sich vor ihren Augen. Gewaltige Felsenberge, Brocken aus Gestein, grüne, satte Wälder! Und plötzlich zischt ein langer, dünner Wasserstrahl senkrecht vor ihrer Nase in die Tiefe: Der berühmte 'Salto Angel' (Engelfall) und höchste Wasserfall der Welt...! Etwas mehr als einen Kilometer braust er in die Tiefe. Haarscharf fliegen sie an dem in allen Regenbogenfarben sprühenden Fall vorüber, zurück über das karg bewachsene Plateau, drehen eine weitere Runde und starren hingerissen hinaus.

Dann geht's im Tiefflug zu den überwältigenden Wasserfällen von Canaima. Tosend donnern die gewaltigen Wassermassen über breite Felsen in die riesigen Wasserbecken. Touristenboote bleiben in respektvoller Entfernung! Verlockend stille Wasserflächen seitlich laden sowohl zum Schwimmen als zur Erholung ein.

»Wollen wir hier landen, essen und ein paar faule Stunden haben, oder weiter zu den Tafelbergen...?«, fragt Don Carlos.

»Am liebsten zum Roraima!«, bittet Herr Petermann. Vielleicht sieht man den Riesen endlich einmal ohne Wolken!«

Don Carlos nickt zufrieden. »Versuchen wir's!«

Gesagt, getan. Ab vom Kurs und Richtung Osten, fast bis an die brasilianische Grenze! Sie sehen ihn schon von weitem, diesen geheimnisvollen Urzeitriesen. Ein gewaltiger, massiver Klotz im flachen Gelände. In der Ferne schimmern weitere Giganten, Tepuis genannt, die Tafelberge. Sagenumwobene, überdimensionale Klötze, locker hingestreut wie vergessene Spielzeugwürfel längst vergangener Riesenkinder....! Ihre von Jahrtausenden zerklüfteten Felsmassen recken sich fast aus dem Nichts bis zu dreitausend Meter in den Himmel.

Sie stoßen einen Schrei der Überraschung aus: »So klar hab' ich den Burschen noch nie gesehen...!«, brüllt Don Carlos glücklich. Wie ein winziges 'mosquito' (Mücke), das um einen dicken Elefanten fliegt, umschwirren sie den riesigen Giganten. Normalerweise eingehüllt von dichten Wolken, gibt er heute ausnahmsweise seine überwältigende, rauhe Schönheit preis.

Senkrecht klettert die Maschine an den zerklüfteten Felswänden empor und stürzt auf der anderen Seite schwindelerregend steil hinunter.

Hin und wieder überfällt Herrn Petermann die nackte Angst. Sein Magen befindet sich gelegentlich in der Gegend seiner Fußsohlen. Er weiß, Don Carlos ist ein guter Flieger, aber diese Sturzflüge sind rasant und rauben ihm den Atem.

Überwältigt, diesem gewaltigen Koloß etwas von seinem sonst so sorgfältig gehüteten und in Nebel und Wolken gehüllten Geheimnis zu entreißen, überfliegen und umkreisen sie wieder und wieder den zerklüfteten Berg mit seinen seltsam tiefen Spalten, Löchern und Rissen. Sie sind berauscht. Doch schließlich reißen sie sich los Richtung Heimat.

Doch kurz entschlossen wirft Don Carlos die Maschine abermals herum. Er kann sich einfach noch nicht trennen. Ein letztes Mal umkreisen sie den riesigen Koloß. Nebelfetzen jagen in unwahrscheinlicher Geschwindigkeit den Berg hinauf, und in wenigen Minuten ist sein Antlitz verhüllt, in Wolken gebettet... unnahbar wie immer!

Herr Petermann verpaßt Don Carlos einen begeisterten Knuff: »Umwerfend...!«

Glücklich schauen sie sich an. Was für ein Tag...! Und noch ist er nicht zu Ende! »Das reicht für heute!«, stellt Don Carlos fest. »Findest du nicht auch?«

Schweigend, voller Andacht und zutiefst ergriffen nehmen sie Abschied und begeben sich nun endgültig Richtung Zivilisation.

Sie fliegen über dichten Urwald. Ein endloser, undurchdringlicher, gefleckter Teppich breitet sich vor ihnen aus. »Ein Segen, daß wir hier nicht landen müssen...«, scherzt Herr Petermann. Langsam kriegt er Sehnsucht nach festem Boden unter seinen Füßen. Don Carlos spürt die gleiche Neigung. »Noch eine gute halbe Stunde«, schätzt er, »dann können wir uns die Beine vertreten...!«

»Und zwanzig Kniebeugen machen... mindestens!«, ergänzt Herr Petermann.

Ihre Gedanken sind noch bei dem Riesen, den sie zum ersten Mal in seiner ganzen Nacktheit sahen.

»Die meisten dieser Klötze sind noch immer nicht erforscht«, berichtet Don Carlos. »Man kommt in dieser heißen Dschungelhölle noch nicht einmal zum Fuß der Riesen. Jedenfalls nicht ohne Hilfe der indigenos. Die aber fürchten sich, weil ihre Götter oben auf den Bergen thronen...!«

Friedlich schnurren sie dahin und verfallen in ein leichtes Dösen. Doch jäh und unerwartet werden sie herausgerissen aus ihrem sanften Frieden. IRGEND ETWAS IST AUF EINMAL ANDERS! Der Motor stottert. Das gleichmäßige Brummen der Maschine ist unterbrochen. Ein Blick nach vorn. Quälend langsam dreht sich der Propeller, setzt plötzlich aus, dann steht er völlig still.

Lähmendes Schweigen herrscht in der Kabine. Ausgerechnet jetzt...! Weit und breit kein Landeplatz...! Plötzlich brummt der Motor wieder, hustet, spuckt ein paar Mal und gibt dann endgültig seinen Geist auf. Nur das leise Gleiten ist zu hören. Unheimliche, mit Spannung geladene Stille umgibt die beiden Männer. Erschreckend schnell verliert die Maschine an Höhe.

Entsetzen überfällt Herrn Petermann. »DAS IST DAS ENDE!«, hämmert es in seinem Schädel. »WAS, UM HIMMELS WILLEN, WIRD AUS EVA...?«

Doch dann fallen merkwürdig gefaßt Don Carlos Worte in diese unnatürliche und ungewohnte Stille:

»UNSER LEBEN GEBEN WIR IN DEINE HÄNDE! WENN ES DEIN WILLE IST, DANN FANG UNS AUF! AMEN...!«

Tiefes Vertrauen schwingt in seiner Stimme. Herr Petermann ist perplex. Für einen winzigen Augenblick, den Bruchteil einer Sekunde, überfällt ihn so etwas wie Neid um diesen unfaßbaren, wundervollen und gelassenen Glauben! Unbegreiflich für normales Denken! Wie ist das möglich...? Unter ihnen nichts als Bäume...! Weit und breit kein Landeplatz...! Und dieser Mensch da... betet! Zorn, Empörung und Verzweiflung steigen in ihm auf. Als gäbe es nichts Besseres zu tun, als einfach dazusitzen und zweifelhafte Götter anzurufen...! Die Erde nähert sich ihnen in rasanter Geschwindigkeit. Seine bis zum Äußersten, bis zum Zerreißen angespannten Nerven drehen durch.

»Tu was...!«, brüllt er. »Irgend etwas...! Rette uns...!«

»Erst beten, dann handeln...!«, bemerkt Don Carlos, und ein winziges Lächeln huscht über sein angespanntes Gesicht. Und dann handelt er...! Lauter vernünftige Dinge! Schnell und konzentriert richtet er den Propeller gerade, um dem Wind keinen Widerstand zu bieten und blickt angespannt nach vorn, wo die Baumkronen in atemberaubendem Tempo auf sie zuschießen. Sorgfältig peilt er eine flache Gruppe an. Ein Knopfdruck öffnet beide Türen und klemmt sie fest, damit sie nach der eventuellen Landung nicht in einer Falle sitzen. Dann voll 'flap', die Bremsklappen heraus und die Geschwindigkeit verringern!

Erstaunlich langsam, und dennoch viel zu schnell für dieses Unternehmen, gleitet die Maschine dicht über die Wipfel. Äste kommen auf sie zugeschossen. Don Carlos reißt die Maschine hoch. Zweige klatschen gegen das Heck. Und wieder diese Stimme: »IN DEINE HÄNDE UNSER LEBEN...! AMEN!«

Herrn Petermanns Angst löst sich in einem lauten Schrei. Er glaubt, wie ein wildes Tier zu brüllen. In Wirklichkeit dringt nur ein heiseres Röcheln aus seiner zugeschnürten Kehle.

Das Weitere geschieht sekundenschnell. Das Heck setzt auf, es ruckt, und gar nicht einmal allzu unsanft plumpsen sie in ein dichtes Gewirr von Zweigen und Blättern. Es kracht, es schaukelt wild und schwankt noch eine ganze Weile, und danach kommt die große Stille.

Nicht die kleinste Beule... keine Schramme und kein Kratzer... ohne Blutvergießen... mit heiler Haut sind sie davongekommen...!

Wie eine gewaltige Heuschrecke liegt die kleine Maschine auf dem Blätterdach, malerisch umrankt von einem lila Blütenkranz. Verdutzt und leicht benommen schauen sich die Freunde an. »Wahrhaftig, GOTT HAT VIELE HÄNDE...!«, bemerkt Don Carlos staunend und blickt andächtig auf dieses unendlich weite Wipfelmeer, wo sie noch immer wie in einer Affenschaukel leise schwanken.

Doch Herr Petermann schlägt verzweifelt seine Hände vor's Gesicht. Schluchzen schüttelt seinen Körper und laut spricht er die quälende Frage aus:

»WAS, UM HIMMELS WILLEN, WIRD AUS EVA...?«

Auf hoher See

WARUM kann denn nichts, aber auch gar nichts mehr wie früher sein...? Weshalb nur mußte sich die ganze Welt von einem Augenblick zum anderen so schreckensvoll verändern...?

Das kleine Mädchen mit dem langen braunen Zopf turnt schon eine ganze Weile ziemlich verwegen an der Reling der 'Bremen' herum, einem Hapagfrachter mit einer Handvoll Passagieren, die augenblicklich allesamt wegen Sturm und schlechtem Wetter seekrank in ihren Kajüten liegen.

Eva befindet sich auf der Reise nach Südamerika, einem unbekannten Land in nebelhafter Ferne namens Venezuela zu einem leider fast genauso fremden, nebelhaften Vater. Dort ist sie geboren, doch reiste sie schon als kleines Kind mit ihrer Mutter nach Deutschland zurück und kann sich kaum noch an den Vater oder Südamerika erinnern. Kein Wunder also, daß jetzt die Gedanken in ihrem Kopf kreuz und quer wie wilde Bienen durcheinander schwirren! Tapfer versucht sie zwar beharrlich, sich den Vater und ihr zukünftiges Leben im Geiste vorzustellen, doch will es nicht so recht gelingen. Immer wieder wandern ihre Gedanken zurück zu diesem unbegreiflichen Geschehen, um das ihr Denken nun schon seit vielen Tagen unablässig wie ein Brummer kreiselt und das ihr bis dahin so wunderbar behütetes Leben schlagartig verwandelte. *Wie* konnte es geschehen, daß ihre allerliebste Mutter in Sekundenschnelle durch einen Unfall starb...? Daß sie nicht mehr da ist...! Und niemals wiederkommt...?

Trübsinnig starrt Eva auf das weite Meer. Wasser... Wasser... nichts als Wasser...! Seit Tagen weiter nichts als graues Wasser!

Die 'Bremen' ist ein mittelgroßes Schiff, ein gut gebauter Hapagfrachter, handfest und solide... das einzig Verläßliche auf diesem ewig schwabbelnden, schaukelnden, endlosen Meer. Aber auf dem gewaltigen Atlantik ist auch sie nichts weiter als eine tanzende kleine Nußschale.

Ein 'Nichts', grübelt Eva.

Und sie...? Was ist dann sie...? Bleibt überhaupt noch etwas übrig...?

Nachdenklich schaut Eva zu, wie dieses 'Nichts' sich durch die Wellen wühlt. Ein Seufzer entringt sich ihrer Brust. Und was wäre, wenn sie einfach über Bord ins Wasser springt...?
Völlig verrückt so ein Gedanke, und Eva versucht ihn fortzuscheuchen. Doch vergebens! Er hat sich in ihr Hirn verbohrt wie ein Angelhaken in den Köder. Dort sitzt er nun und läßt sie nicht mehr los. Weit beugt sie sich über die Reling, daß sie beinahe vorneüberkippt. Prüfend mustert sie das bewegte Meer. Sie schätzt den Abstand. Hmmm, ganz schön hoch...!
Wie ein Film rollt das, WAS DANN GESCHEHEN WÜRDE, vor ihrem inneren Auge ab. Also erstmal gäbe es natürlich einen bösen Klatscher. Ein leises Gruseln rieselt über ihren Rücken. Seltsam, was treibt sie nur, sich dieses Drama bis ins letzte und in allen Einzelheiten auszumalen? Unwillig schüttelt sie den Kopf, doch der Film läuft bereits weiter. Voll Spannung starrt sie in die aufgewühlten Wogen. Im Geiste sieht sie sich, wie sie mit einem plötzlichen Entschluß hinunterspringt.
Die Wassermassen schlagen über ihrem Kopf zusammen! Senkrecht schießt sie in die dunklen Tiefen... weiter... immer weiter...! Die Luft wird knapp, Sekunden werden zu Minuten! Endlich geht es aufwärts...! Nach einer kleinen Ewigkeit taucht sie wasserspuckend und keuchend wieder auf. Ein ganzes Ende weiter schwimmt die »Bremen« auf und davon...
Wenn sie sich auf diesen festen Planken schon so jämmerlich verloren fühlt, wie erbärmlich muß dem kleinen Mädchen dort unten in den Wellenbergen zumute sein, ein Schiff vor seiner Nase, das erbarmungslos davonstampft..?
Eva wischt sich die Haare aus den Augen. Sie starrt bekümmert in die Ferne... und wendet sich erneut der Eva in den Fluten zu. Welche von den beiden ist denn nun die echte? Sie hier oben, oder die dort unten in den Fluten, die tapfer um ihr Leben kämpft...? Seltsam, wie sich manchmal Wirklichkeit und Phantasie vermischen! Je länger sie an Bord ist, desto mehr verschwimmen alle Grenzen, so wie der Horizont des Wassers in den Himmel fließt und keiner weiß, wo einer aufhört und der andere beginnt.
Ist sie beides...? Kann man 'doppelt' sein...?

Heftig zerrt der Wind an Evas Haaren. Endlich hat er es geschafft und reppelt ein paar Strähnen aus dem dicken Zopf. Die braunen Locken fallen auseinander und flattern lustig wie die Wäsche auf der Leine. Ihre rote Schleife segelt übers Deck. Sie merkt es nicht. Irgend etwas... eine unbekannte Kraft... zwingt sie, diesen Faden weiterzuspinnen, bis... ja bis zum bitteren Ende!

Tief beugt sich die Eva oben auf dem Deck über die Reling hinunter zu dem anderen 'Ich'. Sie sieht sich mit den Armen rudern, hört die lauten Hilfeschreie... doch vergebens brüllt sie sich die Kehle heiser. Das Stampfen der Maschinen... dieses ewige Rollen, Rauschen und Klatschen der Wogen, verschluckt alle anderen Geräusche. Kein Mensch kriegt mit, wenn einer über Bord hopst und verschütt geht. Schon gar nicht so ein kleiner!

Tief unten sieht sie sich im Wasser schwimmen. Wie lange noch...? Stunden sind vergangen...! Hin und wieder überrollt sie eine Woge. Die Sonne ist am Sinken und berührt bereits den Horizont. Überraschend... ohne Hinweis, ohne Dämmerung, bricht die Nacht herein, und Kälte, Grauen und Hoffnungslosigkeit bemächtigen sich ihrer. Wind und Wellen nehmen zu und rollen dieses arme Bündel erbarmungslos auf und nieder. Nirgends ist auch nur das kleinste Licht zu sehen...! Weit und breit kein Schiff, kein Boot...! Nicht einmal eine schäbige Planke, woran sie sich mit den letzten Kräften klammern könnte...

Irgendwann erschlafft der kleine Körper. Die Kräfte reichen nicht mehr, um sich gegen die immer stärker werdenden Brecher zu wehren. Die Eva an der Reling lauscht gespannt hinunter zu dem Kind, das in der Dunkelheit im Wasser treibt. Es ruft...! Was ruft es da in seiner Not...?

»Mutter...!«, schreit es mit den letzten Kräften. »Ja... ich komme, Mutter...!«

Noch jemand gibt es auf dem Schiff, dem das viele Wasser langsam auf den Wecker geht! Das ist der Kapitän hoch oben auf der Kommandobrücke. Er schaut sich schier die Augen aus dem Kopf nach ein paar grünen Inseln, oder irgend etwas, das dieses ewige Einerlei des Meeres endlich unterbricht. Längst müßten die Azoren in Sicht sein, eine Inselgruppe im Atlantik. Sorgfältig kämmt er mit seinem Fernglas Stück für Stück den Horizont ab. Diese Reise mit Sturm und hohem Seegang ist wahrhaftig lang...! Und da ihm außer dem ewig grauen Wasser nichts vor seine Augen kommt, richtet er sein Augenmerk auf Eva, die dort unten so merkwürdig verloren an der Reling klebt und trübselig ins Wasser starrt.

»Wie ein kleiner Spatz, der aus dem Nest gefallen ist...!«

»Genau das ist sie«, schießt es dem Käpten durch den Kopf. »Ein kleiner Piepmatz, der sein Nest verloren hat und nicht mehr weiß, wohin er nun gehört!« Da stimmt was nicht...! Irgendwas ist bei ihr schiefgelaufen! Man muß noch nicht mal Seemann sein, um sowas mitzukriegen! Selbst eine armselige Landratte riecht sowas schon drei Meilen gegen den Wind...!

»Muß mal dringend nach dem Rechten sehen...!«, murmelt er, drückt dem Zweiten (das ist der zweite Offizier) das Fernglas in die Hand und saust trotz seiner Leibesfülle in höchster Eile und mit beachtlicher Geschwindigkeit die Stiegen hinunter. »Wird sich doch wohl um Himmels Willen nicht ins Wasser stürzen...!«, murmelt er. Doch dann ermahnt er sich: »Nein! Dazu ist sie zu vernünftig...!« Etwas atemlos und aus der Puste landet er bei seinem Schützling.

Gebannt lauscht Eva in die Tiefe! Hat sie recht gehört...? Das Kind dort unten in den Wellenbergen ruft mit lauter Stimme nach der Mutter. Horch, schon wieder...! Oder immer noch...? Ganz deutlich ruft es: »Mutter...!«

Nein, sie ist es, die schreit...! Sie ist das Kind, das voll Verzweiflung nach der Mutter ruft, sowohl hier oben als auch dort unten...! Ein gellender Schrei löst sich aus Evas Kehle und endet dann in dumpfem Röcheln. Da gibt's kein Zögern! Blitzschnell greift der Käpten zu, packt sie am Kragen und schüttelt das gesamte Mädchen, daß Jacke und Haare nur so fliegen, und stellt sie unsanft auf die festen Planken.

»Du solltest hier nicht so alleine stehen und immerzu ins Wasser starren...!«, bemerkt er grollend. »Das produziert nur Läuse im Gehirn, mien lütte Deern, und am Ende kriegst du einen Rappel...!« Zur Sicherheit hält er sie fest im Arm und drückt sie an sich. »Das Wasser, lütte Deern, ist nämlich ein Magnet...! Es lockt die Menschen zu sich in die Tiefe. Schon mancher ist hineingesprungen, bloß weil er glaubte, eine Nixe hätte ihm was Hübsches in sein Ohr geflüstert! Schwupps war er weg auf Nimmerwiedersehen...!«

Mühsam kämpft sich Eva zurück. Ihr ist, als käme sie von irgendwo weither. Aus einer unermeßlich großen Ferne... und sie braucht ein bißchen Zeit, um sich in dieser Welt zurechtzufinden. Verwirrt streicht sie die Haare aus den Augen und kneift sich heimlich in den Arm: *Ja, sie ist da...! Das Leben hat sie wieder!* Verstohlen tastet sie nach ihrer Schleife, doch die ist längst über Bord gesegelt. Erleichtert atmet Eva auf. Nun weiß sie wieder, wo sie ist! Wunderbar geborgen in den Armen dieses großen, starken Mannes, der sie so besorgt und voller Güte anschaut! Es ist, als ob von seiner Kraft und Stärke etwas zu ihr herüberströmt. Ein großer, schwerer Sack voll Sorgen rutscht von ihrer Schulter und purzelt mit einem fast hörbaren Plumps über Bord ins tiefe Meer, wo nun kein Kind mehr einsam schwimmt und nach der Mutter ruft. Sie fühlt sich plötzlich federleicht.

Und noch etwas! Es ist ja gar nicht dunkel, es ist hell...! Mächtig hell sogar...! Plötzlich hat es aufgeklart nach diesen vielen stürmischen, grauen Tagen. Die Sonne scheint...! Die dicke Wolkendecke ist verschwunden, als hätte es sie nie gegeben, und auf dem blauen Wasser liegt ein goldner Glanz.

Dankbar blickt Eva den Käpten an. »Was soll ich nicht...?«, erkundigt sie sich höflich. Etwas von seiner Predigt ist offenbar hängengeblieben.

»Du sollst nicht immerzu nur stundenlang ins Wasser starren...«, wiederholt der geduldig, wenn auch diesmal etwas lauter. »Komm lieber mit auf die Kommandobrücke!«

Er nimmt die Mütze, das Zeichen seiner Würde, vom Kopf und läßt den Fahrtwind durch den dichten Haarschopf sausen. »Und ich... ich dachte schon, du wolltest über Bord ins Wasser springen...?«, bemerkt er besorgt.

Eva schaudert.

»Zuviel Wasser ist nicht gut«, bemerkt der Kapitän, »doch zuviel Land ist weitaus schlimmer...!«, spinnt er seinen Faden weiter. »Da weiß so'n alter Seemann wie ich überhaupt nicht mehr wohin mit seinen Augen! Das Land zerstreut, das Meer aber ist heilsam... wenn auch schwer zu ertragen in seiner Weite und Unendlichkeit. Doch letzten Endes bringt es alles wieder ins Reine und in Ordnung, wenn man mal unzufrieden ist mit sich und der Welt und nicht mehr klarkommt!«

Nun ist es an Eva, diesen starken Mann an ihrer Seite forschend anzublicken. Genau das ist sie, unzufrieden mit sich und der Welt. Voll Verständnis drückt der Käpten sie noch ein wenig fester, und da wagt sie ihre große Frage, die sie nun schon seit Tagen voller Zweifel mit sich herumschleppt und die jeden Tag ein wenig schwerer drückt:

»Gibt es das, Herr Kapitän... gibt es *»weniger als nichts...?* Kann man *»gar nichts«* sein...?«

Ganz nahe beugt der Käpten sich zu Eva. »Nein, lütt Deern, das gibt es nicht! Aber *fühlen* kann man sich, als ob man 'gar nichts' wäre. Auf dem Meer glaubt man sich manchmal so verloren wie ein Staubkorn im Sturm bei Windstärke zwölf, wenn einem die Fetzen nur so um die Ohren fliegen...!«

Eva staunt den Käpten an. Er also auch...! Wie beruhigend! Sie atmet auf. »Und ich... ich dachte schon«, sie sucht nach Worten, »so was... sich so klein zu fühlen... so unbedeutend... so... so... so winzig... das könnte den Erwachsenen nicht passieren...!« Fast scheu staunt sie den Käpten an. Sie sind Freunde geworden in den Tagen des hohen Seegangs. Da war sie nämlich die *einzige an Deck und ist es immer noch* und wird seither von allen mit großem Respekt behandelt.

»Fast wie eine *Erwachsene...«,* denkt sie erschrocken.

Gemeinsam stehen sie nun an der Reling, der große Mann und das Kind und betrachten nachdenklich dieses gewaltige Meer, das angeblich alles wieder ins Reine und in Ordnung bringt, und jeder hängt seinen Gedanken nach.

»Kommst du jetzt mit auf die Kommandobrücke...?«, beendet der Kapitän ihr gemeinsames Schweigen. »Mir scheint, ich schmekke Land.«

Eva zögert. Ach, wie gerne würde sie jetzt mit ihm auf die Brükke gehen! Doch irgend etwas nagelt sie hier unten fest. Fast ist ihr so, als würde »etwas« auf sie warten...

»Gerne...«, sagt sie freundlich. »Etwas später...!« Und mit einem kleinen, schelmischen Lächeln direkt in die fragenden Augen des Kapitäns: »Erstmal muß ich nämlich mein Gehirn entlausen und das viele Wasser ausnützen, solange es noch da ist, weil doch das Land zerstreut...!«

Der Kapitän kapiert. »Tscha, wenn das denn *so* ist, mien lütte Deern, dann müssen wir da oben wohl alleine navigieren...«, beschließt er schmunzelnd, setzt die Mütze wieder dorthin, wo sie hingehört, legt respektvoll grüßend die Hand an den Schirm und verschwindet.

»Feine Deern...«, murmelt er und klettert, im tiefen Selbstgespräch versunken, die Treppe geruhsam wieder hinauf. Und dabei fällt er ganz von selbst in seinen gemütlichen Hamburger Dialekt. »Een Kind... man blots een lütte Deern... un' doch keen Kind...! Se is'n beten anners as dat meiste Gröntüch sons in düsse jungen Johrn. Mit eer kann man wohrhaftig snacken as mit 'Siensglieken'! Und 'Siensglieken' ... hm... kriecht man nich alle Dog to sehn, man jedenfalls nich hier an Bord...!«

Überraschende Begegnung

Wieder ist Eva allein. Allein mit sich, dem gewaltigen Meer, mit ihren Gedanken und der immer noch nicht ganz gelösten Frage nach dem *'Nichts'*.

Wenn jetzt die Mutter da wäre...

»Warum bist du fortgegangen...?«, flüstert sie. »Warum nur, Mutter, oh warum...? Andere Mütter sterben nicht so früh! Die... die lassen nicht einfach ihre Kinder so allein...!«

Sie lauscht. Was hätte ihre Mutter jetzt gesagt, wenn sie noch lebte...? »Nun drückst du aber mächtig auf die Tränendrüse, Eva...«, hätte sie gesagt. Genau das! Ein winziges Lächeln huscht über ihr Gesicht, wie ein Streichholz aufflammt und verlöscht.

Aber, ist das ein Trost...?

»Wo bist du, Mutter...?«, fragt sie bangend in das Klatschen der Wogen. »Ich brauche dich! Ich bin noch klein...!«

Wie von ferne kommt ein Echo... »Klein...?«

»Ja, k l e i n – !«, begehrt Eva auf. »Ich bin erst neun...!«

Wieder kommt ein Echo: »Erst neun...?«

»Ja, erst neun...!«, bekräftigt Eva. »Noch nicht mal zehn...!«

»Und...?«, forscht das Echo.

»Das ist kein Alter, um ohne Mutter durchs Leben zu gehen...!«, begehrt Eva auf. »Du hast mich allein gelassen...! Mutter... seelen... allein...!«

»Allein... allein... allein...«, wiederholt das Echo. Dann kommt es als Frage zurück:

»Bist du allein...?«

»Ja...!«, schluchzt Eva. Ein Würgen schnürt ihre Kehle zusammen... »Ich bin entsetzlich allein...!« Die so mühsam zurückgehaltenen Tränen strömen aus ihren Augen. Schluchzen schüttelt sie... ihr ganzer Körper bebt. Allmählich wird sie ruhiger. Sonderbar... nun sie nichts sieht, da ihre Augen blind sind von dem Tränenstrom, ist ihr auf einmal wirklich so, als stünde die Mutter neben ihr... ganz nahe... mit ihrem heiteren Lächeln, das man mehr spürt als sieht und sich allmählich wie ein Licht verbreitet und sie liebevoll umfängt.

»Mutter...«, stammelt sie, »liebe, liebste Mutter...!« Und dann nach einer Weile: »*Mußte* das sein, Mutter...?«

Sie lauscht und spürt die Antwort mehr als sie sie hört: »Mitleid mit sich selbst ist so ungefähr das Schlimmste, was einem zustoßen kann...!«

Eva schweigt betroffen. Hat sie Mitleid mit sich selbst...?

»Und ob...!«, fühlt sie die Stimme wie aus weiter Ferne in sich sagen.

»Aber... was ist daran so schlimm...?« Eva ist bestürzt.

»Das ist eine Plage, Eva, eine böse Krankheit...! Sie frißt dich auf mit Haut und Haar! Nicht nur den Körper...! Sie zerfrißt dir deine Seele und macht sie krank und kaputt!«

»Ja aber...!«

»Nimm es nicht so ernst, Eva! Das Leben ist ein Spiel...!«

»Ein Spiel...?«, staunt Eva. »Das Leben... sagst du, Mutter, ist... *ein Spiel?*« Ihr ist wahrhaftig nicht nach eimem Spiel zumute.

»Es scheint uns oftmals hart und grausam. Und dennoch... ist es nur ein Spiel, damit wir daran lernen!«, fährt die Stimme fort. »Genau wie in der Schule! Wir haben uns für dieses Leben unsere Rolle ausgesucht! Ein richtiges Theaterstück! Lachen und Weinen wie auf der Bühne... je nachdem, was wir gerade ausprobieren und erfahren wollen. Und... wir halten es für absolute Wirklichkeit. Doch ist es nur ein Traum, aus dem wir lernen und irgendwann einmal erwachen...!«

Eva schüttelt den Kopf. Das ist ein bißchen viel auf einmal...! Das Leben... nichts weiter *als ein Traum*? Eher scheint ihr *dies* ein Traum zu sein, wenn er nicht so wirklich wäre! Genau wie vorhin, als die beiden Evas sich vermischten.

»Aber...« sagt sie zögernd, »*deshalb* mußtest du mich doch nicht verlassen...?«

»Habe ich dich... *verlassen...?*«

»Natürlich hast du das...!« Nun ist Eva wirklich aufgebracht. »Du bist gestorben! Von einem Tag zum anderen warst du plötzlich tot...! Wir haben dich begraben...«, sie schluckt, der ganze Jammer steigt aufs neue hoch, »und seitdem bist du nicht mehr da...!«

»Aber Eva, denkst du wirklich, ich bin *tot...?*«

Eva schnappt nach Luft. Mühsam ringt sie um die Antwort. Ist ihre Mutter *tot?* Nein, *sie kann nicht tot sein...!* Wenn dies ein Traum ist, dann ist er wahrer als die Wirklichkeit, von der die Mutter sagt, sie sei ein Traum...! Zärtlich fühlt sie sich umhüllt von einer lichten Heiterkeit. Fast greifbar spürt sie die wunderbare Nähe der geliebten Mutter. Ja, beinahe ist ihr, als vernähme sie ein leises Lachen.

»Man stirbt nicht, Eva...! Man schlüpft aus einem alten Kleid, sobald es nicht mehr paßt, oder aber... wenn es an der Zeit ist!«

Eva nickt. »Aber warum *du...* Mutter? Ausgerechnet *du...*? Dieser schwere Unfall mit dem Auto...! Du bist doch noch nicht alt...! Und ich... du fehlst mir so...! Ich brauche dich...!«

»Es war das Beste, was ich für dich tun konnte...!«

Eva verschlägt es die Sprache! »Das Beste... was du...?«

»...was ich je für dich getan habe!«, versichert die Mutter zufrieden. Und wieder strömt eine Welle der Freude und des Glücks zu Eva herüber. Schmerz und Kummer schmelzen dahin wie Schnee an der Sonne. Trotzdem schüttelt sie verständnislos den Kopf.

»Ich würde dir im Wege stehen und dich hindern...«, erklärt die Stimme. Für Eva ist es jetzt Gewißheit, daß es die Mutter ist.

»*Niemals...!*«, ruft sie heftig. »Ausgerechnet *DU...*? Woran solltest *DU* mich jemals hindern...?«

»Dich selbst zu finden und das zu tun, was wir gemeinsam miteinander lernten! Du würdest dich auf *mich* verlassen und nicht auf...« Das letzte geht unter in dem lärmenden Tosen des Meeres.

Schweigen...! Eva kommt es vor wie eine kleine Ewigkeit.

»Ich bin ein »*Nichts...!*«, gesteht sie flüsternd.

»Gratuliere...!«

Eva zuckt zusammen. Hat sie *recht* gehört...? Sie ist überrascht... verwirrt... und... auch ein kleines bißchen gekränkt. Also *doch...!*

»Dann ist es also wahr... daß ich...? O Mutter, so denkst du auch...?« Mit einem tiefen Seufzer bringt sie mühsam diesen Satz zu Ende... »Du denkst es also auch? Ich bin... ein 'Nichts' ...!«

Die Mutter lacht. Ein tröstliches und herrliches Gelächter. Es bringt die Luft zum Flimmern. Sie ist auf einmal angefüllt mit Glück und Fröhlichkeit aus lauter zitternden, tanzenden, flimmernden Sonnenflecken, die wie Seifenblasen um sie herumschwirren und reinste Seligkeit verbreiten, so wie es manchmal und ganz, ganz selten an einem warmen Sommertag geschieht.

»Ja, Eva, wir sind alle »nichts«! Ohne IHN sind wir »nichts«... verloren wie ein Staubkorn im Winde... einsam und verlassen... voller Angst und Furcht... wie du vorhin...! Und doch *könnten wir ALLES SEIN...!* Mit IHM SIND WIR ALLES...! Und mit IHM... KÖNNEN WIR ALLES!«

»Meinst du... GOTT...?«, staunt Eva.

»Ja, ich meine GOTT!«

»Ach Mutter... GOTT ist so fern...!«, klagt Eva. »Du aber... du warst *nahe...!* Du warst immer bei mir... Tag und Nacht...! Jederzeit konnte ich zu dir kommen...!«

»Gerade *deshalb* mußten wir uns trennen, damit du lernst, daß *'jemand anders'* dir noch viel, viel näher ist als ich! Ich durfte dich in *SEINE OBHUT geben!«*

»Sprichst du *wieder* von GOTT?«

»Ja! Von GOTT und... Jesus Christus!«

Eva fühlt Widerstand in sich aufsteigen, eine leise Ungeduld... fast so etwas wie Bedauern. Muß die Mutter ausgerechnet jetzt von GOTT und Jesus Christus sprechen? Während dieser kostbaren Minuten ihres Zusammenseins? *Niemand* kann ihr jemals näher sein als ihre liebe Mutter!

»Ich habe GOTT und... diesen Jesus... noch nie persönlich... angetroffen!«, erwidert sie trotzig.

Nun lacht die Mutter schallend los. Es ist ein mitreißendes Lachen... einfach umwerfend! »Du hast dich sicherlich noch niemals zu IHM hinbegeben, sondern immer nur... zu mir!«

Schweigen – !

»Weißt du etwas über ihn?«, forscht die Stimme.

Eva kramt hervor, was sie in der Schule über diesen Mann gelernt hat, den die Mutter ihr jetzt so wärmstens ans Herz legt und empfiehlt. Ein Wissen, welches in irgendeiner Hirnschublade halb vergessen und vergraben ruht. Sie hat, genau wie ihre Klassenkameraden, diese Geschichte nie so völlig ernst genommen. Vielleicht der Lehrer auch nicht! Das alles ist so lange her...! Ein Märchen aus längst vergangenen Tagen, sicher gut für alte Leute, die mit den

Köpfen wackeln, aber doch nicht für junge Menschen wie sie...!

Etwas widerwillig beginnt sie so, wie man alle diese alten Geschichten beginnt: »Es war einmal ein Mann... vor langer, langer Zeit... vor mehr als zweitausend Jahren...! Von dem sagte man, er sei GOTTES SOHN! Das aber ließen sich die Menschen nicht gefallen. Sie waren der Meinung, GOTT *kann keinen Menschensohn auf Erden haben!* Sie wurden so ärgerlich und böse, daß sie ihn schlugen, verspotteten und quälten und schließlich lebendig an ein Kreuz nagelten, an dem er qualvoll starb. Danach legten sie seinen toten Körper in eine Gruft und rollten vor den Eingang einen schweren Stein. Soldaten mußten Tag und Nacht sein Grab bewachen, denn er hatte vorausgesagt, er würde lebendig wieder auferstehen. Drei Tage später war der tote Körper fort! Der Stein war weggerollt, und es gab Leute, welche sagten, sie hätten ihn gesehen...! Ihn und einen Engel...! Er sei *auferstanden...!* Man sagt, er heilte Kranke und vollbrachte Wunder!«

Uff... das war«s! Eine grausliche Geschichte, doch zum Glück mit einem guten Ende, wie es sich für ein Märchen gehört! Eva atmet auf und hofft im Stillen, daß die Mutter jetzt das Thema wechselt. Doch weit gefehlt...!

»Glaubst du das, Eva...?«

»Natürlich nicht! Niemand glaubt das, Mutter! Er ist tot!«

»Du irrst, Eva! *ER IST AUFERSTANDEN...! ER LEBT UND IST UNS NAHE...!«*

Der Mutter Stimme klingt eindringlich und ernst. Alle Heiterkeit ist weggewischt. Ja, selbst ihr Lächeln ist unvermittelt ernst. Kann man schmerzvoll lächeln? O ja, gewiß! In all dem Sonnenflimmer hängt ein Hauch von Trauer, und dennoch spürt sie gütiges Erbarmen.

Eva schluckt. »Du sagst, ER... *lebt,* Mutter? Genau wie... du...?«

Die Mutter lacht. Gottlob, sie lacht und lächelt wieder! »O nein, ich habe meinen Körper abgelegt wie alle Menschen, wenn sie sterben. ER hat den SEINEN »*verwandelt*«!

»Verwandelt...? Wie kann man das...?«, fragt Eva ungläubig.

»Vielleicht so ähnlich wie die Sonne das Wasser *verwandelt*, wenn sie mit ihrem warmen Licht auf seine Oberfläche scheint und es als

Dunst und Wolke in den Himmel steigt...?«, schlägt die Mutter vor. »Die Gesetze sind die gleichen, hier wie dort! Nur... wir müssen sie verstehen lernen! Kann nicht GOTTES LICHT IN JESUS seinen Leib verwandeln, daß ER so leicht und unsichtbar wie Geist und Wasser wurde...? Und je nachdem, ob ER sich zeigen möchte oder nicht...«, der Mutter Stimme klingt bewegt, »kann er auch heute seinen Körper fest und sichtbar machen...!«

»Auch h e u t e noch...?«, fragt Eva zweifelnd. Sie hat es aufgegeben, noch irgendwelche Einwände zu machen, um nicht eine einzige dieser kostbaren Minuten mit unnützem Widerspruch zu verlieren. Denn irgend etwas in ihr läßt sie ahnen, daß die Mutter ihr etwas ungemein Wichtiges mitteilen möchte, etwas Unwiederbringliches! Und daß dieses wunderbare Beisammensein nicht ewig dauern kann und irgendwann... und zwar schon bald... ein Ende nimmt. Sie lauscht jetzt atemlos und angespannt. Ihr Bewußtsein ist ausgeweitet wie ein glasklarer See. Der Mutter Worte fallen tief hinein und ruhen auf dem Grund, jederzeit bereit, auf Anruf nach oben zu steigen. Ihr Hirn arbeitet fieberhaft und auf Hochtouren, um alles dieses zu begreifen... Fast hört man es in ihrem Kopfe summen, so heftig denkt sie nach.

Doch die Mutter läßt ihr nicht viel Zeit zum Denken! Offensichtlich hat sie's eilig, denn schon geht es weiter!

»Du sagst es selbst, Eva, daß GOTT uns fern erscheint! Wir Menschen können IHN weder beschreiben noch erfassen oder gar begreifen! ER IST UNVORSTELLBAR! Doch dieser GOTT, der irgendwo in nebelhafter Ferne zu wohnen scheint, ist uns viel näher als wir ahnen! ER kennt alle unsere Sorgen, die kleinen wie die großen! GOTT LIEBT UNS, vergiß das nie! Deshalb kam ER auf die Erde und wurde MENSCH! ER lebte mitten unter uns...!«

»Jesus...!«, flüstert Eva.

»Ja, Eva! Ein Mensch und dennoch... GOTT! Er fühlte Durst und Hunger so wie wir! Oft war er müde und erschöpft, weil ständig Menschen um IHN waren und IHN umringten. Sie lauschten seinen Reden, sie brachten voll Vertrauen ihre Kranken, daß er sie heile, und sie erlebten seine Wunder! Immer wieder sprach er von GOTT... von UNSEREM VATER!

GOTTES SOHN besaß kein Haus! Er schlief auf hartem Boden, er fror, litt Schmerzen, mußte Nahrung zu sich nehmen, essen, trinken, ruhen... ja, man verfolgte ihn...! Was meinst du wohl, was das für GOTT und GEIST bedeutet, der frei und ohne Grenzen schwingt, in einem festen Körper mit all seinen Beschränkungen zu leben...?«

Wieder steigt so etwas wie Trotz und Widerstand in Eva hoch. »ER hat die Welt und uns erschaffen! Dann kann er sich doch schließlich um uns kümmern, auch wenn's ihm etwas schwerfällt...!«, murmelt sie vorwurfsvoll.

Wieder lacht die Mutter ihr herrliches, klingendes, wundervolles Lachen, daß die Luft in hellen kleinen Wellen zittert. Doch unvermittelt wird sie ernst. »Es ist *anders*, Eva! *Völlig anders...!* O könntest du das nur begreifen! Wir sind nicht blinde Sklaven oder GOTTES Diener, wir sind *frei...!* Denn WIR SIND SEINE KINDER und können schöpfen...! Alles, was uns in den Sinn kommt oder einfällt, können wir probieren, sowohl das 'Böse' als auch das 'Gute'...! Du wirst es mir nicht glauben, Eva, aber Töten macht Spaß, und eines Tages wirst du es am eigenen Leib erfahren. Das Böse überrollt die Menschen wie ein Rausch. Deshalb ist das 'Spiel' oft hart und grausam! Denk dir, wir können uns völlig frei *für* oder *gegen IHN* entscheiden, der uns geschaffen hat...! Nicht ER hat uns verlassen, *WIR* haben uns von IHM getrennt!«

Ein seltsames Würgen kratzt in Evas Kehle, und sie kommt ins Stottern. »Wir... sagst du...? Aber... das ist ja furchtbar, Mutter...! Warum nur haben wir so etwas Grausames getan?«

»Ganz einfach, Eva, weil wir nicht gehorchen wollen! Wir möchten wie die kleinen Kinder nur tun, was *uns gefällt* und merken nicht, daß unsere eigenen Wünsche uns meist nur Unglück und die GOTTESFERNE bringt...!«

»Aber Mutter...«, stottert Eva, »w*eshalb* läßt GOTT das zu?«

»Weil ER sich wünscht, daß wir aus *freiem Willen* zu IHM kommen...!« Die Mutter schweigt und Wehmut schwingt in ihren Worten. »GOTT ist traurig, weil wir IHN nicht lieben...!«, fügt sie leise hinzu, Eva schüttelt erstaunt den Kopf. »Kann GOTT traurig sein...?«

»O ja, wie jeder Vater, wenn seine Kinder ihn verlassen und nichts mehr von IHM wissen wollen! Vergiß nicht, daß ER jeden Schmerz und Kummer mit uns fühlt!«, erklärt die Mutter. »Wir haben IHN vergessen und glauben nun, GOTT gibt es nicht und halten Jesus für ein fernes Märchen...!«

»Genau wie ich...«, flüstert Eva erschrocken. Sie ist zutiefst betroffen. Auch sie hielt dieses alles für ein Märchen...! Gerade eben noch! Und nun ist dieser GOTT, zu dem sie jeden Abend betet, um ehrlich zu sein, ohne sich besonders viel dabei zu denken, ihretwegen traurig...! Wie ein Mensch! Er rückt ihr plötzlich um ein ganzes Ende näher.

Zögernd fragt sie: »Ist es sehr schwer, Mutter, GOTTES WILLEN zu tun?«

»Ja, Eva, es ist schwer! Man muß sich selbst vergessen! Aber noch schwerer ist es, SEINEN WILLEN *nicht zu tun...!*«

»Warum...?«, fragend schaut Eva in das helle Lichtgeflimmer, woher die Antwort kommt.

»Weil wir dann GANZ ALLEINE durch das Leben gehen, OHNE SEINE HILFE... OHNE FÜHRUNG!

Eva denkt nach. »Meinst du, Mutter, GOTT wird fröhlich, wenn wir IHM gehorchen...?«

»Natürlich, Eva!« Jubel klingt jetzt in der Mutter Stimme. »Wir bereichern IHN... und uns!« Die Worte werden schwächer und verschwinden in der Ferne. Eva merkt es nicht, so tief ist sie in ihren Gedanken versunken.«

»Und ER verzeiht uns, daß wir IHN vergessen haben...?«

Die Stimme kommt aus weiter Ferne: »Alles, Eva...! Allen Unfug, unsere Dummheit, alle Missetaten... daß wir uns hassen, statt zu lieben und... daß wir IHN vergessen haben...! ER will uns helfen in unserer Einsamkeit und Not! *Deshalb* ist ER als Jesus Mensch geworden und bei uns geblieben! ER IST IN UNS...! Wir brauchen nur zu bitten, schon ist ER da! Er hört uns *immer* und wird nicht müde, uns zu rufen!«

»ER ist »in uns«...?«, fragt Eva zögernd.

»Ja, Eva, ER IST IN UNS! Es gibt nicht viele, die dies glauben oder wissen, obwohl es in der Bibel steht. Doch jeder kann es im Gebet erfahren.

»Uff...!«, sagt Eva wieder. »Im Gebet...? Du sagst, ER *ruft uns,*

Mutter? Meinst du... ER ruft auch mich?«

»Dich und mich und alle Menschen...!«

»Und warum...«, fragt Eva verblüfft, »kann ich IHN nicht hören...?«

»Es ist die Stimme *in dir!* Du brauchst nur still zu werden...!«

Die Stimme *in ihr...?* Ist in ihr eine Stimme...? O ja, sie weiß schon, was die Mutter meint: Dieses leise Mahnen! Fast so wie ein sanftes Ziehen oder ein winzig kleiner, sehnsuchtsvoller Schmerz in ihrer Brust. Und, ach... so leicht zu überhören! Aber reicht das wirklich aus, um rauszukriegen was GOTT meint...?

»Wenn wir nach innen lauschen und *gehorchen*, wird SEINE Stimme lauter!« (Die Mutter kann Gedanken lesen, das konnte sie schon immer.)

Eva versinkt in Grübeln. Sie braucht eine Weile, um das viele Neue zu verkraften. Es stellt buchstäblich alles auf den Kopf, was sie bislang gedacht, geglaubt und auch gelernt hat. Wenn dies die WAHRHEIT ist über Jesus, und plötzlich fühlt sie, daß es so *wahr* ist, wie sie ihre Mutter *fühlt,* dann sind auch seine Wunder Wirklichkeit! ER KONNTE *auf dem Wasser wandeln... durch die Wände gehen... und Tote lebendig machen!* Vielleicht sind das gar keine Wunder, sondern sowas wie die Sonne auf dem Wasser...!

In jäh aufflammender Begeisterung faßt sie einen Entschluß: »Ich *will* GOTT fröhlich machen...!«, ruft sie mit lauter Stimme in das Meeresbrausen. »Ich *will* gehorchen und GOTTES Willen tun...! So wie du, Mutter! Auch wenn es *schwer ist...!*«

Sie spürt eine gewaltige Kraft in sich aufsteigen, etwas völlig Neues, Unbekanntes, als sei sie angefüllt mit lauter Licht...

»Mutter, ich will ALLES sein...!«

Keine Antwort! Erschrocken fährt Eva hoch... Sie hat nicht gemerkt, daß die geliebte Stimme sich entfernte, immer leiser wurde und verlöschte wie die Flamme einer Kerze, so tief war sie versunken. O weh, nun ist die Mutter fort...! Ohne Abschied...!

»Mutter...!«. ruft sie voller Jammer.

Da ist sie wieder! Deutlich spürt Eva ihre Nähe. »Mutter, hörst du mich? Ich möchte ALLES sein...!«

»Kannst du das kürzer sagen...?«, kommt es aus der Ferne. Eva stutzt. Sie ahnt die Wichtigkeit der Frage. »Ich möchte... SEIN!«, kommt es dann zögernd.

Die Mutter lacht. Sie ist nun wieder völlig da. »Noch kürzer...!« Eva überlegt! Noch kürzer...? Das geht doch gar nicht! Oder doch...? Krampfhaft denkt sie nach...! Sie fühlt die ungeheure Spannung und zermartert ihr Gehirn. Atemlose Stille...! Und dann, auf einmal hat's geschnackelt.

»ICH BIN...!«, ruft sie begeistert.

»Bravo Eva! DAS IST DER NAME GOTTES...!« Die Mutter ist jetzt wieder völlig da. »UND 'MIT IHM' SIND WIR ALLES...! WAS DU IN SEINEM NAMEN SAGST, GESCHIEHT! Merk dir, Eva, ES IST EIN BEFEHL!«

Es rappelt in Evas Kopf. Sie ahnt, die Zeit wird knapp. »Ja, Mutter! Denn als ich vorher sagte: »ICH BIN 'nichts' ... war ich wahrhaftig 'nichts'!«

»Und jetzt...?, fragt die Mutter voller Spannung.

»Jetzt 'BIN ICH ALLES'!«, jubelt Eva.

»Siehst du, daß GOTT uns ALLES gab...? Alle Macht und alle Kraft?

In dir und in uns allen schlummern Kräfte, die erkannt, erweckt und angewendet werden wollen, und *dabei* würde ich als Hindernis in deinem Wege stehen. Du würdest dich auf *mich verlassen, statt auf...*« Erneut verliert die Stimme sich im Meeresrauschen.

Eine bange Ahnung überfällt Eva: »Geh' nicht fort, Mutter!«, fleht sie. »Laß mich nicht allein...! Nie mehr...!«

»Du bist nicht allein!«, klingt es aus der Ferne. »Es ist ALLES IN DIR...! Übe, Eva...! Die Welt ist unser Übungsplatz...!«

Noch einmal *überflutet* sie diese strahlende Heiterkeit. Ihr ist, als stünde sie in strömendem Licht. Reine Freude bricht in ihrem Herzen auf. Es ist einfach unmöglich, noch weiter traurig zu sein, oder auch nur einen trüben Gedanken zu hegen! Trotzdem macht sie einen letzten Versuch: »Mutter...!«

»Übe, Eva...!« Der Mutter Stimme wird immer leiser und verlöscht...

Dann ist alles vorüber...!

Wirklich alles...?

Sehnsuchtsvoll streckt Eva ihre Arme aus: »Geh nicht fort, Mutter...!«

Noch einmal ist sie da...! Bevor Trauer und Schmerz sie überwältigen...! Deutlich spürt Eva ihre Nähe... dieses helle Licht... das warme Lachen... die geliebte Stimme...!

»Ich komme wieder...!«

»...komme wieder... komme wieder... komme wieder...«, jauchzt das weite Meer.

»Hurra...! Was macht es da schon aus, daß ihre Stimme jetzt verschwindet wie ein Hauch und kaum noch spürbar ist, denn... *sie wird wiederkommen...!*

Und dann noch einmal ganz nahe, direkt in ihr drin: »Vergiß nicht, Eva, segne...!«

»Segne... segne... segne...«, rauschen die Wogen.

»ICH BIN... ICH BIN... ICH BIN...«, klatscht es an den Bug des Schiffes.

»...komme wieder... kommme wieder... kommme wieder...«, jauchzt das weite Meer.

Jubeln könnte Eva vor lauter Glück. Ihr ist auf einmal so unendlich wohl und froh zumute! Goldener Sonnenschein liegt auf dem weiten Meer, und alles ist gut...! Erneut fühlt sie diese überwältigende Kraft in sich aufsteigen. Sie ist so glücklich, daß sie anfängt, wie ein Frosch umherzuhüpfen. Mit so viel Jubel im Herzen kann man unmöglich still auf einer Stelle bleiben. Zu jedem Hopser formt sie einen Satz. Und was für einen...!

»Meine Mutter *lebt...!«,* hops, hops... »Sie ist bei mir...«, hops, »auch wenn ich sie nicht sehe! ICH BIN...!«, hops, hops... »Und »mit IHM BIN ICH ALLES...!«, hops, hops, hops... »GOTT hat mich lieb...! Der GROSSE GOTT die kleine Eva... genau wie meine Mutter...!«, hops, hops, hops...

Plötzlich ist da einer neben ihr. Ein junger Mann versucht mit seinen langen Beinen, ihre Hopser mitzumachen. Dazu grinst er fröhlich und schwenkt ein weißes Blatt Papier. Es ist der Funker.

So schnell kann sie nicht bremsen. »Für mich...?«, fragt sie verwundert und hopst noch ein paar Hopser weiter.

»Ja, für dich! Da scheint ja einer mächtig Sehnsucht nach dir zu haben...!« Er wedelt herausfordernd mit dem weißen Blatt vor ihrer Nase, überreicht es höflich mit einer kleinen Verbeugung, macht noch einen Abschiedshopser und schlendert pfeifend davon.

Langsam rollt Eva den Bogen auseinander und entziffert die Worte. Dort steht mit überdimensionalen Buchstaben:

ERWARTE DICH MIT SEHNSUCHT! AUF WIEDERSEHEN IN LA GUAIRA! IN GROSSER FREUDE, VATER!

Tränen der Erleichterung und des Glücks strömen über Evas Gesicht und richten eine regelrechte Überschwemmung an. Sie spülen wie ein Sturzbach im Frühling auch die allerletzten Reste irgendeines Zweifels oder Kummers fort. So schnell sie kann, stürzt sie hinauf auf die Kommandobrücke, um ihrem großen Freund dort oben diesen wundervollen Vatergruß zu zeigen.

Ankunft

Irgend etwas ist auf einmal anders...!
Eine ungewohnte Stille reißt Eva aus dem Schlaf. Mit einem Schlag ist sie hellwach, springt aus dem Bett und saust ans Bullauge.
Land...!
Vor ihr liegt der Hafen von La Guaira. Die ersten Strahlen der aufgehenden Morgensonne leuchten auf die Berge und tauchen eine Unmenge winzig kleiner Häuser in goldenes Licht.
Sind das Puppenhäuser...? So bunt bemalt und niedlich...! Nein, das müssen die 'ranchos' sein, die Elendshütten der Armen, von denen die Mutter berichtete. Komisch... von weitem sehen sie überhaupt nicht 'elend', sondern eher einladend und lustig aus.
Das Stampfen der Maschinen ist verstummt. Nur noch leise tuckernd gleitet die 'Bremen' nahezu lautlos in den Hafen hinein. Aus der 'Nußschale' ist nun wieder ein stattliches Schiff geworden.
So flink ist Eva noch nie in die Wäsche gesaust. Einmal mit der Bürste durch das Haar... für den Zopf ist keine Zeit! Und wer denkt in solcher Eile schon ans Zähneputzen...? Rasch drückt sie das Foto ihres Vaters an sich und saust in fliegender Fahrt die Treppe hinauf. Unterwegs stopft sie das T-Shirt in die Hose. Bums... prallt sie auf den Kapitän.
»Hoppla...«, schmunzelt der. »Du hast es ja wohl bannig eilig! Gerade wollte ich dich holen! Nu' komm man, lütte Deern, da unten wartet sicher schon dein Vater...!«
Wieder stehen sie gemeinsam an der Reling, diesmal mit den weiteren Passagiere, die beim Sonnenschein der letzten Tage ziemlich blaß und mitgenommen aus den Kojen kamen, und starren hinunter auf die rasch näherkommende Mole, wo bereits ein Grüppchen Menschen wie eine bunte Hühnerschaar wartend beieinander steht.
Einer davon ist ihr Vater...!
Eva zappelt vor Aufregung. Gleichzeitig krampft sich ihr Herz vor Schmerz zusammen. In kurzer Zeit wird sie das Schiff verlassen, welches ihr in diesen stürmischen drei Wochen fast zur Heimat

wurde! Und das bedeutet Trennung von dem großen, wunderbaren Mann an ihrer Seite! Wird sie ihn jemals wiedersehen...? Bangend schaut sie ihn an. Wie sonderbar, daß er hier unten steht! Ist sein Platz nicht oben auf der Brücke, um Schiff und Einfahrt zu überwachen?

Der Kapitän kann ebenfalls Gedanken lesen, beinahe wie die Mutter. »Fest in des Lotsen Hand...«, bemerkt er schmunzelnd und deutet auf das Lotsenboot, welches angetäut an ihrer Seite schwimmt. »Solang de Kerl an Bord is, hev ick nix to melden. Im Hafen dürfen nur die Lotsen steuern!« Er sieht den Kummer in Evas Augen, und auch sein Herz ist schwer! Liebevoll legt er den Arm um das kleine Mädchen, welches so tapfer seinen völlig unbekannten Weg beschreitet.

Eine Frage brennt in Evas Herzen, und bevor sie dieses Schiff und seinen Kapitän verläßt, möchte sie noch eine Antwort haben. Tief holt sie Luft, um sich ein bißchen Mut zu machen, und dann kommt es wie ein Blitz aus heiterem Himmel.

»Glauben Sie an GOTT, Herr Kapitän? Und... an Jesus Christus...?« Forschend sind ihre Augen auf ihn gerichtet.

»Dunnerslag...!« Dem Käpten gibt es förmlich einen Ruck. Verdattert schaut er Eva an, aber die ist noch nicht fertig. »Und... *beten Sie,* Herr Kapitän...?«

Bei solchen Fragen unter Freunden darf man nicht kneifen. Der Käpten schiebt die Mütze ins Genick. Er krault sich seinen Bart, und dann gesteht er ehrlich: »Nein, *ich bete nicht...!*«

»Aber...«, fügt er nach einer nachdenklichen Pause hinzu, »das glaub' ich schon... daß unsere schöne Welt mit allem, was drauf rumkreucht unter diesem Sternenhimmel, sich nicht *allein zurechtgebastelt hat!*« Er sieht die Enttäuschung in Evas Augen. »Weißt du was...?«, er räuspert sich, »vielleicht ist's wirklich langsam an der Zeit, daß ich auf meine alten Tage mal die Hände falte und mich *DEM* zuwende, der dahintersteht...!« Und nach einer kleinen Weile: »Danke, lütt Deern...! Ich will's mir hinter meine Ohren schreiben...!«

Evas Augen leuchten auf.

»*Aber dieser* Jesus...«, der Käpten schüttelt energisch seinen grauen Kopf, »hm... nee...! Mit dem hab' ich nun wirklich nix am Hut...!«

»Ich hatte auch nichts mit ihm am Hut...«, beteuert Eva eifrig. »Gar nichts... nicht die Bohne! Aber meine Mutter...« Sie beißt sich auf die Lippen. O weh, was hat sie da gesagt? Nun denkt der Käpten bestimmt, sie spinnt! Und das... das könnte sie jetzt nicht ertragen! Doch nichts dergleichen...!

»Ah... deine Mutter...!«, stellt der Kapitän gelassen fest. »Nicht die Nixe... sondern deine Mutter hat dir was ins Ohr geflüstert! So, so...!«

Beruhigend streicht er über ihren Lockenschopf. »Wir Fahrensleute, mußt du wissen... sind alle miteinander Spökenkieker! Das bleibt nicht aus, wenn man die Meere kreuz und quer durchpflügt. Da kriegt man mancherlei Besuch, nicht zuletzt von denen, die man längst gestorben glaubte...!«

In einer plötzlichen Aufwallung von Glück ergreift Eva dankbar seine Hand.

»Was sagt denn deine Mutter...«, erkundigt sich der Kapitän.

»Sie sagt: »Mit GOTT und Jesus sind wir ALLES! OHNE IHN ABER... sind wir »nichts«...!«

»Ein Staubkorn im Sturm bei Windstärke zwölf...«, murmelt der Kapitän und nickt ein paarmal mit dem Kopf.

»Und wissen Sie, was Jesus sagt...?«, fährt Eva eifrig fort. »Was ganz Komisches! Er sagt: »Ihr sollt werden wie die Kinder...!«

Dem Käpten gibt es förmlich einen Ruck. Verblüfft nimmt er die Mütze ab und krault sich seinen Kopf. »Weißt du was, lütt Deern, womöglich hat er recht! Nämlich als Kind, da glaubte ich ganz fest an Gott und fühlte mich beschützt! Doch dann wurde ich sozusagen erwachsen, war mächtig stolz auf mich und meinen Grips und dachte: »DEN brauch ich nicht...! DER ist nur für die ›Dummen‹ und die ›Schwachen‹...! Ich aber bin klug und stark...!, und ich schmiß ihn über Bord! So lebte ich und fühlte mich so manches Mal verflixt allein...!«

»Vielleicht muß man erstmal erwachsen werden, um wieder Kind zu sein...!«, schlägt Eva vor.

Verblüfft schaut sie der Käpten an. Dann folgt ein tiefes Schweigen. »Tscha...«, überlegt der Kapitän nach einer Weile... »wenn diese Angelegenheit *so wichtig ist, daß* deine Mutter sich eigens selbst an Bord bemühte, *dann* will ich mal 'n büschen in meiner Bibel stöbern. Da steht ja woll so alles mögliche drin über diesen jungen Mann...!«

»Ich auch...«, sagt Eva strahlend. »Ich werde *auch in meiner Bibel stöbern...!*«

»Und dabei kräftig an dich denken...«, fährt der Käpten fort und drückt herzhaft ihre kleine Hand.

»Und ich an Sie...«

»Na denn...«

Die Mole schießt in Windeseile näher. Deutlich kann man mittlerweile die einzelnen Leute unterscheiden.

»Na, mien Deern, hast du schon einen auf dem Kieker? Welcher ist es denn...?«

Abwechselnd betrachtet Eva das Foto in ihrer Hand und die kleine Gruppe auf der Mole und zuckt ratlos ihre Schultern. Vielleicht der Große mit dem weißen Sonnenhut? Oder der dahinter...? Er winkt mit beiden Armen, und Eva winkt aufgeregt zurück.

»Wann hast du ihn zuletzt gesehen, lütt Deern?«

»Als ich fünf Jahre war...!«

»Büschen lange her, wenn man am Wachsen is...«, bemerkt der Kapitän.

»Einer von den beiden muß es sein...«, überlegt Eva und nickt mit ihrem Kopf. Sie muß einfach warten, welcher übrig bleibt...«

Der kopfbedeckte Herr benutzt jetzt seinen Hut als Fahne und schwenkt ihn freudig hin und her. Evas Herz schlägt ein paar Takte höher. Eifrig winkt sie mit beiden Armen zurück und blickt dann wieder zweifelnd auf das Foto. Oder ist es doch der andere...?

Von da an verlaufen die Ereignisse überaus schnell... sozusagen in Windeseile. Das Schiff und die Motoren stehen endgültig still! Die 'Bremen' wird mit dicken Seilen an den Pieren vertäut und es wird eine Treppe herabgelassen. Die Passagiere klettern eilig hinunter und werden jubelnd begrüßt, umarmt und abgeküßt.

Und wer bleibt übrig...?

Eva steht als letzte an der Treppe, den Fuß sprungbereit auf dieser steilen Hühnerleiter. Aufgeregt verfolgt sie das Geschehen. Der Herr mit Hut umarmt gerade eine alte Dame, und damit ist er ausgeschieden. Zur Enttäuschung bleibt kaum Zeit. Der andere... ihr Herz macht einen jammervollen Hopser... hält innig Frau und Kind umschlungen. So fest, als wolle er sie niemals wieder von sich lassen. Ach, könnten das der Vater und die Mutter sein...!

Ohne auch nur einen Blick zurückzuwerfen, schlendern sie alle miteinander paar- und grüppchenweise von dannen. Im Handumdrehen ist die Mole leergefegt von allen Reisenden und den Besuchern. Alle sind sie weg...! Nicht ein einziger blieb übrig...! Nur sie...! Eva ist erstarrt vor Schreck.

UND IHR VATER...?

Wieder legt sich liebevoll ein Arm um ihre Schulter. »Wird schon noch aufkreuzen, mien lütte Deern...«, tröstet der Kapitän. »Irgendwas ist deinem Vater quergeschossen, da kannst du sicher sein...! Du mußt wissen, Südamerika ist nicht Europa...! Da genügt schon eine Reifenpanne und ein halber Tag ist hin. Oder sonst 'ne Kleinigkeit am Auto, und der Tag ist gelaufen...!«

»Aber dann... dann... kann er sich doch melden...«, jammert Eva.

»Meinst du per Telefon..? Ach mien lütte Deern, auch das klappt oftmals nicht in diesem Land...! Na ja, das wirst du alles noch erleben...!«

Unten auf dem Kai beginnt das Ausladen. Ein gewaltiger Kran rollt heran, schiebt seine Schaufeln unter einen der Container und befördert ihn auf einen Laster. Einer nach dem andern wird verladen. Dann hakt er seinen Riesenhaken in den dunklen Leib des Schiffes und fördert ein paar einzelne Kisten zutage.

»Komm«, drängt der Kapitän, »das Frühstück wartet! Mein Magen hängt schon völlig schief...!«

Eva schüttelt energisch ihren Kopf. Sie hat jetzt keinen Hunger, doch der Käpten läßt nicht locker. »Eten un' Drinken höllt Liv un' Seel tosammen...«, behauptet er und zieht sie einfach mit sich fort zum Speiseraum. Mit einem aufmunternden Schubs schiebt er sie durch die weitgeöffnete Tür.

»Du nimmst jetzt etwas zu dir...!«, bestimmt er mit dieser befehlsgewohnten Stimme, die keinerlei Widerspruch duldet. »Ich... hm... komme etwas später!« Schwupps ist er weg, um sich sofort ans Telefon zu hängen. Wozu soll er der kleinen Deern auf ihre Nase binden, daß auch er sich um den Vater sorgt...

Gehorsam geht Eva ein paar Schritte weiter. Der Speiseraum ist leer, die Passagiere ausgeflogen. Kein Steward weit und breit.... Längst haben die Offiziere gefrühstückt. Unschlüssig schaut sie auf ihren leeren Platz. Nein, sie mag nicht essen...! Allein die Vorstellung von Rührei oder Pfannkuchen läßt sie schaudern. Mit diesem Kloß im Hals bleibt jeder Bissen in der Kehle stecken...! Kurz entschlossen macht sie kehrt, flitzt an Deck und bezieht aufs neue ihren Warteposten an der Reling.

WO IST IHR VATER...? Hat er die Zeit verschlafen...? Ist er etwa krank...? Oder hat er eine Panne, wie der Käpten meinte...? Evas Gedanken wandern immerzu im Kreis herum wie ein Hund, der sich in den eigenen Schwanz beißt.

Unten auf der Mole ist es allmählich still geworden. In gähnender Leere sperrt der große Bauch des Schiffes seine Luken auf. Bis auf ein paar armselige Kaffeesäcke gab es keine neue Ladung.

Langsam wird es heiß.

Ach, wo bleibt der Vater...? Weiß er nicht *wie sehr sie wartet...*? Ein Blick auf ihre Uhr! Die Zeit steht still. Der Sekundenzeiger wetzt zwar eine Runde nach der anderen, aber die Minuten haben Krücken an den Füßen und schleichen unendlich träge dahin.

Es wird heiß und immer heißer! Irgendwann schlägt der Gong und ruft zum Mittagessen. Eva rührt sich nicht. Dies ist der längste Tag ihres Lebens, und dabei ist er erst zur Hälfte herum. Unerträglich lastet die Hitze. Wie ein feuchtes Tuch klebt sie am Körper und lähmt alle Energie. Selbst das Denken ist jetzt stumpf geworden. Die Zeit schleppt sich dahin...! Unabsehbar...! ohne Ende...! Es gibt nur eines: Warten... warten... warten...!

Die Sonne glüht. Eva flüchtet in den spärlichen Schatten des Schornsteins und verfällt in dumpfes Brüten. Doch dann, als sie schon nichts mehr denken kann, hört sie, wie ihr Name gerufen wird und ist auf der Stelle munter. Der Steward kommt herangeschossen, als gälte es das Leben. »Telefon... !«, keucht er. »Für dich...! Mach schnell...! Zum Kapitän...!«

Evas regungsloser, von Hitze, Warten und Enttäuschung erschlaffter Körper kommt augenblicklich in Bewegung. Also doch...! Endlich tut sich was...! Wie ein geölter Blitz rast sie zur Kapitänskajüte, reißt die Tür auf, ohne anzuklopfen und stürzt über die Schwelle. Wie angewurzelt bleibt sie stehen.

Eine klare Männerstimme schwingt im Raum. Evas Herz macht einen Freudensatz. Ist er das...? Ihr Vater...? Nun meldet er sich doch...! Doch schon die nächsten Worte belehren sie eines Besseren.

»Wir haben leider keine Ahnung, wo er stecken könnte«, erklärt die körperlose Stimme gerade. »Es tut uns wirklich außerordentlich leid, Herr Kapitän...!«

Der Kapitän wandert mit den Händen auf dem Rücken stirnrunzelnd hin und her: »Soeben betritt seine kleine Tochter Eva diesen Raum. Dürfte ich Sie bitten, Ihren Bericht noch einmal zu wiederholen!«

»Gern, Herr Kapitän! Hallo Eva...! Mein Name ist Christian! Christian Schröder von der Deutschen Botschaft! Ich kenne deinen Vater persönlich, wir spielen manchmal Tennis miteinander. Das war sicher auch der Grund, weshalb ich damit beauftragt wurde, nach dem Verbleib deines Vaters zu forschen.«

Die frische jungenhafte Stimme beginnt mit großer Gründlichkeit etwas umständlich ihren Bericht: »Zuerst versuchten wir's per Telefon, aber da sich niemand meldete, fuhr ich einfach zu dem Hause deines Vaters. Ich klingelte und wartete, doch nichts...!

Zu meinem Glück stieg der Herr von nebenan gerade in sein Auto, und ich fragte, ob er deinen Vater kennt. Flüchtig, meinte er, vom Sehen und vom Grüßen. Warum...? So erzählte ich ihm deine Geschichte, Eva. Daß du auf einem Schiff im Hafen wartest und dein Vater nicht gekommen ist. Das berührte ihn zutiefst. Ich zeigte meinen Ausweis, er holte seine Frau, und gemeinsam berieten wir, wie ich Zugang bekommen könnte zu deines Vaters Haus.

Mit Hilfe einer Leiter kletterte ich dann wie ein Einbrecher über die Mauer, welche die beiden Grundstücke trennt, hangelte über einen dicken Baumast auf die andere Seite... alles in meinem guten Anzug... und ließ mich auf die Erde plumpsen.«

Atemlos hört Eva zu. Am liebsten würde sie ihn unterbrechen, um den Ausgang zu erfahren, aber der unsichtbare junge Mann berichtet bereits weiter. Seine Stimme klingt beinahe heiter – offensichtlich machte ihm dies Abenteuer Spaß, wechselt aber sofort zu tiefem Bedauern.

»Also, die Garage steht leer! Das Auto ist fort und alle Türen sind verschlossen. Ich konnte unten herum durch die Gitter und mit Alarm versehenen Fenster in alle Räume schauen. Weit und breit kein Mensch! Mit Hilfe einer weiteren Leiter aus der Garage war es mir dann möglich, Einblick in die oberen Zimmer zu bekommen, selbst in die Bäder. Ein Raum ist für dich gerichtet mit frischen Blumen und gemaltem Schild: »BIENVENIDA EVA!«

»Herzlich willkommen«, heißt das und Eva schluckt.

»Alles sieht friedlich aus«, fährt der junge Mann fort. »Nichts deutet auf etwas Besonderes oder gar Gewalttätiges hin. Also kletterte ich auf dem gleichen Weg zurück, genau so schlau wie vorher.«

Christian räuspert sich, seine Stimme klingt belegt: »Es tut mir sehr leid, Eva, daß du so eine enttäuschende Auskunft bekommst. Wir hoffen, daß sich alles schnellstens regelt...!«

Eva schluckt erneut. »Danke...«, sagt sie traurig und tritt von einem Bein aufs andere. Das hätte er auch kürzer sagen können! Bloß um mitzuteilen, daß weder der Vater noch Donna zu Hause sind...!«

»Die Nachbarn wollen uns sofort benachrichtigen, sobald sie jemand sehen,« berichtet Christian. »Die Polizei ist informiert, aber ob das was bringt...?« Zweifel klingt in seiner Stimme.

Der Kapitän unterbricht abrupt seinen Marsch. »Wir laufen heute gegen Abend aus. Leider kann ich nicht bis morgen warten, denn wir haben auf dieser Fahrt durch Sturm und Seegang sehr viel Zeit verloren und müssen nun versuchen, so gut es geht ein bißchen aufzuholen.«

»Diese Angelegenheit bereitet uns echtes Kopfzerbrechen«, bekennt Christian bekümmert. »Wenn Herr Petermann also bis zum Nachmittag... und der ist ja schon angebrochen... nicht erscheint, müssen wir die Kleine irgendwo unterbringen, bis er wieder auftaucht.«

Die 'Kleine' zuckt zusammen.

»Und wenn ihm... was wir nicht hoffen wollen... etwas zugestoßen ist...?«

»Hat sie keine Angehörigen...?«
Eva schüttelt den Kopf. »Hat sie nicht...«, übersetzt der Kapitän.
»Dann schicken wir sie per Flugzeug zurück, und der Deutsche Staat wird für sie sorgen!«
Verblüfft und fassungslos hört Eva zu. Ja, ist sie denn ein Postpaket, über das man hier verhandelt...? Eine Kiste Seifenpulver oder sonstiges, das man entsorgt und hin- und herschickt, wie es gerade paßt...? Ein Blick zum Kapitän enthebt sie jeden Zweifels. Nein, sie ist *kein Postpaket...!*
Energisch schüttelt der den Kopf. »*Ich bin nicht autorisiert und auch nicht bereit, sie jemand anders zu übergeben als ihrem Vater...*«, erklärt er gelassen und mit dieser unbeugsamen Stimme, die jeden Zweifel ausschließt. Seine Augen blitzen. »EVA BLEIBT AN BORD...! Wenn Herr Petermann in den nächsten Tagen aufkreuzt... was ich stark vermute... fliegt er eben mit dem Flugzeug hinterher zu irgendeinem der Häfen, die wir anlaufen und holt sich seine kleine Tochter!«
Ein erleichtertes Schweigen auf der anderen Seite. Dann kommt die letzte Frage. »Und wenn nicht...?«
»Wenn nicht...«, erklärt der Kapitän nun mit einer völlig veränderten weichen und liebevollen Stimme... Aufmunternd nickt er Eva zu, die immer noch wie festgenagelt auf der gleichen Stelle steht, etwa so wie ein großer Bruder seiner kleinen Schwester zunickt, um sie aufzumöbeln, und ein gütiges Strahlen läuft wie die aufgehende Sonne über sein bislang so ernstes Gesicht.
»Wenn nicht...«, wiederholt er, »*dann nehme ich sie zu mir nach Haus,* vorausgesetzt natürlich, daß sie einverstanden ist. Meine Frau und ich haben uns schon immer ein Kind gewünscht! Genau so ein Mädel wie die Eva! Was Besseres läuft einem nicht wieder über den Weg...!« Und mit einem verschmitzten Lächeln zu Eva: »Na ja, und seefest ist sie auch...!«
Genau hier geschieht es, daß das heulende Elend Eva überwältigt. Laut schluchzend stürzt sie dem Käpten in die Arme und weint Aufregung und Kummer dieses endlosen Tages erleichtert in sein blütenweißes Hemd.
Auf der anderen Seite wird leise und behutsam der Hörer aufgelegt.

Der Zopf ist ab

Wieder steht Eva an der Reling! Trübselig starrt sie auf die menschenleere Mole und hängt ihren Gedanken nach. Und wieder einmal spukt etwas in ihrem Kopf herum und läßt sie nicht mehr los. Anfangs ist dieses 'Etwas' nichts weiter als ein dünner, kleiner Faden, kaum greifbar wie ein Spinngewebe, doch allmählich nimmt 'es' Formen an und wird sehr schnell zu einem handfesten Plan.

Um die Wahrheit zu sagen, sie setzt ihren abenteuerlichen Gedanken keinen großen Widerstand entgegen! Denn... was tut sie hier? Was soll sie schon groß tun...? Sie wartet! Immer noch auf ihren Vater natürlich! Seit Stunden steht sie völlig unnütz auf dem Deck herum, läßt sich die heiße Sonne auf den Kopf knallen und hofft im Stillen, daß er irgendwann nun doch noch kommt!

Doch bald schon läuft die 'Bremen' aus...! Und dann...?

Dann wird sie weiter warten...! Einen endlos langen Tag...! Und morgen wieder! Vielleicht auch zwei oder drei bis zum nächsten Hafen. Statt zu schlafen, wird sie in den Nächten an den Vater denken und sich fragen, wo er steckt. Es ist kein Ende abzusehen. Sie fühlt sich jetzt schon schlapp und ausgehöhlt wie eine leere Pelle Wurst...

Damit ist die Entscheidung gefallen! Sie *mag* nicht länger warten, sie *will* nicht länger warten, und sie *wird* nicht länger warten...! Man denke nur, der Vater kommt zum Hafen, denn irgendwann ist ein kaputtes Auto wieder heil, und seine Tochter ist nicht da! Verschwunden...! Ausgeflogen...! Sie schwimmt bereits auf hoher See...!

Dabei ist die ganze Sache kinderleicht...! *Sie* wird zu *ihm* nach Hause fahren und sich vor seine Haustür setzen! Taxis gibt es in jedem Land, und warten kann sie dort so gut wie hier...! Irgendwann muß er ja kommen!

Kurz entschlossen wirft Eva ihre letzten Zweifel über Bord. Plötzlich kriegen ihre Beine wieder Leben. Sie atmet ganz tief durch und flitzt in die Kabine, als hätte sie Roller unter ihren Füßen.

Endlich ist Schluß mit dieser Warterei...! Warten ist wie ein Gefängnis!

»Was würdest du jetzt sagen, Mutter...?«, flüstert sie. Doch vorsichtshalber nimmt sie sich keine Zeit zum Lauschen, denn wer weiß, was ihre Mutter sagen würde...?

Die nächste Frage ist: WAS NIMMT SIE MIT...?

Das ist eine schwere Frage, und suchend blickt sich Eva um. Doch im Grunde ist sie kinderleicht zu beantworten. Mit 'viel' fällt man nur auf, also »*nichts*«! Ihre Blicke wandern durch den Raum und bleiben an der kleinen Bibel hängen. Das Neue Testament, die Geschichte über Jesus! Einstmals gehörte dieses Büchlein ihrer Mutter. Seltsam, sie schenkte es ihr *einen Tag bevor sie starb!* Weshalb gab sie es weiter...? Sie las doch täglich in dem kleinen Buch! Eva stutzt: *Wußte* ihre Mutter, daß sie sterben würde...? Ist dies ein Vermächtnis? Bislang hat sie sich nicht getraut, darin zu blättern.

Behutsam nimmt sie das Büchlein in die Hand und schlägt trotz aller Eile die erste Seite auf. Dort steht handgeschrieben von der Mutter: »*Halte dein Herz fest auf* 'mich' *gerichtet!*« Und in Klammern dahinter: »*in Freud und Leid!*« Gemeint ist wieder einmal GOTT natürlich! Sie soll ihr Herz ganz fest auf IHN gerichtet halten...!

»Gerne, Mutter, nur nicht gerade jetzt...!« Denn jetzt in diesem Augenblick ist Evas Herz ganz fest auf weiter nichts als ihre Flucht gerichtet und will sich momentan auch nicht um GOTT und Jesus kümmern. Zärtlich haucht sie einen Kuß auf die geliebte Schrift. »Später, Mutter«, flüstert sie. »Ein andermal...!«, klappt das Büchlein zu und stopft es in die Hosentasche.

Was noch...?

Den letzten Brief ihres Vaters natürlich mit der 50-Dollarnote (als ob er ahnte, wie dringend sie dies Geld jetzt braucht...!) Seine Anschrift kann sie aus dem Kopf herunterrappeln. »Caracas 1010«... das ist der Stadtteil! »Quinta Crespo« weiß sie auch! Quinta bedeutet nämlich 'Villa', und 'Crespo' ist der Name von dem Haus. Und danach kommt seine Nummer. Eilig stopft sie den Brief zu ihrer Bibel in die Tasche.

Das wär's...! Fertig! Ein letzter Blick noch in den Spiegel, dann aber nichts wie ab...!

Doch wie gebannt starrt sie sich an und verwünscht aus tiefstem

Herzen den Einfall, der ihr jetzt schon wieder durch den Kopf schießt. Doch eins steht fest: *»So«* geht es nicht! *»So«* kann sie nicht entwischen! *Nicht als »Mädchen«...!*

Um ein Haar gerät ihr ganzer schöner Plan ins Wanken, und Evas Herz beginnt wie wild zu hämmern. Sie überdenkt noch einmal ihre nächsten Schritte. Wann wird man sie an Bord vermissen...? Bestimmt nicht vor dem Abendessen. Kein Mensch wird in der Hast des Aufbruchs nach ihr fragen. Aber dann, danach...! Der Käpten ist imstande, mit Schiff und Mannschaft umzudrehen und eine Suchaktion zu starten, er selber an der Spitze vorneweg!

Bei dem Gedanken an ihren großen Freund wird Evas Herz so schwer wie Blei. Er ist der allerletzte, dem sie wehtun möchte. Doch mit ein bißchen Glück hat sie den Vater bis zum Abend schon gefunden, und dann senden sie ihm einen frohen Gruß. Bis dahin aber kann sie als *Junge* besser untertauchen.

Eilig rennt sie ins Bad und greift zur Schere. Ein letzter kurzer Kampf! Ihr langer, schöner Zopf...! Fast täglich hat die Mutter dran gezogen und so viele Jahre hängt er nun an ihrem Kopf! Doch ist es sinnlos, Zeit mit Erinnerungen zu verschwenden, jetzt geht es um Minuten...! Entschlossen greift Eva ihre Schere, beugt den Kopf tief über das Waschbecken und beginnt, an ihrem Haar herumzuschnippeln. Doch das ist fest und widerspenstig und es ist weitaus schwerer, als sie dachte! Ritsch und ratsch... und ritsche... ratsch...! Immer wieder...! Jede Strähne muß sie einzeln und Stück für Stück heruntersäbeln. Unter heftigem Herzklopfen und mit zusammengebissenen Zähnen schnippelt sie und vollendet ihr Werk.

Endlich...! Es ist geschafft! Neugierig richtet sich Eva auf und blickt voll Spannung in den Spiegel und... zuckt entsetzt zusammen! Die Schere rutscht vor lauter Schreck aus ihrer Hand, und fassungslos starrt sie ihr Gegenüber an. Ein dumpfes Röcheln kommt aus ihrer Kehle. Was hat sie da angerichtet...?

Ein völlig unbekannter Junge mit einem wilden Besen auf dem Kopf blickt sie verdutzt und sprachlos an!

Das muß ein glatter Irrtum sein...!

Probehalber wackelt Eva mit dem Kopf. Der Knirps mit seinem Struwwelkopf im Spiegel tut das gleiche. Angewidert streckt sie ihm die Zunge raus und legt den Finger an die Nase. Das Spiegelbild äfft alles nach. Kein Zweifel, dieser wildzerfranste Schopf gehört ihr...! Und sie sieht aus, als ob sie hundert Läuse hätte...!

Soll sie nun heulen oder lachen...? Erneut setzt Eva ihre Schere an, um diesen wüsten Haarschnitt zu verbessern. Doch je mehr sie schnippelt desto schlimmer wird das Ganze. Schief und wirr umrahmt ein wilder Lockenkranz den Kopf und verwandelt sie in eine echte Vogelscheuche.

O weh...! Der Rausch des großen Abenteuers ist verflogen! Evas Hände zittern, ihre Beine geben nach. Angst läßt plötzlich ihren ganzen Körper schlottern. Was wird der Kapitän zu ihrem Anblick sagen...? Und die Mannschaft und die Offiziere...? Ein tiefer Seufzer entringt sich Evas Brust und langsam dämmern ihr die Folgen dieser schnellen Tat.

Bis jetzt war alles noch ein Spiel, doch nun gibt's kein Zurück! Der Zopf ist ab! Unwiederbringlich...!

Zerschmettert plumpst sie auf ihr Bett und schlägt die Hände vors Gesicht. Am liebsten würde sie jetzt lauthals heulen wie ein herrenloser Hund. Doch das ist »Mitleid mit sich selbst«, würde jetzt die Mutter sagen und außerdem die reinste Zeitverschwendung! Das bringt die Haare nicht zurück auf ihren Kopf! Der Zopf ist ab, daran gibt's nichts zu rütteln! Zur Reue ist es jetzt zu spät!

Was tun...?

»Beten...!«, würde ihre Mutter sagen. Doch zu welchem GOTT...? Statt des EINEN gibt es nun plötzlich einen Zweiten, den sie so gut wie überhaupt nicht kennt. Nämlich Jesus...? Zu welchem von den beiden soll sie beten...?

Eva ist ratlos und verwirrt. Die Begeisterung vor Tagen ist schon längst verflogen wie ein Strohfeuer, das kurz mal aufflammt und verlöscht. Ein tiefer Seufzer entringt sich ihrer Brust. Ach ist das alles schwer...! Das ganze Leben! Und nun sogar das Beten...! Darf denn nichts mehr so wie früher sein...? Verzweifelt zermartert sie ihr Hirn auf der Suche nach einem Ausweg. Da gibt es etwas...! Etwas ungemein Wichtiges, das sich ihr unterschwellig mitteilen möchte! Sie muß nur darauf kommen...! Und plötzlich fällt's ihr ein: »Das Rezept der Mutter!« Nicht zum Kochen, nein, zum Bibellesen! Man kann die Bibel fragen und um Antwort bitten! Die Mutter hat es ihr gezeigt, als sie ihr dieses Büchlein schenkte.

»Denke nicht, daß du zu klein bist, um darin zu lesen...«, waren ihre Worte. »Wir alle sind 'klein' im Angesichte dieses Werkes. Wenn du in Not bist, Eva, schlag es auf, und du wirst Hilfe finden...!«

O Mutter...!

Eva nimmt die flatternden Hände vom Gesicht, holt das Büchlein aus der Hosentasche und legt es vor sich auf die bibbernden Knie.

Also zuerst beten...! Sie kann jetzt keine großen Worte machen und wendet sich direkt an GOTT, ganz gleich an welchen! »Hilf DU...«, flüstert sie und schließt die Augen. »GROSSER GOTT, *was soll ich jetzt bloß tun...?«*

Immer noch mit geschlossenen Augen schlägt sie die Bibel auf und legt den Finger irgendwohin, auf irgendeine Seite. Gespannt reißt sie die Augen wieder auf, beugt tief die Nase über ihren Finger und buchstabiert: »Kommet her zu mir, alle die ihr mühselig und beladen seid, ich will euch Ruhe geben...!«

Verblüfft starrt Eva auf die Zeilen. Das trifft den Nagel auf den Kopf! Sie *ist mühselig und beladen!* Wahrhaftig...! Mit einem Vogelscheuchenkopf und unlösbaren Sorgen! WER ist es, der ihr Ruhe geben will...? Jesus natürlich! Aber *wie...? Wie...* kann man zu ihm kommen...?

Das Büchlein wackelt auf Evas Knien. Sie bebt und zittert. Während ihr Geist sich mit der Bibel beschäftigte, hat ihr Körper sich selbständig gemacht, als wäre er ein eigenständiges Wesen. Völlig unkontrolliert klappert er vor sich hin wie ein vom Sturm gepeitschter Baum. Doch Eva kümmert sich jetzt nicht um ihn. Denn was sie hier erfährt, ist spannender als alles, was sie je erlebt hat...! So aufregend und neu, daß sie es noch gar nicht fassen noch begreifen kann.

Ein Buch, das spricht...!

Darf man es noch ein zweites Mal befragen? Eva wackelt zweifelnd mit dem Kopf. Etwas sagt ihr, daß man so etwas Besonderes vielleicht nicht wiederholen sollte. Aber *»sie ist mühselig und beladen«,* vollgestopft mit Angst und Kummer und braucht jetzt dringend Hilfe! Diesmal wendet sie sich direkt an den, der sie so liebevoll und freundlich zu sich bittet, faltet ihre Hände und fragt eindringlich:

»Bitte, Jesus, zeige du mir, *wie* ich zu dir komme...! Danke!«

Erneut schließt sie die Augen und das kleine Buch, dann öffnet sie behutsam ihre Bibel und stupst den Finger aufs Geratewohl irgendwohin. Gespannt sperrt sie die Augen auf und liest mit lauter Stimme: »*Bittet, so wird euch gegeben... suchet, so werdet ihr finden... klopfet an, so wird euch aufgetan...!*«

Staunend spricht sie diesen Satz zu Ende. »*Denn wer da bittet, der empfängt; und wer da sucht, der findet; und wer da anklopft, dem wird aufgetan!*«

Eva knallt die Hände an den Kopf! Wieso ist sie nicht selbst darauf gekommen...? Das Gleiche sagte ihre Mutter: »Wir brauchen nur zu bitten, schon ist ER da...! ER hört uns immer...! ER wartet...!«

Muß man erst in Not geraten, um das zu begreifen...?

Die Bibel rutscht von ihrem Schoß, fällt klatschend auf den Boden, und Eva zuckt zusammen wie aus einem Traum gerissen. Es ist genug, sie hat die Antwort...! Was sie hier erlebte, ist so traumhaft wie ein fernes Märchen.

Bestürzt schaut sie jetzt ihren Körper an. Der ist inzwischen völlig außer Kontrolle geraten, schlottert und bibbert eigensinnig vor sich hin und ist nicht mehr ansprechbar, weder auf freundliches Zureden noch auf Befehl! Eva macht einen kläglichen Versuch, sich zu erheben, doch vergeblich! Er bleibt einfach sitzen und klappert angstgeschüttelt vor sich hin.

Nun bleibt nur dieses: »Kommet her zu mir...!«

Wie macht man das...? Ganz einfach, indem man seine Hände faltet und *ihn* ruft. *Er* ist »*in uns*«, hat die Mutter gesagt... Also faltet sie gehorsam ihre zitternden Hände und beginnt zu beten: »Hier bin ich, Jesus...!«, ruft sie laut. »DU IN MIR, ich komme...! Hörst du mich...?«

Sie wartet! Nichts geschieht...! Ach, wie enttäuschend...!

Was hat die Mutter in ihr Buch geschrieben...? »*Halte dein Herz fest* auf »*mich*« gerichtet...!«

Plötzlich begreift Eva, was die Mutter meinte...! *An nichts ande-*

res denken! Nur an IHN...!« Das ist leicht gesagt! Doch wenn der ganze Körper klappert und man vor lauter Angst kaum denken kann, sieht alles anders aus! Eva bemüht sich, das zu tun, wozu die Zeit vorhin »zu schade« war! *Nur an Jesus denken...!* An nichts anderes...! Schon gar nicht auf den Körper achten...! Bloß nicht...! Immer nur das eine, sonst kommen alle Sorgen wieder hoch.

Ach, sie hat schon oft gebetet! Vor jeder schweren Mathearbeit oder den Examen, und ihre kleinen »Sorgen« waren meistens schnell vergessen. Doch so wie jetzt hat sie noch nie gebetet! Noch nie in ihrem ganzen Leben...! Aus der Tiefe ihres inneren Herzens.

»Jesus, die Mutter sagt, du wartest...! Sie sagt, wir brauchen nur zu bitten, und schon bist du da...! Sie sagt, du hörst uns immer...! Du sagst, wir sollen zu dir kommen...! Hier bin ich...! Ich suche dich... ich rufe dich... ich klopfe an und bitte dich...! Hilf mir, ich brauche dich so dringend...!«

Da sitzt sie nun auf ihrer Bettkante... ein kleines Häufchen Elend, zittert am ganzen Körper und betet, als gälte es das Leben und gäbe sonst weiter nichts zu tun...! Unbeirrt fährt sie fort und achtet streng auf ihre Worte. Wie eine alte Schreibmaschine klappern ihre Zähne aufeinander. Gedankenfetzen sausen vorüber wie vom Wind zerrissene Wolken. Hin und wieder bleibt mal einer hängen. Eva jagt sie unerbittlich fort.

»Hilf mir, Jesus, bitte...!« Sie hält sich fest an diesen Worten. Ganz aus weiter Ferne spürt sie so etwas wie einen sanften Frieden auf sich zukommen. Und dann auf einmal... völlig unerwartet und aus heiterem Himmel, ist er plötzlich da...!

Das kommt so überraschend, daß Eva es kaum fassen kann! Die dicke schwarze Sorgenwolke ist zerstoben wie ein 'Nichts', weggewischt und aufgelöst von einem Augenblick zum anderen...! Sie läßt sich einfach fallen in dieses unfaßbare Geborgensein, getragen von einem wunderbaren Strom. Sanft wird sie mitgezogen in die *vollkommene Ruhe. Nur Stille ist zu spüren...!* SIE IST...! Unbeschreibliche Freude bemächtigt sich ihrer, ein Glücksgefühl und eine Seligkeit, wie sie es in diesem Ausmaße noch nie zuvor in ihrem Leben kennengelernt und erlebt hat.

»DAS IST GOTT«... weiß sie plötzlich! *Jesus* hat ihren Ruf

gehört und ist nun da. Und mit ihm diese Ruhe, die er den Sorgenvollen verspricht, sobald sie zu ihm kommen.

Die Zeit steht still. Es gibt sie nicht...! Hat es sie je gegeben...? Eva ruht in diesem unfaßbaren Schweigen. Wie lange wohl? Sind es Minuten...? Sind es Stunden... oder nur Sekunden...? Sie weiß nur eines, dies ist GOTT und JESUS! Und beide sind sie EINS!

»O Mutter, bist du *deshalb* fortgegangen...?«

Wie Schuppen fällt es Eva von den Augen. *Dies* ist *ihre wahre Heimat! Dies ist »ihr wirkliches Zuhause«!* Mit einem Seufzer der Erleichterung läßt sie sich in diesen wunderbaren Frieden sinken, der sie sanft und tröstend und unendlich liebevoll umhüllt.

Dann hört ihr Denken auf...

Flucht

Eva braucht ein paar Minuten, um sich zurechtzufinden. Sie war in ihrer Mitte bei GOTT! Ganz deutlich fühlt sie dieses Unbeschreibliche noch immer in sich schwingen. Erstaunt betrachtet sie die Bibel...? Wieso liegt sie zu ihren Füßen...? Aufgeblättert mit den offenen Seiten nach unten...? Ach so, die ist vor einer ganzen Ewigkeit von ihrem Schoß gerutscht...! Zärtlich hebt sie ihr Büchlein auf und glättet behutsam die zerknüllten Seiten. Dabei fällt ihr Blick auf einen Satz: »*Das Himmelreich ist 'in euch'...*«
Wahrhaftig...!
Etwas verwirrt schaut sie sich um. Wo ist sie...? Immer noch an Bord natürlich! Ihre Finger tasten über ihren wirren Schopf. Der Zopf ist ab, daran ist nicht zu rütteln! Die Welt... die sogenannte Wirklichkeit hat sie nun wieder. Erschrocken spitzt sie ihre Ohren. Ist die 'Bremen' ausgelaufen...? Sind sie bereits auf See...? Ist es zur Flucht zu spät...? Doch kein Beben zittert durch den Leib des Schiffes, und auch das wohlvertraute Stampfen ist nicht zu vernehmen. *NOCH* stehen die Maschinen still, und Eva atmet auf...! Ein schneller Blick auf ihre Uhr. Nanu, die steht...! Ein zweiter Blick! O nein, sie geht...? Unermüdlich dreht der kleine Zeiger seine Runden. Wie kann das sein...? Was ihr wie Ewigkeiten dünkte, waren in Wirklichkeit nur wenige Minuten...!
»GOTT und Seine Gegenwart ist zeitlos!«, begreift sie. Nur hier im Außen rennt die Zeit! Zeit ist Angst, ist Kummer und Bedrängnis...! Dort wo sie war... in ihrer Mitte... ist nichts als Glück und Frieden! In Zukunft... so beschließt Eva, wird sie in jeder Not *sofort in ihre Mitte gehen*, komme, was da wolle!
Schon kommt die nächste Frage auf sie zugeschossen. *WAS* macht sie jetzt mit ihrem Strubbelkopf...? In diesem Aufzug darf sie sich an Deck nicht sehen lassen!
Die Lösung baumelt haargenau vor ihrer Nase! Die blaue Schirmmütze...! Genau das Richtige, um ihre Schandtat zu verdecken! Sie hat sie immerzu an Bord getragen, und jetzt ist sie ein wunderbarer Sonnenschutz...! Erleichtert stülpt Eva sie auf ihre ausgefransten

Borsten, klappt den Windschutz hinten runter und rückt den Schirm verwegen ins Gesicht. Nun sieht sie aus wie immer, und kein Mensch wird ihren Zopf vermissen! Bei schlechtem Wetter stopfte sie ihn sowieso fast immer unter ihren Kragen. Eilig säubert sie das Becken und versenkt die abgeschnittenen Haare in dem Klo. Bloß keine Spuren hinterlassen...! Ein letzter und diesmal beruhigter Blick in den Spiegel! Dann aber ab, zurück auf ihren alten Stammplatz an der Reling.

Genau zur rechten Zeit...!

Der Kapitän taucht auf, umringt von ein paar Herren in steifer, dunkler Uniform und seinen Offizieren. Die Hafenpolizei...! Sie tragen Dokumente in den Händen und sind in großer Eile. Ein schneller Blick auf Eva, und zufrieden nickt der Kapitän mit seinem Kopf! »Schon seeklar...?«, stellt er zufrieden fest. »Bald geht es los, mien lütte Deern...!«

Eva bleibt das Wort im Halse stecken. Sie kann nur nicken, und schon trabt der Schwarm vorüber Richtung Kapitänskajüte.

Oh, wenn er wüßte...!

Für einen wehmütigen Augenblick blickt sie ihm nach. Dann richtet sie ihr Augenmerk entschlossen auf die Mole. Hier hat sich das Bild mittlerweile gründlich gewandelt und bietet einen überraschend neuen Anblick. Gegenüber hat eine Fähre angelegt, ein riesengroßes Schiff von ungeheuren Ausmaßen. Dagegen ist die 'Bremen' nur eine unscheinbare kleine Laus. Aus dem riesigen Schiffsleib quillt ein nicht enden wollender Menschenstrom und ergießt sich lärmend über den Kai. Dazwischen quetschen sich die Autos nur mühsam durchs Gewühl.

Stirnrunzelnd betrachtet Eva dieses unglaubliche Ameisengewimmel, welches in unübersehbaren Scharen lärmend die Mole überschwemmt.

Das ist *'der Moment'*! Jetzt oder nie...! Denn »alles hat seine Zeit«! Ein Ausspruch ihrer Mutter, selbstverständlich aus der Bibel und dem Munde eines weisen Königs namens Salomo, und je nach Mutters Laune manchmal leicht verändert: Weinen hat seine Zeit, Lachen hat seine Zeit...! Lieben hat seine Zeit, Hassen hat seine Zeit...! Geborenwerden hat seine Zeit, Sterben hat seine Zeit...« (»*Schule*

hat seine Zeit, Spielen hat, später« Zeit! – Erfindung der Mutter).
Eva stutzt. War der Unfall 'ihrer Mutter *Zeit?*' Haargenau auf die Sekunde und Minute?

Dies jedenfalls ist *ihre Zeit!* Sie darf sie keinesfalls verpassen...!

Also los...! Angespannt späht Eva in die Menschenmenge. Wo stecken die beiden furchteinflößenden Soldaten mit ihren schauerlichen Waffen...? Links und rechts von der Treppe natürlich, und das nun schon seit Stunden! Doch nun haben sie ihre Rücken mitsamt den schweren Maschinengewehren gemütlich ans Geländer gelehnt und genießen in vollen Zügen das bunte Treiben und Gewimmel auf der Mole. Endlich einmal eine Abwechslung an diesem langweiligen Tag! Hingerissen schauen sie den flotten Mädchen nach, pfeifen anerkennend durch die Zähne und achten nicht im geringsten auf das kleine Mädchen, welches bereits seit dem frühen Morgen an der Reling herumturnt.

Der Augenblick ist günstig! Eva holt tief Luft, als wollte sie ins Wasser springen. Wie geölt witscht sie die Treppe runter, flitzt flink wie eine Maus zwischen den beiden Rücken hindurch und ist unversehens im Gewühl verschwunden.

So leicht ging das...!

Augenblicklich wird sie aufgesogen, geschubst, gedrängt, gestoßen und unerbittlich mitgezogen ins unbekannte Land.

Ein letzter Blick zurück! Die Aussicht auf die 'Bremen' ist versperrt durch ein paar schwarze muskulöse Typen, die stark nach Knoblauch und anderen unbekannten Dingen riechen. Sie erhascht gerade noch ein Stück von der Kommandobrücke, dann ist auch das vorüber...!

Eva stolpert vorwärts durch eine ohrenbetäubende Geräuschkulisse aus Schnattern und Gekreisch. Sie wird von allen Seiten geschubst, geschoben und gestoßen, bedrängt von umfangreichen Gepäckstücken und bis zum Bersten vollgestopften Einkaufstüten, immer nur das eine Ziel vor Augen: *Sie muß den Vater finden...!* Verwundert nimmt sie wahr, daß sie sich trotz des Trubels völlig ruhig und gelassen durch die Massen schiebt, als ob sie »außer der normalen Eva« auch noch »jemand anders wäre«! Fast heiter und gelassen nimmt sie alles wahr, als würde sie auf einem unsichtbaren Kissen schweben. Immer noch ist sie getragen von dieser starken Kraft, die sie vorhin erleben durfte! Nur einmal zuckt sie jäh zusammen, als dumpf und eindringlich das wohlvertraute Hupen eines Schiffes laut über das ganze Hafengelände dröhnt!

Die 'Bremen'!

Es trifft sie mitten in ihr Herz, daß es sich für einen kurzen Augenblick voll Schmerz zusammenkrampft. Noch zweimal wird sie hupen, um verspäteten Matrosen mit Landurlaub eine letzte Frist zu geben. Dann läuft sie aus. Ohne sie...!

Ehe Eva sich versieht, befindet sie sich außerhalb des Hafengeländes. Sie läßt sich über eine breite Straße schieben und noch ein gutes Stück darüber hinaus. Dann ist der Menchenstrom verschwunden. Er hat sich aufgelöst, ist weg... und keiner weiß wohin.

Sie ist frei! Vogelfrei in Südamerika...!

Die Sonne prallt vom Himmel und ist zum zitternden Gluthauch geworden. Eva wandert unter dem spärlichen Schatten hochgewachsener Königspalmen, die sich kerzengrade in den Himmel recken. Kaum spürt sie die unerträglich lastende Hitze. Sie blickt nicht links noch rechts, sondern versucht vorläufig noch, den Scharen der Entgegenkommenden ins Gesicht zu schauen. Vielleicht kommt doch noch und gerade jetzt ihr Vater...? Doch bald gibt sie es auf. Zuviel Neues fesselt ihren Blick.

Wieder ist das dumpfe Hupen laut und mahnend zu vernehmen. Eva verhält den Schritt und wirft einen scheuen Blick zurück. Der wohlvertraute blaugelbrot geringelte Schornstein der 'Bremen' ragt ein gutes Stück über die Hafenmauer hinaus und ist noch immer nahe. Er scheint ihr freundlich zuzuwinken: »Kehr um... Kehr um...! Noch ist es Zeit...!«

Eva unterdrückt die leisen Zweifel, welche angesichts dieses seltsam fremden Landes in ihr aufsteigen und reißt sich gewaltsam los. Fast traumwandlerisch bewegt sie sich vorbei an unbekannten Früchten, buntem Schmuck aus Kernen oder Holz und einer Vielzahl von Andenkenartikeln, angefangen bei puppenhaften Heiligenfiguren bis zu absonderlich geformten Musikinstrumenten. Unbekümmert ist alles auf dem Boden oder primitiven Tischen zum Verkauf geboten.

Schluchzend dringt rhythmische Musik an ihre Ohren, vermischt mit lautem Stimmengewirr, während sie wahllos über Schuhe, Gürtel, Wäsche, Schmuck und Krimskrams steigt.

Sie läßt sich einfach treiben und befindet sich unversehens vor einer kleinen 'barberia', wo der männlichen Bevölkerung des Landes Haar und Bart geschnitten wird. Einladend ist die Tür geöffnet. Eva zögert und bleibt stehen. Soll sie oder soll sie nicht...? Soviel steht fest, mit diesem Strubbelkopf darf sie nicht vor den Vater treten. Doch werden die hier ihre Dollar nehmen? Sie nimmt die Mütze ab und fährt schon halb entschlossen mit beiden Händen durch ihr zerfranstes Haar.

Und siehe da... schon läuft ihr Abenteuer weiter wie ein runder Ball, von unsichtbarer Hand gestoßen nach einem unbekannten Plan. Ein bestürzter Ausruf, und Eva zuckt zusammen. Ist sie gemeint? Na klar..! Vor der Tür steht der 'barbero', ein feingliedriger, dunkler Mann in einem weißen Kittel, ein vergnügtes Bärtchen auf der Lippe. Er zeigt auf ihren Kopf und ein bedauernder Wortschwall ergießt sich über Eva.

Die fährt entsetzt herum. Sie denkt, sie hört nicht richtig! Entgeistert starrt sie auf den kleinen Mann, und neuer Schreck stürzt auf sie ein...! Was spricht er da für eine sonderbare Sprache...?

Wie mit dem Hammer fühlt sich Eva vor den Kopf geschlagen. Soll das 'Spanisch' sein...? Wieso versteht sie nichts...? Was sie und ihre Mutter täglich miteinander übten und 'Spanisch' nannten, klang völlig anders! Das konnte man *verstehen...!* Dies Gerassel prasselt wie ein Sturzbach mit viel Geröll rasant auf sie herunter, und sie begreift auch nicht das kleinste Wort.

Erschüttert folgt sie dem kleinen Mann, der mit Mund und Händen ohne Bremse weiterredet, und sinkt zerschmettert auf den hohen Stuhl.

Vergebens zermartert sie ihr Hirn nach irgend einem Fetzen dieser Sprache. Es... ist... alles... weg...! Spurlos in den Untergrund gerutscht, als wäre nie ein Wort davon in ihrem Kopf gewesen! Das ist ein neuer Schock! Vergessen ist vorübergehend auch der Mann mit seinem Redeschwall. Nun steht er plötzlich vor ihr... *schweigend...* mit einer Tasse in der Hand.

»Toma...«, sagt er freundlich.

Zutiefst berührt schaut Eva auf. »Toma...« hat er gesagt. Nur dieses *eine Wort*, und das hat sie verstanden! »Nimm« heißt es und »trink...« Dann ist es doch wohl Spanisch, was er redet. Andächtig nimmt sie die Tasse in die Hand und schlürft genußvoll Schluck für Schluck den heißen, süßen, dünnen Kaffee. Das ist Lebenselexier...! Trotz der Hitze...! Oder gerade deshalb? Neuer Mut rinnt durch Evas Adern. Eine Träne rollt langsam ihre Wange herunter. Es tut so gut, wenn jemand freundlich ist...!

Ob der Kaffee sehr viel kostet? Sie zieht die Dollarnote aus der Tasche. Doch abwehrend hebt der 'barbero' seine Hand. Erst die Arbeit, *danach kommt die Bezahlung...!* Es ist einfach Ehrensache, diesen verschandelten Kopf nicht ungeschoren weiterlaufen zu lassen...!

Er hängt ihr eine 'bata' (Kittel) um den Hals, greift zu Kamm und Schere und beginnt voll Eifer zu hantieren. Und nun *spricht* er nicht mehr, er *singt!* Abwechselnd summt und singt er, pfeift und klappert mit der Schere und ist völlig hingegeben an sein Werk. Tief dringt sein Lied in Evas Herz. Die weichen Töne rühren etwas an, was sie bereits vergessen hatte. Wollte sie sich nicht in jeder Not *sofort* an Jesus wenden...? Doch kaum geschieht etwas, vergißt sie ihre Mitte, und Angst und Not stürmen wieder auf sie ein. Weshalb nur kann sie nicht in ihrer Mitte bleiben...?

Eine Ahnung überkommt sie, daß dies ein schweres Unterfangen ist! Geht das überhaupt...? Kann man immerzu an GOTT und Jesus denken, ganz gleich, wo man gerade ist und was man tut...? Vielleicht ist das völlig unmöglich, jedenfalls für so ein kleines und gewöhnliches Kind, wie sie eines ist? Was würde ihre Mutter dazu sagen?

»Je kleiner desto besser...!«, schießt es durch Evas Kopf. Das ist wieder einmal typisch Mutter, und hellauf muß sie lachen. Und was sagt Jesus...? Der sagt ganz einfach: »Bittet, so wird euch gegeben...!«

Ihr Kopf wird unterdessen wieder einmal einer gründlichen Verwandlung unterzogen. Die zweite innerhalb von kurzer Zeit. Staunend schaut Eva zu, wie links und rechts die wilden Büschel fallen. Darunter kommt ein überraschend hübscher Jungenkopf zutage. Mit wachsender Begeisterung betrachtet sie ihr Spiegelbild.

Ein paar Worte des Liedes wiederholen sich. »*Te amo*« und »*mi corazon*« (ich liebe dich, mein Herz!) Auch sie beginnt, sich wieder selbst zu lieben mit diesem flotten Haarschnitt, der sie jedenfalls äußerlich in einen »beinahe« waschechten Jungen verwandelt. Und ihr Herz...? Das liebt sie sowieso, weil GOTT jetzt in ihm wohnt, sofern sie es nur zuläßt und erlaubt. Und ebenso liebt sie das Herz dieses fröhlichen Sängers, der wahrhaft ein Künstler ist in seinem Fach und sie geschickt und eifrig wieder in ein ansehnliches Menschenkind verwandelt. Ob er wohl weiß, daß GOTT in seinem Herzen wohnt und er IHN durch seine Stimme weitergibt...?

Weshalb fühlte sie sich eben noch so traurig und verlassen...? Nicht nur durch ihren struppigen Anblick, sondern weil sie GOTT verloren hatte! Doch man kann IHN nicht verlieren, ER ist *in ihr!* Man kann Ihn nur *vergessen* wie die Sprache, die in ihr ruht und eines Tages wieder hochkommt !

»Wo bist du...?«, flüstert sie, während das ungewohnte Geräusch der Rasiermaschine in ihrem Nacken surrt und kitzelt. »Bist du noch immer *in mir* und *wartest?* Vergib mir, daß ich dich vergaß...!« Und wieder spürt sie diesen warmen Liebesquell wie ein mit Lebensfreude angefüllter Luftballon in sich aufsteigen. Sie kann nicht anders, sie *muß* nun wieder fröhlich sein. Da ist nichts zu *ver*geben! Nur *hinbegeben* muß sie sich!

»Listo« (fertig)...! Der Haarschnitt ist vollendet! Der 'maestro' (Meister) drückt ihr einen Spiegel in die Hand, und Eva schaut sich hingerissen an. Wie ein eitler Pfau dreht sie den Kopf nach allen Seiten und kann nicht genug von ihrem flotten Anblick kriegen. Na, der Vater wird sich wundern! Statt eines kleinen Mädchens hat er jetzt einen Jungen! Nicht mal der Käpten kann sie jetzt erkennen, jedenfalls nicht auf den ersten Blick! Doch vielleicht auf den zweiten...

Ihr Selbstbewußtsein klettert zugleich mit ihrem erfreulichen Anblick wie ein Barometer in die Höhe. Sie fühlt sich aufgekratzt und ist bereit zu neuen Taten. Was so ein bißchen Haarschnitt ausmacht...! Zugleich mit ihrem Wohlbefinden geht ein Schubfach auf, und leicht wie eine Seifenblase steigt »blubb« ein Wort an die Oberfläche ihres Denkens. Genau *das Wort* im richtigen Moment! »Gracias...!«, sagt Eva und strahlt den Zauberkünstler mit ihren hellen Augen dankbar an. Gerührt packt der sie an ihrem Schopf, dreht ihn hin und her und sagt zufrieden: »Fabuloso...!«

»Fabuloso...?«, grübelt Eva, »fabuloso... fabuloso...?« Erneut kommt eine Seifenblase angesegelt und zerplatzt mit einem »fabelhaft« in ihrem Oberstübchen. Hoppla... wenn die Verständigung so »fabuloso« klappt, dann kann sie diesen freundlichen Mann vielleicht sogar um Hilfe bitten...! Sie stutzt. »*Bittet, so wird euch gegeben werden!*« Er ist nicht Jesus, natürlich nicht, doch trägt er GOTT in seinem Herzen! Auch wenn er es vielleicht nicht weiß, ist er *sein* Helfer!

Eva reicht dem netten Mann die Dollarnote und erhält mit einer kleinen Verbeugung eine ganze Handvoll Scheine zurück. Offenbar besitzt sie ein beträchtliches Vermögen. Sie stopft es in die Hosentasche, fischt den Umschlag heraus und deutet auf das Wort »Caracas«. »Mi papá...«, erklärt sie mit ungeübter Stimme, »der wohnt nämlich in Caracas«!«

Ein erneuter Wortschwall prasselt nieder. Weshalb muß dieser Mensch nur immerfort so hastig reden...? »Cará...ca«...?«, fragt ihr neuer Freund, zerhackt das Wort in scharfe Stücke und zeigt mit ausgestreckter Hand auf einen großen Straßenkreuzer, der gerade in diesem Moment vorüberschaukelt. Sein Fahrer schreit das gleiche Wort zerfetzt mit lauter Stimme durch die Straße. Sehnsüchtig blickt ihm Eva nach.

»No te preocupes, viene otro« (keine Sorge, gleich kommt der nächste...)

Eifrig zieht der »barbero« Eva auf die Straße, stoppt den nächsten Straßenschlitten, und ehe Eva sich versieht, sitzt sie bereits auf dem Rücksitz und braust auf und davon. Sie reckt den Hals, winkt einen Gruß, erhascht noch einen letzten Zipfel von der 'Bremen' und läßt sich dann mit einem Seufzer der Erleichterung in das verschlissene Polster sinken.

Zutiefst verwundert staunt sie über dieses rätselhafte Leben, von dem die Mutter meint, es sei ein 'Spiel'. Es scheint unmöglich, seinen verschlungenen Wegen auf die Spur zu kommen! Was schlägt es oft für sonderbare Kapriolen! Manchmal ist es total verhext! Je mehr man sich bemüht, desto heftiger schießt alles quer, als ob man gegen unsichtbare Mauern rennt! Man kämpft und kämpft und rührt sich nicht vom Fleck! Dann wieder läuft plötzlich alles wie geschmiert, ohne daß man den kleinsten Finger rührt wie heute nach dem Beten! Fast als ob 'es' so geschehen *sollte!* Steckt dahinter eine Absicht? Ein ganz bestimmter Plan? Darf das Leben vielleicht gar nicht »nach dem eigenen Willen« laufen? Hat wirklich alles *seine Zeit...*? Danach und auch davor läuft nichts...?

»Cará..ca...!«, schallt es weithin durch die Straßen. Die Passagiere wechseln. Der Wagen ist ein Sammelunternehmen und hält und fährt und fährt und hält. Schließlich ist er gerammelt voll. Eng an eine Frau gequetscht erwacht Eva aus ihren nachdenklichen Träumen. Scheu betrachtet sie die wunderschöne, kupferbraune Hand der Nachbarin mit ihren leuchtend roten Fingernägeln. Ihre Augen wandern aufwärts über den sammetbraunen Hals zu dem freundlichen Gesicht, und ihre Blicke treffen sich. Fröhlich lacht die Frau sie an, und ihre weißen Zähne blitzen. Völlig ungeniert und mit unverhohlener Neugier mustert sie Eva von oben bis unten.

»Como te llamas (wie heißt du)...? Quantos años tienes (wie alt bist du) ...? Adónde vas (wohin willst du)...? De dónde vienes (woher kommst du)...?« Wie ein Feuerwerk schießen ihre Fragen, dabei verschluckt sie mindestens die Hälfte, aber dennoch klingt es weich und zärtlich wie das Gurren einer Taube. Sie liebt das Leben, das kann man deutlich sehen, und sie sieht so aus, als ob sie Kinder hätte. Sicher zwei oder mehr? Hilflos hebt Eva ihre Hände, um anzuzeigen, daß sie kein Wort versteht.

Der Fahrer unterbricht die einseitige Unterhaltung. Fordernd streckt er seine schwarze Hand nach hinten zum Kassieren. Mit der anderen jongliert er seinen Karren geschickt durch den Verkehr. Falls einer nicht bezahlt, ist »jetzt die Zeit gekommen«, ihn auszuladen bevor die Autobahn beginnt.

Eva zieht ihr gesamtes Vermögen aus der Tasche. Zweifelnd betrachtet sie die unbekannten Scheine, zögert einen Augenblick und legt sie dann mit einer bittenden Gebärde der netten Nachbarin auf ihren Schoß.

»Ay papaito, tanto...?«, ruft diese voller Schrecken. Mit einem energischen »espera« (warte), klopft sie dem Fahrer auf den Rücken. Der zieht gehorsam seine Hand zurück, und sie beginnt mit dem Sortieren. Hingerissen schauen alle Passagiere zu. Seltsam, Eva hat den ganzen Schreckensruf verstanden! Vielleicht, weil ihre Nachbarin so aufgeregt nach Atem schnappte! »Ay Papachen (damit ist sie gemeint), soviel...?« Und ein strenges »warte...!«, zu dem Taxifahrer.

Eifrig schwatzend reicht sie dem Fahrer seinen Anteil und gibt Eva den noch immer beträchtlichen Rest zurück. Beinahe ehrfürchtig berührt sie dabei deren Hand und bricht in laute Begeisterung aus. »Tan blanco...! Y estos ojos tan azules (so weiß...! Und diese blauen Augen...!«), daß sich wahrhaftig alle zu ihr drehen und der verdatterten Eva schnatternd Haut und Haar befühlen, als wäre sie ein sonderbares Tier. Verschüchtert kriecht sie in sich zusammen, bis man endlich von ihr abläßt und sie nun ihrerseits verstohlen die so seltsam andersfarbigen Fahrtgenossen mustert.

Der Fahrer dreht auf. Er holt noch eine Menge raus aus seiner alten Klapperkiste und jagt mit halsbrecherischer Geschwindigkeit die Bergstraße hinauf. Vor lauter Enge kommt Eva kaum dazu, irgend etwas von der Landschaft wahrzunehmen. Sie weiß nur, daß sie zu ihrem Vater fährt, und in ihr kämpft Jubel mit Besorgnis. Weder sieht sie unter sich das blaue Meer noch die fast kahlen, braungebrannten Berge. Vor ihnen öffnet sich ein schwarzer Schlund und schluckt sie auf mitsamt der Straße. Kaum sind sie durch, so öffnet sich bereits der nächste.

Ein letzter Tunnel, und sie sind in Caracas. Hautnahe gleiten sie durch die Elendshütten, die wie kleine bunte Streichholzkästen an den Bergen kleben. Vor ihnen liegt die Stadt mit einem Netz von Autobahnen, schwingenden Brücken, gewaltigen Hochhäusern und seinem stockenden Verkehr. Der Fahrer fährt mit vollem Einsatz. Statt zu bremsen gibt er in den Kurven Gas, überholt mit kreischenden Reifen und biegt immer wieder überraschend ab. Dabei bremst er ohne Hinweis, daß die Fahrtgenossen gegen Tür und Fenster fliegen. Arm und Oberkörper hängen draußen, die Hand zeigt deutlich an, sobald er sich zur anderen Seite drängelt. Er schimpft mit unverhohlenem Vergnügen, kennt sein Fahrzeug bis auf den kleinsten Millimeter und genießt das Ganze als ein kleines Abenteuer.

Unvermittelt stoppt er an einer kleinen 'plaza', und alle steigen aus. Mit einem »que Dios te cuide, papaito...! (Gott behüte dich, Papachen) verabschiedet sich die nette Fahrtgenossin, streicht Eva freundlich übers frischgeschnittene Haar und geht fort.

Erschrocken starrt ihr Eva nach. Mit dem Mute der Verzweiflung stürzt sie hinterher und packt sie gerade noch an einem Zipfel ihrer Bluse. Flehend schaut sie zu ihr auf, hält des Vaters Umschlag unter ihre Nase und zeigt mit einer bittenden Gebärde auf die Adresse.

»Que quieres tu, papá...? Te puedo ayudar...? (was möchtest du, Papá? Kann ich dir helfen...?)«

Fast kommen Eva die Tränen vor Erleichterung, und heftig nickt sie mit dem Kopf. Diese nette Frau ist sicher auch so eine 'Assistentin GOTTES'! Eifrig deutet sie auf die Adresse. Dort will sie hin! Wie macht man das...?

Die Frau begreift. Unverzüglich dreht sie Eva um, geht mit ihr zurück zum Taxifahrer und erklärt ihm wortreich deren Anliegen. Umständlich studiert der die Adresse, schüttelt energisch seinen Kopf, und wieder prasseln viel zu schnelle Fragen auf sie nieder. Offensichtlich gibt es Schwierigkeiten, und Eva hebt hilflos ihre Hände! Liegt es vielleicht am Geld...? Schnell zieht sie ihre Scheine aus der Tasche und wedelt sie vor seiner Nase.

Das wirkt Wunder! Sofort stoppen alle Fragen! Der Fahrer wirft einen ergebenen Blick zum Himmel, zuckt die Achseln und wechselt mit einem schnellem Griff das 'por puesto' (pro Sitzplatz) gegen 'Taxi' aus. Dann setzt er sich ans Steuer und bedeutet Eva, Platz zu nehmen. Doch jetzt greift 'GOTTES Helferin' energisch ein. Laut schnatternd nimmt sie die Angelegenheit persönlich in die braunen Hände und handelt wortreich und energisch den Preis herunter. Ein letztes Mal zeigt sie auf den Absender, um sich zu vergewissern, daß dies ihr Fahrtziel ist. Eva nickt entschlossen mit dem Kopf, und nun zählt sie Eva genau den Fahrpreis in die Hand, steckt den Rest in deren Tasche und bedeutet ihr, »nicht vor dem Ziel« zu zahlen. Dann tätschelt sie ihr liebevoll den Kopf, ein leichter Rosenduft bleibt haften, und schon rasen sie mit quietschenden Reifen von dannen.

Wieder geht es durch verstopfte Straßen. Endlich zeigt der Fahrer mit dem Finger auf ein trostloses Gebäude und hält direkt vor seiner offenen Tür.

Das soll die schöne Villa sein...? So ein schäbiger und grauer Kasten mitten in der Stadt...? Wo sind die grünen Bäume und der schöne Garten...?

»Quinta Crespo...?«, fragt sie voller Zweifel. Ihre Stimme ist belegt.

Der Fahrer nickt.

Hinter ihnen hupen Autos. Laute Rufe, heftiges Klopfen auf die Karosserien. Der Fahrer macht eine ungeduldige Bewegung: »Nun mach' schon...! Los...! Steig endlich aus...!«

Fordernd wedelt seine große Hand vor ihrer Nase. Eva gibt ihm das Geld und steigt beklommen aus. Bremsenquietschend verschwindet das Taxi um die nächste Ecke, und Eva geht langsam die Stufen hinauf, als hingen Bleigewichte an ihren Füßen.

Was sie sieht, bestätigt ihre düstere Ahnung.

Eine Halle...! Menschen...! Schalter, hinter denen Frauen sitzen...! Eine Menge kleiner Fächer an den Wänden...! Noch zögert sie und kann nicht glauben, was sie sieht. Dann kommt das schreckliche Begreifen. DIES IST EIN POSTGEBÄUDE...!

»Quinta Crespo« ist die »*Postadresse*« ihres Vaters! Und die Nummer ist... sein »*Postfach*«!

Er selber aber... wohnt natürlich ganz woanders!

Zerschmettert sinkt sie gegen eine Wand.

Allein

Ein grausames Erwachen reißt Eva aus ihrem Schock. Sie braucht eine ganze Weile, um dies Geschehen wirklich zu begreifen. Die Beine wackeln, ihr ganzer Körper zittert. Der Kopf klopft und dröhnt, als wäre er am Platzen, und ihr Herz schlägt dumpf und schwer. Das Denken bereitet ihr unsägliche Mühe. Noch halb benommen beginnt sie reihauf, reihab die Suche nach dem Postfach ihres Vaters. Sie findet es... ein kleines graues Schubfach etwas über Augenhöhe zwischen all den anderen Fächern. Eva stellt sich auf die Zehenspitzen, legt Kopf und Hände an das kühle Metall, als könnte die Berührung ihrer Stirn und ihrer Fingerspitzen Einlaß gewähren ins verschlossene Paradies.

Ein Mann in grauer Uniform rasselt mit dem Schlüsselbund, rührt Eva an und bedeutet ihr hinauszugehen. Feierabend! Die Post macht zu...! Alle Menschen haben sie bereits verlassen, nur sie steht hier verloren gegen eine Wand gelehnt und weiß nicht mehr *wohin*.

Mechanisch setzt sich Eva in Bewegung. Sie geht wie eine aufgedrehte Puppe, verläßt dies unfreundliche Gebäude blind und ohne Ziel... taucht unter und verschwindet im wirbelnden Menschenstrom. Automatisch setzt ein Fuß sich vor den andern. *Wohin...?* Sie weiß es nicht.

Was da geschehen ist, geht über jegliches Begreifen.

Sie geht und geht und geht...! Weiter, immer weiter...! Ihre Beine scheinen unermüdlich. Irgendwie tut es trotz aller Ungewißheit und Verzweiflung gut, sich zu bewegen. Kaum nimmt sie wahr, daß von einem Augenblick zum anderen die Nacht hereingebrochen ist. Sie durchwandert endlos lange Straßen im Schein der Stadt, die niemals dunkel wird. Ihre Füße gehen automatisch. Sie gehorchen einem inneren Befehl, der unablässig fordert: Weiter... immer weiter...! Als könnte sie... solange sie nur weitergeht, dem schrecklichen Geschehen entrinnen.

Irgendwann... ein jegliches Gefühl für Zeit ist weg... verweigern ihre Füße den Gehorsam. Bis hierhin... zum Rande einer Grünanlage, haben ihre Beine sie getragen. Jetzt weiß und fühlt sie nur noch eines: Sie ist müde...! Sterbensmüde...! Auf der Stelle könnte sie umfallen und schlafen.

Wohin in dieser fremden Stadt...?

Hinter ihr braust nach wie vor Verkehr. Sie steht vor einem festen Maschenzaun, und ihre Augen suchen sehnsüchtig das Grün des großen Stadtparks, dessen hohe Bäume immer wieder mal im Licht der Autos friedvoll leuchten. Wenn sie dort hineinkönnte...! Aber der Zaun ist vorsorglich mit festem Stacheldraht versehen und völlig abgesichert gegen solche Art von Vagabunden wie sie nun einer ist. Hinüberklettern kann sie nicht! Fest preßt Eva ihren Körper an das harte Gitter und drückt verlangend Nase und die Augen in die Löcher.

Ein jäher Schmerz läßt sie zusammenzucken. »*Irgend etwas*« piekt an ihrem Bein... Sie schaut hinunter. Ein loses Stück vom Zaun hat sich durch ihre Hose in das Fleisch gebohrt. Sie bückt sich und befreit ihr Bein sowie die Hose und macht dabei eine überraschende Entdeckung! Im Zaun befindet sich ein Schlitz...! Nicht nur ein Schlitz, ein regelrechtes Loch...! Ein Durchschlupf...! Von irgendwelchen Könnern durchgetrennt und unauffällig zugehakt genau nach Maß für ihre Größe. Und das direkt vor ihrer Nase...! Was für ein Glück, daß dieser segensreiche Haken sich in ihre Wade bohrte, sonst hätte sie dies gut getarnte Mauseloch niemals gefunden...!

Wieder mal ein Wunder genau zur rechten Zeit...!

Ohne nachzudenken klappt Eva schleunigst diese offensichtlich eigens für sie angefertigte Geheimtür auf und schlüpft hindurch. Sorgfältig hakt sie die Maschen wieder ineinander und befindet sich nun in dem heißersehnten Park. Befreit atmet sie auf. Hier sind Bäume, Gras und Pflanzen...! Keine Hektik, keine Autostraßen...! Alles liegt im tiefen Frieden...! Jetzt braucht sie nur noch einen Platz, um den erschöpften Körper langzulegen, ohne daß irgendwelche Krabbeltiere darauf herumspazieren.

Als würde sie auf Eva warten, steht ein paar Schritte weiter einladend eine Bank. Obendrauf liegt eine alte Zeitung. Eva räumt die losen Blätter beiseite, plumpst wie ein Stein aufs harte Holz und streckt erschöpft die müden Glieder aus. Ihre Füße sind geschwollen, die Beine schmerzen, und ihr Herz ist ausgebrannt und leer.

Sie ist zu müde, um zu schlafen und zu traurig, um zu weinen. Mit tränenlosen Augen starrt sie in den Sternenhimmel und auf den dicken gelben Mond. Fast ist er voll und liegt behaglich auf dem Rücken, statt aufrecht seine Bahn zu ziehen, wie es sich für ihn gehört. Vielleicht hat auch ihn die Hitze müde gemacht, und er muß ebenfalls ein bißchen ruhen, überlegt Eva und wundert sich, daß sie überhaupt noch denken kann.

Bis hierhin haben ihre Beine sie getragen. Und nun...?

»Wo bist du, Vater...?«, fragt sie zagend und betrachtet schaudernd eine schwarze Wolke, die unvermittelt den gesamten Mond mitsamt dem hellen Licht verschluckt. Plötzlich ist alles dunkel... ohne Hoffnung... ohne Licht...! Genauso ist auch ihr zumute...!

»Ist dir etwas Schlimmes zugestoßen, Vater?«, bangt sie. »Weshalb hast du mich nicht geholt...?«

Keine Antwort.

Wie soll sie ahnen, daß ihr Vater in unendlich weiter Ferne auf einem angerissenen Flugzeugflügel hoch oben in den Urwaldkronen thront, genau wie sie den Mond betrachtet, verzweifelt an der Pfeife zieht und sich voll Sorgen immer wieder fragt, was nun aus seiner kleinen Tochter wird, die er nicht holen konnte.

Genau das gleiche geht in Evas Kopf herum. »Was soll nun aus mir werden...?«, fragt sie bangend in die dunkle Nacht. Furcht springt sie an wie eine klebrig schwarze Masse, kriecht unaufhaltsam an den Beinen hoch... immer höher... und deckt unerbittlich den ganzen Körper und auch ihre Seele zu, daß sie keuchend um Luft und Atem ringt. Grauen vor dieser Dunkelheit, vor dem Alleinsein, vor all dem Unbekannten, *ohne* Vater, *ohne* Mutter, *ohne* irgendeine Menschenseele... einsam und verloren...

»Mutter...«, röchelt sie.

»Was immer hilft ist... *beten!*«, würde ihre Mutter sagen. Und gleich als nächstes: »Hast du dich schon *bedankt...?*«

Bedankt...? Eva schnauft verächtlich durch die Zähne. *Dafür...* daß sie total verlassen ohne Eltern, ohne Obdach unter fremdem Himmel auf einer harten Bank in einer unbekannten Stadt die Nacht verbringt, umgeben von den seltsamsten Geräuschen...? Ihr Kopf dröhnt dumpf und schwer, und sie ist voller Angst...! Dennoch faltet sie nun doch gehorsam ihre Hände und macht zumindest den Versuch. Mit versagender Stimme stammelt sie das Gebet der Bibel, welches die Mutter sie bereits vor Jahren lehrte.

Das Vaterunser...!

»VATER unser, der DU bist im Himmel...«, beginnt sie. Seltsam verloren klingt ihr Flüstern in dieser gespenstischen Nacht, doch tapfer macht sie weiter: »DEIN Reich komme... DEIN Wille geschehe...«

Unvermittelt bricht sie ab. Fest preßt Eva ihre Lippen aufeinander. *DEIN WILLE geschehe...?*

Ist dies *GOTTES WILLE..?* Kann GOTT so hart und grausam sein? Zuerst nahm ER die Mutter fort, weil das offenbar *SEIN WILLE* war, und jetzt hat auch der Vater sie verlassen...!

Verbissen blickt sie in den dunklen Himmel.

Aber hat sie nicht versprochen, SEINEM WILLEN zu gehorchen? Eva ist, als höre sie der Mutter Stimme: »GOTTES WILLEN tun ist schwer, aber *noch schwerer ist es, SEINEN WILLEN nicht zu tun... weil wir dann ohne SEINE HILFE ganz alleine durch das Leben gehen...!«*

Wieder stockt Eva. Ist sie denn überhaupt *allein...?* Spürte sie nicht die Nähe ihrer geliebten Mutter? Und durfte sie nicht gerade heute diese unbeschreibliche Gottesnähe *wiederholt erleben...?* Wurde sie nicht wie von unsichtbarer Hand geführt...? Selbst jetzt zu dieser Bank...? Hat sie... schon wieder... Mitleid mit sich selbst? O weh! Wie schnell hat sie vergessen, daß es den EINEN gibt, der sagt: »Kommet her zu mir...!«

Energisch versucht Eva, diese widerliche schwarze Masse fortzuscheuchen, die wie ein dichtes Spinngewebe immer enger an ihr klebt, sie einschnürt und erstickt. Entschlossen faltet sie erneut die Hände. Todmüde wie sie ist und dennoch überwach... gepeitscht von dieser Angst... beginnt sie laut zu beten: »Lieber GOTT...«

Doch wieder gerät sie ins Stocken. Ist GOTT *lieb...?* Der Gott von heute scheint ihr eher *furchtbar! Lieb* war vielleicht ihr Kindergott, zu dem sie früher ihre kleinen Sorgen trug. ER und ES ist viel zu groß, um *»lieb«* zu sein. Viel zu gewaltig, als daß sie... die kleine Eva... IHN je erfassen und begreifen und auch nicht im geringsten ahnen und verstehen kann, warum sie unter diesem fremden Sternenhimmel auf einer harten Bank allein die Nacht verbringt. Nein, ER ist nicht »*lieb*«! Und dennoch ist er... LIEBE ! Sonst wäre ER nicht Mensch geworden und würde nicht voll Liebe und Verstehen sagen: »Kommet her zu mir...!«

Unversehens spürt sie diese Liebe wie eine weiche, warme Welle auf sich zukommen... aus dem Nichts! Ein liebevoller Mantel, der sie voll Trost umschließt und wieder einmal Angst und Sorgen in Geborgenheit verwandelt.

Sie ist beschützt...! Von einem Augenblick zum andern! Eva atmet auf. Sie ist so dankbar, so unendlich erleichtert und befreit, daß plötzlich ihre Tränen schießen. Und dabei hat sie weiter nichts getan als nur versucht, durch ihren Sorgenwust hindurch nach GOTT zu rufen! Noch nicht mal das...! Sie hat lediglich an IHN »*gedacht*«! An Jesus, weil ER nahe ist und GOTT ihr fern und streng erschien. Und schon »*ist sie in dieser seligen Geborgenheit!*« Kein Wunder ist geschehen! Ein Windstoß etwa, der sie im Nu zu ihrem Vater trägt. Nichts hat sich äußerlich verändert. Nach wie vor liegt sie auf einer ungemütlich harten Bank in einem fremden Park in einer unbekannten Stadt. Doch nun ist alles gut! GOTT IST DA...! Immer und für jeden Menschen! Sie braucht noch nicht mal umständlich und lange Zeit nach IHM zu rufen! Anscheinend reicht es schon, an IHN zu *denken!*

»So einfach...«, murmelt Eva und läßt ungehemmt die Tränen fließen. Ein Schauer des Begreifens schüttelt ihr ganzes Sein.

Mußte alles dies geschehen...? *Sollte* sie durch diese Tiefen gehen...? War es *Absicht*? Wurde sie hindurchgeführt, um immer wieder GOTT zu suchen? Muß man erst in tiefe Not geraten, um IHN zu rufen und IHN dann auch zu *finden*?

Alle Sorgen und die Ängste sind wieder einmal wie vom Sturmwind weggefegt. Fortgeblasen, als hätte es sie nie gegeben. Eine gewaltige Erkenntnis überwältigt Eva. Es gibt *entweder* Angst, oder es gibt GOTT! Beides zusammen geht nicht. MIT GOTT KANN ANGST NICHT EXISTIEREN...!

Das ist der große Augenblick, in welchem Eva sich zum zweiten Mal für GOTT entscheidet! Endgültig...! So glaubt sie jedenfalls und weiß noch nicht, *wie* schwer das ist und... daß es KAMPF bedeutet!

Zum dritten Male faltet sie jetzt ihre Hände und beginnt zutiefst bewegt zu beten: »Danke, Jesus, daß du Mensch geworden bist wie wir... daß du auf hartem Boden ohne Schutz und Dach geschlafen hast wie ich und viele Menschen und unsere Not verstehst... daß auch du verlassen warst... noch mehr als wir... den man zu Tode quälte...! Danke, daß wir dich rufen dürfen...! Und daß du wirklich *kommst und bei uns bist* wie jetzt bei mir...! Danke für das Loch im Zaun und für die Bank... und... für die ganzen letzten Wochen...! Bitte, sei bei Vater und bei Mutter... beschütze auch den Kapitän mit Schiff und Mannschaft, und bitte, verlaß mich nicht...! Amen und vielen Dank...!«

Der Mond scheint durch die Wolken, die Nacht ist plötzlich hell und klar. Eva gähnt zufrieden als läge sie daheim in ihrem weichen Bett. Sie dreht sich auf die Seite und schläft unverzüglich ein.

Jäh wacht sie auf und blinzelt. Eben noch... gerade eben war die Mutter da, ganz nahe... und hat mit ihr gesprochen! Deutlich klang ihr leises Lachen, und immer noch hängt ihre wunderbare Gegenwart wie der Dufthauch seltener Blüten in der Luft.

Schlaftrunken greift Eva nach der Zeitung und deckt sich mit den losen Blättern zu. Sie friert! Es macht nichts, daß sie auf einer harten Bank im Freien liegt, wenn nur die Mutter nahe ist und mit ihr redet. Was sagte sie...? Es ist, als ob die Worte und ihr leises Lachen noch immer in ihr schwingen. Eva schließt die Augen und gibt sich mit ganzer Seele dem kostbaren Augenblick des soeben Erlebten hin. Dabei versucht sie, sich der Worte ihrer Mutter zu erinnern. Und plötzlich kommt's ihr wieder. Ein merkwürdiger Satz! Er klingt wie eine Mahnung:

»Jeder Dienst ist Gottesdienst...! Auch das Schuheputzen, Eva!«

Schuheputzen...? Na ja, warum nicht...? Eva hat nichts gegen Schuheputzen und dreht sich auf die Seite. Die Zeitungsblätter verbreiten eine angenehme Wärme und Müdigkeit lullt Eva ein. Doch der nächste Traum reißt sie erneut aus ihrem Schlummer. Wieder ist die Mutter da... zum Greifen nahe! Doch diesmal spricht sie Dinge, die Eva beim besten Willen nicht versteht und die sich dennoch tief in ihr Gedächtnis graben, um zu gegebener Zeit ans Tageslicht zu

kommen:
»Merk dir, Eva: »Ein guter Lehrer lehrt nicht, was er weiß! Ein guter Lehrer lehrt die andern, *wie sie dieses Wissen* in sich *finden...!*«
»Meinst du mich, Mutter? Ich bin doch kein Lehrer...!«, lallt Eva halb im Schlaf. »Ich... ich muß doch erstmal... selber lernen...!«
»Lehre deine Freunde! Dabei lernst du selbst...!«
»Ich habe keine Freunde...!«, protestiert Eva zwischen Schlaf und Wachen.
»Du wirst mehr Freunde haben als Finger an deiner Hand...!«
Noch ehe Eva Zeit hat, über diese seltsame Bemerkung nachzugrübeln, ist sie bereits im nächsten Traum. Sie hockt im Kreis mit einer Handvoll brauner Buben. Ein jeder dieser Jungen sitzt auf einem seltsam rustikalen Kasten mit einem festen Handgriff in der Mitte. Sie aber, Eva, liest laut aus ihrer Bibel vor, und hinter ihr steht die geliebte Mutter. Sie lächelt höchst zufrieden und hört zu! Freundlich nickt sie mit dem Kopf: »Begib dich auf die Suche, Eva! *In dir* und *in der Bibel* wirst du alles finden...!«
»Ich...«, murmelt Eva schlaftrunken, »auf die Suche, Mutter...? Natürlich gern... wenn du es möchtest...!« Sie stopft sich eine Zeitung in den kalten Rücken und versinkt endgültig in die unergründlichen Tiefen eines festen und gesunden Schlafes.

Ein Loch im Zaun

Ein unbeschreibliches Spektakel weckt Eva aus dem Schlaf. Nie gehörte Stimmen und Geräusche dringen lärmend an ihr Ohr. Dumpfes Rufen... Trommeln... Klopfen...! Keckern... Kreischen... Töne, die wie Tropfen fallen...! Wunderschöne Melodien...! Ein ganzes Symphonieorchester begrüßt mit ungeheurem Lärm jubelnd die aufgehende Sonne und reißt Eva aus dem Schlummer.

Erstaunt sperrt sie die Augen auf. Träumt sie, oder ist sie wach?

Verschlafen reckt sie ihre steifen Glieder, hebt den Kopf und betrachtet sprachlos den in feuerroter Glut entflammten Himmel! Wo ist sie...? Schlagartig wird ihr klar, wo sie sich befindet. Und plötzlich weiß sie ganz genau, was zu tun ist. Deutlich und klar steht es vor ihren Augen: Sie wird ein Taxi nehmen und zum Hafen fahren. Dort wird sie warten...! Denn wo sonst soll sie der Vater suchen? Und ebenso der Kapitän! Geld hat sie zum Glück genug... die ganze Tasche voll! Und wenn's nicht reicht, dann gibt sie eben ihre Uhr...!

Es ist noch ganz, ganz früher Morgen. Eva erhebt sich voller Schwung von ihrer kahlen Bank, bereit für neue Wunder! Womöglich hat die 'Bremen' kehrt gemacht, liegt im Hafen und erwartet sie mit einem umfangreichen Frühstück. Eva ist so ausgehungert, daß sie nur noch an Essen denken kann. Na los, wenn sie sich jetzt beeilt, kann sie in einer Stunde unten sein! Ein schneller Blick auf ihre Uhr... Nanu, das Handgelenk ist leer...! WO... IST... DIE... UHR...? Ein neuer Schreck stürmt auf sie ein, und fieberhaft wühlt sie die Taschen durch...! Nichts...! Doch dabei macht sie eine niederschmetternde Entdeckung. Nicht nur die Uhr... das ganze Geld ist weg! Und was noch viel, viel schlimmer ist, die kleine Bibel auch...!

Erschüttert sinkt Eva auf die Bank und schlägt verzweifelt ihre Hände vors Gesicht. Nun ist sie ganz und gar verloren...!

Was nun...? Wo soll sie hin...?

»Oh Mutter, muß ich jetzt betteln gehen, wie so viele Kinder dieser Stadt...?«

Fast ist ihr so, als höre sie die Stimme ihrer Mutter: »Nichts ist sinnlos, Eva...! Alles ist gut und verwandelt sich irgendwann einmal zum besten! Doch das begreift man selten gleich, und viele Menschen finden nie den Sinn...!« Eva schüttelt traurig ihren Kopf. Auch sie sieht keinen Sinn...! Wie soll sich ihre unlösbare Situation zum *besten* wandeln...? »Hilf mir, Mutter...!«, ruft sie inbrünstig, nimmt die Hände vom Gesicht und reißt die Augen auf.

Doch leider ist keine Mutter da! War es 'Erinnerung', was sie hörte? Enttäuscht und suchend blickt sich Eva um. Nichts nimmt sie mehr wahr von diesem zauberhaften Morgen, doch plötzlich bleiben ihre Augen an einem Gegenstand am Wegrand hängen. Die Bibel...! Trotz der hoffnungslosen Lage schlägt ihr Herz auf einmal ein paar Takte schneller. Achtlos weggeworfen, aufgeklappt und wieder einmal mit den offenen Seiten nach unten, liegt sie zwischen Kies und braunem Sand. Eva stürzt sich drauf, als gälte es das Leben, hebt diese Kostbarkeit behutsam auf und reinigt sie von Sand und Erde.

Jetzt wird sie sofort die Bibel fragen...! Eilig schließt sie ihre Augen, schickt einen dringenden Notruf in ihr Herz und öffnet dann das kleine Buch. Vertrauensvoll legt sie den Finger irgendwohin auf eine der verstaubten Seiten, reißt voll Erwartung ihre Augen auf und liest: »Alles, was ihr im Gebet erbittet, werdet ihr erhalten, *wenn ihr glaubt...!*«

Wenn *das* kein Hinweis ist...?! Dankbar und erleichtert steckt Eva ihr Kleinod wieder in die Hosentasche. Das ist es...! Zu IHM kommen und *gläubig* beten...! Doch nicht *mein*, sondern *DEIN Wille* geschehe!

Wieder macht sie die Augen zu und legt noch ihre Hände obendrauf, um völlig ungestört mit GOTT zu sein. Und nun begibt sie sich trotz aller Sorgen vertrauensvoll zu dem, der alle Dinge wandelt. Nach all den vielen kleinen und auch großen Wundern dieser letzten Tage ist sie bereit zu *glauben*, daß es mit SEINER Hilfe eine Rettung gibt.

»Jesus Christus...« betet sie, »hier bin ich... ohne Geld mit solchem Hunger...! Bitte hilf mir...! Nun hab ich nur noch dich... und *glaube und vertraue dir...!* So viele Male hast du mir geholfen...! Du sprichst mit mir in meiner Not...! Und ich...«, ein Schluchzen steigt in ihre Kehle, doch tapfer fährt sie fort... »ich weiß es jetzt, daß es DICH gibt und daß ich nicht verloren bin..! Laß mich nicht betteln gehen...! Bitte gib mir irgendwas zu essen...!« Wieder steigt ihr das Schluchzen in die Kehle. Sie macht eine Pause, dann fährt sie tapfer fort: »Ich danke dir, daß ich dein Buch... die Bibel... wiederfinden durfte und für alles, was mir geschah, denn die Mutter sagt«... wieder muß sie schlucken... »alles führt zum Besten...!«

Seltsam, sobald sie voll Vertrauen betet, fühlt sich Eva besser.

Nichts hat sich geändert an ihrer aussichtslosen Lage. Auch ist nach menschlichem Ermessen kein Wunder zu erwarten. Und dennoch, wider jede Logik, steigt Hoffnung in ihr auf. Gab es nicht immer wieder Wunder...? Sie ist bereit, daran zu glauben. Wenn sie nur nicht diesen nagenden Hunger hätte...!

Vorsichtshalber läßt sie ihre Hände noch weiter auf den Augen liegen, denn viel zu schnell erwacht sie in der Außenwelt. Und die ist trotz der hellen Sonne grau und trübe. Danach muß sie mit ausgestreckten Händen an irgendeiner Straßenecke hocken und um ein paar Münzen bitten... Eva schaudert und zögert dies hinaus, solange es nur irgend geht. Doch so sehr sie sich auch Mühe gibt, die Gedanken im Gebet zu halten, es schiebt sich immerzu ein dick belegtes Schinkenbrot dazwischen mit einem umfangreichen Becher Milch.

Ein zweiter Seufzer...!

Doch die Dinge sind bereits am Laufen.

»Hola...!«, sagt jemand direkt vor ihrer Nase.

Nanu, ist... sie... gemeint?

Eva nimmt die Hände vom Gesicht und schaut sich um. Vor ihr steht ein Junge... ein ganz gewöhnlicher, wie sie hier wohl überall herumlaufen. Er mag so alt sein wie sie selbst, schwenkt diesen gleichen sonderbaren Kasten, den sie bereits in ihrem Traum erblickte, und schaut sie voller Neugier an.

»Que te pasa...?«, fragt er

Bedauernd zuckt Eva ihre Achseln.

Der Junge deutet auf die Bank mit den zerknüllten Zeitungsblättern: »Dormistes aqui...?«

Eva hebt ratlos ihre Schultern. Wenn sie bloß wüßte, was er will...?

Da steht vor ihr ein Mensch... zwar nur ein kleiner, aber Mensch ist Mensch... der Anteil nimmt und offensichtlich sogar wissen möchte, was ihr fehlt. Und sie... sie sitzt hier dumm herum und kann sich nicht verständlich machen...! Zum Auswachsen ist das! Wo mag ihr Spanisch bloß geblieben sein...? Wieder seufzt sie und hebt betrübt die Hände, um zu zeigen, daß sie kein Wort versteht.

Ihr braunes Gegenüber mustert sie ungeniert von Kopf bis Fuß. Leise pfeift er durch die Zähne. Und schon kommt die nächste Frage:

»De donde vienes...?«

Wieder hebt Eva hilflos ihre Hände. Der andere scheint zu begreifen, daß dies eine Angelegenheit ist, die Zeit und auch Geduld erfordert. Beides steht in unbegrenzter Menge zur Verfügung. Gemächlich stellt er seinen Kasten ab und hockt sich obendrauf... genau zu Evas Füßen. Bequem stützt er den Kopf in beide Hände, um anzudeuten, daß nichts auf dieser Welt dringend oder eilig ist und starrt sie weiterhin mit unverhohlener Neugier an.

»Como te llamas...?«, forscht er.

Was will er jetzt schon wieder wissen...? Eva seufzt zum dritten Mal in wenigen Minuten. Doch unvermittelt kommt ihr die Erkenntnis, daß Seufzen überhaupt nichts bringt. Weder ihm noch ihr. Ist dieser Junge etwa schon die Antwort auf ihr flehendes Gebet...?

Verblüfft starrt sie ihn an. So ein kleines, braunes Kerlchen...? Doch wer weiß...? Und was tut sie...? Sie sitzt hier dumm herum und seufzt und zuckt mit ihren Schultern...

Ein sonderbarer Gedanke schießt durch Evas Kopf! Möglicherweise *kann* GOTT überhaupt nicht helfen, wenn wir nicht bereit sind, seine Hilfe *anzunehmen*...? ER macht uns seine Angebote, aber wenn wir einfach nur die Hände in den Schoß legen wie sie jetzt und immerzu nur stöhnen und die Achseln zucken, kann ja nichts passieren...! »Wir sind *frei und dürfen wählen*«, hat die Mutter gesagt. Nicht etwa GOTT ist schuld an unserem Unglück, sondern wir! Nur schieben wir IHM gern die Schuld an allem in die Schuhe...!

Noch ein Seufzer. Ein ganz tiefer... Doch dies ist einer der Erkenntnis!

Wenn dieser Junge nun auch so eine »Gabe GOTTES« wäre...? Speziell für sie...? Plötzlich wird Eva munter. An ihr soll es nicht liegen, daß ihr braunes Gegenüber auf einmal die Geduld verliert und einfach weiterschlendert...! Wahrhaftig nicht! Tief und unergründlich sind seine schwarzen Augen unentwegt auf sie gerichtet und lassen sie keine Sekunde los. Es ist nicht zu erkennen, was er denkt. Auf keinen Fall darf sie noch mal mit den Achseln zucken, sonst läuft er wirklich fort.

Eva gibt sich einen Ruck und öffnet endlich ihren Mund. »Leider verstehe ich dich nicht«, erklärt sie traurig. »Weil ich... weil ich...«, sie rutscht ins Stottern, »weil ich mein »español« (Spanisch)« vergessen habe...! Es ist futsch, verstehst du...? Restlos weg und nicht mehr da...! Und dich... versteh ich sowieso nicht! Mir scheint, ihr sprecht hier alle etwas komisch...!«

So, nun hat sie was getan! Und gleichzeitig ihr Herz erleichtert...!

»Asi« (ach so)...!«, erneuter Pfiff, diesmal langgezogen. Der andere scheint zu kapieren, daß sie weder mürrisch noch taubstumm ist, sondern eine völlig andere Sprache spricht. Er wiegt ein paar mal staunend seinen Kopf. Danach versinken sie in Schweigen und starren sich eine gute Weile etwas ratlos an. Wieder packt Eva die Angst, er könnte davonlaufen, denn was gehen ihn schließlich die Sorgen eines fremden Menschen an? Sicher hat er reichlich mit sich selbst zu tun. Doch ihre Angst ist völlig unbegründet. Ihr dunkles

Gegenüber schiebt nur die Augenbrauen in die Höhe, wischt sich immer wieder eine schwarze Strähne aus den Augen, runzelt seine kluge Stirn und denkt gewaltig nach. Wie Wetterwolken huschen ganze Denkprozesse über sein pfiffiges Gesicht. Plötzlich ein erfreuter Pfiff, und seine schwarzen Augen blitzen. Offensichtlich hat er die Erleuchtung.

Mit einem unglaublich schwarzen Zeigefinger... sonst schaut er ziemlich sauber aus... zielt er auf seine Brust. Sehr selbstbewußt und klar sagt er mit lauter Stimme: »Domingo«...!« Um jedes Mißverständnis auszuschließen, klopft er sich kräftig auf die Rippen. »Me llamo Domingo...! Y tu...?« Diesmal zeigt sein Finger nachdrücklich auf Eva.

Die kapiert. Endlich kapiert sie etwas! »Domingo« ist sein Name! Aber... ist das ein schlechter Witz? Wie kann ein Mensch nur »Sonntag« heißen...? Will er sich einen Scherz mit ihr erlauben in dieser hoffnungslosen Lage...?

Die Wochentage sitzen noch alle fest in Evas Kopf. Wohl das einzige, was momentan herauszukriegen ist. »Lunes, martes, miércoles, jueves, viernes, sábado...«, schnarrt sie in einem Atemzug herunter. Fragend schaut sie ihr Gegenüber an. »Und...*Domingo?*«

Der nickt zustimmend mit dem Kopf. Wieder zeigt sein Finger unmißverständlich auf sich selbst. »Domingo«, bestätigt er. »Y tu...?«

»Ich heiße Ev...« Erschrocken beißt sich Eva auf die Lippen und verschluckt den Rest. Gerade noch zur rechten Zeit! Sie kann unmöglich »Eva« heißen, denn jetzt ist sie ein »Junge«! Hilflos blickt sie »Domingo« oder »Sonntag« an.

Unbekümmert und ohne große Umstände übernimmt der die Entscheidung. Ein abschätzender Blick, als wäre sie ein Sack Kartoffeln, fährt es durch Evas Kopf. Nochmaliger Pfiff, diesmal mit einer melodiösen Schleife... und schon ist die Sache gelaufen und geritzt! »Blanco...«, bestimmt er entschieden.

So, das wäre erledigt.

»Blanco...?«, grübelt Eva. »Blanco...?« Das kennt sie doch...! »Blanco« bedeutet »weiß«! Na gut, dann heißt sie eben »Weiß« oder »Weißer«! Was macht das schon? Hauptsache, er läuft nicht weg...

»Que te pasó...?«, forscht »Sonntag«, deutet auf die Bank und ist ein einziges Fragezeichen. Dramatisch äfft er Eva nach, schlägt beide Hände vors Gesicht und stöhnt zum Herzerweichen. Fast muß Eva lachen. Nun will er also wissen, weshalb sie hier so traurig sitzt und immerzu nur seufzt und ihre Hände vor die Augen hielt. Sie *muß* sich ihm verständlich machen, sonst haut er doch noch ab, und sie ist wieder ohne eine Menschenseele. Nur *wie*...? Hurra, zu ihren Füßen liegt ein Stein, der ist die Lösung...! Erleichtert springt sie auf.

»Jetzt zeig ich's dir«, erklärt sie glücklich. »Paß auf, Sonntag! Gleich wirst du alles *sehen* und hoffentlich *begreifen*...!«

Sie kniet sich auf den Weg und ritzt eifrig die Konturen eines Schiffes in den Sand. Aufmerksam verfolgt der neue Freund ihr Tun.

»Un barco...«, bemerkt er.

Eva strahlt. Sie zeigt auf sich und auf das Schiff.

»Venistes con el barco...!«, stellt »Sonntag« fest und seine dunklen Augen glänzen. Das Ganze macht ihm offensichtlich einen Riesenspaß.

Eva nickt zufrieden. »Jawohl, ich bin mit einem Schiff gekommen.« »Mit der 'Bremen'!«

»Cuando...?«, forscht ihr brauner Freund.

Uff, was will er jetzt schon wieder wissen...?

»Hoy...? Ayer...? Antayer...?«, schlägt Sonntag hilfreich vor.

»Hoy«..., ist »heute«! »Ayer«... war »gestern«. »Ach so...!« Eva atmet auf.

Die Verständigung geht glänzend. »Ayer...«, sagt sie eifrig. »Ich bin »ayer« gekommen...!« Dann fällt ihr noch was ein. Vor das Schiff ritzt sie den Kai und auf den Kai einen Mann mit ausgebreiteten Armen. Domingo schaut voll Spannung zu. »Quien es...?«

»Mein Papa...«, erklärt Eva.

»Ah, tu papá...!« Er spricht es völlig anders aus.

»Ja, mein Vater! Mein Papa...! Aber stell dir vor, *er war nicht da...! I*st einfach nicht gekommen! Und ich... ich weiß nicht, wo er ist...!«

Nun rinnen doch die Tränen. Eva kreuzt den Vater durch. Nicht nur das, sie löscht ihn völlig aus und schlägt die Hände vors Gesicht.

So, nun weiß er alles. Ob er sie wohl versteht? Fast scheint es so.

Voll Verständnis pfeift »Sonntag« langgezogen durch die Zähne und nickt ein paarmal mit dem Kopf. Wieder starren sie sich an.

Wie könnte sie ihm ihre Lage noch besser erklären und begreiflich machen...? Kinderleicht! Zeichensprache ist im Grunde furchtbar einfach. Die wunderbarste, leichteste und klarste Sprache der Welt! Eva steht auf und beginnt gewissenhaft, ihre gesamten Hosentaschen umzukrempeln, eine nach der anderen. Sie dreht sie um und um und schüttelt sie zu allem Überfluß noch kräftig aus, um jeden Zweifel auszuschließen. Leider gibt's nichts auszuschütteln. Keinen Schein und nicht die kleinste Münze! Nicht mal ein Taschentuch!

»Sonntag« geht ein Licht auf. Über sein Gesicht läuft ein immer breiter werdendes Grinsen, und seine schwarzen Augen blitzen. Er erhebt sich von seinem seltsamen Kasten und beginnt nun seinerseits, die Hosentaschen umzukrempeln. Gründlichst! Ergebnis gleich Null, wenn man ein Stück dreckigen Bindfaden, ein paar Schrauben, ein kaputtes Hundehalsband und zwei ausgediente Taschenlampenbatterien nicht mitrechnen will.

Dann lachen sie sich voll Verständnis an, wobei »Sonntag« etliche Zahnlücken preisgibt.

»Entonces... vamos...!«, sagt er fröhlich.

Was meint er jetzt schon wieder...? Verständnislos blickt ihn Eva an.

»Vente (komm)...!«, erklärt ihr neuer Kumpel. »Vamonos...!« – Gehen wir, hier gibt's nichts zu verlieren...!« Und da Eva noch immer nicht begreift, nimmt er kurzerhand seinen Kasten in die eine und Eva an die andere Hand und trabt mit ihr davon... zu der geheimen Tür im Maschenzaun, durch die sie gestern nächtlich schlüpfte. Mit der Lässigkeit der täglichen Gewohnheit knüpft er die Schlaufen auf, sie klettern durch, und flink und gründlich hakt »Sonntag« alles wieder zu. Nichts ist mehr von einem Loch zu sehen...! Nicht der geringste Hinweis deutet darauf hin, daß sich ein Durchschlupf in dem Zaun befindet. Ein leiser, tief zufriedener Pfiff...! Schon sind sie draußen, und die Großstadt schluckt sie auf.

Wohnt »Sonntag« hier in diesem Park...? Hat *er* das Loch im Zaun erfunden...?

Verlost

Im Laufschritt biegen sie um verschiedene Ecken, sausen durch schmale Gänge und Winkel, überqueren ein paar vollgestopfte Straßen, schlängeln halsbrecherisch durch hupenden Verkehr und drängeln rücksichtslos durch Menschenmassen. Außerhalb des Parkes ist Caracas ein brodelnder Suppentopf, vollgestopft mit Autos und mit Menschen!

Eva japst nach Luft. Wie weit will dieser Junge denn noch mit ihr rennen...? Nichts mehr ist zu spüren von seiner 'sonntäglichen' Ruhe und Gelassenheit, die er vor kurzem zeigte. Wie besessen hetzt er weiter. Hin und wieder pfeift er schrill durch seine Zähne, worauf irgendwo ein brauner Junge unverzüglich alle seine Unternehmen bremst und sich sofort zu einem ganz bestimmten Treff- und Sammelpunkt begibt.

Eva hält »Sonntag« krampfhaft fest. Diese Hand, die sie mit festem Griff fast unbarmherzig weiterschleppt, ist jetzt ihr Halt und Rettungsanker! Mit der Kraft der Verzweiflung klammert sie sich an den Jungen. Gelegentlich überkommt sie eine seltsame Schwäche. Ihre Beine knicken weg, und hin und wieder wird ihr schwarz vor Augen. Ihre Kehle ist ausgetrocknet, und die Lippen brennen. Wann hat sie zum letzen Mal getrunken und gegessen...? Vor Ewigkeiten...! Doch tapfer überwindet sie die Schwäche und stolpert weiter. Ihre große Sorge, »Sonntag« könnte ihrer überdrüssig werden und sie irgendwann einfach loslassen und davonlaufen, scheint völlig unbegründet. Mit eisernem Klammergriff, der in keinem Verhältnis zu seinem schmalen Körper steht, schleift er sie unerbittlich weiter.

Schließlich landen sie auf einer kleinen »plaza« mit gemütlich grünem Rasen, und nun lockert »Sonntag« endlich seinen Schraubstockgriff.

»Esperamos..!«, erklärt er lakonisch. »Warten wir..!« Plötzlich hat er wieder Zeit, wirkt aber ziemlich zappelig und nervös.

Die Sonne brennt bereits in voller Glut. Eva schnappt nach Luft. Erschöpft sinkt sie ins Gras und in den Schatten segensreicher Bäume und genießt erleichtert diese Ruhepause! Gewaltige Urwaldriesen spenden Sauerstoff und recken ihre Äste in den heißen Himmel. Langsam berappelt sie sich wieder und harrt der Dinge, die da kommen sollen.

Ein seltsames Insekt... nichts weiter als ein dürrer Ast mit einem Knopf als Kopf und überlangen, steichholzdünnen Beinen, versucht schwankend auf ihren Schuh zu krabbeln. Erschrocken schüttelt sie es ab und flüchtet auf ein Mäuerchen, das einen dieser umfangreichen Bäume liebevoll umschließt. Tief atmet sie die Ruhe und den Frieden ein, der von ihm ausströmt und betrachtet staunend den Giganten. Stamm und Krone sind von ungeheurem Wuchs. Lange, dünne Wurzelschnüre hängen bis zu ihr herunter und umgeben sie kokett mit einer schützenden Gardine. Kaum zu glauben, es ist ein Gummibaum...! Nicht zu vergleichen mit dem harmlosen Gewächs in Mutters Blumentopf.

Eine lange Weile geschieht nichts. Dann taucht ein Junge auf... ein ziemlich mageres Exemplar, lang und hochgeschossen mit wehmutsvollen traurig-sanften Augen. »Sonntag« macht bekannt: »El se llama »Blanco« y este »Trece«! Er heißt »Blanco« und das ist »Trece«.

Sie geben sich die Hand, und Eva fühlt sich sofort zu ihm hingezogen. Auch so einer, der Kummer hat...! »Trece« murmelt ein schwaches: »Como está« (wie geht's...)?, und Eva nickt höflich mit dem Kopf. Doch braucht sie eine gute Weile, um diesen Namen zu verkraften. »Trece« ist eine Zahl, und wenn sie nicht alles täuscht, heißt dieser Junge *»Dreizehn«!* Ausgerechnet...! Hatte seine Mutter so viele Kinder, daß sie den Nachwuchs nummerieren mußte...? Kein Wunder, daß er so traurig aus der Wäsche schaut.

Ein kleiner Knirps taucht auf, klug und flink und aufgeweckt und ziemlich dunkel, beinahe schwarz... An ihm ist alles rund und fröhlich. Wie bei einer kleinen Maus huschen höchst vergnügte kupferbraune Kulleraugen unter wirrem Kraushaar munter hin und her. So schnell wie seine Augen flitzen, ist sein kurzer Händedruck. Er heißt »Inocente« und Eva weiß zum Glück noch nicht, daß dieses »Unschuld« bedeutet.

Dann kommt der Letzte angeschlendert, kräftig, breit und muskulös. Er strotzt nur so von Kraft und Selbstvertrauen. Nur sein Name ist enttäuschend! Einfach »Pedro«. Unter seinem Arm trägt er, genau wie seine Kameraden, diesen sonderbaren Kasten, und seine Haut ist etwas heller als die seiner Mitgenossen. Eva weiß noch nicht, daß solches, abgesehen von seiner überwältigenden Kraft und Körperstärke, Ansehen und Respekt verschafft. Seinem imponierenden Auftreten nach nimmt er eine Sonderstellung in dieser kleinen Mannschaft ein, und einstimmig begrüßen ihn alle mit einem respektvoll gemurmelten »hola Pedro« (hallo Pedro). Gelassen erwidert er den Gruß, mustert Eva mit unverhohlener Neugier, gibt ihr fest die Hand und stellt ein paar gezielte Fragen. Doch wieder einmal zuckt sie ratlos ihre Schultern, und plötzlich reden alle durcheinander. Sie starren Eva an, als wäre sie vom Mond gefallen und überschütten sie mit hundert Fragen. Schüchtern verkriecht sie sich ein wenig tiefer in das schützende Gehänge.

Sonntags schriller Pfiff bereitet dem Tumult ein schnelles Ende. Und nun berichtet er und überschlägt sich fast, so schnell rast sein Bericht. Es rollen die vielen »rrrr's«...! Immer wieder zeigt sein schwarzer Finger nachdrücklich auf Eva, und mit dramatischen Gebärden erzählt er die Geschichte seines Findlings. Gelegentlich fällt das Wort »barco« (Schiff). Das ist aber auch das einzige, was Eva von seinem Redeschwall versteht. Soviel jedoch steht fest, was auch immer er erzählt, an die Wahrheit reicht es nicht annähernd heran! »Denn keiner ahnt, daß ich ein Mädchen bin...!«, denkt sie schaudernd.

Sonntags Vortrag ist beendet. Es folgt erstaunte Stille wie nach einem Regenguß, der unvermittelt stoppt. Verblüfft starren die Jungen Eva an. Doch nicht sehr lange, denn unvermittelt entbrennt ein wilder Streit. Mit deutlicher Besitzermiene zeigt »Sonntags« schwarzer Finger immer wieder auf die Beute und behauptet lautstark: »Mío...!«

Empört schlägt er sich auf die Brust. »Mío...!«, schreit er aufgeregt. »Mío, mío, mío...! YO la encontré...!«

»Yo« heißt »ich«, grübelt Eva und taucht neugierig aus dem Versteck hervor. Und »encontré« kommt von »encontrar« und bedeutet »finden«. Natürlich hat er sie gefunden. Das ist doch klar! Aber wieso brüllt er immer »meiner, meiner, meiner«...? Denkt er etwa, *sie gehört nun ihm...?* Das wäre...! Ist ihm sein Fund zu Kopf gestiegen...? Die andern rufen unentwegt: »pagar« (bezahlen)...!« Besonders das Muskelpaket mit dem langweiligen Namen »Pedro«. Jetzt schlägt auch der sich auf die Brust und donnert mit Gewitterstimme: »Mío...!« – Mir gehört er, denn ich bin der Boß...!

Unversehens springt in Evas Hirn ein Schubfach auf, und sie versteht ein bißchen mehr von dieser Sprache, die völlig anders klingt als das, was sie mit ihrer Mutter sprach. Doch ist sie zu beschäftigt, um es zu bemerken. Hingerissen und ein wenig ängstlich schaut sie von ihrem Hochsitz auf dies Durcheinander. Wer soll was »bezahlen«...? Und wieso...? Gleich werden sie sich an die Kehle springen und die Köpfe einschlagen! Alles ihretwegen...? Doch weshalb, und was hat sie damit zu tun...? Bald gibt es eine wilde Prügelei, denn Pedro ballt bereits bedrohlich seine Fäuste...! Wenn es nicht so völlig albern und aus der Luft gegriffen wäre, könnte man wahrhaftig glauben, diese Jungen streiten sich um sie! Doch das sind selbstverständlich Hirngespinste!

»Lächerlich, ich habe alles falsch verstanden...!«, überlegt Eva. »Warum sollten die sich ausgerechnet meinetwegen streiten...? Ach so, ich *träume!* Dies ist ja alles nur ein *Traum...!* Gleich wird die Mutter kommen und mich wecken. »Beeil dich, Eva«, wird sie sagen, »du mußt doch in die Schule...!« Dabei bin ich in einem völlig fremden Land und bin kein Mädchen mehr... hihi...! Ich bin ein Junge mit kurzgeschnittenem Haar und sitze unter einem großen Märchenbaum, den es in Wirklichkeit nicht gibt. Mein Name ist jetzt »Blanco«, und ein paar schokoladenbraune Jungen raufen sich um meine Wenigkeit...!«

Wenn man es richtig bedenkt, ist die ganze Sache äußerst komisch. Eva muß plötzlich kichern. Wie eine Wolke überkommt sie eine sonderbare Leichtigkeit, nimmt sie mit und schwebt mit ihr davon, als ob sie Flügel hätte. Eva steigt hoch und immer höher wie ein Luftballon und fühlt sich leicht wie eine Feder.

Was für ein Glück, daß ich bloß träume..., denkt sie und fühlt nicht mehr, daß sie in sich zusammensackt, von ihrem Mäuerchen herunterrutscht und sanft hinunter auf den Rasen plumpst.

Der Kampf geht unterdessen heftig weiter. Die Streitenden sind dergestalt vertieft, daß sie nicht einmal mitkriegen, daß ihr Streitobjekt sich auf und davon gemacht hat und mittlerweile in völlig anderen Regionen schwebt.

Es kommt zu keiner Einigung, weder mit Drohen noch Geschrei, und so beschließen die beiden Kampfhähne, Eva auszuknobeln. Zwar wäre die Sache mit ein paar harten Schlägen schnell geritzt, doch damit hätte der ganze Spaß ein viel zu schnelles und auch ungerechtes Ende, denn Pedro siegt, sobald er nur die Fäuste hebt. Und außerdem – *wozu...?* Das Leben braucht ein bißchen Würze. Sie alle lieben Spiel und Spaß.

Der Frechste und Gerissenste der kleinen Gruppe ist Sonntag...! Und mutig ist er auch! Der einzige, der immer wieder wagt, dem starken Boß eins auszuwischen! Wie jetzt zum Beispiel, wenn er ihn zum Knobeln überredet, statt sich mit ihm zu kloppen. Nach dem Gesetz der Gruppe gehört sein Fund durchaus nicht ihm allein, sondern zuallererst dem Boß und *danach* abwechselnd auch den anderen.

Sonntag ist der geborene Straßenhändler! Was auch immer in seine Finger kommt, das tauscht er um, verhökert es und macht es irgendwie zu Geld. Und wenn's mal wirklich brenzlig wird, witscht er im letzten Augenblick davon, und keiner holt ihn ein. Allein aus diesem Grunde zieht Pedro auch das Knobeln vor. Wie oft hat er schon in den leeren Wind geboxt, statt seinen flinken Gegner zu erwischen...! Was macht es schon, wenn man verliert...? Hauptsache, das Vergnügen zieht sich ein bißchen in die Länge.

Also los...!

Sonntag fischt eine Münze aus der Hosentasche und wirft sie in die Luft. Weiß der Himmel, woher dies Geldstück plötzlich kommt, denn noch vor kurzem waren seine Taschen restlos leer...! Fällt Simon Bolivar, der längst verstorbene Held des Landes, auf den Rücken, bedeutet es: »Sieg in der ersten Runde«. Saust er aber mit der Nase in das Gras, ist es eine Niederlage.

Die Sache wird spannend, und alle sind mit viel Geschrei dabei! Dreizehn wird als erster ausgeschieden. Wie sollte das auch anders sein? Ein Mensch mit traurigem Gesicht hat selten Glück, sowohl im Leben als auch beim Spiel. Es macht ihm nicht viel aus. Er angelt eine Handvoll Zigarettenkippen aus der Hosentasche, wählt voller Sorgfalt eine aus und steckt sie ins Gesicht. Gelangweilt kaut er drauf herum und schaut den aufgeregten Spielern zu. Unschuld mit den Kupferkugelaugen wird gleichfalls ausgeschieden, doch sein Kummer ist nicht von langer Dauer. Wie ein Fußball saust er auf die andere Straßenseite in das kleine Eckcafé und tröstet sich mit einem Eis. Genußvoll leckend schaut er den Spielern zu. Eine Weile steht die Sache ungleich. Es sieht fast aus, als würde wieder einmal »Sonntag« siegen, doch dann scheint Pedro der Gewinner. Ein breites Siegerlächeln gleitet bereits triumphierend über seine breiten Lippen, da entdecken Unschulds flinke Augen die ohnmächtige Eva.

So ein Ärger...! Muß das sein...? Ausgerechnet jetzt mitten im schönsten Endspurt...?

Mit einem saftigen Fluch, der seinesgleichen suchen kann, unterbrechen Spieler und Zuschauer ihr vergnügtes Spiel. So eine Gemeinheit...! Hätte Blanco nicht noch fünf Minuten warten können, statt im spannendsten Moment einfach umzukippen...?

Ziemlich ratlos, und etwas ungehalten und verärgert stehen sie um Eva herum.

»Vielleicht schläft er bloß«, meint Pedro hoffnungsvoll und ist schon wieder halb beim Spiel.

»Blödsinn...! Ein Blinder sieht, daß der nicht schläft...!«, wagt Dreizehn seinem Chef zu widersprechen.«

Ungnädig runzelt der die Stirn. »Er ist doch wohl nicht etwa... tot? Dann aber nichts wie weg, sonst gibt es Ärger...« Sie hassen Scherereien!

Nein...! Blanco ist zwar blaß wie eine Leiche, aber *atmet!* Allerdings nur schwach...! Erleichterung zeichnet sich auf ihren Zügen ab. Er ist ohnmächtig!

Wieso, warum...? Das weiß keiner!

Düster und voll Unbehagen starren sie Eva an.

Vielleicht hat er Hunger...? Oder Durst...? Oder beides...?

Unvermittelt springt Dreizehn auf. Wie von einem Skorpion gestochen stürzt er hinüber auf die andere Straßenseite zum »Imbiß und Kaffee« und fragt nach Wasser. Die übrigen versuchen inzwischen, mit lautem Rufen, Klopfen und Geschrei ihr Streitobjekt aus den seligen Gefilden zurückzuholen, wo es weder Hunger gibt noch Durst. Denn mit einem ohnmächtigen »Sklaven« ist keinem gedient, egal wem er schließlich gehört.

Doch das ist leichter gedacht als getan...!

Sonntag schüttelt energisch seinen Fund. Doch vergebens...! Eva scheint nicht gewillt, so schnell in eine Welt zurückzukehren, die nur Probleme bringt. Sie rührt sich nicht.

Jetzt kommt Dreizehn angeschossen, in beiden Händen einen Plastikbecher voller Wasser. Er kniet sich zu ihr in das Gras, öffnet ihre Lippen und tröpfelt behutsam das köstliche Naß in ihren Mund.

Anfangs geschieht nichts! Dreizehn befeuchtet ausdauernd Mund und Stirn und ihre Wangen. Nach einer Weile regt sich Eva wie im Schlaf, holt zaghaft Luft und leckt wie eine Katze die Feuchtigkeit von ihren Lippen. Doch denkt sie nicht daran, jetzt aufzuwachen. Denn hinter Eva, in ihrer fernen Welt, steht plötzlich ihre Mutter.

»Atme, Eva«, hört sie die Mutter sagen. »Mit deinem Atem holst du GOTT zu dir herein...!«

»GOTT... mit meinem Atem?«, staunt Eva.
»GOTT ist LEBEN, Eva...!«
»Und... wenn ich ausatme?«
»Dann lädt dein Atem sich von neuem auf mit Seiner Kraft...! Vergiß das nie, Eva!«
Es fällt ein leichter Sommerregen, netzt ihre Lippen, Stirn und Wangen, und Eva leckt die wunderbaren Tropfen auf.
»Nicht vergessen...«, murmelt sie, und beginnt gehorsam zu atmen.
Immer stärker wird der Regen. Evas Kopf ist feucht und naß. Sie schlägt die Augen auf und starrt verwundert in vier Paar unergründlich braune Bubenaugen, die sie voller Besorgnis anstarren. Sie gehören ein paar fremdartigen Jungen, die ihre Köpfe tief zu ihr herunterbeugen und nun erfreut von einem Ohr zum andern grinsen.
Das Ganze sieht nach einem Irrtum aus, und schnell macht Eva ihre Augen wieder zu.
»Atme, Eva! Atme...!«, hört sie die Mutter sagen und holt gehorsam Luft. Wieder macht sie ihre Augen auf und unternimmt den kläglichen Versuch, sich aufzurichten. Die Köpfe weichen etwas zurück. Dafür setzt einer dieser Jungen einen Becher an ihren Mund, und sie beginnt gierig zu trinken.
Das tut gut...!
Und damit ist sie wieder da...! Endgültig...! Uff! Der ganze Schlamassel dieses Tages steht wieder klar vor ihren Augen. O nein, dies ist kein Traum! Ein *Alptraum* ist es, aus dem es leider kein Erwachen gibt!
»Hambre...?«, forscht Pedro. »Hunger...?« Drastisch stopft er mit seinen Fingern unsichtbares Essen in seinen Mund und beginnt heftig zu kauen.
Eva nickt. Natürlich hat sie Hunger. Und ob...! Ihr Magen ist ein einziges leeres Loch...! Was für eine Schande, sie hat einfach schlapp gemacht...!
Sachverständig blickt sich die Gesellschaft an. Hunger...! Das ist ein Zustand, den sie alle kennen. Einstimmig bleiben ihre Blicke an Unschuld hängen, der genußvoll sein Eis herunterlutscht.
»Gib ihm dein Eis...!«, fordert Sonntag.

Unschuld protestiert. »Völlig untauglich für jemand, der Hunger hat...!«, erklärt er und beeilt sich, den Rest in Windeseile in sich hineinzustopfen. Im Handumdrehen ist es weg.

Etwas ratlos blickt sich die Gesellschaft an.

»Wir haben geknobelt, und jetzt gehört er dir...!«, bemerkt Sonntag in einem Anfall überwältigender Großzügigkeit zu Pedro.

»No, no, no... ! Wir waren noch nicht fertig! Bis jetzt ist er noch gänzlich dein...!«

Das Blatt hat sich gewendet. Plötzlich wird die so begehrte Beute eine unbequeme Last, jedenfalls solange »Weißer« hier völlig nutzlos herumliegt und nicht für sich selber sorgen kann!

»Bueno (gut), wir knobeln weiter...!« Die beiden Spieler machen sich sofort bereit. Doch jetzt kommt Protest von allen Seiten, denn mittlerweile haben alle Hunger und noch nichts verdient an diesem späten Vormittag. Essen *kaufen* kann jetzt keiner...!

Pedro reckt sich auf zu seiner ganzen Kraft und Breite. Plötzlich ist der verspielte Junge wieder »Boß« der kleinen Bande, trifft vernünftige Entscheidungen und nimmt energisch diese Angelegenheit in seine Hand.

»Wir *besorgen* erstmal was zu essen!«, entscheidet er, »dann sehen wir weiter!« Und mit einem niederträchtigen Grinsen zu Sonntag... »Wenn Blanco wieder munter wird, gehört er erstmal dir! Zwei volle Tage lang, denn du hast ihn gefunden...! Danach gehört er mir zwei Tage, denn ich bin der Boß!« Er wirft sich in die Brust. »Von da an geht er reihum, und jeder kriegt ihn einen ganzen Tag!«

Alle nicken, sogar Sonntag. Keine Widerrede... keine Motzerei... Zwei Tage sind eine unendlich lange Zeit. Weiter lohnt sich sowieso das Denken nicht... Diesmal allerdings ahnt »Sonntag« nicht, daß der Boß ein paar niederträchtige Gedanken in seinem Oberstübchen hegt, um ihn ein bißchen reinzulegen. Denn Pedro hat die außerordentliche Fähigkeit, weiter zu denken, als nur zwei Tage und seine Nase lang sind.

Nun kommt die letzte Frage: »Was ist, wenn Blanco nicht mehr auf die Beine kommt...?«

Pedro zieht eine Flunsch, und das kann alles mögliche bedeuten. Es ist schon hart genug, sich selber durchzubringen. Wer krank ist und nicht weiterkann, den läßt man selbstverständlich liegen.

Diebe

Nachdem somit die Besitzverhältnisse geregelt sind, werden Pläne geschmiedet, um was Eßbares herbeizuschaffen.
»Am besten 'besorgen' wir was vom Gemüsemarkt«, schlägt Unschuld vor. Seine braunen Kupferaugen glänzen.
»Unsinn, viel zu weit...!«
»An der übernächsten Ecke steht ein kleiner Laster und verhökert Früchte und Gemüse...«, bemerkt »Dreizehn«.
Das klingt schon besser!
Nächste Frage: »Wer hat Geld...?«
Doch siehe da, Geld hat keiner. Selbst die Knobelmünze ist verschwunden und bleibt unauffindbar.
Was nun...?
Guter Rat bleibt nicht allzulange teuer. Die ganze Gesellschaft dieser kleinen Burschen, alle miteinander wie sie dastehen, ist mit sämtlichen Wassern gewaschen.

Diesmal ist es Sonntag, der bedeutungsvoll eine Schnute zieht. Erst ein schriller Pfiff, und dann die Schnute. Eva weiß noch nicht, daß »Schnuteziehn« die landläufige Art und Weise ist, eine bestimmte Richtung anzuzeigen. Kerzengrade, mit vorgestrecktem Bauch und beiden Händen in den Hosentaschen, steht er da, strahlt von einem Ohr zum andern und zielt mit seinem Flunsch triumphierend hinüber auf die andere Straßenseite, was jubelndes Gebrüll zur Folge hat.

Eva kann trotz angestrengtester Bemühungen beim allerbesten Willen in der angegebenen Richtung nichts entdecken, was Anlaß zu solchem Jubel geben könnte. Nichts hat sich verändert seit dem frühen Morgen. Ein Motorrad mit Beiwagen parkt völlig harmlos vor dem weitgeöffneten »Cafetín«, dessen Besitzer vom Barhocker aus sorgfältig sein Vehikel bewacht, genußvoll seinen Kaffee schlürft und behaglich seine »arepa« (Maisbrot) kaut. Eva mampft im Geiste mit. Bei dem bloßen Anblick läuft ihr das Wasser im Munde zusammen, und wieder fühlt sie sich erbärmlich leer und hohl im Magen...!

Das folgende Geschehen vollzieht sich in affenartiger Geschwindigkeit und rollt an ihr vorüber wie ein Westernfilm.

Pedro ordnet seine kleine Truppe. Mit erhobener Hand und ausgestrecktem Zeigefinger flüstert er ein paar Befehle, diesmal ohne Flunsch und Schnute. Unschuld und Sonntag verkrümeln sich und sind im Nu verschwunden. Als wenn das Ganze ihn nichts angeht, zieht Dreizehn ein paar Murmeln aus den Tiefen seiner Hosentasche und wirft sie Pedro zu. Eifrig spielend, immer wieder Murmeln werfend, schlängeln sich die beiden durch den stockenden Verkehr und nähern sich... völlig in ihrem Spiel versunken, wie zufällig dem Dreirad.

Trotz aller Anstrengung kann Eva noch immer nichts entdecken, was der Mühe wert gewesen wäre.

Lässig schlendernd und genauso unerwartet wie vorhin verschwunden, tauchen jetzt Unschuld und Sonntag vor der Imbißstube auf.

Reiner Zufall...?

Das kleine »Cafecíto« an der Ecke hat die Sicherheitsgitter hochgezogen und ist einladend zu beiden Straßenseiten weit geöffnet. Verlockend strömt der Duft von Kaffee, gegrilltem Schinken, Eiern und gebratenem Käse in die Nasen der Passanten.

Und nun geschieht etwas...! Genau an jener Seite, wo sich das Dreirad *nicht befindet,* treffen die beiden Parteien aufeinander.

Wieder ganz zufällig natürlich...!

Ein kurzes Anrempeln, ein paar gepfefferte Schimpfworte, und schon ist die schönste Prügelei im Gange. »Dreizehn« und »Sonntag« rangeln miteinander, daß die Fetzen nur so fliegen. Sie prügeln sich, schlagen schreiend aufeinander ein, stoßen fürchterliche Flüche aus... wälzen sich auf dem Bürgersteig und vollführen einen ohrenbetäubenden Lärm und Spektakel. Eva beißt sich aufgeregt die Daumen und vergißt vor lauter Schreck und Spannung völlig ihren Hunger.

Seltsam, wieso sind Unschuld und Pedro nicht mit von der Partie...? Spurlos sind sie von der Bildfläche verschwunden...! Dabei ist doch gerade dieser Pedro das Musterbeispiel eines Raufbolds aus dem Bilderbuch...!

Auf jeden Fall ist alle Welt begeistert und nimmt regen Anteil.

Was für eine angenehme Unterbrechung in dem morgendlichen Einerlei des langen Tages. Passanten unterbrechen erfreut ihren eiligen Schritt. Autos halten an, verstopfen unbekümmert den Verkehr und feuern mit lautem Hupen die verknäulten Jungen an. Ein paar Fenster öffnen sich in den oberen Stockwerken, und neugierige Köpfe schauen auf die Straße. Die Kellner mit den vollen Tellern bleiben einfach stehen und schauen hingerissen zu, und ein paar Gäste schließen in aller Eile Wetten ab. Selbst der Dreiradwagenbesitzer vergißt vorübergehend sein Vehikel und kann nicht umhin, ein paar aufmunternde Zwischenrufe ins Gefecht zu feuern.

Eva begreift erst, als sie Pedro und Unschuld mit geübtem Griff den bis zum Rand mit frischen Brötchen und anderen Leckereien gefüllten Beiwagen plündern sieht.

Ach sooo...!

Irgend jemand brüllt mit lauter Stimme: »Achtung...! Polizei...!«

Pedro ist es, der so schreit.

Das gibt's doch nicht...! Er klaut und ruft die Polizei...? Der Dieb schreit selber nach den Ordnungshütern...? Aber, *wo* hat er seine Brötchen...? Eva schüttelt verständnislos den Kopf, das geht über ihren Horizont. Wie aus dem Boden geschossen steht besagter Pedro unvermittelt vor ihr und packt sie bei der Hand. »Vamonos...!«, zischt er. »Rrrrrápido...!« (wir hauen ab... schnelll...), reißt sie energisch hoch und zerrt sie eilig mit sich fort.

Im Handumdrehen ist die Straßenschlacht beendet. Der Warnruf »Polizei...!« wirkt Wunder! Augenblicklich läuft alles wieder friedlich seinen alten Gang. Die Jungen sind wie vom Erdboden verschluckt, als hätte es sie nie gegeben, und Polizei ist nirgendwo in Sicht! Die Passanten laufen weiter und die Fenster gehen zu. Lachend schenken die Kellner ihren Kaffee aus. Der Dreiradwagenbesitzer überzeugt sich mit einem schnellen Blick, daß sein Gefährt nach wie vor unversehrt am gleichen Platze steht und schmunzelt zufrieden. Er zahlt, schwingt sich erheitert auf sein Fahrgestell und tuckert lärmend ab.

Noch zufriedener ist Eva. Völlig aus der Puste findet sie sich irgendwo im Hinterhofe einer stillen Seitengasse wieder, wo sich die kleine Gesellschaft im Schatten einer Hauswand häuslich niederläßt. Die geheimnisvollen Kästen öffnen sich und geben ihren Inhalt preis. Einladend liegt das Diebesgut im Licht des Tages: knackefrische Brötchen und verschiedene Käse-, Wurst- und Schinkensorten, appetitlich eingehüllt in Staniolpapier.

Sie fallen wie ein Geierschwarm darüber her und teilen redlich ihre Beute. Eva ist selig! Sie kaut mit beiden Backen und fühlt sich wie im Himmel! Dies ist das erste Diebesgut in ihrem Leben, und ihr Gewissen müßte sie jetzt heftig plagen, denn mitgefangen ist auch mitgehangen...! Doch nicht die Spur. Es ist ihr völlig schnuppe, denn das Gewissen ist eingeschmiert mit Käse- und mit Schinkenbrötchen und verhält sich völlig ruhig. Sie spürt nur tiefste Dankbarkeit in ihrem Magen, weil diese Jungen für sie sorgen, als gehöre sie seit eh und je dazu. Immer wieder öffnen sie großzügig ihre Wunderkästen und verteilen weitere Herrlichkeiten.

Unbeschreibliches Wohlbehagen, neue Kraft und Lebensmut durchströmen Evas Glieder und rüsten sie für neue Taten. Sie hofft, der Brötchenmann wird dieses Abenteuer ohne allzu großen Kummer überleben

Auch Sonntag ist zufrieden. O nein, weder ist ihr 'Sklave' krank noch bleibt er auf der Strecke liegen! Keineswegs...! Der ist kerngesund! Frische Röte färbt bereits die Wangen seines Findlings, die fahle Blässe ist verschwunden und... heute gehört er ihm! Mit einem breiten Lächeln überreicht er Eva einen großen Pappkarton mit frischer Milch, weiß der Himmel, wo er die erwischt hat. Sicher aus der gleichen Quelle, denn auch die anderen haben plötzlich diese Dinger in den Händen und trinken in einem Zug, doch dafür laut und gurgelnd, ohne abzusetzen.

»S A T T...! Was für ein einmaliges, wunderbares, herrliches Gefühl...!

Alle sind sie satt! Restlos satt und angefüllt bis zum Halskragen. Sie rülpsen zufrieden und genießen behaglich ihren vollen Bauch... so voll ist er nicht alle Tage, und sie geben sich der wohlverdienten Ruhe hin. Immer wieder gibt es schallendes Gelächter. Sie platzen vor Stolz über ihren gelungenen Streich, schnattern und prahlen lauthals durcheinander und werden nicht müde, sich immer wieder haarklein und in allen Einzelheiten ihr aufregendes Abenteuer zu berichten.

Eva kann nur ahnen, wovon die Rede ist. Ganz allmählich beginnt sie zu begreifen: »Dies ist kein reines Spanisch!« Nicht das, was sie mit ihrer Mutter sprach! Was die hier kauderwelschen, ist ein *Dialekt...! Deshalb* versteht sie nichts! Was stellen diese Bengel bloß mit ihrer Sprache an...? Sie zermampfen sie bis zur Unkenntlichkeit, verschlucken mindestens die Hälfte aller Worte, zerhacken diesen Brei mit harten »rrrr's« zu einer Art Kanonenfutter und würzen das Ganze genußvoll mit deftigen Flüchen und gemeinen Schimpfworten, die sie nur ahnen kann und zum Glück nicht im entferntesten versteht... Gelegentlich gelingt es ihr, ein Wort aus diesem Suppentopf herauszufischen. Das schiebt sie hin und her wie einen Lutschbonbon und überlegt, was es bedeuten könnte. Und hin und wieder mal, und mit ein bißchen Glück, kommt sie ihm manchmal auf die Schliche.

Jäh hebt Pedro seinen schwarzen Finger und zeigt auf Eva. »Warum nur haben diese Jungen alle einen schwarzen Zeigefinger..?« grübelt sie. Doch Pedros Worte sind direkt an sie gerichtet und reißen Eva aus den Träumen.

»No somos ladrones...!«, erklärt er und klopft sich heftig auf die Brust: »Nunca...! Lo de hoy fue una excepción...!«

Forschend blickt er Eva an. Kriegt Blanco mit, was er erklärt? Offensichtlich nicht, denn kein Verständnis blitzt in seinen Augen und hilflos hebt er seine Hände.

Eva grübelt. »Hoy« ist »heute«. Das ist alles, was sie begreift. Aber was ist »ladron...?«

Doch flink wie immer greift Unschuld ein. Strahlend zeigt er alle seine Grübchen, legt den Finger an die Lippen und macht »pssst...«! »Leise« heißt das! Sanft wie eine Katze erhebt er sich, schleicht geduckt und hinterrücks an seinen Boß heran, klaut ihm blitzschnell den geheimnisvollen Kasten und flitzt ab!

Pedro spielt sofort mit.

»Ladrón...!«, brüllt er mit lauter Stimme. »Ladrón...! Ladrón...!«

Alle lachen, alle applaudieren. Da kommt er wieder, lacht von einem Ohr zum andern und stellt den stibitzten Kasten brav und reuevoll zurück.

Ach so...! Unschuld spielt einen Dieb...!

Wieder schlägt sich Pedro auf die Brust, zeigt stolz auf seine Kameraden und wiederholt eindringlich die gleichen Worte:
»No ladrónes...!
No robámos...!
Nunca...!
No, no, no...!«
Fragend schaut er Eva an. Und die kapiert. Endlich...! Sie sind keine Diebe! Sie stehlen nie! Nur heute...!
»Por ti...!«, sagt Pedro und stopft ihr ein paar Brötchenreste in den Mund.
Ihretwegen haben sie gestohlen, weil sie Hunger hatte.
»Gracias...«, sagt sie leise. »Danke...!«
»*Trabajamos...!*«, erklärt Pedro. Er zeigt auf seinen sonderbaren Kasten und wirft sich stolz in seine Brust.
Was dieses Wort bedeutet, soll Eva bald erfahren. Sehr viel schneller, als ihr lieb ist...

Ein saurer Tag für Eva
(unterm Tisch)

»Bariga llena, corazón contento!« Voller Bauch, zufriedenes Herz...! Die kleine Gruppe schlendert mit Eva in der Mitte höchst zufrieden ein paar Straßenecken weiter und landet überraschend in einer völlig anderen Welt, fern vom Krach und Autolärm. In der Fußgängerzone! Grüne Bäume spenden wunderbaren Schatten, und bequeme Bänke stehen überall zur Rast. Elegante Läden mit einem breiten Boulevard laden zum Bummeln ein. Etwas weiter breiten sich mit lauten Rufen und der Vielzahl ihrer Waren die Straßenhändler unbekümmert auf dem Straßenpflaster aus.

Dazwischen strömen Menschen... Menschen... Menschen...

Die Jungen verkrümeln sich, einer verschwindet hier, der andere dort. Sonntag steuert gezielt eines der unzähligen Straßenkaffees an, welches unter breiten Schattendächern die Vorübergehenden verführerisch zu einer Rast mit Imbiß lockt. Eva fest an seiner Hand, schiebt er sich durch die Tische und bietet mit lauter Stimme seine Dienste an: »Limpiabotas, Señor...? Billig... billig...! Dreihundert 'Bolos' für ein Paar gewichste Schuh...!«

Vergeblich grübelt Eva, was das bedeuten könnte. Sie erfährt es bald, schneller, als ihr lieb ist, denn nun beginnt ein mühevoller, langer Tag.

Eifrig macht Sonntag seine Runde. Geduldig wandern sie von Tisch zu Tisch und landen schließlich neben einem Herrn, der tief verborgen hinter seiner Zeitung sitzt. Mit lauter Stimme wiederholt Sonntag ungeniert sein Angebot. Der Herr lüftet kurz sein Tageblatt, mustert die beiden Jungen und nickt gnädig mit dem Kopf. Völlig unbeteiligt schlürft er seinen Kaffee und vergräbt sich wieder hinter seinen Blättern.

Erfreut knufft Sonntag Eva in die Rippen und schaut sie voll Bedeutung an. Mit dem berühmten schwarzen Finger drückt er das untere Augenlid herunter und zeigt das Weiße seines Auges.

»Ojo«... heißt das, – »Auge«...! Oder »Augen auf!«

Wieder einmal Zeichensprache.

Dann zeigt er auf die schwarzen Schuhe ihres Kunden, danach auf sich und seinen Kasten und hebt bedeutungsvoll den Finger. Denn das, was jetzt geschieht, ist ungeheuer wichtig und erfordert volle Konzentration!

Er hockt sich auf den Boden, winkt Eva zu sich herunter und öffnet seinen rätselhaften Kasten. Nichts ist mehr drin von Wurst und Käse und stibitzten Brötchen, doch dafür eine Menge alter Lumpen, zwei abgebrochene Küchenmesser, zerrissene Fetzen Sandpapier und eine alte Nagelfeile. Dazu noch ein paar Bürsten, eine Menge Cremes und Tuben und ein geheimnisvolles Fläschchen mit einer transparenten Flüssigkeit.

Eva begreift...! Endlich begreift sie! Schuhe wird er putzen...! Diese Jungen sind Schuhputzer, die sogenannten *limpiabotas!* Sie *arbeiten....!* Stehlen tun sie nur, wenn Not ist wie vorhin. Das versuchte Pedro vorher zu erklären. Erleichtert seufzt sie.

Ein harter Ellenbogenstoß weckt sie aus ihren Träumen.

Richtig, sie soll ja *ojo sein* und offensichtlich dieses Handwerk lernen. Wenn sie sich nicht zusammenreißt, dann ist ihr Körper demnächst grün und blau und übersät mit lauter Flecken. Trotzdem ist sie froh... so froh... daß sie nicht unter die Banditen geraten ist, sondern in die Hände ehrlicher, wenn auch ziemlich rauher Schuhputzjungen, die sich den Lebensunterhalt mit ihrer Hände Arbeit selbst *verdienen!* Sie könnte jubeln vor Erleichterung.

Ein kräftiger Hieb bringt sie sekundenschnell zurück aufs Straßenpflaster. Diesmal hat ihr Meister mit dem Lappen zugeschlagen. Es tut noch eine ganze Weile heftig weh und mahnt und schmerzt.

Evas erste Reaktion ist Aufbegehren und Empörung. Es langt ihr langsam mit den Hieben! Doch sie reißt sich zusammen, denn Sonntag hat ja recht! Erst stehlen diese Jungen ihretwegen, für sich natürlich auch...! Jetzt aber will er ihr sein Handwerk zeigen, und was tut sie...? Sie träumt und paßt nicht auf! So versucht sie, ihre ungeteilte Aufmerksamkeit diesen schwarzen Schuhen zuzuwenden, dessen Eigentümer sie ihnen so vollkommen sorglos und unbeteiligt überläßt.

Schuhputzen ist ein komplizierter Vorgang, weitaus umfassender als Eva jemals ahnte. Wer hätte das gedacht...? Zu Hause mußte sie zwar manchmal auch die Schuhe selber putzen, wenn überhaupt. Doch niemals so...!

Die geheimnisvolle Flasche ist ein ausgedientes Essigfläschchen vollgefüllt mit Wasser. Ein paar verrostete Nagellöcher zieren seinen Deckel, und der dient jetzt als Sieb. Sonntag spritzt einen ganzen Wasserregen auf den gepflegten Schuh vor ihrer Nase und entfernt mit einem seiner Lappen ein paar kaum vorhandene Flecken. Diese Schuhe sind in tadellosem Zustand, und Eva weiß wahrhaftig nicht, weshalb der elegante Herr sie derart gründlich säubern läßt. Ein Blick von unten über seinen dunklen Anzug läßt sie ahnen, daß er vielleicht Besitzer einer dieser luxuriösen Läden ist. Dann darf er selbstverständlich nicht das kleinste Stäubchen an den Schuhen dulden.

Ein weiteres Tuch in Sonntags Händen reibt das Leder trocken und entfernt den nicht vorhandenen Staub. Anschließend reinigt er mit einer festen Bürste sowohl die Hacken als den Rand. Und dann verteilt er geschickt und schnell die schwarze Creme *mit seinem Finger* auf den gepflegten Schuh. Ach so...! *Deshalb* haben diese Jungen alle einen schwarzen Zeigefinger...!

Der nächste Lappen ist jetzt dran und gibt dem Schuh durch schnelles Reiben einen festtäglichen Glanz.

Fertig...! Erleichtert atmet Eva auf.

Nichts mit »fertig«! Weit gefehlt...! Noch lange nicht..!

Sonntag greift erneut zur Wasserflasche. Mit großer Vorsicht wird der gleiche Schuh noch einmal angesprüht. Ein weiches Tuch klemmt plötzlich zwischen seinen flinken Fingern, und mit der Geschwindigkeit eines gut geölten Rasenmähers polieren seine Hände in kürzester Frist besagten Schuh zu spiegelblankem Glanz.

Beifallheischend schaut er Eva an.

»Fabuloso...!«, sagt die und nickt begeistert mit dem Kopf.

Sonntag strahlt, und wieder zeigt sein schwarzer Finger »ojo...!« Ein Wink mit seinem klugen Kopf, doch diesmal nur ein sanfter Knuff, um richtig aufzupassen, denn jetzt kommt es zum Höhepunkt des Rituals.

»Dong... dong...dong...!« Kurz und zackig klopft der kleine Schuhputzmeister in einem ganz bestimmten Rhythmus *dreimal* auf den

Schuhputzkasten! Ohne auch nur seinen Blick von der Lektüre zu Heben, wechselt der elegante Herr gehorsam seinen Fuß. Er schiebt den ungeputzten Schuh nach vorn zwecks weiterer Behandlung, den anderen zieht er brav zurück.

Verdutzt schaut Eva zu. Zeichensprache...! Hier wie überall und... funktioniert! Sie hat es ja gewußt, die beste Sprache der Welt!

Die gleiche Prozedur wiederholt sich mit dem zweiten Schuh. Eva ahnt bereits, sie wird die nächsten Treter putzen müssen(!) und bemüht sich, Schritt für Schritt den Ablauf dieses komplizierten Unternehmens gründlich in ihr Hirn zu graben. Eifrig holt sie die jeweiligen Lappen aus dem Kasten, reicht Schuhcreme und die Wasserflasche und packt nach fertigem Gebrauch alles fein säuberlich zurück an seinen Platz. Und siehe da, diesmal regnet's keine Püffe...! Nur hin und wieder mal kraust Sonntag seine Stirn und schüttelt kurz den klugen Kopf. Das ist aber auch alles! Und ganz zum Schluß grinst er sie freundlich an!

Die beiden Schuhe glänzen wie ein frischgeputztes Glas.

Dong-dong...! Dong-dong...! Ein anderer Rhythmus, und erneutes Klopfen. »Fertig...!« Die beiden Schuhputzer haben sich erhoben.

Der Herr schaut abwesend über den Brillenrand und senkt ein wenig seine Zeitung. Dann... endlich... legt er sie beiseite, wirft prüfend einen Blick auf seine spiegelglatten Schuhe, holt ein paar Scheine aus der Tasche und drückt sie Sonntag in die Hand. Schon will er wieder zu den Blättern greifen, da fällt sein Blick auf Eva. Leicht erstaunt greift er ein zweites Mal in seine Tasche, reicht ihr eine Münze, mustert noch einmal verwundert ihre weiße Haut, murmelt »gracias« und wendet sich erneut der Zeitung zu.

Verblüfft betrachtet Eva diese Münze. Ihr erstes selbstverdientes Geld...! Doch eh sie sich versieht, hat Sonntag es ihr aus der Hand gerissen.

»Mío...!«, erklärt er schamlos. »Du gehörst mir! Und das, was man dir gibt, ist MEINS!«

Eva schluckt. *So* ist das also? Enttäuscht blickt sie auf ihre leeren Hände und braucht eine geraume Weile, um die Bedeutung dieser Worte in vollem Umfang zu erfassen. Doch schon wird sie weiter durch die Reihen gestoßen. Zum Denken bleibt keine Zeit.

Die Tische beginnen sich zu füllen. Der nächste Kunde ist ein junger Mann von höchstens fünfundzwanzig Jahren. Auch er trägt schwarze Schuhe, dazu Schlips und dunklen Anzug und hat ein Köfferchen mit einem dicken Aktenbündel vor der Nase. Seine Schuhe sind total verdreckt, zum Teil sogar verkrustet mit Zement. Sicher ist er schon weit gelaufen... durch viele Straßen, über Schutt und Bauarbeiten, ist in überfüllten Bussen gefahren, Treppen rauf- und runtergesprungen und von einem Büro ins nächste gerast. Vielleicht hat er an diesem Morgen sogar schon einige der vielen Glas- und Marmorwolkenkratzer abgeklappert.

O ja, das Leben ist hart! Nicht nur für Eva! Er winkt die Jungen näher. »Hast du »dreihundert« Bolos gesagt...?«

Nachdenklich begutachtet Sonntag die verdreckten Schuhe und schüttelt seinen Kopf. »Señor, für dreihundert Bolivar können wir diese Schuhe nicht putzen! Zuviel Arbeit!«

Mißmutig betrachtet der junge Mann seine Treter. »Wieviel willst du...?«

»Fünfhundert...! Mindestens! Und das ist noch zu wenig!«

»Dreihundertfünfzig...«, feilscht der junge Mann. »Sonntag« schüttelt erneut den Kopf, packt andeutungsweise seinen Kasten und will fort. Zumindestens tut er so.

Der junge Mann hat keine Lust zum Handeln. Er lenkt ein: »Vierhundert...!«

Und dabei bleibt es!

Der neue Kunde streckt gehorsam seine langen Beine aus und vergräbt sich in die Arbeit, ohne sich noch weiter um die besagten Schuhe und deren Säuberung zu kümmern.

Das ideale Lernobjekt für Eva!

Sie bemühen sich zu zweit, den verkrusteten Zement zu lösen. Was nicht mit dem Tuch abgeht, schaben sie äußerst vorsichtig mit dem Messer oder der alten Nagelfeile herunter. Offensichtlich stammt das meiste Werkzeug aus den Abfallkübeln. Eva hockt an einem, Sonntag an dem anderen Schuh. Den Rest besorgt sie ganz allein nur unter seiner Aufsicht. Dabei lernt sie ein neues Wort. Es wird mit Püffen und anfeuernden Worten in ihren Kopf getrieben: »Rrrrrápido...!«

Sie kennt es, hat es früher schon gelernt, doch nicht so rrrrrollend und ohne diese puffenden Begleiterscheinungen.

»Schnellllll...! Schnellerrrrr...!«

Eva beißt die Zähne zusammen. Sie gibt sich ungeheure Mühe. Und siehe da, das Wunder ist vollbracht! Die Schuhe glänzen tadellos und fast wie neu!

Die Tische wechseln und die Kunden.

Nach den schwarzen kommen braune, und dann wieder schwarze Schuhe.

Schuhe... Schuhe... nichts als Schuhe...!

Völlig unerwartet erscheint unter dem Tisch genau vor Evas Nase ein pfiffiges Gesicht mit einem kugelrunden Kopf, danach das ganze Bürschchen namens Unschuld. Die reine Neugier hat ihn hergetrieben. Er lacht aus vollem Herzen und stupst sie fröhlich an. Sein bloßer Anblick macht die Welt schon besser, und augenblicklich steigt ihr Stimmungsbarometer.

Und mit ihm ist der Traum von heute Nacht auf einmal wieder da! Der sonderbare Satz der Mutter klingt erneut in ihrem Ohr: »Jeder Dienst ist Gottesdienst, Eva! Auch das Schuhputzen...!«

Erstaunt läßt sie ihr Werkzeug sinken. Die Mutter hat dies also schon *vorher* gewußt...! Was sie hier tut, ist *vorbestimmt,* und alles soll so sein, wie es jetzt ist...! Dann wird sie eines Tages auch den Vater finden! Nicht gleich heute oder morgen, doch vielleicht in absehbarer Zeit! Bis dahin aber wird sie Schuhe putzen, denn das »ist Gottesdienst« und, sie ist geborgen bei den Jungen!

Geborgen...? Mit den Püffen...? Und was ist mit dem Trinkgeld...? Das gehört doch ihr...!

Die Schuhe blitzen! Tadellos und ganz allein von ihr geputzt! Auch diesmal erntet Eva einen Schein, und wieder reißt ihn Sonntag grob aus ihren Fingern. Erstaunt sperrt Unschuld seine großen Augen auf, und Eva beschließt, mit diesem Unfug gründlich aufzuräumen. Sonntag ist doch kein Dieb...! Das wurde jedenfalls behauptet, und dies ist *ihr* verdientes Geld! Doch offenbar ist ihm zu Kopf gestiegen, daß er einen 'Sklaven' hat.

Soll sie sich das Trinkgeld aus den Händen reißen lassen und den ganzen Tag mit Püffen leben...? In Unschulds Kulleraugen steht geschrieben, daß dies nicht richtig ist.

Die nächsten Schuhe waren einstmals weiß, jetzt aber sind sie grau und haben dunkle Flecken. Die Dame neben ihrem Kunden trägt die gleichen grauverschmutzten Schuhe, doch nur der Herr streckt seine Füße aus. Eva stutzt. Lassen nur die Herren ihre Schuhe putzen...?

Eifrig gräbt sie nach der weißen Creme und wird schließlich zwischen all dem Krimskrams fündig. Doch nirgendwo gibt es ein sauberes Tuch. Anklagend blickt sie ihren Meister an. Soll sie mit diesen schwarzverschmierten Lappen *weiße* Schuhe putzen...?

Sonntag ist bereits bequem und faul geworden, ein halber Vormittag hat ausgereicht, ihn zu verwöhnen...! Endlich greift er ein und fischt ein blaues Seifenstück aus seinem Wunderkasten. Unschuld kramt ein halbzerrissenes weißes Hemd hervor, reißt einen Ärmel ab und bietet ihn zum Kauf.

»Zweihundert Bolos...!«

»Loco...! Bist du verrückt!«

»Wieso, das Hemd ist nagelneu! Gestern hab ich's noch getragen...!«

Sonntag lacht, verpaßt ihm einen Rippenstoß und zeigt mit einer Kopfbewegung hinaus zum Boulevard.

Wieder einmal Zeichensprache...!

Die beiden Jungen flitzen ab, um diese Sache fern der Kunden auf der Straße auszuhandeln. Mittlerweile putzt Eva die dunklen Flekken fort! Dabei murmelt sie: »Jeder Dienst ist Gottesdienst! Ich will mir Mühe geben, Mutter...!«

Die beiden Jungen tauchen grinsend wieder auf, genau zur rechten Zeit. Der eine *kaufte* einen Fetzen Stoff zu einem lächerlichen Preis und haute seinen Partner dabei kräftig übers Ohr! Der andere verscheuerte sein ausgedientes Hemd, fand für den zweiten Ärmel auch noch einen Kunden, und alle hatten einen Riesenspaß.

Der neue 'Tuchbesitzer' reißt ein Stück von seinem hart erkämpften Hemd herunter und wirft es Eva lässig vor die Füße. Die wienert mit Erfolg. Die Schuhe sind spiegelblank, sehen aus wie neu, und alle Flecken sind verschwunden. Zufrieden und mit einem müden Rücken steht sie auf.

Glücklich betrachtet der Herr die neugeweißten Schuhe, kramt eine Weile umständlich in seiner Börse und drückt dem überraschten Sonntag einen glatten Fünfhunderter in seine ausgestreckte Hand. Dann winkt er Eva, und – oh Wunder, er sucht nach einem weiteren Schein! Genau in dem Moment bohrt sich der nächste mütterliche Satz in Evas Kopf. »Lehre deine Freunde! Dabei lernst du selbst...!«

Das wird sie tun! Jetzt gleich...! Mit einer kleinen Verbeugung nimmt sie das üppige Trinkgeld dankend in Empfang und reicht es augenblicklich schwungvoll an ihren Herrn und Meister weiter. Bedauernd zeigt sie dann dem netten Paar die leeren Hände.

Zeichensprache! Die beste Sprache der Welt...!

Unschuld lacht. Er grinst von einem Ohr zum andern, so breit es überhaupt nur geht.

Verdutzt starrt Sonntag auf das Geld in seinen Händen! »No ladrón...!«, flüstert Eva Pedros Worte in sein Ohr. »Nunca...! No, no, no!«

Ein empörter Ausruf des weißbeschuhten Paares, und er zuckt beschämt zusammen! Grob packt er Evas Hand und zerrt sie eilig mit sich fort.

Sowieso ist es höchste Zeit fürs Mittagessen!

In fliegender Hast wetzen sie durch die Menschenmassen hinüber zu Pedros Wirkungskreis, ebenfalls ein Straßenrestaurant und allgemeiner Treffpunkt ihrer kleinen Gruppe. Die Jungen sind schon alle da und drücken ausgehungert ihre Nasen an das Superangebot der großen Glasvitrine. Maisbrote und »arepas« sind ihr täglich Brot, doch kommt es auf die Füllung an. Sie schwanken zwischen Fisch und Huhn, gezupftem Fleisch und Käsesorten. Es gibt Tomaten mit Oliven, verschiedene Pfefferschoten, Paprika und Camerones, Thun- und Tintenfische, Langostinen in pikanten Soßen und alle möglichen Salate. Selbst Muscheln werden angeboten und andere völlig unbekannte Dinge.

Sonntag kämpft den Kampf seines Lebens. Tief vergraben stekken seine Hände in den Hosentaschen und spielen mit den angehäuften Scheinen. Soll er oder soll er nicht...? Sie haben heute fabelhaft verdient. Weitaus mehr als sonst. Dieser kurze Vormittag brachte ungewöhnlich viele Kunden. Lag das an Blancos weißer Haut...? Bringt dieser Junge Glück...?

Leider rast die Zeit viel schneller, als er dachte. Sein 'Besitz' zerrinnt ihm sozusagen wie Eiscreme zwischen seinen Fingern und gehört ihm nur noch diesen Nachmittag und morgen...! Unentschlossen krampft er seine Rechte um das Geld und schwankt noch immer zwischen Ärger, Anerkennung und »sich schämen«.

Blanco hat ihm ganz schön eins ausgewischt. Eins zu Null...! Gekonnt hat er ihm beigebracht, was Anstand ist. Nicht wie Pedro mit den Fäusten, sondern mit dem Kopf, und das gefällt ihm trotz des Ärgers. Der ist weitaus heller, als er dachte! Auch so einer, der mit Witz das Leben würzt und mindestens so schlau ist wie er selbst.

Der Kampf ist ausgefochten! Sonntag stöhnt...!

Er wird Blanco geben, was ihm gehört und obendrein noch ein gefülltes Maisbrot *schenken!* Dann allerdings muß dieser Bengel bis zum späten Abend dafür schuften, solange überhaupt noch Kunden aufzutreiben sind.

Mit einem abgrundtiefen Seufzer zieht er ein paar zerknüllte Scheine aus der Tasche und steckt sie der verblüfften Eva in die Hand. Auf die Glasvitrine deutend, fragt er mit lauter Stimme, was sie essen möchte.

Nanu...? Erst das Geld? Und jetzt lädt er sie ein...? Doch schnell erholt sie sich von ihrem Staunen, drückt die Nase an die Scheibe und zeigt voll Sehnsucht auf die krummen, braunen Dinger. Die heißgeliebten und berühmten schwarzen Bohnen ihrer Mutter, und das täglich Brot der Armen!

Sonntag reibt begeistert seine Hände. Anerkennend pfeift er durch die Zähne. Der Neue ist bescheiden! Er greift zum Billigangebot und nutzt sein Angebot nicht schamlos aus. Da will er sich nicht lumpen lassen...! In einer ihn selbst überraschenden Anwandlung von Großmut spendiert er ein paar kräftige Beilagen. Gezupftes Rindfleisch, gebratene 'plátanos' (Kochbananen), gefüllt mit Käse, und einen ganzen Liter Milch! Er atmet auf. Jetzt hat er seine Schandtat gutgemacht! Zufrieden drückt er ihr den vollen Teller in die Hand.

So so...! Mit einem verblüfften Seitenblick verfolgt Pedro dieses sonderbare Gebaren seines sonst so knauserigen Mitkumpanen. Was ist in den gefahren...? Der ist doch sonst nicht so? Erstaunt kraust er die Stirn.

Offensichtlich brauchte Blanco keine tagelange Unterweisung, sondern lernte schneller als er dachte! Er war der Trottel, weil er ihn nicht als ersten schnappte! Dann hätte nämlich *er* jetzt diesen faulen Tag gehabt...!

Mit ihren hoch gefüllten Plastiktellern setzen sich die fünf auf eine Bank und futtern. Trotz des späten Frühstücks sind sie ausgehungert wie die herrenlosen Hunde, und eine Weile herrscht andächtiges Schweigen. Doch nicht sehr lange, dann prasseln die Fragen wie ein Trommelfeuer auf Sonntag ein.

Wie stellte sich ihr Sklave an...? War er fleißig und geschickt...? Oder dumm und faul...? Reicht er zur rechten Zeit die Bürsten, Tücher, Cremes und Tuben...? Hat er schon einen Schimmer von der hohen Kunst des Schuhputzens...? Sie waren alle einmal 'Sklaven' und schamlos ausgenutzt, bevor sie selber 'Unternehmer' wurden. Blanco wird bald ihnen dienen, und dies geht sie alle an. Nur Dreizehn hält sich raus. Angewidert reicht er seinen vollen Teller an den ewig hungrigen Pedro weiter und qualmt schon wieder seine Kippen.

Sonntag schüttelt nur den Kopf zu diesen vielen Fragen. Er mampft sein Essen runter, macht hin und wieder mal »asi... asa... (so... so...)« und hängt gefährlichen Gedanken nach. Ein solches Herrenleben kriegt er niemals wieder! Der Sklave schuftet, und er kassiert! Was wäre, wenn er einfach mit ihm abzischt und verduftet...? Doch kaum geboren platzt sein Traumgebilde wie eine Seifenblase unter Pedros scharfen Blicken. Das könnte ihn zumindest ein paar Knochen kosten, so wie er Pedro kennt! Und sowieso sind sie nur in der Gruppe stark. 'Alleinsein' könnte 'Untergang' bedeuten, denn das Leben auf der Straße ist gefährlich...! Nicht die Freundschaft kittet sie zusammen, sondern mehr noch 'Interesse'.

Die Mittagspause ist zu Ende. Pedro klatscht energisch in die Hände:

»A trabajar...!«

Verbrannt

Wie einst in ihrer ersten Nacht liegt Eva in dem gleichen Park, diesmal auf einem Mäuerchen und starrt mit weitgeöffneten Augen in den Himmel.

Soeben steigt der Mond auf. Er wird von Tag zu Tag ein wenig fetter und hängt nun wie ein riesengroßer gelber Luftballon prall und voll über den Baumkronen und taucht alles in ein mildes, zauberhaftes Licht.

Wie schnell er höher steigt...! Die Steine sind noch aufgeladen von der Hitze des Tages und wärmen angenehm ihren müden Rücken, als hätte jemand liebevoll ein heilsames Kissen unter ihre schmerzenden Glieder gestopft. Ein bißchen hart zwar, aber wunderbar! Vom vielen Bücken, und dem In der Hocke sitzen hat sie sich einen Muskelkater zugezogen! Und was für einen...!

Drei Tage sind verflossen seit ihrer ersten Nacht in diesem selben Park. Er ist sowohl das Schlafquartier als auch der Unterschlupf der kleinen Bande, für die sie jetzt bereits drei volle Tage schuftet. Zwei Tage unter Sonntags strenger Zucht und Herrschaft und heute nun als Pedros Eigentum und Sklave. Das geheime Schlupfloch in der Maschentür ist das geniale Werk und die Erfindung ihrer neuen Herren!

Eva ist todmüde, trotzdem kriegt sie kein Auge zu. Es war einfach zuviel, was an jedem einzelnen dieser denkwürdigen Tage auf sie einstürmte. Außerdem ist es zum Schlafen wahrhaftig noch zu früh! Etwa sieben Uhr... vielleicht auch schon halb acht. Die Sonne ging gerade erst vor kurzem unter, und noch immer sind ein paar grandiose Wolkenränder goldumrändert und in lilarotes Licht getaucht.

Eva gähnt! Doch eigentlich ist nur ihr Körper müde, der Geist dagegen hell und wach.

Wie gut das tut, so faul auf diesem warmen Mäuerchen zu liegen! Der Mond ist vollends aufgegangen und scheint zum Greifen nahe. Jeder Baum und Strauch und jedes Blatt im Park glänzt wie mit Silber übergossen und strahlt geheimnisvoll das milde Licht des Mondes wider.

Alle ihre Sklavenhalter sind beschäftigt! Welche Wohltat! Sie machten heute früher Schluß, weil Pedro mit einer 'dringenden Angelegenheit' noch in der Stadt verblieb und sie sehr streng zu ihrem Schlafplatz schickte.

Sowas kommt selten vor und muß gefeiert werden! Die Jungen sind völlig außer Rand und Band, haben sich hinter den Geräteschuppen verkrochen und fachen unter lautem Jubel und Geschrei ein Feuer an. Denn man denke... Sonntag fand ein Feuerzeug! Einfach nur mal so unter einem Tisch, als ob das gar nichts wäre! Zwei volle Tage trägt er dieses Ding bereits mit sich herum, völlig nutzlos und ohne einen anderen Zweck, als pausenlos und ständig Dreizehns Kippen anzuzünden. Doch nun ist ihr strenger Boß endlich einmal weit vom Schuß. Der sorgt mit harter Hand für Zucht und Ordnung und würde sowas nie erlauben.

In wildem Eifer sammeln sie Laub, Gestrüpp und altes Holz zusammen und werfen es jubelnd in die knisternden Flammen. Trotz aller Vorsicht dringt ihr glucksendes Gelächter und unterdrücktes Johlen laut an Evas Ohr.

Die seufzt. Irgend etwas drückt und nagt an ihrem Herzen und läßt sie trotz aller Körperschwere nicht zur Ruhe kommen. Ist es Heimweh, was sie quält...?

Nein, Heimweh nicht, so sonderbar es klingt! Jedenfalls nicht nach der Mutter. Denn die ist oft so greifbar nahe, als stünde sie leibhaftig neben ihr...!

Nach dem Vater also...? Auch nicht, um ehrlich zu sein. Sie kennt ihn viel zu wenig, als daß seine Abwesenheit diesen seltsamen Schmerz in ihrer Brust auslösen könnte! Um ihn macht sie sich Sorgen! Dann schon eher nach dem Kapitän. Ach, wie gerne würde sie sich jetzt in seine Arme stürzen...

Was ist es also, das mahnend wie ein Dorn in ihrem Herzen bohrt...? Vielleicht die rauhe Art und Weise, wie ihre neuen 'Herren' mit ihr umspringen...?

Mag sein! Aber da ist noch etwas anderes, das schwer an ihrem Herzen nagt! Irgend etwas Unbekanntes und doch Urvertrautes... Eva prüft sich, als hätte sie irgendwo ein Loch im Zahn und weiß nicht *wo*.

Merkwürdig... fast ist 'es' wie ein leises Rufen...! Doch 'WER' ruft sie...?

Heftig denkt sie nach.

»Hast du schon gebetet, Eva...?«, würde jetzt die Mutter fragen. Verblüfft springt Eva auf. Das ist es...! Ach, schon lange hat sie nicht gebetet! Am Tag war zuviel los, und abends ist sie wie ein müder Sack ins Gras geplumpst und hat gepennt. Heute aber... zugegeben... hat sie es *vergessen!* Betrübt senkt Eva ihren Kopf. Doch nun hat GOTT sie selbst gerufen...!

Sie faltet etwas schuldbewußt und auch erleichtert ihre Hände, doch wieder kommt es nicht zum Beten! In ihrer allernächsten Nähe prasselt aus heiterem Himmel ein fürchterliches Donnerwetter los, daß es sie fast von ihrer Mauer reißt.

Pedro ist zurückgekommen, und nun entlädt sich seine wilde Wut mit Blitz und Donner in einem tobenden Gewitter auf die ahnungslosen Jungen! Lautes Klatschen... Schreie... Schläge...! Trampeln und Gebrüll...! Danach beklommene Stille...! Leises Jammern... Wimmern... unterdrücktes Fluchen...!

So schnell ihr Muskelkater es nur zuläßt, humpelt Eva zu dem Schauplatz.

Pedro raucht vor Zorn. Wutgeladen schlägt er mit zwei Knüppeln auf das Feuer ein, trampelt die herumspritzenden Äste herunter, daß die Funken nur so stieben und schnaubt wie ein gereizter Stier.

»Verrückt geworden, was...? Völlig übergeschnappt und von allen guten Geistern verlassen...! Verdammte Idioten, ihr wollt wohl, daß die Polizei uns schnappt...? Keinen Grips habt ihr in euren hohlen Köpfen! Caramba... *einmal* läßt man euch allein, und schon macht ihr den größten Mist wie ein paar blöde Hammel!«

Klatsch... klatsch... klatsch... Er schlägt und trampelt wütend auf die Glut.

Stöhnend und zugleich erleichtert halten sich die Jungen ihre Wangen. Wo Pedro hinschlägt, steht so leicht kein Grashalm wieder auf. Ein Segen, daß er den Zorn jetzt an dem Feuer austobt.

Verdutzt und hingerissen schaut Eva diesem wilden Ausbruch zu. Mittlerweile versteht sie jedes Wort. Schlagartig ist ihr ganzes Spanisch in diesen denkwürdigen Tagen zu ihr zurückgekommen, ausgenommen jene schlimmen Worte, die ihre Mutter niemals in den Mund nahm und vermutlich überhaupt nicht kannte.

Der Löwe hat sich ausgetobt! Endlich...! Immer noch grollend läßt er sich auf seinem Kasten nieder, angelt mit dem Fuß einen angekokelten Ast und pfeffert ihn mit einem letzten ärgerlichen, gut gezielten Fußtritt in Sonntags Richtung. Er weiß genau, wer diesen Mist verbrochen hat...

Sonntag hüpft erschreckt zur Seite. Er bückt sich schuldbewußt und packt zur weiteren Beförderung den Ast mit seiner bloßen Hand. Und schon gellt sein entsetzter Schrei durchdringend durch die stille Nacht! Der Ast fliegt durch die Gegend. Wild vor Schmerz hopst Sonntag hin und her, stopft verzweifelt die verbrannten Finger in den Mund und wankt schreiend durch den Park.

Pedro läßt den letzten Dampf ab. »Verdammter Idiot...!«, brüllt er nicht minder laut. »Halt deine Klappe...! Das fehlt uns noch, daß du die ganze Welt herbeischreist! Reiß dich gefälligst zusammen, alter Jammerlappen!«

»Es tut so furchtbar weh...«, winselt Sonntag kläglich und schlenkert verzweifelt seine Hand. »Ich halte das nicht aus...!«

»Zeig her...!«, befiehlt sein Chef bereits ein ganzes Ende milder.

Alle springen herbei... auch Eva, und betrachten anteilnehmend die verbrannte Hand, soweit das bei dem Mondlicht möglich ist. Doch es reicht völlig aus, den armen Sonntag anzuschauen. Er krümmt sich vor Schmerzen und wimmert leise vor sich hin. Nichts ist mehr geblieben von dem gewitzten Straßenbengel, dem gerissenen Geschäftemacher und dem stolzen Sklavenhalter...! Ein ganz gewöhnlicher kleiner Junge ist er, der sich elend die Finger verbrannte und sonst was dafür geben würde, diese bösen Schmerzen loszuwerden.

»Schuhputzen kannste fürs erste vergessen«, stellt Pedro sachlich fest.

Sonntag schrumpft noch mehr zusammen. Sein ganzer Körper zittert, sowohl vor Angst als auch vor Qual.

»Und woher krieg... krieg... ich morgen was zu essen...?«, stottert er.

Keine Antwort...!

»Hat denn niemand Geld für eine Salbe aus der Apotheke...?«, fleht er kläglich.

Geld hat keiner! Er selbst hat seinen Überschuß schon längst in Schokoladeneis verwandelt. Und wenn da eben noch beim Feuer ein paar Münzen klimperten, so haben die sich jetzt auf jeden Fall in Wohlgefallen aufgelöst und sind nicht mehr zu finden.

Eva ist, als hätte sie dies irgendwie schon mal erlebt. War das nicht...? Aber sie hat jetzt keine Zeit, darüber nachzusinnen. Ohne Zögern tut sie das, was sie von ihrer Mutter lernte. Sie geht zu Sonntag und nimmt sanft seine Hand.

»Wenn du es willst, dann könnte ich dir vielleicht helfen...!«

»Du... mir helfen?« Ungläubig schaut er Eva an. Natürlich will er. Wer würde das nicht wollen in solcher Not »Hast du denn... Geld...?«, fragt er zweifelnd.

»Nicht mit Geld, sondern anders«, erklärt sie freundlich und deutet einladend auf seinen Schuhputzkasten.

»Ach sooo...!« Sonntag zieht einen enttäuschten Flunsch und sinkt ohne einen Funken Hoffnung auf seinen Schuputzkasten nieder. Aber was tut man nicht alles, wenn man sich vor lauter Schmerzen fast in die Hosen macht und am liebsten vor Verzweiflung heulen würde wie ein kleines Kind...?

Eva 'leiht' sich Dreizehns Schuhputzkasten, und so hocken sie einander gegenüber.

»Nun gib mal deine Hand...!« Evas Stimme klingt bestimmt, die Rollen sind vertauscht. Jetzt ist sie es, die befiehlt, sanft und höflich, aber ihrer Sache sicher. Behutsam legt sie »Sonntags« Hand mit der verbrannten Innenfläche nach oben auf ihre Knie und hält ihre eigenen Hände wie ein kleines Dach darüber.

Doch gleich brüllt Sonntag los. »Ay...!«, schreit er voll Entsetzen. »Ay-yay- yay...!, was machst du bloß...? Es wird ja immer schlimmer...!« Heftig reißt er seine Hand zurück.

»Ich war zu nahe dran...«, entschuldigt sich Eva. »Hab nur Geduld, gleich wird es besser!«

Äußerst mißtrauisch wagt Sonntag einen weiteren Versuch und reicht ihr nur zögernd seine Hand. Doch diesmal achtet Eva auf mehr Abstand von den eigenen Händen. Und siehe da... ein paar Sekunden später läuft ein seliges Lächeln über das dunkle, von Tränen verschmierte Bubengesicht.

»Weg...!«, flüstert er andächtig. »Increíble (unglaublich), der Schmerz ist weg...! Wie kann das sein...?« Begeistert reißt er seine Hand von Evas Knien und dreht und wendet sie nach allen Seiten. Doch kaum hat er sie weggezogen, brennt der Schmerz von neuem los, und reuevoll legt er sie schnell zurück.

»Geduld, Geduld, das dauert noch...!«, mahnt Eva freundlich! Sie schließt die Augen, versinkt in tiefes Schweigen und betet still in sich hinein! Nun endlich betet sie...! Und dankt aus tiefstem Herzen für diesen wunderbaren Strom, der heilend durch ihre Hände fließt. Ganz andächtig ist ihr zumute.

Die Jungen sind ebenfalls verstummt. Sie hocken verwundert drum herum und wissen nicht so recht, was sie von dieser Sache halten sollen. Irgendwie ist ihnen nicht so ganz geheuer. Pedro runzelt seine breite Stirn, Dreizehn denkt heftig nach und bläst wie immer Rauch gen Himmel, nur Unschuld hat sein rundes Kindergesicht andächtig in beide Hände gestützt und schaut begeistert zu.

Klingeln da nicht schon wieder in irgendeiner Hosentasche Münzen...?

Sonntag schwimmt in Seligkeit. Und wenn er die ganze Nacht hier sitzen muß, Hauptsache seine Hand wird heil und dieser böse Schmerz kommt nicht mehr wieder! Besorgt blickt er sein Gegenüber an. Hoffentlich hat er genug Geduld...?

»Kannst du denn noch, »Blanco...?«, fragt er schüchtern. »Bist du nicht müde?«

»Blanco...?« Erstaunt blickt Eva auf. Ach so, sie ist gemeint...! Ihr neuer Name bereitet ihr noch immer Schwierigkeiten. Verneinend schüttelt sie den Kopf. O nein, sie ist kein bißchen müde. Die gleiche Kraft, die seine Hände heilt, macht auch sie selber wieder völlig frisch und munter.

Nach einer knappen Stunde nimmt sie endlich ihre Hände fort und forscht: »Tut dir noch etwas weh...?«

Sonntag prüft seine Hand. Er drückt und tastet die verbrannten Stellen ab, und nichts tut weh...! Nicht der kleinste Schmerz! Zur besseren Beleuchtung entzündet er sein Feuerzeug und schaut sich gründlich seine Finger an. Alles bestens...! Keine Blase...! Neugierig bestaunen die Jungen dieses Wunder. Seine Hand ist heil, da gibt es nichts zu rütteln. Wie kann das sein...?

Ein dankbares Lächeln huscht über Sonntags Züge. Vor lauter Glück ist er total verstummt und bringt kein Wort heraus. Nicht mal ein Danke rutscht über seine Lippen, aber sein seliges Gesicht spricht ganze Bände. An seiner Stelle legen jetzt die anderen los! Sie reden alle durcheinander

»Wie hast du das bloß gemacht...? Kannst du das schon lange, Blanco...? Wo hast du das gelernt...? Oder bist du damit geboren...? Kannst du auch Kranke heilen...?« Bei *heilen* zucken sie erschreckt zusammen. »O-oder ist das...?« Sie geraten ins Stottern und wagen es kaum auszusprechen... »Oder... ist das... »brujería«...?«

Das Wort ist gefallen: Hexenkunst...! Schwarzmagie...! Und Zauberei...!

Unheilverkündend wie eine Mauer steht es zwischen ihnen und ist nicht mehr wegzuwischen. Wie auf Kommando rücken sie von Eva ab, als hätte sie die Krätze oder Wanzen. Dreizehn zeigt mit seiner rauchenden Kippe düster gen Himmel und erklärt mit Grabesstimme: »Vollmond...!«

Na klar, das weiß hier jedes Kind...! Vollmond ist die Nacht der bösen Hexen, der Schwarzmagie und Zauberkräfte!

Erschrocken springen die Jungen auf. Sie sind mutig und fürchten sich vor nichts und niemand, aber jede Art von Zauberkräften erfüllt sie mit panischer Angst. Voll Entsetzen schlenkert Sonntag seine Hand. Hat Blanco ihn verhext...? Fast wünscht er sich schon seine Schmerzen wieder!

Eva glaubt, sie hört nicht richtig. Haben die Jungen den Verstand verloren...? Gewiß, die Mutter hat ihr viel von den Gebräuchen hier erzählt. Die Menschen glauben fest an Hexen, an Schwarzmagie und Zauberei! Fast jedermann läßt irgendwann mal eine 'Arbeit' bei einem 'brujo' (Zauberer) oder einer 'bruja' (Hexe) machen, oftmals für sehr viel Geld. Magische Kräfte werden zu den unterschiedlichsten Preisen an jeder Straßenecke angeboten. Manchmal auch zum Heilen, doch häufiger, um jemand Krankheit oder Böses anzuhexen. Und nun soll sie... eine Hexe sein?

Gottlob... Pedro bleibt gelassen! Er sitzt nach wie vor auf seinem Kasten, greift Sonntags Hand und untersucht sie gründlich. Er dreht und wendet sie nach allen Seiten. Dann winkt er Eva, bedeutet ihr, sich hinzusetzen und unterzieht sie einem strengen Verhör.

»Hast du mitgekriegt, was die von dir behaupten...?« Ja, wahrhaftig hat sie das...! Eva nickt mit dem Kopf.

»Und...? Was sagst du dazu...?«

Eva zuckt nur mit den Achseln. Es ist so aus der Luft gegriffen, so albern und absurd... Was soll sie dazu sagen...?

»Sprich die Wahrheit...!«, mahnt Pedro. »Mit sowas wollen wir nichts zu schaffen haben...!«

Eva beginnt den Ernst der Lage zu begreifen.

»Du hast Sonntags Hand geheilt...!«, stellt Pedro sachlich fest!«

Eva protestiert. »Nicht ich...! *Ich* kann nicht heilen!«

»Wenn du deine Hände auflegst, dann *bete...!«,* hat die Mutter immer wieder gesagt. »Sonst könntest du am Ende glauben, daß du es bist, die heilt...! Kein Sterblicher kann heilen! Doch wir können bitten, daß GOTTES Kraft durch unsere Hände strömt und heilt...!«

»Leugne nicht, Sonntags Hand ist heil!«, erwidert Pedro streng. »Wie machst du das...?«

»Ich halte meine Hände drüber...«

»Das haben wir gesehen! Was noch...?«

»Ich... bete...!«, erwidert Eva zögernd.

»Seht an...! Da haben wir's...!« Die Jungen nicken sachverständig mit den Köpfen. Genau *das* tun die 'brujos' auch...! Sie haben ihre mächtigen Zauberformeln und 'beten' sie herunter! Gebannt starren sie Eva an, panische Furcht in ihren Augen. Wenn es nicht so spannend und so gruselig wäre, würden sie jetzt die Flucht ergreifen, möglichst weit weg, aber die Neugier siegt!

Pedro bleibt gelassen: »Wer hat dir das gezeigt?«

»Meine Mutter...!«

»Dann war deine Mutter also eine 'bruja'...!«, stellt Pedro fest!

Eva beginnt zu kichern. Es platzt aus ihr heraus, sie kann nicht anders und prustet einfach los. Es ist einfach zu komisch, was Pedro denkt! Ihre liebste Mutter... eine Hexe! Ausgerechnet...!

»Meine Mutter war eine 'curandera', eine Heilerin und hat die Hände aufgelegt...!«, berichtet sie immer noch leise kichernd. Gottlob ist ihr dieses Wort gerade eingefallen.

Ach soooo...! Die Jungen atmen auf und kommen augenblicklich wieder näher. Heiler sind harmlose Geschöpfe! Sehr, sehr nützlich und sehr sonderbar! Sie kurieren Kranke, 'beten' Psalme herunter, massieren verstauchte Körperteile, arbeiten mit Kräutern und Pomaden, legen Hände auf die kranken Stellen... einige von ihnen heilen sogar Schlangenbisse... und das alles vollkommen *umsonst* ohne irgendeine Gegenleistung! Höchstens lassen sie sich etwas schenken...!

»Sie legen Hände auf die kranken Stellen...!« Scheu blickt Sonntag Eva an und bläst einen heimlichen Kuß auf seine heile Hand.

Pedro ist neugierig geworden. »Du betest...? Zu *WEM*...? Und *WAS*...?«, will er wissen.

»Ich bete zu GOTT und bitte IHN um Hilfe!«

»WEN... bittest du...?«, Pedro glaubt, er hört nicht richtig.

»GOTT...!«, erwidert Eva tapfer.

»Pahhh...!«, macht Pedro voll Verachtung. »Pura paja (lauter Stroh)!«

Doch nun wird Eva munter. »So ist das also...?«, trumpft sie auf! »An 'brujos' glaubt ihr und an Hexen...! Aber nicht an GOTT...!«

Verblüfftes Schweigen...! Unschuld kratzt sich verblüfft den Kopf, der schlaue Sonntag kriegt den Mund nicht wieder zu, und Dreizehn zündet eilig an der alten Kippe eine neue an und pafft ein paar heftige Züge. Wahrhaftig, wieso eigentlich glauben sie an Zauberer und Hexen und... nicht an GOTT? Darauf sind sie überhaupt noch nicht gekommen.

Pedro macht eine abfällige Handbewegung. »GOTT gibt es nicht...!«, beschließt er. »Oder hast du IHN je gesehen...? Vielleicht schon angefaßt und ihm sogar die Hand gegeben...?« Er grinst hämisch: »Brujos hingegen können wir dir jede Menge zeigen ...! Höchst lebendig und *gefährlich!* Die kann man *anfassen*, wenn sie es dir erlauben. Aber Vorsicht, die haben nämlich Haare auf den Zähnen! Na was sagst du nun...?«

Eva schweigt.

»Du... bittest also... hmmmm... diesen deinen GOTT um Hilfe!« Dieser Satz fällt Pedro sichtlich schwer. Völlig unverdaulich...! Das Thema hat er noch nicht durch. Er kaut daran herum wie an einem zähen Rinderknochen, schiebt ihn von einer Backe in die andere und spuckt ihn schließlich aus.

»Du glaubst also im Ernst, daß dieser GOTT... er räuspert sich, »den es selbstverständlich überhaupt nicht oder nur in deinem Kopfe gibt, dir hilft, wenn du die Hände auflegst...?«

»Woher willst du wissen, daß es IHN nicht gibt...?«, erkundigt sich Eva.

»Das ist doch völlig klar, ich hab ihn nie gesehen...! Mir... hat er jedenfalls noch nicht geholfen...!«

»Du könntest ihn ja mal drum bitten«, schlägt Eva vor.

Pedro glaubt, er hört nicht richtig. »Spinnst du...?«, fragt er erschrocken. »Ich... GOTT... um Hilfe bitten...? Nee, brauch ich nicht. ICH HELF MIR SELBST...!«

Schnell und ohne nachzudenken rutscht die Antwort über Evas Lippen: »Das klappt doch nur, weil GOTT dir hilft...!«

Jetzt kommt Pedro regelrecht in Fahrt. »GOTT... mir... helfen...? Ich helf mir selbst und brauche keinen GOTT, und dich übrigens auch nicht. Das sag ich doch die ganze Zeit!« Er ist nun ehrlich empört. »Ich besorg mein Leben *selbst und* OHNE HILFE! Für mich rührt keiner einen Finger! Und nun auf einmal soll GOTT schuld dran sein, daß ich mir selber helfe...? Nee, das kannste mit mir nicht machen!« Angewidert spuckt er aus, genau vor Evas Füße.

»Mein Papá sagt, Gott hilft nur den Reichen...!«, kräht Unschuld. Er ist sehr stolz darauf, daß er einen Vater aufzuweisen hat. Leider sieht er ihn nur selten. Für »Unschuld« ist kein Platz im 'rancho'. Sie sind zu viele und platzen aus den Wänden. Den Vater trifft er gelegentlich an einer ganz bestimmten Straßenecke, wo er mit ein paar Saufkumpanen seinen Fusel trinkt. Dort schnappt er auf, was die so von sich geben.

»Quatschkopp...! Die Reichen helfen sich natürlich selbst, genau wie du und ich! Ich bin auch eines Tages reich!«, erklärt Pedro selbstbewußt und klopft sich auf die Brust. Und zwar OHNE HILFE...! Dazu brauch ich keinen GOTT! Was ist das überhaupt, dein GOTT, den es nicht gibt...?«, wendet er sich nun doch neugierig und immer noch leicht gereizt an Eva. »Raus mit der Sprache...!«

Ja, wenn man das in einem Wort, oder wenigstens mit ein paar Sätzen... wenn man es überhaupt erklären könnte. Eva überlegt.

»GOTT ist ALLES!«, sagt sie nachdenklich. »Vor allem ist er... Liebe!«

Das hätte sie lieber nicht sagen sollen und hat damit direkt ins Wespennest gestochen. Kaum jemand dieser Jungen hat je in seinem Leben Liebe erfahren, zumindest viel zu wenig, auch wenn sie sich im Grunde alle danach sehnen. Ein empörter Ausruf kommt von allen Seiten.

Pedro ist nun wieder völlig ruhig. Er hat sich *vorher* ausgetobt. »Liebe gibt es nicht!«, stellt er die Sache richtig. »Also gibt es auch keinen GOTT...!«

»Ob ihr's glaubt oder nicht, »auch ihr habt Liebe...«, behauptet Eva.

Großes Staunen. »Wir...?«

»Ja, ihr...!«

»Wir nicht...!«, sagt Pedro voller Abscheu.

»Doch... Zu mir wart ihr sehr liebevoll. Wißt ihr noch...? Ihr habt mir Brot und Milch gegeben...!«

Jetzt muß selbst »Sonntag« grinsen. »Reines Geschäft«, erklärt er kalt. Sie schauen sich an und verbeißen nur mühsam ein Lachen.

»Reines Geschäft...?«

»Wollt ihr damit sagen, ihr hättet mich einfach liegen lassen, wenn ich für euch nicht nützlich wäre...?« Eva blickt sie alle reihum an, und einer nach dem andern senkt die Augen. Nur Pedro erwidert trotzig ihren Blick.

»Was willst du eigentlich? Denkst du, wir können jeden aufsammeln und durchfüttern, der vor unseren Füßen herumliegt...?«

Eva geht ein Licht auf. »Ihr wißt es bloß nicht«, strahlt sie. »GOTT hat *mir* geholfen DURCH EUCH...!«

Pedro schüttelt unwillig seinen Kopf. »Du bist nicht ganz bei Trost!«, stellt er fest. Dieses ewige Gerede über GOTT und lauter Dinge, die es nicht gibt und überhaupt nicht existieren, gehen ihm allmählich auf den Wecker. Er gähnt und will die Angelegenheit zu einem Ende bringen. Doch eine Frage hat er noch. »WO... ist denn dieser GOTT?«

»Überall...!«, erwidert Eva leise. »In allem, was ist! In jedem Menschenherzen...!«

»No...!«, sagt Pedro erschrocken, »in meinem nicht! Vielleicht in deinem...!«

Er greift in seine Tasche und zieht ein Bündel Geld hervor. Die Tageseinnahme...! Natürlich nicht von ihm verdient, sondern durch seinen Sklaven. Einen ganzen langen Tag hat sie seinen Kunden die Schuhe geputzt und Pedro stand daneben, tat nichts und lutschte Eis, ohne ihr was abzugeben.

»Nimm...!«, sagt er jetzt freundlich. »Du hast es dir *verdient!*«

Die Jungen sperren die Augen auf und starren Pedro sprachlos an. Gewiß, er ist kein Geizkragen wie Sonntag, aber sowas ist noch niemals vorgekommen.

Eva ist starr. Wieso denn das auf einmal...? »Fürs Schuhputzen...?«, fragt sie mißtrauisch.

»Quatsch...! Das ist fürs HEILEN!«, erklärt Pedro zuckersüß und wedelt aufreizend mit den Scheinen vor ihrer Nase herum. »Du hast Sonntag einen großen Dienst erwiesen...!«

Eva springt auf. »Glaubst du im Ernst, ich lege meine Hände auf für... *Geld?* Meinst du, ich lasse mich dafür *bezahlen...?*« Heißer Zorn wallt in ihr auf. Empört reißt sie das Bündel Geld aus Pedros Fingern, schlägt es kräftig links und rechts um seine Ohren und wirft es ihm verächtlich vor die Füße.

Angewidert dreht sie sich um und rennt davon.

»Du kannst dich ruhig schlafen legen, *ich* werde nicht um Hilfe bitten...!«, ruft Pedro genußvoll hinterher. »Weder dich noch deinen lächerlichen GOTT!«

Zufrieden reibt er sich die Wangen.

Vielleicht hätte er das nicht ganz so höhnisch sagen sollen...!

Blanco ist kein 'brujo', stellt er gelassen fest und klaubt sein Geld zusammen. »Dem ist zwar eine Birne durchgebrannt, und ein paar Schrauben hat er locker mit seinem Gottgefasel, doch der ist echt...! Wie alle Heiler, die für nichts und wieder nichts kurieren, ohne Geld zu nehmen. Nichts hat er im Kopf mit schwarzen Zaubersprüchen und dem ganzen Hokuspokus, darauf könnt ihr Gift schlucken. Ich lege meine Hand für ihn ins Feuer...!«

Wie eine Kokosnuss vom Baum

Eva kocht vor Zorn. Sie sitzt auf ihrem Mäuerchen, schlenkert wütend mit den Beinen und unterhält sich mit dem Mond.

»Hast du das gesehen...? Bloß weil du heute rund und voll am Himmel stehst und ich die Hände über »Sonntags« Wunden legte, glauben die, daß ich ein *brujo* bin...! Pedro, dieser Idiot... will mich dafür *bezahlen!* Von mir behauptet er, ich hab 'ne Schraube locker, weil ich *bete.* Und was hat er....? Den ganzen Werkzeugkasten voller loser Schrauben! Nur fehlen ihm die Schlüssel, um sie einzudrehen...!«

»Pfffff...ttt...!«, sie schnaubt wie ein gereizter Stier.

»Guter, alter Mond, sag bloß nicht weiter, daß ich ein Mädchen bin...! Wer weiß, was die mir dann noch alles in die Schuhe schieben...!« Ärgerlich läßt sie sich rückwärts auf die harten Steine sinken, schließt die Augen und versucht zu beten. Aber ihre Gedanken schwirren durcheinander wie der wildgewordene Mückenschwarm, welcher seit ein paar Minuten blutrünstig um sie herumschwirrt und zum Angriff rüstet. Verzweifelt schlägt sie um sich. Nein, so geht es nicht...!

Das Schlimmste ist, daß sie alleine schlafen muß, weil sie den andern stolz den Rücken kehrte. Heute und vielleicht für immer, weil diese Kerle plötzlich glauben, daß sie hext... Aufgebracht setzt sie sich wieder hin und lauscht den merkwürdigen Spukgeräuschen um sie herum, die immer lauter werden. Es rasselt, surrt und klopft, es dongt und schnurrt. Ein Gruselschauer nach dem anderen rieselt über ihren Rücken. Nur der Gedanke, die Nacht *alleine* zu verbringen, läßt sie schaudern.

Wieder schaut sie auf den Mond. »Was sagst du dazu...?«, fragt sie eindringlich. »Dies widerliche Pack behandelt mich wie ein Stück Dreck! Als wäre ich ein ausgedienter Schuhputzlappen...! Und dafür soll ich mich jetzt *bedanken...?*«

Keine Antwort! Rund und voll steht der Mond am Himmel, leuchtet silberhell und schweigt sich aus. Eva seufzt. W*ie* soll sie beten oder irgendeine Antwort kriegen, wenn ihre Gedanken wild wie diese Mücken durcheinanderjagen...? Völlig nutzlos schlägt sie um sich, doch unbeirrt stürzt sich die Meute mit nervendem Gesirr immer wieder auf ihr Opfer. Trotzdem, auf einmal ist er da... von irgendwoher aus dem Nichts gekommen. Ein Satz der Mutter von einem Mann, der Goethe hieß: »Die Flöhe und die Wanzen gehören auch zum Ganzen...!«

Trotz ihrer Plagen muß sie plötzlich lachen!

Klar gehören sie zum Ganzen...! Ohne Mücken hätten die Vögel nichts zu futtern. Doch könnten sie wahrhaftig mehr von dieser Pest vertilgen, findet Eva und schlägt verzweifelt nach den Biestern.

»Wozu mögen wohl ihre anderen Plagegeister nützen? Pedro und die Jungen...?« Das würde sie jetzt gerne wissen. Ach so, hoppla, sie hat's doch vorhin selbst gesagt: »GOTT hat mir geholfen *durch euch...!*«

»Uff...!«

Wieder wendet sie sich an den Mond. »Von dir weiß man jedenfalls genau, daß es dich gibt! Du zeigst dich immer wieder, selbst nach den schwarzen Nächten, wenn man nichts von dir sieht! Aber GOTT...? Ich wünschte nur, ich könnte IHN mal zu Gesicht bekommen und meinen Plagegeistern *zeigen!* Woher soll Pedro von IHM wissen...? Ich wollte es ja auch nicht glauben, daß ER so nahe ist...!«

Sie beschließt, trotz aller Mücken und der merkwürdigen Geräusche ringsumher nun doch zu beten, macht die Augen zu und faltet ihre Hände.

»Wo bist DU...?«, fragt sie zaghaft. »In mir natürlich, aber *wo...?«* Ja, wo ist ER...? Noch gar nicht lange her, daß sie so überzeugt zu Pedro sagte: »GOTT ist überall...! In jedem Menschenherzen!« Und nun kann sie IHN selbst nicht finden...!

Plötzlich klickt ein Geräusch direkt an ihrem Ohr, und voller Angst zuckt sie zusammen. Etwas Hartes streift ihre Hand und fällt hinein. Mit einem kleinen Schrei reißt Eva ihre Augen auf. Wild klopft ihr Herz und hämmert bis zum Hals, denn vor ihr steht ein Mensch...!

Gottlob ein kleiner! Sonntag...!

»Wa-was.... willst du?«, fragt sie heiser mit einem dicken Schreckenskloß in ihrer Kehle.

»Ich... ich wollte dir... was schenken!«, druckst Sonntag höchst verlegen herum.

Eva blickt auf ihr Hand. Das Feuerzeug...! Sein kostbarster Besitz...! *Das* schenkt er ihr...? Einfach so...? Ihr Herz macht einen Freudensprung. Sprechen kann sie nicht vor lauter Rührung. Also doch...! *Liebe* auch unter diesen Jungen!

»Weshalb bist du fortgerannt und sitzt hier ganz allein und so weit weg...?«, erkundigt sich Sonntag unbehaglich. Keiner von ihnen würde je auf den Gedanken kommen, fern der anderen *alleine* nachts herumzusitzen, oder gar zu schlafen. Sie brauchen menschliche Gesellschaft.

»Weil ihr Idioten glaubt, ich bin ein 'brujo'...!«, erklärt Eva empört.

Sonntag grinst: »Das bist du nicht! Pedro hat gesagt, er legt die Hand für dich ins Feuer! Du bist echt...! Komm mit, hier sind so viele Mücken...!«

»Das hat...? Hmm...! Pedro hat das... gesagt...? Wirklich...?« Eva schluckt.

»Ja! Nun komm schon...! Hier wird man ja zerlöchert wie ein Sieb...!

»Und bei euch gibt's keine Mücken...?«, fragt Eva heiser, um überhaupt etwas zu sagen.

»Que va (ach wo)! Dreizehn qualmt wie ein Kamin, und scheucht sie alle weg!« Wie einst am ersten Tag packt Sonntag einfach ihre Hand und zieht sie mit sich fort.

Ihr Schlafplatz ist seit Monaten der gleiche, etwas abseits unter einem großen Baum. Seine dichten Zweige berühren fast den Boden und hängen tief herunter wie ein Dach. Sonntag schiebt ein paar beiseite, und mit dem gewohnten Gruß »hola« schlüpfen sie hindurch.

»Hola...«, schallt es zurück.

»Ein richtiges, gemütliches Schlafzimmer«, stellt Eva zufrieden fest. Wunderbar! Hier fühlt sie sich geborgen und ist ehrlich dankbar, nicht mehr vereinsamt auf ihrem Mäuerchen zu liegen. Eine leichte Brise bläst die Mücken fort. Tief erschöpft und höchst zufrieden wirft Sonntag sich auf seinen Zeitungspacken. Er hat Blanco an Land gezogen, wie sein Herz es ihm gebot und schläft im Handumdrehen ein.

Die anderen rüsten ebenfalls zum Schlafen. Heute quetschen sie sich nicht eng wie die Sardinen aneinander, um Wärme und Geborgenheit zu suchen, sondern lagern sich verstreut, der eine hier, der andere dort. Es ist warm und angenehm, und außerdem gehen ihre Meinungen etwas auseinander. Das Thema vorhin ist ihnen tief unter die Haut gefahren und schwirrt noch immer in ihren Köpfen. Ob sie's zugeben oder nicht, irgendwo in ihrem tiefsten Innern haben sie ja doch das dringende Gefühl, da könnte ruhig EINER sein, der sich ein bißchen um sie kümmert. Gerade um sie, die kein Zuhause haben.

Selbst Pedro, der gern so tut, als ob alles wie Öl und Wasser an ihm abtropft, ist mit seinen Gedanken noch bei dem 'Verhör'. »*Tonterias!*«, brummt er. »Reiner Blödsinn...!«, und beginnt, mitsamt dem Schuhputzkasten auf den Baum zu klettern. Denn Pedro schläft nicht etwa auf dem Boden, wo die Würmer kriechen, sondern ganz hoch oben bei den Vögeln in den Wipfeln. Um Hals und Schultern hängt malerisch sein zukünftiges Bett, ein langes Seil, mit dem er eine selbsterfundene Hängematte knüpft. Ein Stück davon hat er um seinen Bauch geschlungen, um eine Hand zum Klettern frei zu haben. Ein weiteres Stück von dieser Schnur schleift lässig hinterher.

Kaum hockt er in den ersten Zweigen klemmt er den Kasten an einen Zweig, hängt übermütig beide Beine über einen Ast und taucht fröhlich winkend kopfunter aus dem Blattgewirr hervor. Fast streift sein Seil den Boden.

»Gute Nacht, ihr Würmer auf der Erde«, brüllt er höchst vergnügt von oben runter. »Schlaft wohl, *si DIOS quiere (so GOTT will)*...!«, fügt er voll Spott hinzu. Das letztere gilt selbstverständlich Eva. Sein Kopf kommt ihr bedenklich nahe, und vergnüglich schaukelnd wie ein Affe grinst er sie fröhlich an. Im Grunde ist er selig, daß sein Sklave wiederkam. Der hätte ja auch türmen können...

Eva fletscht die Zähne. »Was bist du bloß für eine widerliche Kröte...!«, flüstert sie, in deutsch natürlich, damit er's nicht versteht.

»Was haste gesagt...?«

»Ich *sage*: Que DIOS te cuide (GOTT möge dich beschützen...)!«, erwidert Eva scheinheilig. Am liebsten würde sie ihn jetzt an Kopf und Haaren beuteln und mit dem Seil eins über seinen Hintern klatschen.

Pedro grunzt. Der Kopf verschwindet in den Blättern. Er rumort noch eine ganze Weile. Äste knacken, es rieselt Moos, und ein paar lose Blätter fallen. Er baut sein Bett! Ein Traumbett...! Hoch über aller Erdenschwere, fast schon im Himmel, zwischen Mond und Fledermäusen und mit einem sagenhaften Blick über die nahe Lichterstadt. Nur muß er's erstmal bauen...!

Voll Sorgfalt hängt er seinen Schuhputzkasten über einen Ast, wickelt das Seil vom Bauch... es stammt aus einer Abfalltonne, verknüpft es zwischen starken Zweigen und webt und bastelt dann geschickt ein grobes Netz. Ein paar Mal links und wieder rechts, und hin und her. Gut verknoten, das ist wichtig...! Und schließlich hängt der Beutel! Nochmals prüfen, fertig...! Er gähnt lange und ausgiebig und plumpst zufrieden in sein Nest.

»Ich brauche keinen GOTT...!«, brummelt er schon zwischen Traum und Wachen! »Ich nicht...! Ich helf mir selbst!« Er stutzt, wird plötzlich wieder munter und setzt sich nochmals hin. »Alles Einbildung«, murmelt er angewidert. »Nur die Schwachen suchen GOTT! Ich aber bin der *starke* Pedro!«, und haut sich selbstzufrieden wieder hin. Wie ein kleines Bübchen in der Wiege läßt er sich sanft vom Winde schaukeln und schläft augenblicklich ein.

Nun ist es wirklich still geworden...! Doch wenn Eva glaubt, sie könnte endlich mal in Frieden beten, ohne daß ein blöder Menschenaffe seinen dicken Schädel durch die Zweige streckt, hat sie sich ganz gewaltig geirrt. Dieser Abend ist noch lange nicht zu Ende. Im Gegenteil, er fängt erst an!

Unvermittelt knackt es in den Zweigen. Es raschelt, und mit einem trockenen Knall klatscht ein sonderbares Urwaldwesen genau vor Evas Füße. Sie schreit entsetzt. Die Jungen springen augenblicklich auf. Doch zucken sie gelangweilt ihre Achseln und betrachten dieses Untier ohne Überraschung. Ein Monster ist vom Baum gerutscht, ein mittelgroßer Urzeitdrachen und echtes Fabeltier aus einem Bilderbuch, gut einen Meter lang mit Riesenzacken auf dem Rücken und einem langen Echsenschwanz. Ein Leguan! Unbehaglich schlenkert er den grünen Schuppenkopf und kapiert durchaus noch nicht, was ihm geschah.

Bevor Eva überhaupt Zeit hat, sich von ihrem Schrecken zu erholen, kommt Pedro rauschend hinterhergedonnert. Mit gewaltigem Getöse knattert er von Ast zu Ast, bricht polternd durch das Blätterdach und knallt inmitten eines Blätterregens krachend auf den Boden. Verdutzt hockt er vor diesem Fabeltier, und etwas blöde schauen sich die beiden an.

Doch damit nicht genug. Aus heiterem Himmel hagelt's plötzlich Schuhcremedosen! Sie prasseln wie Geschosse auf die überraschten Jungen und treffen wahllos ihre Arme, Rücken und die Köpfe! Empörte Schreie... lautes Rufen...! Die blaue Seife landet mit einem dumpfen Knall auf Unschulds Wuschelkopf. In gut dosiertem Abstand trommeln harte Bürsten mitleidlos auf Dreizehns mageren Rücken. Ein Lappen kommt herbeigesegelt und landet sanft auf Evas Kopf. Ein weiteres Tuch deckt mildtätig Pedros Augen zu. Dazwischen regnet's weitere Sachen. Der Schuhputzkasten hat sich bei seinem Sturz in einem Zweig verfangen, wippt zögernd auf und ab, kippt schließlich alle Restbestände raus und plumpst entschlossen hinterher. Gut gezielt fällt er genau auf Sonntags Hinterteil. Der fährt mit einem Schrei aus seinem tiefen Schlummer. Leicht verspätet kommt Pedros Wasserflasche hinterhergeschossen, klatscht heftig gegen seinen Schädel und gießt ihn pitschenaß. Damit ist er jetzt gründlich wach und blickt verstört auf das Geschehen.

Pedro wird langsam wieder Herr der Lage. Er berappelt sich und wettert wie der Donner los. »Verdammtes Mistvieh...! Du verfluchtes...! Wieso kriechst du auf meinem Bauch herum und kratzt mir fast die Ohren ab...? Saus ab, du blödes Vieh! Hinauf mit dir auf deinen Baum...!«

Die Jungen verbeißen sich nur mühsam ein Lachen. Ihr stolzer Boß ist mit seinem gesamten Zubehör wie eine überreife Kokosnuß von seinem hohen Baum geplumpst. Mildtätige Zweige haben ihn zum Glück gebremst, sanft von Ast zu Ast gerollt und seinen Sturz gemildert. Noch immer leicht bedeppert sitzt er da.

»Hombre (Mann), bist du noch heil und ganz...? Wieso fällst du vom Baum...?«

Pedro grunzt statt einer Antwort und versetzt der Echse einen ärgerlichen Tritt. Doch das hätte er lieber nicht tun sollen! Mit einem Schrei sinkt er zurück und betastet ächzend seine Glieder. Das »Mistvieh« erwacht aus seiner Starre, macht Rückfahrt kehrt und schießt in einem sonderbaren Zuckeltrab erschreckt zum nächsten Baum. Dort krallt es sich mit seinen langen Zehen mühelos den Stamm hinauf und ist im Nu im Blattgewirr verschwunden.

»Mein Fuß...!«, jammert Pedro. »Ayayaiyay...! Verdammte mierda (Sch.....)!« Stöhnend zieht er den Schuh herunter und wackelt probehalber mit dem Fuß. Etwas schwankend steht er auf und knickt sofort mit einem weiteren Schrei zusammen.

»Por DIOS, Pedro...?« Bestürztes Schweigen!

Was nun...?

Alle Augen richten sich auf Eva. In ihrer Mitte ist jetzt *jemand,* der 'kurieren' kann und seine Hände auf die kranken Körperteile legt. Die große Frage ist nur, wird er das tun...? Pedro hat ihn vorhin derb und grob verspottet, und sowas kann man nicht befehlen. Wird Blanco *trotzdem* etwas machen oder ihn zumindest untersuchen...?

Ihr Chef weicht Evas Blicken aus. Eitelkeit und Stolz kämpfen mit Ärger und Verzweiflung. Probehalber wackelt er erneut mit seinem Fuß und knirscht dann hilflos mit den Zähnen. Verdammt noch mal, jetzt hat es ihn erwischt...! Ein Boß, der nicht mehr laufen kann, ist bald ein Boß gewesen!

Endlich schaut er Eva an, eine stumme Frage auf den Lippen.

»Vielleicht solltest du ruhig mal 'bitte' sagen...«, schlägt Dreizehn hilfreich vor.

Pedro erdolcht ihn fast mit seinen Blicken. »Por favor...!«, knurrt er grimmig.

Eva rührt sich nicht.

»Soll ich dir vor die Füße fallen...?«, knurrt Pedro. »Vielleicht sogar 'nen Kniefall machen...? Doch darauf kannste lange warten. Wenn ich dir 'bitte' sage, dürfte es doch wohl genügen? Oder...?«

»Das ist es nicht...«, erwidert Eva zögernd.

»Was sonst...? Ach so...! Ich habe dich zur Sau gemacht...! Es tut mir leid...! Ehrlich...! Kannste nich« trotzdem etwas machen...?«

»Ich kann«s versuchen... gerne...! Aber...!«

»Aber was...? Komm, nun mach schon...!«

Eva schüttelt ihren Kopf. »Ich werde *beten...* warnt sie. »Zu GOTT...!«

Darauf folgt erstmal eine lange Pause.

»Tu, was du willst... nur mach was!«, quetscht Pedro endlich durch die Zähne.

Mit einem »permisso (erlaube)...« kniet Eva vor dem aus seinem Nest gerutschten Unglücksvogel. »Wo tut es weh...?«

»Überall...«, stöhnt Pedro glücklich, daß sich jemand um ihn kümmert.

»Und wo am meisten...?«

»Mein Fuß natürlich, ayayayay...!«

»Wo noch...?«

»Überall...!«, jammert Pedro. Aber am schlimmsten meine *pata*, meine Pfote...!«

Behutsam dreht und wendet Eva seinen Fuß. Gebrochen ist er nicht, sonst würde Pedro jetzt brüllen wie die Affen auf den Bäumen, sobald sie ihn bewegt. Sie ist ehrlich dankbar, daß ihre Mutter sie dies alles lehrte und sie immer *helfen durfte,* wenn kranke Menschen zu ihr kamen.

»Verstaucht!«, erklärt sie sachlich. »Wolltest du jemand zusammen*stauchen*...?«, fragt sie unschuldig. »GOTT zum Beispiel oder... mich?«

Betroffenes Schweigen. Eva ist, als höre sie ihre Mutter lachen.

»Schuhputzen kannste jedenfalls fürs erste vergessen...!«, reibt Sonntag dem Boß die eigenen Worte genußvoll unter seine Nase. Eine Verstauchung braucht Ruhe und viel Zeit, das wissen alle.

Pedro ist zerschmettert. Schreckensbilder blitzen vor seiner Seele auf. *Woher* soll er sein Frühstück kriegen und das Mittagessen...? Am besten läßt er sich wohl gleich begraben! *Wie* soll er seinen Unterhalt *verdienen*...? Er muß versuchen, in die Stadt zu humpeln, dort könnte Blanco für ihn Schuhe putzen. Er *könnte... h*mmm...*! Er könnte* aber auch verschwinden! Mit *seinem* Schuhputzkasten! Die ganze Bande *könnte* sich zusammenrotten und gegen ihn verschwören. Oft genug hat er auch sie *zusammengestaucht!* Was spricht dagegen, daß sie ihn als ausgedientes Wrack am Straßenrande sitzen lassen...? Würde er denn anders handeln...? Dann bleibt ihm nur noch Betteln oder Stehlen. Doch beides geht gegen sein Prinzip. Und außerdem, mit einem Bein...? Ein Fluch, der wie ein Seufzer klingt, ringt sich aus seiner Brust.

Eva reißt ihn aus seinen bösen Träumen. »Rutsch mal rüber zu dem Baum!«, ordert sie. Und zu den Jungen: »Könnt ihr mal helfen...?!«

Sie packen den Kranken und schleifen ihn zu seinem Baum, der ihn so rüde fallen ließ. Dort sitzt er nun zwischen Hoffnung und Verzweiflung. Eva hockt vor ihm auf seinem Kasten und bettet Pedros Fuß bequem auf ihren Schoß. Wie früher schon schließt sie die Augen, und sanft umschließen ihre Hände sein schmerzendes Gelenk.

Hilflos wie ein armer Sünder auf der Kirchenbank sitzt Pedro jetzt vor seinem Sklaven und hofft verzweifelt auf ein Wunder. Es ist das erste Mal, daß er um etwas *bittet!* Ach, wieviel lieber würde er *befehlen...!*

Er seufzt.

Staunend schaut er seinen Sklaven an. Ja, der macht sich das Leben leicht, schließt einfach seine Augen, *glaubt* und *betet* und übergibt den ganzen Krempel *jemand anders...!* Fast steigt Neid in Pedro hoch. Aber ist es wirklich *leicht...?* Nicht für ihn, da er nicht glaubt! Blanco hat gesagt: »An Hexen *glaubt* ihr und an *brujos, aber nicht*

an GOTT...!« Pedro stutzt! Hopla, dann *glaubt er also doch!* Vielleicht nur an die falschen Geister...?

Der Spott ist ihm vergangen. Leicht wie eine Feder liegen Evas Hände sanft auf seinem kranken Fuß, und staunend spürt er, wie eine sonderbare Wärme in ihn hineinströmt und die Schmerzen lindert. Etwas völlig Ungewohntes und unendlich Angenehmes breitet sich allmählich in seinem ganzen Körper aus.

Also doch ein Wunder...?

Ihm ist, als läge er auf einem sanften Kissen und empfindet tiefen Frieden. Diese unbekannte Kraft und dieser wunderbare Strom in seinem Körper lösen ein eigenartiges Wohlbehagen in ihm aus. Pedro fühlt sich eingehüllt in etwas, das man mit Worten nicht beschreiben kann. Es fühlt sich fast so an wie diese *Liebe*, von welcher Blanco sprach, und die es in Wirklichkeit selbstverständlich genau so wenig gibt wie seinen sonderbaren GOTT...!

Pedro hört nun endlich auf zu grübeln und überläßt sich einfach dem, was da mit ihm geschieht. Etwas Neues, völlig Unbekanntes trägt ihn mit sich fort. Zum ersten Mal seit seine Mutter starb fühlt er sich wieder 'wie geborgen'! Probehalber wackelt er noch einmal mit dem Fuß. Wahrhaftig, der tut kaum noch weh. Sein Kopf rutscht langsam auf die Seite, und er schläft ein. Auf seinen Lippen liegt ein Lächeln.

Die Jungen sammeln zusammen, was an Lappen, Dosen und sonstigem Sammelsurium herumliegt. Danach hocken sie noch eine Weile bei den beiden und schauen abwechselnd Pedro und dann Blanco an. Und seltsam, ob sie's wollen oder nicht, *etwas* von dieser Andacht, von der Stille und dem Frieden überträgt sich ebenfalls auf sie. Leise legen sie sich schlafen, doch nun eng und nahe beieinander.

Der Mond klettert indessen unermüdlich über das gesamte Himmelszelt. Doch bevor er endgültig verschwindet und die Nacht beendet, sind die Jungen bereits auf den Beinen. Energisch wecken sie die beiden Schläfer, damit sie aus dem Park verschwinden, bevor der neue Tag beginnt.

Pedro ist längst zur Seite abgerutscht. Völlig weggetreten liegt er mit der ganzen Breite seines Rückens auf der Erde und Eva quer zu

seinen Füßen. Selbst im Schlaf umklammert sie noch sein Gelenk.
»Hola Pedro, que tal...? Wie geht's?«
»Mal...«, brummt Pedro. »Schlecht...!«
»Hast du schlimme Schmerzen...?«
»Na klar...! Und ob...!«
»Dein Fuß...?«
»Mein Fuß doch nicht...«, grunzt Pedro ungnädig. »Wieso mein Fuß...? Der ganze Rücken...! Jeder Knochen tut mir einzeln weh von dem verdammten Liegen auf der harten Erde. Wie komm ich überhaupt hierher auf diesen blöden Boden...?«

Schallendes Gelächter.

Mit einem Ruck setzt er sich auf, und wieder steht das ganze Mißgeschick vor seinen Augen. Wie eine Kokosnuß ist er vom Baum geplumpst und hat sich den verdammten Fuß verknaxt. Mißtrauisch beäugt er jetzt sein krankes Bein.

Eva gähnt und reckt die müden Glieder. Das war mal wieder eine Nacht...! Sie reibt die Augen. Doch wenn der Rücken Pedro mehr belästigt als sein Fuß, scheint wohl das Schlimmste überstanden. Voll Hoffnung springt sie auf und untersucht den Patienten. Skeptisch schaut Pedro zu. Doch ganz allmählich verklärt ein seliges Lächeln sein breites Gesicht.

Kaum geschwollen...! Nicht der Rede wert...! Schon steht er auf den Beinen und probiert die ersten Schritte. Nicht zu glauben, er kann gehen...! Ein bißchen humpelnd zwar, doch tut es kaum noch weh. Mit einem scheuen Blick auf Eva greift er nach seinem Schuhputzkasten.

»Du könntest deinem Doktor ruhig 'danke' sagen!«, schmettert Unschuld hoch oben von dem Baum herunter. Er knüpft gerade Pedros Baumbett auseinander und wirft das Seil mit weitem Schwung zur Erde.

»Danke...!«, murmelt Pedro. Es ist nicht ganz ersichtlich, ob er nun Unschuld oder Eva meint. Etwas beschämt rollt er sein Seil zusammen, stopft es in einen hohlen Ast und wirft noch eine Handvoll trockene Blätter drauf. Fertig...! Dann machen sie sich auf den Weg. Höchste Zeit, daß sie hier aus dem Park verschwinden, bevor der Gärtner und die ersten Leute kommen...!

Himmlische Melonen

Gleich an der nächsten Straßenecke steht ein Händler mit herrlichen Wassermelonen. Der junge Fahrer ist bereits in aller Herrgottsfrühe mit seinem kleinen Laster angekommen und nun damit beschäftigt, seine Ware einladend zu kunstvollen Türmen aufeinander zu schichten. Dabei rutscht ihm eines der riesigen Dinger aus der Hand und knallt aufs Straßenpflaster. Sie platzt, hoppelt trotz der Risse noch ein ganzes Ende weiter und rollt den Jungen genau vor ihre Füße.

Was für ein Jammer...! Sie sieht aus wie ein überdimensionales grünes Osterei, fehlt bloß noch eine Schleife. Dreizehn schaut sie voll Bedauern an, nimmt sie wie ein Baby auf den Arm und bringt sie dem Eigentümer zurück. »Was kostet die...?«, fragt Pedro. Doch der Händler hebt bedauernd seine Schultern. »Die kann ich nicht *verkaufen!*« Er lacht. »Die kann ich bloß *verschenken!* Ihr wollt sie doch gewiß nicht haben! Oder...?«

Lauter Jubel ist die Antwort.

Pedro strahlt von einem Ohr zum anderen. Er zeigt auf einen weiteren gelben Kugelhaufen... es sind Honigmelonen: »Und die...?«

Der Händler kratzt sich hinterm Ohr. »Die kann ich nun leider nicht verschenken, denn *die* muß ich *verkaufen!*« Er nennt einen lächerlich geringen Preis, steckt dankend Pedros Geld in seine Hosentasche und erklärt: »Ich war auch mal Schuhputzer, noch gar nicht allzulange her... genau wie ihr!«

Die kleine Mannschaft starrt ihn staunend an. Das eröffnet ungeahnte Möglichkeiten. Wer weiß, vielleicht sind auch sie eines Tages glückliche Besitzer eines Fahrzeugs auf vier Rädern...? Träumend ziehen sie ihres Weges, doch nicht sehr weit. Der dürre Dreizehn bricht fast unter seiner schweren Last zusammen, und Pedros Fuß braucht dringend eine Ruhepause. Am Ende einer stillen Seitengasse lassen sie sich nieder, und hier legt Pedro der verblüfften Eva feierlich den gelben Fußball in den Schoß. Dazu blickt er sie kerzengerade an und sagt mit lauter Stimme: »Danke...!«

Eva ist verblüfft und leicht verwirrt. Der eigene Dank bleibt ihr im Halse stecken. Dies ist keine *Bezahlung*, sondern ein *Geschenk*...!

Und das vom stolzen Pedro!

Da sitzt sie nun mit einer berückend duftenden und wunderschön gemaserten Frucht in ihren Händen und weiß nicht recht, wie sie ihr zu Leibe rücken soll. Sonntag kramt hilfreich die Nagelfeile hervor. Seine abgebrochenen Messer sind zu kurz. Er reinigt das Werkzeug notdürftig mit einem mehr als zweifelhaften Tuch, gießt großzügig etwas Wasser drüber und säbelt eine dicke Scheibe herunter. Eva ist schon lange nicht mehr heikel, übertriebene Sauberkeit muß man sich abgewöhnen. Sie beißt hinein und schließt genußvoll ihre Augen:

Himmlisch...!

Dann reicht sie ihren gelben Ball mitsamt dem Werkzeug weiter, holt ganz tief Luft, blickt Pedro tief in seine dunklen Augen, holt nochmals Luft und sagt laut und vernehmlich: »Muchas gracias, Patrón (vielen Dank, Chef)...!«

»Wahrhaftig, manchmal ist das Nehmen schwerer als das Geben...!« Doch man muß lernen anzunehmen!

Pedros Antwort ist ein Lächeln. Wie hübsch der Kerl auf einmal ist, sobald er lacht! Tief langt er in die Hosentasche und fördert geheimnisvoll *etwas* zutage. Ein Taschenmesser...! Seit gestern sein neuester Besitz! Der Griff ist reichlich mitgenommen, vielleicht hat der bisherige Eigentümer damit Nägel in die Wand gekloppt, doch die scharfe Klinge schneidet einfach wunderbar.

Deshalb also blieb Pedro gestern so lange in der Stadt, um dieses einmalige Angebot mit stundenlangem Feilschen, viel Lärm und Spaß und großem Lamentieren zu erwerben und noch zwei weitere Bewerber abzuhängen.

Verzückt schaut er das Messer an, wiegt es verliebt in seiner Hand und spuckt zur Sicherheit noch einmal drauf, denn das bringt Glück! Dann schlachtet er das grüne Ei und verteilt riesige Melonenstücke.

Das ist ein Schmaus...!

Eva kann nur eines denken, schmecken oder fühlen: »*Einfach himmlisch...!*«

Sie stopfen sich hemmungslos voll. Nur Pedro hört nach einer kleinen Weile auf zu schlingen. Er räuspert sich, um einen Kloß aus seiner Kehle loszuwerden und öffnet endlich seinen Mund. Ganz offensichtlich hat er etwas auf dem Herzen, doch fällt's ihm sichtlich schwer, das rauszubringen.

Fast scheu blickt er jetzt seinen Sklaven an. Was da gestern Nacht geschah, läßt ihm und auch den Jungen keine Ruhe und kreist unentwegt in seinem Kopf herum. Wieso ist »Sonntags« Hand geheilt...? Und auch sein Fuß so gut wie repariert...? Er dürfte jetzt zum Beispiel überhaupt nicht laufen können, sondern jämmerlich mit einem dick geschwollenen Fuß völlig nutzlos irgendwo in der Gegend herumsitzen und hoffen, daß die anderen ihm vielleicht mal was zu essen bringen, wenn überhaupt! Doch nichts dergleichen...! Sein Fuß ist fast normal, tut kaum noch weh und er kann laufen...! Zur Probe wackelt er mit allen Zehen und Gelenken, dreht den Fuß im Kreis herum und grinst zufrieden! Wunderbar...! Fast nicht zu spüren...!

»Sag mal Blanco, was hast du gestern mit Sonntags Hand und meinem Fuß gemacht...?« wendet er sich nun direkt an Eva.

Die hat den Mund randvoll mit Melone und kann nicht gleich was dazu sagen.

»Diese merkwürdige Wärme...«, fährt Pedro sinnend fort. »Da strömt sowas in einen rein und macht, daß man sich wohlfühlt...! Seltsam, ich hab' geratzt wie'n Faultier! Dabei hör ich sonst jede Cucaracha (Küchenschabe) husten! Nicht mal'n terremoto (ein Beben) hätte mich aus meinem Schlaf gerüttelt...!

Sie nicken mit den Köpfen. Das kennen alle, denn sie sind ständig fluchtbereit und bei dem kleinsten Geräusch hellwach

»Mich auch nicht...!«, bestätigt Sonntag.

»Bloß dein blöder Kasten mußte mir ausgerechnet auf den Hintern knallen! Doch danach hab ich fabelhaft geschlafen...! Und seht mal, nicht die kleinste Blase...!« Triumphierend hebt er seine Finger.

Alle hören auf zu kauen und starren Eva voller Spannung an. Nur Eva mümmelt voller Andacht weiter. Was ist das wohl, was Blanco gestern mit den beiden gemacht hat und wovon sie selber auch ein wenig spürten...? Das würden sie jetzt alle gerne wissen.

»ENERGIE...!«, sagt Eva nur. Endlich hat sie etwas Platz im Mund geschaffen, neigt sich nach vorn und spuckt einen ganzen Regen schwarzer Kerne auf den Asphalt. Herzhaft beißt sie erneut ins rote Fruchtfleisch.

»E n e r g i e....?«, wiederholen die anderen im Chor.
»E...ner...gie...?« Pedro dehnt das Wort, als klebte ein Gummi zwischen seinen Zähnen. »Energie von was...? Von Elektrizität...?«, versucht er einen Witz zu machen.

Eva bleibt völlig ernst. Sie kaut und nickt. »So ähnlich...!«

»Und w o h e r ...?« Schnell wie ein Blitz kommt Dreizehns Frage.

Eva verschluckt sich fast. Dann hebt sie ihren Finger senkrecht in den Himmel. »Von der GROSSEN KRAFTZENTRALE...! KOSMISCHE ENERGIE...!«

»Meinst du etwa schon wieder... GOTT?«, fragt Pedro unbehaglich.

»Genau das...!«, mümmelt Eva. Voll Genuß beißt sie ein neues Stück herunter.

Verblüfftes Schweigen. Einer schaut den andern an. Sie sind nicht dumm, diese Schuhputzjungen. Zwar sind sie nie zur Schule gegangen, sie können weder lesen noch schreiben. Aber DENKEN... das können sie! Und wissen auch, was 'Kosmos' ist. Das ist dort, wo die Astronauten herumschwirren, sowie die Sterne und die Satelliten. Immer wieder drücken sie ihre Nasen an den Schaufenstern platt, wo die Fernseher mit den Programmen laufen.

Unschuld spricht aus, was alle denken. »Im Kosmos ist kein GOTT und im Himmel auch nicht, hat mein Vater gesagt...!«

Eva hat sich gerade ein weiteres Stück von dieser wunderbaren Frucht geholt. Sie kann einfach nicht stoppen. Doch nun legt sie es mit einem ganz kleinen Bedauern zurück und leckt sich Mund und Finger ab. Fest blickt sie Unschuld an:

»Völlig klar, daß im Kosmos kein GOTT herumschwirrt...! Jedenfalls nicht so, wie die Menschen sich das vorstellen...!« Sie seufzt. Wie leicht und einfach könnte ihre Mutter diese Fragen jetzt erklären! Aber sie...? Wie soll sie den Jungen plausibel machen, was sie selbst nicht richtig weiß und nur so halbwegs und verschwommen *ahnt...?* Ach, wäre sie jetzt hier...!

Und plötzlich ist ihr so, als höre sie die wohlbekannte Stimme reden und braucht nur nachzusprechen.

»Es gibt eine sichtbare Welt«, beginnt sie maßlos erleichtert und klopft nachdrücklich auf das harte Straßenpflaster. »Nämlich diese hier, in der wir leben! Und es gibt eine KRAFT dahinter! Eine *unsichtbare* KRAFT und ENERGIE, welche unsere sichtbare Welt formt und auch erschaffen hat!«

»Och...! Und das, meinst du, ist... GOTT?«, fragt »Unschuld« unzufrieden.

Eva nickt. »Meistens wird ER so genannt...!«

»Und was ist GOTT?«, forscht Dreizehn. Bislang saß er nur still daneben und sog hin und wieder einen tiefen Zug aus seiner Kippe. Doch jetzt hakt er nach und wird auf einmal höchst lebendig.

»Was weißt du von GOTT?«, fragt er eindringlich.

Eva zuckt die Schultern. »Fast nichts...!«, gesteht sie leise. »Was wissen wir denn schon von IHM...? Eigentlich weiß ich nur, was ER *nicht* ist!«

»Und was ist ER *nicht...?*«

Pedro greift energisch ein: »Auf keinen Fall ein alter Mann mit weißem Bart, der irgendwo auf seinem Thron im Himmel hockt und manchmal weise lächelt und ansonsten zornig mit dem Finger droht...!«, schießt er ärgerlich dazwischen. »Das weiß inzwischen doch wohl jedes kleine Kind...!«

»Schade...!«, murmelt Dreizehn enttäuscht und fällt wieder müde in sich zusammen.

»Wer weiß...?«, grübelt Eva. Langsam und mit lauter Stimme sagt sie einen Satz herunter, den sie in der Schule gelernt hat: »GOTT SCHUF DEN MENSCHEN NACH SEINEM BILDE, NACH DEM BILDE GOTTES SCHUF ER IHN; ALS MANN UND WEIB SCHUF ER SIE...«, wiederholt sie nachdenklich und ist jetzt richtig froh, daß sie das damals lernen mußte und immer noch im Kopf hat. »Meine Mutter sagt GOTT wäre uns viel näher, wenn wir IHN wieder VATER nennen würden und nicht mehr ES und IHN und KRAFT und solche Sachen...!«, fügt sie hinzu.

Ihr ist, als ob die Mutter lächelt. Auch die anderen atmen auf, bis auf Pedro natürlich. Der runzelt skeptisch seine breite Stirn. Erneut greift Eva sich ein Stück Melone. So etwas Köstliches hat sie noch nie zuvor in ihrem Leben gegessen. Zu Hause schmeckten diese Dinger nur labberig und fade. Doch Pedro gibt noch keine Ruhe.

Mit einer Handbewegung, als wäre es ein 'Nichts', wischt er einfach ihren letzten Satz beiseite.

»Wenn du diese KRAFT...«, das Wort gefällt ihm, und er bleibt dabei, »durch deine Hände schicken kannst, mußt du sie auch erklären können...!«, beharrt er.

»Könnt *ihr* sie denn erklären...?«

»Wir...?« Verblüfftes Aufbegehren. »Wieso denn *wir*...?«

»Ihr arbeitet doch mit der gleichen KRAFT...! Eva hört augenblicklich auf zu mampfen und lauscht in sich hinein... Vertrauensvoll verläßt sie sich auf das, was jeweils in ihren Kopf hineinschießt.

»Wir doch nicht...!«

»Was ist es denn, das uns aufrecht *gehen* läßt und unsere Arme und Beine *bewegt*...?«

Fragezeichen. Sie schütteln ihre Köpfe.

»LEBENSKRAFT...! ENERGIE...! LEBENSENERGIE...! Von der großen KRAFTZENTRALE...! Von GOTT...!«

»Nun sind sie baff.

»Könnt ihr sie denn erklären...?«

Schweigen...

»Hebt mal euren Finger...!«, fordert Eva. »Ganz langsam...! WAS hebt ihn hoch? Die gleiche KRAFT..!«

Die Jungen heben ihre Finger, wackeln hin und her... und staunen! Ja wahrhaftig! WAS ist das...? Auch Eva hebt den Finger und schaut ihn voller Ehrfurcht an. Sie tut es öfter mal seitdem die Mutter sie dies lehrte.

»Lebensenergie...!«, behauptet Eva zwischen zwei Bissen. »Alles dasselbe...! Habt ihr noch niemals einen toten Hund gesehen...?«

Natürlich haben sie das. Nicht bloß Hunde, auch Menschen, kleine und große. Meistens kleine...! Wo's so viel Elend gibt und ständig neue Menschen das Licht der Welt erblicken, ist das Sterben an der Tagesordnung.

»Wo ist das LEBEN hin? Wo ist die ENERGIE geblieben...? Kann auch keiner erklären, schon gar nicht *was* es ist...! Plötzlich ist sie weg, und schon verfällt der Körper...!«

So angestrengt haben sie noch nie gedacht. Es dampft in ihren Köpfen, man hört es förmlich in den Hirnen knacken. Unschuld kratzt verblüfft den runden Schädel. Sonntag spreizt begeistert seine Hände und schaut sie staunend an, als hätte er sie nie zuvor gesehen. Dreizehn bläst lauter Kringel in die Luft und durchbohrt sie voller Andacht mit dem Finger. Pedro aber ist gleich nach dem ersten 'Wedeln' in dumpfes Brüten versunken.

Da liegt zwar noch ein Stück Melone, das letzte...! Eva zögert, doch dies ist wichtiger!

»Es gibt *jemand*, der uns alles dies erklären kann«, fährt sie leise fort, »weil *er* sich ständig dieser Kraft bediente! *Er* brachte sie zu uns und hat sie uns gelassen. *Er* weiß alles und ist die Antwort auf alle unsere Fragen!« (O Mutter, wird das nicht zuviel...?)

Und siehe da, schon wird sie ungeduldig unterbrochen. Mit einer heftigen Bewegung wirft Dreizehn seine Kippe fort und schaut sie böse an. »Dann soll *er* mir mal sagen, dieser JEMAND, der so schlau ist, daß *er* alles weiß, WARUM ich nicht in einer Hütte wohne wie so viele andere mit einem richtigen Dach über dem Kopf, daß man nicht frieren muß bei Nacht und trocken bleibt, wenn's regnet... mit Vater und Mutter und einem *Zuhause...!* Jeden Tag frage ich mich das und kriege keine Antwort.«

Sie halten den Atem an und alle Augen richten sich auf Eva. Genau *das* bewegt sie alle, und ist ihre große Frage, nur wurde sie noch niemals ausgesprochen. Nun behauptet kühn ihr Sklave, daß da JEMAND ist, der auf alles eine Antwort weiß.

Erschrocken schaut Eva diesem Ausbruch zu. (Siehst du Mutter, das war zuviel!)

»Wer ist dieser *jemand*«...?«, fragt Pedro drohend.

»Jesus Christus...«, hört sich Eva sagen.

Die Spannung und Erwartung schlägt um in maßlose Enttäuschung.

»Wißt ihr von *ihm*...?«, forscht Eva leise.

Natürlich wissen sie von *ihm!* Sie kennen IHN alle! In der Osterzeit ist die Stadt leergefegt und es gibt kaum was zu tun. Dann sitzen sie oft beisammen in einer der Hütten, wo die Fernseher laufen und schauen sich die Filme von »Jesus el Nazareno« an. Meistens notgedrungen, weil es dann keine Krimis oder andere Filme gibt. Seine Kreuzigung und Auferstehung! Schöne und grausliche Geschichten!

Ein unglaublicher, wunderbarer Mann, aber das ist schon lange, lange her.

»Alles olle Kamellen...!« Pedro unterdrückt ein leichtes Gähnen. Dreizehn spricht es aus. Seine Aggression ist umgeschlagen. Müde und jämmerlich sieht er jetzt aus, nur noch ein dürres Skelett. »Das ist ein alter Hut und längst vorbei...!«, behauptet er. »Leider...!« Er zieht bereits an einer neuen Kippe und sowas wie Trauer huscht über sein eingefallenes, mageres Gesicht. »Das war *damals*, und dieser Jesus war ein toller Mann. Der ging zu den Armen, zu solchen wie wir es sind und nicht einmal ein Dach über dem Kopf haben. *Er* tröstete sie... *er* gab ihnen zu essen... *er* legte ihnen die Hände auf...!« Abrupt bricht er ab.

Die anderen stutzen.

Er legte ihnen... »die Hände auf«!

Und was tat Blanco gestern...? Der legte auch die Hände auf, und Sonntags Hand ward heil...! Und Pedros Fuß ist fast gesund!

Sie starren Eva an, eine stumme Frage auf den Lippen.

»Vielleicht doch kein so alter Hut! Und nicht bloß *damals*, sondern *jetzt* und *heute*...!«, sagt die vergnügt und greift nun doch das letzte Stück Melone.

Ist GOTT näher, als sie dachten...? Vielleicht sogar bei ihnen...? Hat Blanco nicht behauptet, GOTT ist überall...! In *jedem Menschenherzen*...? Etwa auch in ihrem...?

Eva steht auf. Auch die anderen erheben sich, sammeln ihre Klamotten zusammen, werfen den Abfall säuberlich in eine Mülltonne und machen sich schweigend auf den Weg. Hin und wieder hebt der eine oder der andere behutsam seine Hand und wedelt heimlich mit dem Finger.

Dreizehn

Um seinen Fuß zu schonen, hockt Pedro auf einer alten Blechbüchse... einstmals enthielt sie Trockenmilch, und beobachtet aus angemessener Entfernung und mit sehr gemischten Gefühlen diesen weißen Jungen, der mit *seinem* Werkzeug *seinen* Kunden flink und geschickt die Schuhe putzt. Düstere Gedanken schießen kreuz und quer durch seinen Kopf. Der Junge macht sich gut, da gibt es nichts. Er bedient die Kunden schnell und freundlich und hat offenbar nicht die geringste Absicht, mit seinem Schuhputzkasten abzuzwitschern. Abgesehen davon, daß Pedro sich mittlerweile zutraut, hinterher zu rennen und ihn zu erwischen. Sein Fuß ist merklich besser.

Doch Blanco hat dies gar nicht vor...! Das ist es ja gerade, was Pedro stutzig macht. Vergeblich versucht er, diesen Jungen in irgendeine seiner Gehirnschubladen einzuordnen. Doch nichts haut hin...! Pedro besitzt eine ganze Menge Menschenkenntnis! Die kriegt man sozusagen gratis obendrauf, während einem alle Sorten 'Treter' mit ihren dazugehörenden Besitzern durch die Finger laufen. Doch so ein Fall wie dieser Junge ist ihm bislang noch nicht vor seine Nase gekommen. Man knurrt ihn an, man pufft und schubst ihn hin und her, und er... bleibt immer sanft und freundlich, legt seinen Peinigern noch obendrein die Hände auf die kranken Körperstellen und heilt mit unbekannten Kräften. Halbe Nächte schlägt er sich um die Ohren und verplempert kostbaren Schlaf, um Sonntags Hand und seinen Fuß zu heilen, wo ihn die Bengel doch nur anknurren... Dazu erzählt und redet er von Dingen, die man noch nie im Leben hörte und die einem wahrhaftig das Herz im Leibe springen lassen. Was soll das alles...? Niemand dankt ihm das...! Er auch nicht! Hat er jedenfalls nicht vor...!

Pedro ist fast so, als habe er seinen eigenen Grips nicht mehr so ganz beisammen. Ojo Pedro (Augen auf)...! Menschen, die man nicht erfassen kann, sind höchst gefährlich. Er als Boß braucht seinen klaren Kopf und kann sich keine Gegenspieler leisten!

»Irgend etwas steckt dahinter...!«, grübelt Pedro. »Vielleicht sogar ein böser Plan...? Abwarten...! Er wird dem Neuen schon auf die

Schliche kommen...!«, beschließt er. Aber das bedeutet, »höllisch aufpassen... ihn nicht mehr aus den Augen lassen... und noch strenger als bisher behandeln...!«

So kommt es, daß er mit tiefen Falten auf der jungen Stirn nur grimmig knurrt, wenn Eva ihm das frischverdiente Geld in seine Finger drückt. Das Geschäft blüht, und sie hat es mächtig eilig. Schon rennt sie wieder zu dem nächsten Kunden, kriegt Pedros schlechte Laune gar nicht mit und ahnt nicht seine finsteren Gedanken.

Kaum bleibt ihr Zeit, zwischendurch mal ganz tief Luft zu schnappen, doch es macht Spaß, und Eva träumt von einem *eigenen* Schuhputzkasten. Dann wäre sie nicht länger Aschenputtel für die anderen, und deshalb spart sie eisern ihre Trinkgelder zusammen. Doch bis sie genug Vermögen hat, wird es noch eine Weile dauern. Sie seufzt. Doch als Trost entdeckt sie etwas Wunderbares: Einen Bleistiftstummel unter einem Aschenbecher...! Anstandshalber hebt sie ihn hoch und schaut sich fragend um. Der Kellner macht nur eine geringschätzige Handbewegung und lacht.

»No vale...! Lohnt nicht, ist nicht der Rede wert!«

Und ob sich sowas lohnt! Glücklich steckt Eva diesen Schatz zu ihrem Trinkgeld in die Hosentasche. Genau das Richtige, um gewisse Sätze in der Bibel anzukreuzen...!

Dann ist endlich Mittagspause! Alle haben einen Bärenhunger, und Eva hat ein regelrechtes Loch im Magen! Die Frucht, so gut sie war, hielt leider nicht sehr lange vor. Auf einer versteckten, kleinen »plaza« vertilgen sie ihre »arepas«, dösen vor sich hin und ahnen nicht, daß sich hinter Pedros breiter Stirn ein mächtiges Unwetter zusammenbraut.

Nur Dreizehn futtert nicht. Schon seit langem sucht er immer wieder Evas Nähe, hockt sich dicht an ihre Seite und raucht schon wieder seine Zigaretten. Nach einer Weile fragt er tonlos und fast schüchtern: »Würdest du mir deine Hände auflegen, Blanco? So wie du es bei Pedro und Sonntag gemacht hast...? Ich... ich... möchte diese Kraft so gerne einmal spüren... und ... wissen, wie das ist, bevor...« Er zögert, seine Hände zittern. Er greift nach einer neuen Zigarette.

Forschend blickt ihn Eva an. Sie mag Dreizehn und mochte ihn schon immer. Seine scheue Art und Weise... nie ist er grob, und oftmals fragt sie sich, warum wohl dieser tiefe Kummer in seinen Augen steht.

»Bevor was...?«, fragt sie anteilnehmend.

»Bevor... ich... sterbe...!«

Sie fahren herum wie von der Schlange gebissen. WAS... hat er gesagt?

»*Bevor ich... sterbe...?*«

Erschrocken schauen sie Dreizehn an. Wahrhaftig, zum Erbarmen sieht er aus, nur noch ein elender Haufen Haut und Knochen! Krumm sitzt er da, völlig zusammengefallen und raucht mit zitternden Händen seine Zigaretten. Und keiner hat was gemerkt... so gewöhnt sind sie an seinen mageren Anblick!

»Schmeiß doch endlich diesen verdammten Glimmstengel weg...!«, ruft Pedro ärgerlich, froh, daß er endlich Dampf ablassen kann. »Du machst dich doch total kaputt...! Kriegst du das gar nicht mit, du dämliches Stück Mist...? Sieh lieber zu, daß du was Anständiges in deinen Bauch kriegst, anstelle dieser ewigen Qualmerei...!«

»Zu spät...«, sagt Dreizehn kläglich.

»Wieso... zu spät...?«

»Ich... kann nichts essen...! Schon seit Tagen nicht...! Ich... breche alles wieder raus!«

»Dann nimm wenigstens die blöde Zigarette aus den Pfoten...!«, brüllt Pedro erbost. Dreizehns Raucherei ist ihm schon längst ein Dorn im Auge, und voller Groll platzt er jetzt donnernd los.

»Geht nicht...«, jammert Dreizehn. »Dann wird mir... noch mehr übel...!«

Betroffenes Schweigen. So ist das also...! Mit Dreizehn ist es aus, und niemand hat es mitgekriegt! Nun möchte er, daß Blanco seine Hände auf ihn legt, bevor es ganz mit ihm zu Ende geht...!

Beklommen schauen sie sich an. Ach, was wissen sie schon voneinander...? Dreizehn ist erst vor wenigen Monaten zu ihnen gestoßen, und damals war er noch gesund. Doch jetzt mit dieser Qualmerei...! Alle Augen richten sich auf Pedro. ER ist heute der Besitzer ihres weißen Sklaven. Wird er sich an seinen Fuß erinnern...? Und... ihn an Dreizehn weitergeben...?

O ja, Pedro erinnert sich! Natürlich...! Doch zu süß ist das Gefühl, einen Menschen zu *besitzen*, ihn *sein Eigentum* zu nennen und zu kommandieren! Dazu noch einen *Weißen!* Und den soll er jetzt *vorzeitig* abgeben...? Ausgerechnet *heute,* wo er ihn selber dringend braucht...?

»Würdest du es... tun?«, fleht Dreizehn und wendet sich erneut an Eva.

»Gerne, aber...?«, fragend blickt sie Pedro an.

Dem reicht es langsam. Sein Gesicht läuft blaurot an. Jähe Wut steigt in ihm hoch. Wollen die sich hier am hellen Tag vergnügen...? Und sich zum Spaß die Zeit vertreiben...? Einfach so...? Und sich womöglich sogar gegen ihn verschwören...? Immer größer wird sein Zorn und entlädt sich donnernd über Dreizehn.

»Kannst du nicht essen wie jeder andere auch, du blöder Kerl...? Statt dich mit Tabak vollzupumpen und uns Probleme aufzuhalsen...? Nichts als Scherereien hat man mit dir, du... du... Schwächling!« Pedro schnaubt wie ein gereizter Stier und spuckt verächtlich aus. In wilder Wut reißt er Dreizehn die Zigarette aus den Fingern und stopft ihm gewaltsam den Rest seiner eigenen »arepa« zwischen die Zähne.

»Iß...!«, schäumt er.

»Ich... kann nicht...!«, gurgelt Dreizehn.

»Das ist doch mir egal! Friß oder stirb...!«

Drohend pflanzt er sich vor Dreizehn auf. Er ist der Chef der Bande, nicht nur wegen seiner Klugheit, sondern weil er blitzschnell handelt und die Dinge durchzieht, oft im Jähzorn wie gerade jetzt... gnadenlos und mit roher Gewalt. In diesem Zustand gibt es keine Widerrede. Pedro ist gefährlich...!

Ein Zittern läuft über Dreizehns ausgemergelten Körper. Ist es die Furcht vor seinem Boß...? Der ist imstande, ihn zu Bruch zu schlagen. Oder der Ekel vor dem Brot...?

»Na los...! Wird«s bald...? Ich warte...!« Pedro hebt die Fäuste.

Dreizehn kaut, er würgt und schluckt. Und nun geschieht etwas Entsetzliches. Sein Magen... seit Tagen ohne Essen, widersetzt sich. Er bäumt sich auf und würgt verzweifelt. Vergebens versucht er herzugeben, was er noch gar nicht richtig runterschluckte. Krämpfe schütteln seinen geplagten Körper. Dann endlich... unter heftigem Erbrechen, kommt ein kleines bißchen grüne Flüssigkeit zutage. Erschöpft sinkt er ins Gras.

Armer Dreizehn...! Nun ist er wirklich am Ende...!

Eva fragt nicht länger. Sie kniet sich zu ihm und hält seinen Kopf. Wieder versucht Dreizehn zu erbrechen. Und wieder kommt nur Grünes. Sein ganzer Körper fliegt und zittert. Er keucht, dann wird sein Atem flach.

»O Mutter...! Schnell! WAS soll ich tun...?«

»BETEN...!«, würde ihre Mutter sagen.

Sofort schließt Eva ihre Augen. »Hilf Du ihm, VATER...!«, fleht sie. »Du alleine weißt, was gut für Dreizehn ist...! Nimm DICH, bitte, seiner an! Ich gebe ihn in DEINE HÄNDE...! Danke VATER! Amen.«

Sie ist nun völlig ruhig. Doch für den armen Dreizehn gibt es keine Atempause. Wieder und wieder bäumt sich sein Körper auf und wird geschüttelt von dem Zwang zu brechen.

»Ich hasse ihn...!«, bricht es unter Würgen aus ihm heraus.

»Mich natürlich...«, murmelt Pedro schuldbewußt. Sein Zorn ist umgeschlagen. Er ist bekümmert und gleichzeitig ein kleines bißchen geschmeichelt, daß ihn jemand so ernst nimmt und sogar aus tiefster Seele haßt.

»Dich doch nicht...!« Wieder bäumt sich Dreizehn auf! »Ihn natürlich... meinen Vater...!«, keucht er. Völlig fertig und leichenblaß sinkt er zurück. Kalter Schweiß steht in kleinen Perlen auf seiner Stirn.

Eva nutzt die winzige Atempause. Sie ist nun ihrer Sache sicher und überläßt vertrauensvoll alles Weitere dieser unbekannten und doch so wohlvertrauten Kraft. Doch vergebens versucht sie, ihre Hände auf den Magen dieses geschundenen Körpers zu legen. Immer von neuem bäumt sich Dreizehn auf und gibt nur noch grüne Galle und die letzten Reste seiner Lebenskräfte von sich.

Dann, endlich gibt es eine kleine Pause, und Eva gelingt es, ihre Hände sanft, wenn auch nur kurz auf Dreizehns Magen zu legen. »Hilf ihm, VATER...«, murmelt sie. Nur das eine, immer wieder...! Voll Dankbarkeit fühlt sie den Strom, der jetzt durch ihre Hände fließt.

Dreizehn liegt völlig still. Das Leben scheint von ihm gewichen zu sein.

»Er stirbt...«, stellt Pedro erschüttert fest.

»Kannst du ihn retten, Blanco...?«, flüstert Unschuld ängstlich.

»*Ich* nicht...!« Eva schüttelt nachdrücklich den Kopf. »*Ich* lege nur die Hände auf...!« Und als sie die ratlosen Gesichter der Jungen sieht, fügt sie tröstend hinzu: »Aber ES hilft immer, sowohl zum Leben als zum Sterben...!«

Dreizehn kriegt mehr mit, als man denkt. »Sterben...!« Genau das ist es, was jetzt sein Herz begehrt. Nur Schluß mit dieser Quälerei! Inzwischen ist ihm alles egal. Er ist völlig ausgepumpt und sehnt sich nach nichts anderem als Ruhe. Und wenn's der Tod ist, der diesem grausamen Würgen und seinem elenden Zustand ein Ende bereitet, dann soll er willkommen sein...! Doch der Wunsch allein genügt nicht, sein Körper kämpft verzweifelt weiter um das Leben. Es ist ein Wunder, daß dieser elende, schwache, von der Übelkeit geschüttelte Leib die Kraft findet, sich immer wieder von neuem aufzurichten und vergeblich zu erbrechen.

Völlig leblos liegt er im Gras.

Erneut gelingt es Eva, die Hände auf den gequälten Leib zu legen, und dankbar spürt sie den Strom, der augenblicklich zu fließen beginnt. Sie weiß sich eins mit ihm und ist trotz aller Sorge voller Andacht. Hin und wieder läuft ein Zittern durch den Körper unter ihren Händen, und manchmal schüttelt ihn ein Kälteschauer.

»Agua...«, flüstert Eva. »Wasser...!« Unschuld und Sonntag rennen augenblicklich los, was die Beine nur hergeben, und sind in kürzester Zeit zurück mit Plastikflaschen voller Wasser, ein paar Rollen stibitztem Klopapier und Servietten in den Hosentaschen. Gemeinsam säubern sie den Kranken.

»Ist er nun tot...?«, fragt Unschuld beklommen. Eva verneint. Mit einer Kopfbewegung bedeutet sie den Jungen, Dreizehn umzubetten, weit fort von dem Erbrochenen. Diesmal packt auch Pedro zu. Sie legen den ausgemergelten Körper behutsam auf einen stillen und geschützten Platz hinter der Hibiskushecke und scharren Erde auf den Dreck.

Dreizehn ist nicht so weit weggetreten, wie es rein äußerlich den

Anschein hat. Sein Körper ist zwar mitgenommen und erschöpft, sein Atem geht flach und fast nicht spürbar, aber sein Verstand ist da, hellwach... überwach sogar... und registriert die kleinsten Einzelheiten. Nach diesem entsetzlichen Würgen und Erbrechen ist nun eine tiefe Mattigkeit über ihn gekommen und zugleich eine gewisse Dankbarkeit für diese Pause. Er hört die Kommentare und das Flüstern und grübelt über Blancos Worte nach, ob dies nun wohl zum Leben oder Sterben führt. Es ist fast gleich, wenn nur die Übelkeit nicht wiederkommt... Angenehm spürt er Evas Hände auf seinem armen Körper und fühlt, wie eine sanfte Wärme wohltuend in ihn hineinströmt. Das ist aber auch alles!

Dreizehn ist enttäuscht...! *Mehr* ist es nicht...? Und *danach* hat er sich so gesehnt...? Gewiß ist es angenehm, daß ein paar Hände auf seinem Magen liegen, und er hier nicht allein verrecken muß...! Aber er hatte sich etwas völlig anderes darunter vorgestellt! Einen Starkstrom oder eine überwältigende ENERGIE, die wie ein Strudel alles Übel augenblicklich mit sich reißt und fortschwemmt. Etwas Umwerfendes, Überwältigendes... Dies hier ist zwar wohltuend und angenehm, doch durchaus nicht umwerfend. Fast unmerklich strömt »etwas« in ihn hinein und macht ihn ruhig.

»Brauchst du was, Blanco...?« Die Augen der Jungen hängen an Evas Lippen.

Braucht sie etwas...? Ihre Augen betrachten forschend den ausgemergelten Körper, das fast grüne, magere Gesicht und bleiben an den aufgerissenen Lippen hängen.

Ausgetrocknet...! Vollkommen ausgedörrt...! Dreizehn ist am Verdursten...! Der Junge braucht dringend Flüssigkeit und müßte schnellstens an den Tropf, da sein Magen alles ausbricht und von sich gibt. Fieberhaft arbeitet ihr Hirn. Da gibt es etwas...! Natürlich...! Pepsi Cola... eiskalt... und tropfenweise...

»Pepsi...«, sagt sie... »eiskalt... aus dem Eisschrank...! Bier geht auch, ist fast noch besser...! Und »petillos« (Strohhalme)! Und Eiswürfel... ganz wichtig...! Aber später...! Etwa in einer halben Stunde... Und jetzt ist es besser, ihr geht! Alle...!« Sie schaut Pedro an.

Sie gehen. Auch Pedro... Wie ein Hund, der auf die wohlverdienten Prügel wartet, senkt er beschämt den Kopf und blickt sich zögernd noch mal um.

Die beiden sind allein. Gottlob in einer von Büschen geschützten Ecke und unter dem segensreichen Schatten großer Bäume. Es ist heiß, doch hier weht eine leichte Brise.

»Eine halbe Stunde«, hat sie gesagt. In der Hoffnung, daß Dreizehns Magen, oder was auch immer, nicht mehr rebelliert...! Dann aber *muß* er trinken...! Unbedingt...! Doch noch ist es zu früh!

Sie beugt sich nahe an sein Ohr: »Hörst du mich...?«

Dreizehn nickt.

»Möchtest du lieber *leben* oder *sterben*...?«

Erstauntes Schweigen. Dann nach einer Weile ein schwaches Flüstern: »Kann ich das... denn selbst entscheiden...?« Seine Stimme ist nur noch ein Hauch. Das Sprechen strengt ihn an, und Eva muß sich tief zu ihm hinunterbeugen, um seine Worte zu verstehen.

»Du *könntest* eine ganze Menge dazu tun, sowohl zum einen als zum anderen. Du könntest es zumindest *versuchen*...!

Ein gewaltiger Liebesstrom zu diesem Jungen schießt durch Evas Herz. »Stirb nicht...«, fleht sie im Geiste und weiß auf einmal, daß man so nicht beten soll. Immer nur das Positive nennen...! »Bitte, VATER, laß ihn leben«, flüstert sie. » Auch meinetwegen...!Ich... ich würde ihn so gern behalten! Du weißt es doch, ich mochte ihn von Anfang an...!« Ihr ist, als würde sie an Dreizehn einen uralten und vertrauten Freund verlieren.

Dreizehn denkt noch immer nach. »Leben...«, haucht er schließlich nach einer nachdenklichen Weile.

Evas Hände liegen jetzt auf seiner Brust. »Den Haß auf deinen Vater hast du ausgespuckt«, erklärt sie! Vorläufig jedenfalls...! »Haß tötet und hätte dich fast umgebracht. Jetzt könntest du NEUES LEBEN einatmen...!«

Dreizehn hört verwundert zu.

»Atme ein und denke dabei etwas Schönes, was dir Freude macht. Du kannst 'Frieden' in dich hineinatmen, oder 'Freude' oder 'Licht' und 'Leben'...!«

Dreizehn schweigt und es folgt eine Pause...

»NEUES LEBEN...!«, haucht er nach einer Weile, und der Versuch eines Lächelns huscht über sein erschöpftes Gesicht.

»Dann atme NEUES LEBEN *hierhin*...! Evas Hände drücken

leicht auf seinen Magen: »Atme alles raus, was dir nicht gefällt! Atme ALLES ALTE raus...!«

Dreizehn fängt gehorsam an zu atmen. Erst schwach, dann tiefer. Immer tiefer und fast regelmäßig.

Freudig sieht Eva, wie sich sein Brustkorb immer stärker wölbt und senkt, und Hoffnung wächst in ihrem Herzen!

WER gibt ihr alles dieses ein...?, grübelt sie verwundert. WEM gehört die Stimme, die immer wieder in ihr spricht? So leise, daß man sie mehr fühlt als hört...! Nicht der Mutter, denn die klingt anders! Gibt es außer ihr denn sonst noch jemand...?

Staunend finden die Jungen nach einer halben Stunde einen Kranken vor, der nicht mehr flach und oberflächlich atmet, sondern beinahe regelmäßig, tief und... ja fast andächtig. Sein Gesichtsausdruck hat sich verändert. Er ist zwar noch genauso blaß und eingefallen wie bisher, doch jetzt kann selbst ein Blinder sehen, daß er *lebt...!*

»Nanu...?«

»Er atmet NEUES LEBEN ein und ALLES ALTE raus...«, erklärt Eva.

»Que...? W*as* tut er...?«

Die Jungen sind verdutzt und starren kopfschüttelnd den Kranken an. Der öffnet seinen Mund. Fast stimmlos, aber deutlich und vernehmbar krächzt er: »Beim... Einatmen denk ich...«, er schnappt nach Luft... »denk ich NEUES LEBEN, und beim... Ausatmen... schmeiß ich alles ALTE raus...! Übelkeit raus... meinen Vater raus... Zigaretten raus...!« Er keucht.

Eva hält ihm den Mund zu: »Nicht sprechen...!«, befiehlt sie. »ATMEN...!«

Die Jungen brauchen eine Weile, um das zu kapieren.

»Caramba...«, murmelt Pedro anerkennend und beißt sich schnellstens auf die Lippen.

Eva wirft ein paar Eiswürfel in einen Plastikbecher, kippt Pepsi drauf und rührt das Ganze um. Dann steckt sie einen Strohalm in den Becher, drückt ihn oben mit dem Finger zu, holt ihn heraus und steckt ihn zwischen Dreizehns Lippen. Sie nimmt den Finger weg, die Pepsi rinnt ganz von selbst in Dreizehns Mund und gierig schluckt er sie hinunter.

Gespannt starrt ihn die kleine Mannschaft an. Wird er sie wieder von sich geben...? O bitte nein...! Nur das nicht...! Alle kennen diesen gefährlichen Brechdurchfall, der in den Hütten der Armen die Menschen wie die Fliegen dahinrafft, besonders die Schwachen, die Alten und die Allerkleinsten.

Wie zähes Gummi tropfen die Sekunden. Die Minuten dehnen sich zu Stunden, doch nichts geschieht, und alle atmen auf.

Eva wiederholt die Prozedur. Alle fünf Minuten kriegt Dreizehn *einen* Schluck. Mehr nicht...! Dann hat er Aussicht durchzukommen..! Das wird sie kaum alleine schaffen! Noch eine weitere Nacht mit einem weiteren Kranken hält sie nicht durch! Schon gar nicht in dieser blödsinnigen Sitzhaltung...

»Ich helfe dir...«, erbietet sich Unschuld eifrig. »Darf ich...? Jetzt gleich...! Ich lös dich ab...!«

Sprachlos und beschämt starren ihn die beiden anderen an! Ausgerechnet er... der Kleinste, erbietet seine Hilfe! Der einzige, der selbst noch keine brauchte.

»Ich auch...!«, sagt Sonntag schnell entschlossen.

»Na klar, ich auch...!«, murmelt Pedro schuldbewußt. »Wann immer du willst...! Brauchst es nur zu sagen...!«

»O wie gerne...! Danke...! Später...!« Eva ist erleichtert.

Zum ersten Mal in dieser kleinen Gemeinschaft ist einer bereit, etwas für den anderen zu tun...! Und zwar ohne Gegenleistung! Vorerst jedoch bleibt Eva bei dem Kranken, und die anderen gehen der Arbeit nach. Hin und wieder wechselt sie die Position der Hände, legt sie auf Dreizehns Augen, geht über zu den Schläfen, dem Nakken und dem Hals und so fort über den gesamten Körper. Sie spürt genau, wo er 'es' am meisten braucht und läßt dort ihre Hände länger liegen. Und rein nach Gefühl, so etwa alle fünf Minuten, kriegt Dreizehn seinen Schluck.

Eine neue Welle überrollt den Kranken, und er kämpft verzweifelt gegen die aufsteigende Übelkeit. Doch langsam wird es besser. Das tiefe Atmen beruhigt den geschundenen Körper...! Und ebenso der Strom aus Evas Händen, der immer stärker zu fließen beginnt! Nach und nach verbreitet sich in seinem ganzen Sein eine Art von nie gekanntem Wohlbehagen. Offenbar ist doch mehr an der Sache dran, als Dreizehn dachte, und er gibt sich diesem nie gekannten Frieden völlig hin. Willig läßt er sich hineinfallen in diese wohlige Kraft und versinkt in einen angenehmen, heilsamen Dämmerzustand.

Fern von dem gewohnten Schlafplatz verbringen die Jungen in der lauten und nicht ungefährlichen Stadt eine unruhige Nacht, denn Dreizehn ist nicht transportfähig. Umschichtig halten sie Krankenwache und verpassen in immer kürzeren Abständen dem Patienten immer größere Mengen klimawarme Pepsi, denn das Eis ist längst geschmolzen. Die einzige, die wirklich schläft... tief und fest wie ein Murmeltier, ist Eva. Erschöpft wie ein Bauarbeiter ist sie in den Schlaf gesunken. Jetzt fährt sie erschrocken hoch. Mein Gott, der Kranke...! Was ist mit ihm...? Ob er noch lebt...?

Die Nacht ist fast vorüber! Eva wollte eigentlich weiter nichts, als bloß mal fünf Minuten ihren müden, schmerzenden Rücken ausruhen. Und dabei ist sie weggeknackt...

Da liegt er...! Auf der Seite...! Liegt ein Toter auf der Seite...? Nein, ein Toter liegt doch wohl nicht auf der Seite...? Oder...? Dreizehn LEBT... und *schläft...!* Eva fällt ein Stein vom Herzen.

»Er hat nicht mehr gebrochen...«, berichtet Pedro sehr erleichtert und grinst sie dabei immer noch etwas verlegen an. »Seit ein paar Stunden ratzt er wie ein Bär... Ich glaub, er hat's geschafft...!«

Eva steht auf. Dankbarkeit und Jubel sind in ihrem Herzen. Der erste Schein der Morgenröte leuchtet am Himmel und wird lärmend von den Vögeln begrüßt. Glücklich breitet sie die Arme der aufgehenden Sonne entgegen.

»Danke VATER...!«, flüstert sie voller Andacht. »Vielen, vielen Dank...!«

Eine böse Nacht

Dieser Abend beginnt wie alle anderen, nur ist es heiß...! Unerträglich heiß und schwül! Die Luft steht still, es regt sich nicht das kleinste Blatt! Ein Glück nur, daß die Mücken sie nicht länger plagen! Weil Dreizehn nicht mehr raucht, trieben die verflixten Schwärme die Jungen an den Rand des Wahnsinns, und ganz besonders Eva mußte leiden. Ihr 'importiertes' Blut scheint ein besonderer Renner zu sein! Doch sie fanden »el Santo remedio«, die heilige Medizin. Statt der Zigaretten benutzen sie ein paar glimmende Holzscheite. Die kokeln stundenlang vor sich hin und scheuchen alle Mücken fort. Besser ein bißchen Rauch als diese blutrünstigen Biester...

Trotzdem sind die Jungen umgezogen. Unter einen anderen Baum, dessen Zweige höher hängen, damit die frische Brise... falls doch mal eine kommt, die ersehnte Kühle bringen könnte. Selbst Pedro nahm seinen Strick und zog voll Hoffnung um. Ziemlich verstreut liegen die Jungen auf ihren Zeitungspacken und den Einkaufstüten und japsen nach Luft wie die Fische auf dem Trockenen. Doch trotz der Hitze fallen sie übergangslos in den Schlaf. Ein langer Arbeitstag macht müde!

Nicht so Eva. Sie lauscht noch eine ganze Weile dem nervenzersägenden an- und abschwellenden Kreischen der Zikaden... auch daran hat sie sich gewöhnt und schickt ihr Dankgebet zum Himmel. Für den gesunden Dreizehn, der nahe an ihrer Seite liegt, für die täglichen »arepas« mit den leckeren Füllungen und dafür, daß sie nun endlich ohne Mücken und vor allem nicht allein in diesem Park hier liegt. Grund genug zur Dankbarkeit! Endlich dreht sie ihren müden Rücken auf die Seite und ist augenblicklich weggetreten.

Doch mitten in der Nacht reißt *etwas* sie aus tiefstem Schlaf.

Das schrille Sägen der Zikaden ist verstummt. Ein Glockenläuten dongt durch den ganzen Park, mal fern, mal nah... dann wieder hell und dunkel... laut und leise, voller Klang. Von allen Seiten schallt der sehnsuchtsvolle Ruf der Frösche nach dem Regen.

Was für eine Nacht...! »Fast wie in einer großen Kirche«, grübelt Eva. »Und so richtig zum *andächtig* werden!«

Sie will sich wieder auf die Seite drehen, doch da bemerkt sie diese Stille. Ein ungewöhnliches Schweigen hat sich ausgebreitet...! Geradezu unheimlich, und auch das seltsame Glockenläuten der Frösche ist verstummt! Eva lauscht. Es ist, als hielte die Natur erwartungsvoll den Atem an. Ein leichter Wind streicht durch die Blätter und bringt merklich Kühle, und ein paar dicke Tropfen fallen klatschend in das Gras. Dann wieder diese unheilvolle Stille. Ein fernes Rauschen kündigt von kommenden Ereignissen, und in weniger als fünf Sekunden trommelt ein tropischer Platzregen herunter auf die Erde.

Das kommt völlig überraschend...!

Verblüfft und pitschenaß bleibt Eva wie festgenagelt auf der Stelle sitzen! Im fahlen Licht der fernen Straßenlampen sieht sie schemenhaft Gestalten laufen und hört durch das Trommeln des Regens ihr Fluchen und Geschrei. Die Schlafgenossen flüchten...! In Sekundenschnelle ist sie auf den Beinen und stolpert hinterher. Voller Panik erwischt sie noch gerade einen Hemdenzipfel und krallt sich eisern daran fest. Entsetzlicher Gedanke, in schwarzer Nacht bei diesem Wolkenbruch allein zurückzubleiben...!

Mit dem Rücken fest gegen die Wand des Geräteschuppens gequetscht stehen sie nun doch eng wie die Sardinen in der Büchse aneinandergequetscht und suchen spärlichen Schutz unter dem winzigen Dachvorsprung. Mit reichlicher Verspätung landet schließlich auch noch Pedro total durchweicht bei ihnen.

Etwas später rutschen sie einfach in die Knie, starren trübselig in die schwarze Nacht und warten, daß dieser erbarmungslose Regen endlich aufhört. Kübelweise schüttet er die Wassermengen aus dem Himmel, und die Jungen sind schon froh, einigermaßen im Trocknen zu sitzen, auch wenn es vom Dach heruntersprizt und an den Füßen wieder hochklatscht. Dabei klappern sie vor Kälte, bibbern frierend vor sich hin und schimpfen laut und fluchen. Doch selbst das Letztere verstummt allmählich, und sie versinken in düstere Trübsal und hoffnungsloses Schweigen.

Hier geschieht es, daß der sonst so sanfte Unschuld mit seinem sonnigen Gemüt auf einmal losheult wie ein wundes Tier. Mit einem Schrei stürzt er sich in den Regen und rüttelt wutgeladen an der Tür des Schuppens. Wie ein Wilder behämmert er sie mit den Fäusten, versetzt ihr einen schmerzhaften Fußtritt und brüllt verzweifelt: »Mama mia, ay.yay..yayyy...!« Völlig durchweicht und doch irgendwie erleichtert wetzt er zurück und quetscht sich klappernd an die andern.

»Zu...!«, knurrt er beleidigt.

Stumm nicken sie mit ihren Köpfen. Immer ist der Schuppen zu...! Wie oft schon haben sie an seinem Schloß gerüttelt, doch vergebens! Vor der Holztür befindet sich zusätzlich noch eine Gittertür aus Eisen. Als ob wer weiß was für kostbare Schätze in diesem Schuppen liegen statt einer elenden Schubkarre mit ein paar armseligen Gartengeräten... Ach, wie viele Male haben sie geträumt, der Schlüssel möge in der Türe stecken, oder der Gärtner möge ihn verloren haben...!

Doch der Gärtner ist ein zuverlässiger Mann! Weder läßt er seine Schlüssel noch die Pfeife liegen. Punkt fünf Uhr verschließt er seinen Schuppen und geht fort. Sie haben keinerlei Berührungspunkte. Er betreut den Park am Tag und die Jungen benutzen ihn als Schlafquartier bei Nacht. Wie soll der Gärtner ahnen, daß ein paar nasse Buben von dem Schuppen träumen.

Es ist kaum zu glauben, doch auch diese fürchterliche Nacht nimmt irgendwann einmal ein Ende! Kurz nach sechs Uhr steigt die Sonne auf, bricht blutrot durch die Wolkenränder und taucht den Tag in reinstes Gold. Schlagartig hört der Regen auf. Laut jubelnd begrüßt die Vogelschar das erste Licht des Tages, und ein gewaltiger Regenbogen spannt sich in den allerschönsten Farben von der einen Seite des Himmels zur anderen. Die Jungen sehen nicht die Schönheit des anbrechenden Tages, aber *dankbar* sind sie, daß diese Nacht vorüber ist. Sie schütteln ihre schlotternden Hosen aus und schlagen sich die Hemden um die Ohren, daß es nur so sprüht. Dann aber nichts wie weg...!

Ein einziger Gedanke treibt sie vorwärts. Heißer Kaffee und etwas Warmes für den Magen...! In quatschenden Schuhen traben sie durch die Straßen und sind schon halbwegs angetrocknet, als sie vor der Tabakfabrik den ersten Stand entdecken. Ein kleines Wägelchen auf Rädern, mit der Hand zu schieben! Dahinter steht ein dürres

Weiblein, ausgemergelt von der harten Arbeit.

Wie immer übernimmt Pedro das Wort. Er versucht sofort zu handeln und das Günstigste herauszuschinden, denn *betteln* tun sie nicht! Nichtmal heute nach dieser fürchterlichen Nacht. *Handeln* dagegen, und die Preise drücken ist eine ehrliche Sache.

»La vida es *dura*...!«, beginnt er und zeigt auf ihre nassen Klamotten.

Die kleine verrunzelte Frau nickt. Wahrhaftig ist das Leben *schwer*...! Seit vier Uhr morgens ist sie auf den Beinen und präpariert und kocht und macht, um überhaupt zu *überleben*...

Gewiß doch, aber das kleine Frauchen hat jedenfalls ein Dach über dem Kopf, wenn's regnet. Sie hingegen...

»Dieses winzige Ding kannst du doch nicht 'Dach' nennen...!«, keift das erboste Weiblein und verzieht den Mund zu einem sauren Lächeln. Dabei entblößt sie den einzigen Zahn, den das Leben ihr ließ. Das Dach ist für die Ware und vielleicht für ein paar Köpfe ihrer Kunden. Sie selbst ist naß geworden auf ihrem langen Weg, klatschnaß bis auf die Haut...!

Doch Pedro läßt nicht locker. Immerhin kann sie sich mit ihrem eigenen Kaffee wärmen und eine »arepa« in den kalten Magen schieben, wenn sie friert. Das aber können sie nicht. Und *deshalb* stehen sie hier herum in ihren nassen Klamotten und brauchen dringend einen heißen Kaffee und ein paar von diesen prächtigen Maisbroten! Aber nicht zu diesen ungeheuren Preisen...!

Die kleine Frau bleibt völlig kalt. Solche Reden hört sie mehrmals täglich, aber Pedro zieht alle Register. »Ay mamaita...!«, fleht er, »hast du keine Kinder...?«

Das hätte er lieber nicht sagen sollen...! Damit hat er genau ins Fettnäpfchen getreten, und nun legt sie erst richtig los. Natürlich hat sie welche. Das ist es ja gerade...! Wegen dieser Brut muß sie sich die halben Nächte um die Ohren schlagen, um diese Gören durchzubringen! Dieses unnütze Pack mit seinen ewig hungrigen Mäulern...! Halbtot muß sie sich schuften und plagt sich Tag und Nacht...! Nun ist sie im richtigen Fahrwasser. Das ist *ihr* Thema, und sie ist nicht mehr zu bremsen.

Der Vater dieser Brut ist abgehauen... dieser elende Schuft! Er hat sie sitzenlassen, und sie muß sehen, wie sie überlebt. Ihre Zunge steht nun nicht mehr still. Dabei bedient sie eifrig die Vorübergehenden, gießt Kaffee in die kleinen Plastikbecher, schiebt sie rüber zu den Kunden, füllt die »arepas« dick mit geriebenem Käse, daß den Jungen das Wasser im Munde zusammenläuft, kassiert, gibt Wechselgeld heraus und reibt mit einem Tuch die Krümel von der kleinen Theke. Dabei zetert sie vor sich hin und schimpft unermüdlich weiter.

»Mit Faulenzen und Nichtstun verbringt er seine Tage...! Nur wenn er Geld braucht, dieser Schuft, um Schnaps zu kaufen, läßt er sich mal sehen...!« Ihr Mund preßt sich zu einem schmalen Strich zusammen. »Alle Männer gleich...!«, murmelt sie böse. »Alles Tagediebe und Verbrecher...!« Und mit einem giftigen Blick zu den Jungen: »Und ihr seid auch nicht besser...!«

»Aber wir doch nicht...!«, entrüstet sich Pedro. »Wir *arbeiten und putzen Schuhe* und verdienen ehrlich unser Geld! Aber so früh am Morgen können wir uns noch keine Kunden aus den Fingern saugen! Wahrhaftig nicht! »Sieh doch, wie naß wir sind und wie verfroren...!« Ein letztes Mal versucht er, sie auf ihren beklagenswerten Zustand aufmerksam zu machen.

Und damit sind sie wieder bei dem gleichen Thema!

Staunend hört Eva zu und schaut mitleidig das kleine Frauchen an. *Was wäre*, wenn sie einfach *bitten* würde...? Ist nicht auch an ihrer Seite *jemand*, der nur drauf wartet, daß sie fragt...?

Inzwischen wirkt das ungeschriebene Gesetz aller südlichen Länder welches heißt: »Zeit gewinnen um jeden Preis...!« Denn selbst die größten Probleme lösen sich, wenn man geduldig wartet. Und so auch hier...! Die Fabrikarbeiter sind abgespeist, das kleine Weiblein muß nach Hause eilen, um für die Mittagszeit mit Reis, Bananen, gezupftem Fleisch und schwarzen Bohnen aufzuwarten. So läßt sie sich nun endlich doch erweichen.

»Ihr ruiniert mich...«, jammert sie und gießt den Kaffee in die kleinen Becher.

Herrlich heißer Kaffee! Dünn und süß! Wie Labsal rutscht er ihre Kehlen runter.

»Mehr, mamaita...! Mehr...! Und nun für jeden noch ein dickes

Maisbrot mit viiiel Käse...! Bevor du alles fortwirfst, gibst du's besser uns zum halben Preis...!«

Doch die Kleine weiß Bescheid. »Erst das Geld...!«, verlangt sie. Sie greifen in die Taschen und fördern den Inhalt zutage. Wenig genug...! Ein paar lumpige Münzen und zerknüllte Scheine. Es reicht nicht hin und her! Noch nicht mal für den Kaffee...!

»Ich hab's ja gleich gewußt...!«, jammert sie. »Betrüger seid ihr...! Macht, daß ihr weiterkommt und laßt euch niemals wieder sehen...!«

Sie verlegen sich aufs Bitten: »Hab Erbarmen...! Denk an deine Kinder...! Ein kleiner Vorschuß...! Später kommen wir vorbei und zahlen...! Bitte...!«

Doch das Weiblein räumt bereits zusammen! Da ist nichts zu machen...!

Ja, nun könnten sie ein kleines Wunder gebrauchen. *Einen* der Steine in Brot verwandelt oder zumindestens das Herz dieser Alten erweicht, das härter als Stahl zu sein scheint...

Und genau in diesem Augenblicke passiert es, was sie sich so sehnlichst wünschen. Es geschieht ein Wunder...! Ein nagelneuer Fünfhunderter wedelt aufreizend vor ihren Nasen.

»Reicht das...?«, fragt Eva höflich.

Flink und gierig greift das Weiblein zu, bevor diese Kostbarkeit wieder in einer dieser nassen Hosentaschen verschwindet.

»Natürlich nicht...!«, beteuert sie, während ihre Finger prüfend über das Papier fahren, ob der Schein auch wirklich echt ist. »Wie weit soll das schon reichen...?«, jammert sie. »Gerade für ein bißchen Maismehl und sonst nichts...!« Aber ein zufriedenes Lächeln verschönt ihr Gesicht und läßt ahnen, daß auch sie vor gar nicht allzu langer Zeit einmal jung und anziehend war und straft ihre Worte Lügen. Sie schiebt jedem der Buben ein dick mit Käse gefülltes Maisbrot zu und gießt unaufgefordert Kaffee nach.

»Eßt...!«, fordert sie. »Anständige Buben seid ihr, das ist selten heutzutage...! Ja, nun eßt doch endlich...!«

Doch den Jungen hat's die Sprache und vorübergehend auch den Appetit verschlagen. Sie starren Eva an, als wäre sie nicht ganz bei Trost. Noch nie in ihrem Leben hat jemals einer für den anderen *bezahlt!* Und wenn man etwas *schenkt,* dann will man dafür selbstverständlich etwas *haben...!* Unbehaglich und verlegen treten sie von einem Bein aufs andere.

»Ihr eßt ja gar nicht...?«, wundert sich das Weiblein. »Erst so hungrig, und nun greift ihr überhaupt nicht zu...! Was ist denn los...?« Neugierig schaut sie von einem zum andern.

»Wowoher hast du das Geld...?, stottert Sonntag. Fast kullern ihm die Augen aus dem Kopf vor lauter Staunen.

»Und wi-wieso *so viel...?«,* forscht Pedro heiser.

»Trinkgelder...«, erklärt Eva kauend. Sie ist die einzige, die unbekümmert futtert. »Weil ich für einen Schuhputzkasten spare! Aber nun...«, sie zuckt die Achseln. Plötzlich bemerkt sie die betretenen Gesichter, und da spricht sie das erlösende Wort:

»Ihr könnt es mir ja wiedergeben...!«

Eine Welle der Erleichterung läuft über ihre zu Stein erstarrten Züge. Plötzlich können sie wieder lachen und stürzen sich ausgehungert und begeistert auf die »arepas«.

»Gleich heute kriegst du's wieder...!«, mampft Pedro.

»Spätestens beim Mittagessen...!«, Sonntag kaut mit beiden Backen.

»Mein erstes Kundengeld ist deins...!«, versichert Unschuld.

»Und meines auch! Mit Zinsen...!«, fügt Dreizehn leise hinzu.

Der Bann ist gebrochen. Sie kippen den Kaffee herunter, nehmen ihre dicken »arepas« in die Hand und ziehen kauend weiter.

»Ihr könnt gerne wiederkommen...!«, ruft das Weiblein hinterher.

Gestärkt und fröhlich winken sie zurück.

Ach, ist das Leben wieder schön...! Sie haben etwas Heißes in dem Magen, und die Sonne wärmt die kalten Glieder...! Beinahe sind sie trocken, als sie die Fußgängerzone erreichen. Unbekümmert und müde von der langen Nacht lagern sie sich auf die warmen Pflastersteine einer menschenleeren kleinen »plaza« und schlummern selig ein.

Tauschgeschäfte
(Taschenmesser gegen Sklaven)

Voller Neid blickt Eva auf die Jungen, die unbekümmert ratzen, sie aber kann trotz aller Müdigkeit nicht schlafen. Da ist etwas in ihr, das der Klärung bedarf und nach Verstehen und Begreifen schreit. Zu viele Fragen stürmen auf sie ein und geben keine Ruhe.
Wieso gibt es das...? Menschen, die kein Zuhause haben...? Ja noch nicht mal ein Dach über dem Kopf wie sie jetzt, dem Regen und der Kälte ausgeliefert...? *Weshalb* wird einer arm geboren und der andere reich...? *Warum* gibt es Krankheit, Elend, Armut, Hunger... und wieso ist sie selbst in solcher miserablen Lage...?
WARUM LÄSST GOTT DAS ALLES ZU...?
Sie *muß* jetzt eine Antwort haben und ihre Hand greift nach der Bibel. Zum Glück steckt sie in einer Plastikhülle und hat auch diese Nacht ohne jeden Schaden überstanden. Es ist schon lange her, daß sie ihr Buch befragte. Wird es auch diesmal Antwort geben...? Oder war damals alles nur ein Traum? Eva schickt ein Stoßgebet gen Himmel. Dann schließt sie ihre Augen und schlägt das Büchlein auf. Wie ein Urschrei kommt die Frage aus den Tiefen ihrer Seele: »Wo bist Du, Vater...? WARUM hilfst Du nicht den Armen und den Kranken...? Und auch uns...? Bitte, gib mir eine Antwort! Amen!«
Aufs Geratewohl schlägt sie die Bibel auf und starrt hinein. Genau unter ihrem Finger steht: »*Alle Dinge sind dem möglich, der da glaubt...!*«
Eva schüttelt fassungslos den Kopf. Ist das wahr...? Könnten wirklich alle Armen ein Dach und auch genug zu essen haben, wenn sie *gläubig* bitten würden...? Und die Kranken...? Würden sie *genesen...?* Aber WIESO *weiß das keiner...?*
Nun, Jesus sagt es laufend! Den Mund hat er sich fusselig geredet. Er wurde nicht müde, darüber zu sprechen und erklärte es geduldig immer wieder. Nur will es niemand *hören* und schon gar nicht *glauben*, und *deshalb* wendet es kaum jemand an...! Die Menschen wurden böse, als Jesus von der Nächstenliebe und vom Glauben sprach. Voll Zorn und Ärger hoben sie Steine auf, um ihn zu töten.

Nächstenliebe...! Hmmm...! Nur widerwillig wandern Evas Blicke zu *ihren Nächsten*! Die liegen hingehauen wie Kartoffelsäcke, nudelsatt von ihrem Geld (ob sie es jemals wiederkriegt...?) und ratzen. Fehlt nur noch, daß sie lauthals schnarchen. Liebt sie ihre Sklavenhalter...? O nein, sie liebt sie nicht, bis auf Dreizehn selbstverständlich und Unschuld meistens auch. Im Gegenteil! Wenn sie ein Junge wäre, dann würde sie wohl manches Mal dazwischenhauen. Diese widerlichen Bengel! Die reinsten Blutegel sind es und nur ganz selten einmal nett. Sie saugen ihr den letzten Lebenstropfen aus den Adern wie eine fette Spinne ihrem Opfer. Und eines Tages, wenn sie zu nichts mehr taugt und es nichts mehr zu saugen und zu lutschen gibt, lassen sie sie achtlos an irgendeinem Straßenrande liegen. Das ist ihr völlig klar! Deshalb spart sie ja für einen eigenen Schuhputzkasten. Also um es klipp und klar zu sagen: Nein, sie liebt sie nicht!

»Und dennoch habe ich sie geliebt...!, grübelt Eva. »Damals, als ich ihnen die Hände auflegte...! Da floß so etwas durch mich durch, das war nicht ich...! Und vorhin auch, als ich mein ganzes Geld spendierte! Wenn ich es also *wollte... wenn ich es wirklich wollte und Jesus Christus gläubig bitten würde... dann könnte ich mit seiner Hilfe diese Bande lieben*. Nur... ich will es nicht! Das wäre hirnverbrannt und wohl das Allerletzte. Bis auf Dreizehn natürlich...!«

Puh! So ehrlich mit sich selbst war sie noch nie!

Auf einmal macht es 'klick' in Evas Kopf. *Deshalb wollten die Menschen Jesus töten und bewarfen ihn mit Steinen... denn wer will denn schon den andern lieben...?* Es sei denn, der ist lieb und nett und tut genau das, was die anderen von ihm wollen. Aber diese Art von Liebe meint Jesus nicht. Die echte Liebe fordert nichts. Die will nicht *haben* sondern *geben...!* Wer wirklich liebt, der gibt sich selber restlos auf! Und darf nicht mehr das kleinste bißchen für sich selber wünschen oder wollen, sondern nur noch *Seinen Willen* leben. Na und... wer will das schon?

Das geht zu weit...! Eva schnauft empört und prustet hörbar die Luft aus beiden Backen. Dieser Jesus ist der unbequemste und anspruchsvollste Mensch, der je auf Erden lebte! Entweder glaubt man seinen Worten und folgt ihm nach... und führt ein Hundeleben auf der Straße genau wie seine Jünger... Eva stockt, und was führt sie...? Oder aber man feuert den ganzen Krempel mitsamt der Bibel in die Ecke, tut, was man selber will und hat dann endlich seine Ruhe!

Na gut, das war's...! Mit lautem Knall klappt Eva ihre Bibel zu und stopft sie voller Abscheu unter ihren Hintern. Nach dieser schweren Tat vergräbt sie Kopf und Kinn in beide Hände und brütet traurig vor sich hin. Eine Träne rutscht aus ihren Augen, rinnt langsam die Wange herunter und gräbt eine nasse Spur. Und noch eine, und noch eine...

Ach, wo bleibt sie jetzt, die heißersehnte Ruhe...?

Ja, die ist futsch, und Eva findet keine! Eiseskälte legt sich um ihr Herz, und es schlägt dumpf und schwer. Alle Freude ist daraus verschwunden...! Seltsam, sie friert im wärmsten Sonnenschein und blickt schon wieder voller Neid auf ihre Mitgenossen. *Weshalb* kann sie nicht auch so selig pennen und alle Sorgen mal vergessen...? Warum nur muß sie ständig grübeln und die Bibel fragen...?

Eva reut bereits ihr Tun. Soviel steht fest, die Bibel unterm Po ist nicht der rechte Platz! Hat Jesus recht...? Sollte sie nicht besser *lieben... gläubig beten... und ihr armes eingefrorenes Herz erlösen...?* Allein schon der Gedanke stimmt sie froher. Tief atmet sie auf, holt behutsam die Bibel unter ihrem Po hervor, bläst zärtlich drüber hin und steckt sie liebevoll zurück in ihre Hosentasche. Was für ein Segen, daß die Burschen immer weiter schlafen und sie in aller Ruhe beten kann...! Sie schließt die Augen, faltet voller Andacht ihre Hände, und dann legt sie los.

»Unser Vater, ich bitte dich um Liebe...! Hilf mir, daß ich mit Deiner Hilfe alle Menschen liebe, Freund und Feind, auch meine Plagegeister...!«

Ein tiefer Atemzug. Ihr eingefrorenes Herz taut voller Freude auf und Eva ist, als erwache sie aus einem bösen Traum. Wärme rinnt durch ihren ganzen Körper, und jubelnd fährt sie fort: »Vater, du weißt am besten, was wir brauchen! Schenk uns einen trockenen Schlafplatz! Bitte gleich für heute Nacht, damit wir sicher sind vor diesem Regen...!« Sie überlegt. »Ich weiß es jetzt, daß du mich hörst und danke dir von ganzem Herzen! Amen.«

»Ist das alles...!«, hört sie eine leise Stimme fragen.

»Mutter...!«, jubelt Eva. »Daß du da bist...! Gerade jetzt...! Wie habe ich mich nach dir gesehnt...!«

»Ich war die ganze Nacht bei dir, mein Kind! Auch wenn du mich nicht spürtest.«

»Nur den Regen...«, murmelt Eva. »Den habe ich gespürt...!«

»Du hast wunderbar gebetet, Eva, aber nicht zu Ende..!«, mahnt die Mutter. Wie schon so oft ist ihr Besuch wohl nur von kurzer Dauer, da sind so Kleinigkeiten wie der Regen nebensächlich.

»O doch, ich sagte Amen!«, erklärt Eva.

»Trotzdem fehlt etwas Wichtiges: Nämlich 'nicht mein, sondern DEIN WILLE geschehe'..!«, ergänzt die liebevolle Stimme.

Eva fällt aus allen Wolken »Aber Mutter...!«, protestiert sie heftig, »jetzt klingt es so, als ob wir wieder alles null und nichtig machen und weder Dach noch sonst was wollen...! Jesus sagt ausdrücklich: Alle Dinge sind dem möglich, der *glaubt...!*« Sie klopft auf ihre Bibel in der Hosentasche. »Er sagt: 'Alles, was ihr im Gebet erbittet, werdet ihr erhalten, *wenn ihr glaubt!'* Und ich, ich *glaube,* Mutter! Wieder...!«, fügt sie ehrlich hinzu.

»Und doch betete der gleiche Jesus in seiner allerschwersten Stunde: 'Vater, wenn du willst, so laß diesen Kelch, (nämlich dies Schreckliche) an mir vorübergehen! Doch nicht mein, sondern DEIN WILLE GESCHEHE'...!«, gibt die Mutter zu bedenken.

Eva schweigt betroffen.

»GOTT hört und hilft uns immer«, fährt die Mutter fort. »Ganz gleich, um was wir bitten, oder zu IHM sagen, nur...«

»Nur...?«, forscht Eva.

»Nur erfüllt ER unsere Wünsche durchaus nicht immer so, wie wir es möchten.«

»Sondern, Mutter...?«

»Wie es für uns am besten ist...!«

Wieder denkt Eva lange nach. »Wußte Jesus, daß er sterben würde?«, fragt sie schließlich.

»Er wußte es!«

»Wußte er auch wie...?«

»Auch das! Er hat es viele Male vorausgesehen und durchlitten!«

»So war es also GOTTES WILLE, daß sie ihn ans Kreuz nagelten und qualvoll sterben ließen...!«, murmelt Eva erschüttert. »Seinen eigenen Sohn...! ER ist hart...!«, stellt sie erschrocken fest und sieht sich wieder selbst in dunkler, kalter Nacht im Regen sitzen.

»*Danach* ist Jesus auferstanden, Eva! Vergiß das nicht. Er lebt...! Es war GOTT selbst, der dieses auf sich nahm. ER ist bei uns geblieben, um dir und mir und allen, die ihn gläubig darum *bitten*, beizustehen und zu helfen!«

Eva schweigt betroffen. Wahrhaftig, das hatte sie vergessen...!

»GOTT in Jesus...!«, murmelt sie. »ER selbst...! Und ist jetzt immer bei uns...!«

»In uns... um uns... und überall...!«, ergänzt die Mutter.

Plötzlich steigt eine Ahnung in Eva hoch.

»Und du, Mutter...? Wußtest du etwa auch, genau wie Jesus, daß du sterben...«, sie schluckt. »Ich meine, daß du *gehen* würdest...?«

»Ja, Eva! Es wurde mir in einem Traum gezeigt!«

»Hast du dann auch gebetet, daß dieser Kelch... daß dieses nicht geschehen möge...?«, fragt Eva bangend. Ihr Herz schlägt bis zum Hals.

»Ich flehte zu GOTT«, antwortet die Mutter. »Ich bat IHN immer wieder voll Verzweiflung, daß ER mich bei dir lassen möge...!«

»Und dann, Mutter...? Danach...? Hast du dann auch gesagt: DEIN WILLE GESCHEHE!...?, fragt Eva atemlos und voller Spannung. Sie neigt sich ganz zur Mutter hin.

»Ja, Eva, das habe ich gesagt...! Doch erst nach langer Zeit und schweren Kämpfen!«

Wieder wischt sich Eva die Tränen aus den Augen, und es folgt eine lange Pause.

»Jetzt weiß ich's...!«, schmettert sie in plötzlichem Begreifen los. »*Deshalb* darfst du jetzt bei mir sein und immer wieder zu mir kommen...! Genau wie Jesus...!« Ihre Stimme jubelt: »Weil du GOTT gehorchtest und getan hast, was ER für dich bestimmte. Für dich...«, sie schluckt, »für mich... und für den Vater!« Sie holt ein bißchen Klopapier aus ihrer Hosentasche und schnauft hinein.

»Vergiß die Jungen nicht...!« Die Mutter lacht ihr wunderbares warmes Lachen. Gottlob, nun lacht sie endlich wieder!

Eva schüttelt die Bemerkung wie eine Fliege ab. Sie hat jetzt weder Zeit noch Ohr für ihre 'Sklavenhalter', sondern muß noch dringend etwas fragen.

»Aber wozu dann überhaupt noch *gläubig* bitten, Mutter, wenn GOTT doch sowieso das Beste für uns weiß?«

»Weil der Glaube der Motor ist, der unsere Bitten direkt zum Vater schickt...! Mit dem Glauben setzen wir die Kräfte in Bewegung, ohne Glauben aber bleiben unsere Wünsche irgendwo im Keller oder in unseren Herzen stecken.«

Verblüfft hört Eva zu.

»WIR SIND SCHÖPFER...!«, erklärt die Mutter. »Genau wie GOTT, denn *wir sind Seine Kinder!* Und so wie ER sind wir am Schöpfen! Unentwegt und ohne Unterlaß...! Nur wissen wir es nicht...! Leider...! Wir haben es vergessen und schaffen ahnungslos und kunterbunt das 'Gute' und das 'Böse' wie Sauerkraut und Marmelade durcheinander.«

»Wir sind Schöpfer...?«, stottert Eva fassungslos. »Und... haben es vergessen?«

»So ist es! Höchste Zeit, daß wir uns jetzt erinnern!«

»Und du meinst, wir *schöpfen* wirklich...? Wie der Vater...? Auch ich, Mutter...?«

»Jeder Mensch, Eva...! Du und ich...! Wir alle...! Mit jedem Wort, mit jedem einzelnen Gedanken!«

»Puh...!«, stöhnt Eva fast erschrocken.

Die Mutter lacht. »Deshalb müssen wir unsere Gedanken und die Worte wie die Hasen hüten, daß sie uns nicht davonlaufen und Schaden anrichten...!«

»Puhhh...!«, stöhnt Eva wieder und hält sich ihren Kopf. Diese harten Brocken muß sie erstmal schlucken.

Doch schon fährt die Mutter fort. »*Gläubig bitten heißt* so beten, wie Jesus es uns lehrte! Unser Anliegen vertrauensvoll in SEINE Hände legen, DANKEN und dann genau WISSEN, daß das Beste für uns geschieht! Auch wenn es uns durchaus nicht immer nach der Mütze ist! Wir müssen GEHORCHEN lernen, Eva, damit SEIN WILLE geschehen kann und wir uns auf der Erde den Himmel statt der Hölle schaffen...!«

Eine lange Pause.

Nach einer Weile flüstert Eva. »Mir ist ganz vieles überhaupt nicht nach der Mütze, Mutter! Nicht das kleinste bißchen! Schon gar nicht, daß du jetzt wieder von mir gehst!«

»Bete, Eva! Mit SEINER Hilfe wirst du alles schaffen!«

Dies ist ihr Abschied, doch kein langer. Eva ahnt, die Mutter wird bald wiederkommen. Vielleicht sogar noch heute, und ihr Herz schwingt plötzlich wieder leicht und froh.

»Bete mit mir, Mutter«, bittet sie und faltet ihre Hände. »Vater, du weißt, was gut und richtig für uns ist! Gib uns, bitte, für heute Nacht und alle Nächte ein trockenes Dach! Und hilf mir, daß ich meine Worte und Gedanken voller Liebe hüte! Ich danke dir und gebe mein Gebet in DEINE Hände. Nicht mein, sondern DEIN WILLE geschehe! Amen!«

Das war gut...! Und wieder einmal fühlt sich Eva wie frischgewaschen und putzmunter wie ein Fisch im Wasser, als hätte sie die ganze Nacht geschlafen, statt draußen im Regen zu hocken. Wohlig dehnt und streckt sie ihre Glieder, und dabei treffen ihre Augen die von Pedro.

»Wieso führst du hier Selbstgespräche...?«, knurrt er unbehaglich und schaut sie prüfend an.

Eva schweigt. Was mag er denken...?

Unvermittelt springt er auf, klatscht herrisch in die Hände und ruft mit lauter Stimme: »Flojos, a trabajar (an die Arbeit, faule Bande...!), Schluß jetzt mit dem Pennen, sonst kriegen wir kein Mittagessen!«

Doch ganz so schnell geht's mit der Arbeit nicht. Hartnäckig klammern sich die Jungen an den süßen Schlummer und brauchen eine ganze Weile, um mitzukriegen, wo sie sind. Sie gähnen herzerweichend und zeigen vorläufig nicht die geringste Lust, dieser gewalttätigen Aufforderung nachzukommen.

»Muß das sein?«, quengelt Unschuld. »Wieso denn ausgerechnet jetzt...?«

»Weil du 'pendejo' (Dussel) sonst nichts zum Beißen kriegst!«, erklärt Pedro grimmig. In letzter Zeit ist er fast nur noch schlecht gelaunt.

Unschuld zeigt tief gekränkt zum Himmel. »Warum hat der da

oben uns bloß so mies geschaffen...?«, fragt er tief beleidigt. Drohend bohrt er seinen Finger in Evas Magengrube und fordert: »Sag was, Blanco...! Du mußt es schließlich wissen!«

»Wieso ich...?«, fragt die verblüfft.

»Du *betest,* wenn du die Hände auflegst, das hast du selbst gesagt! Also *sprichst* du mit GOTT...! Was sagt denn der dazu, daß wir die nächsten Nächte unter diesen widerlichen Brücken schlafen müssen, wo's nichts als zieht und wir uns mit fremden Kerlen um den Schlafplatz kloppen müssen? He...?«

Anklagend wirft er einen Blick zum Himmel, wo ein paar kleine Schäfchenwolken zart wie weiße Daunenfedern unschuldig am Himmel schweben, der ansonsten im makellosen Blau und hellstem Sonnenschein auf sie herunterstrahlt.

So aufsässig haben sie Unschuld noch nie gesehen.

»Genau das möchte ich auch gerne wissen, was ER sich wohl dabei dachte...!«, fällt Sonntag ein.

Feindselig starren sie Eva an... richtig gehässig, als sei sie schuld an der Misere! Hat sie's nicht gewußt? Kaum bekennt man sich zu GOTT und Jesus Christus, schon wird man angegriffen! Fehlt nur noch, daß sie Steine sammeln...«

»Wollt ihr's wirklich wissen?«, fragt sie beklommen.

Natürlich wollen sie.

»Also gut!« Eva kramt hervor, was sie aus ihrer Bibel lernte: »'GOTT sagt, *bittet* so wird euch gegeben...!' Und weiter sagt er: 'Alle Dinge sind dem möglich, der *glaubt...!'* Und dann sagt er noch, daß Er jeden *rettet,* der an IHN *glaubt!«*

Erstauntes Schweigen.

»La fe' mueve montañas (der Glaube versetzt Berge)...!«, murmelt Dreizehn. Das ist auch hier ein geläufiges Wort.

»Haha...«, knurrt Pedro. »Wer diesen Krempel schluckt und auch noch glaubt, kann besser gleich 'nen Besen fressen! Mit Stiel und unzerkaut...!« Angewidert klatscht er in die Hände: »Auf geht's...!« Ein gefährliches Funkeln glimmt in seinen Augen. »Na wird's bald...? Wollt ihr hier den Tag vergammeln...? Los, los, sonst kriegen wir um Mitternacht das Mittagessen! Ich für mein Teil«, er seufzt, »ich hab schon wieder Hunger!« Und mit einem schiefen Blick auf Eva: »Verdammt noch mal, und Schulden hab ich auch...!«

Peng...! Das hatten sie total vergessen. Alle haben Schulden, und das hebt nicht gerade ihre Laune. Mürrisch rappeln sie sich hoch und trotten schweigend vor sich hin. Kein Witz wie sonst! Kein frohes Wort! Dreizehn verkrümelt sich als erster. Danach haut Sonntag ab. Pedro gibt Unschuld einen Rippenstoß, deutet mit dem Kopf auf Eva und mit der vorgestülpten Schnute in die andere Richtung, fischt sein heißgeliebtes Taschenmesser aus der Hosentasche und schwenkt es aufreizend vor Unschulds Nase.

Eva kapiert sofort. Ein Tauschgeschäft...!

Wieder einmal Zeichensprache und... Bestechung! Pedro setzt sein heißgeliebtes Messer gegen ihren Sklaven! Hoppla, ist sie ihm so viel wert...? Soll das für immer gelten, oder nur für heute?

Bangend schaut sie Unschuld an. Der wäre nämlich heute ihr Besitzer! Zwar ist es ziemlich gleich, welcher der Burschen ihr das Geld abknöpft und knufft und schubst. Mit Ausnahme von Dreizehn benehmen sie sich alle ziemlich schäbig, doch Pedro ist seit Tagen nur noch schlecht gelaunt und völlig unausstehlich! Besonders gestern spreizte er sich wie ein aufgeblasener Gockel, war zu faul zum Laufen, rührte nicht den kleinsten Finger, und selbst die Pepsi mußte sie ihm holen und danach ein Eis. Heute wäre Unschuld dran, und das ist ihr wahrhaftig lieber!

Der protestiert zum Glück sofort mit lauter Stimme. »Was fällt dir ein...? Heute gehört er mir...! Bloß weil ich klein bin, denkst du, ich mache schmutzige Geschäfte...?« Grob packt er Evas Arm und zieht sie weiter.

Pedro schwankt zwischen Wut und Anerkennung. Drohend ballt er seine Faust, und einen ungemütlichen Augenblick lang sieht es aus, als wolle er dazwischenboxen. Doch dann überlegt er sich die Sache, prustet verdrießlich wie ein alter Esel und zieht ab.

»So ein gemeiner Kerl!«, schimpft Unschuld traurig. »Versucht mich einfach reinzulegen...! Was ist bloß mit ihm los...? Seit neuestem hat er einen Rappel, ist ewig schlecht gelaunt und knurrt wie ein gereizter Köter. Noch gar nicht lange her, da war er immer lustig und für jeden Quatsch bereit...!« Bekümmert zerrt er Eva weiter. Dabei hat sie überhaupt nicht vor davonzulaufen. Wo sollte sie denn hin...?

Und dann geht's wirklich an die Arbeit. Doch heute einmal völlig anders!

Die ersten frühen Morgenstunden haben sie versäumt, doch verdreckte Schuhe gibt es in rauhen Mengen. Mehr als sonst! Der Regen schwemmte Geröll und Dreck herunter von den nahen Bergen. Die meisten Straßen sind immer noch verschlammt, und dementsprechend häufen sich die Kunden.

Unschuld taxiert mit einem kurzen Blick die späten Kaffeegäste und ihre strapazierten Schuhen. Dann grinst er Eva übermütig durch die letzten Reste seiner Zähne an (die alten sind Ruinen und die neuen sind noch nicht raus). Aller Pedrokummer ist aus seinem runden Kugelkinderkopf verschwunden, und auf den Wangen kringeln sich zwei freche Grübchen. Er macht »ojo«, daß Eva schaudernd auf das Weiße seines Auges starrt. »Paß auf« heißt das und »Augen auf...!« Eilig fischt er eine Plastiktüte aus dem nächsten Abfallkübel, stopft etwas Schuhputzzeug aus seinem eigenen Bestand hinein und überreicht das Ganze seinem Sklaven.

»Wir teilen uns die Kunden«, erklärt er der erstaunten Eva! »Du putzt die braunen Treter und ich die schwarzen...! Das werden wir in Zukunft immer machen...!«

Eva starrt ihn sprachlos an. Gemeinsam gehen sie auf Kundensuche, und es geschieht, wie Unschuld sagte: Einer übernimmt die braunen Schuhe und der andere die schwarzen, und auch sonst ist alles anders. Weder setzt es Püffe, noch läßt Unschuld sich bedienen. Das ist reinste Zeitverschwendung! Auf diese Weise verdient der Sklave, was sein Herr ihm schuldet! Der aber kann in aller Ruhe seinen eigenen Unterhalt erwerben, und bei dem starken Andrang sogar noch eine ganze Menge mehr.

Ihr Unternehmen läuft auf vollen Touren und Unschuld reibt sich höchst zufrieden beide Hände. Plötzlich gibt er Eva einen Wink, schaut sie pfiffig an und macht sein berühmtes »ojo«! Er kniet vor seinem letzten Kunden, breitet seine Arme aus und drückt strahlend einen symbolischen Kuß auf sein frischpoliertes Werk. Dazu behauptet er: »El caballero se conoce por el brillo de sus zapatos! Den echten *Herrn* erkennt man am Glanz seiner Schuhe...!«, und erntet lächelnd einen dicken Extraschein.

Klein, aber oho!

Bei so viel Andrang haben sie ihr Geld fürs Mittagessen bald zusammen und peilen hungrig ihren Treffpunkt an. »Poco a poco« und kleckerweise trudelt der Rest der kleinen Truppe ein. Und schon geschieht ein weiteres Wunder! Jeder zahlt getreulich seine Schulden! Und wie versprochen, der eine sogar mit den Zinsen!

Danach bringt Pedro eine weitere Angelegenheit ins Reine. Voller Reue klopft er Unschuld auf die Schultern und entschuldigt sich mit fester Stimme: »Ich war auf krummen Wegen, 'pana'. Was ich heute früh mit dir versuchte, hmm... das war schäbig!« Ein Kloß verstopft ihm seine Kehle, und er räuspert ihn geräuschvoll runter. »Nämlich, du mußt wissen, Kumpel, ich hatte mich gerade so schön an das faule Leben gewöhnt, und der Abschied fiel mir etwas schwer!« Er grinst und zeigt auf Eva. »Na ja, du wirst es heute selbst erleben...!«

Unschuld zeigt strahlend beide Grübchen, und sein breites Lachen reicht von einem Ohr zum anderen. Er ist nicht nachtragend! Gelegentliche Ausrutscher gehören nun mal auch zum Straßenleben. Voll Verständnis blicken sich die beiden an, klopfen noch eine Weile gegenseitig ihre Schultern, und damit ist die Sache geritzt.

Mitschöpfer

Ausgehungert stürzen sich die Jungen auf ihr spätes Mittagessen, schlürfen gierig ihre Bohnensuppe, kauen dicke Rindfleischbrocken, »yuca« (eine Wurzel) und »arepas« und zählen ihre restlichen Moneten. Trotz der Schulden reicht es noch zu einem Eis, und dabei lockert sich ein wenig ihre düstere Stimmung. Doch nicht sehr lange! Ein Blick zum Himmel... und schon sinkt die gute Laune! Heute Nacht wird's wieder schütten...! Die zarten Lämmerwölkchen haben sich inzwischen aufgeplustert und sind dick und fett geworden. Soviel steht fest, die Regenzeit ist da, und das bedeutet tägliche Wolkenbrüche! Die Sonne sticht bereits vom Himmel. Plötzlich ist es heiß und schwül, sie rücken stöhnend in den Schatten, und dementsprechend sinkt die gute Laune. Sie sind gereizt und mißgestimmt. Auch bei ihnen herrscht Gewitterstimmung. Sie drängt nach heftiger Entladung, und unvermittelt donnert's los.

Diesmal geht Sonntag voller Wut zum Angriff vor. Wie ein Blitz aus heiterem Himmel faucht er Eva an. Giftig spuckt er aus, was alle denken. »Du hast gesagt, wir sollen *gläubig* bitten...!« Wieso denn das...? Warum hat der da oben«, sein Finger zeigt empört zum Himmel, »nicht gleich die Schöpfung gut gemacht...? Und zwar von Anfang an, statt...«, er sucht nach Worten, »statt solchen Mist zu bauen?«

O weh! So ähnlich fragte Unschuld schon am Morgen.

»Mutter...!«, bittet Eva voller Schrecken, »laß mich jetzt, bitte, nicht im Stich! Denn ich...! Was soll ich dazu sagen...?«

»Der HOHE HERR mag sich wohl gerne bitten lassen...?«, giftet Sonntag. »Das macht natürlich Riesenspaß! Nur... *warum* geht es ausgerechnet uns so dreckig?«

Alle Jungen sind genau der gleichen Meinung. Sie brauchen jetzt dringend einen Sündenbock und erdolchen Eva fast mit ihren Blicken. Es brodelt wie in einem Suppentopf. Sie starrt in haßerfüllte Augen, und es folgt unheilvolle Stille.

»Mutter...!«, fleht Eva wieder. Ach, sie weiß schon, wenn man sich so dringend nach ihr sehnt und sie am allermeisten braucht, dann kommt sie nicht. Als sollte sie alleine fertig werden.

Einen schrecklichen Augenblick lang geschieht nichts. Feindselig starren die Jungen Eva an. Stunden haben sie geschuftet, um die Schulden an ihren blöden Sklaven abzuzahlen und für ein Mittagessen. Jetzt sind sie bereit, ihn in Stücke zu reißen.

Ausgerechnet Sonntag, der immer irgendwelche Tricks und Hintertüren findet, um nur ja allen Kämpfen aus dem Weg zu gehen, ballt jetzt empört die Faust und geht auf Eva los. Auch die andern springen wütend auf. Dreizehn reißt es voller Schrecken hoch. Schützend wird er sich vor Eva werfen, selbst wenn sie ihn zu Mus und Pudding klopfen...

»Blöder Klugscheißer...!«, schreit Sonntag aufgebracht. »Nichts als blödes Gerede hast du im Kopf...! Bloß um anzugeben, erzählst du lauter Quatsch und Lügen! O ich werde...!«

Er spricht nicht aus, was er wird. Genauso plötzlich wie er aufsprang, ist sein Zorn verraucht. Erloschen wie ein Strohfeuer. Müde winkt er ab: »Ach, ich ahnte ja, daß du es auch nicht weißt...« murmelt er und läßt enttäuscht die Hände sinken. »Nichts als Wichtigtuerei! Uns kann keiner helfen...! Und dabei dachte ich...!« Er sagt nicht, was er dachte. Grau und hoffnungslos wie eine nasse Katze sackt er in sich zusammen.

Der Zorn der anderen ist ebenfalls verraucht. Trübselig senken sie die Köpfe. Weiß der Himmel, was sie da von ihrem sonderbaren Sklaven erwartet hatten. Vorübergehend leuchtete wahrhaftig ein echter kleiner Hoffnungsschimmer an ihrem Schuhputzhimmel auf, als könnte es noch einen anderen Ausweg geben als diese zugigkalten Unterführungen der Autobahn. Traurig lassen sie die Köpfe hängen.

»Mutter...!«, fleht Eva wieder.

Und plötzlich ist sie da...! So selbstverständlich, als wäre sie nie fortgewesen. Ein Strom der Freude schießt durch Evas Körper und selig klatscht sie in die Hände. Alle Angst ist weggeblasen. Nun ist die Mutter da und wird ihr alles sagen!

Die Jungen heben ihre Köpfe und starren sie verwundert an.

Zur Begrüßung ist keine Zeit. Eva schließt ein wenig ihre Augen, um jedes Wort genau zu hören und wiederholt mit lauter Stimme

Sonntags Frage: »Warum hat GOTT die Welt nicht gleich von Anfang an perfekt und gut geschaffen...? Und weshalb geht es ausgerechnet uns so schlecht...?« Sie neigt sich leicht nach vorn und lauscht und spricht dann einfach nach:
»GOTT hat die Schöpfung perfekt und gut gemacht von Anfang an! Das ganze Elend dieser Welt...«, Eva schaut jedem Jungen einzeln in die Augen, »haben wir Menschen uns selber eingebrockt und selbst erschaffen! WIR sind schuld an allem, was uns nicht gefällt...!«
Die Jungen schießen hoch. Empört... erstaunt...!
Doch Eva kümmert sich nicht um das unheilvolle Schweigen. »Wir schöpfen nämlich alle mit...!«, verkündet sie mit fester Stimme. »Denn die Schöpfung...«, sie lauscht und spricht verwundert weiter, »die Schöpfung ist noch längst nicht fertig...!«
Pedro tippt bedeutungsvoll an seine Stirn. Er kreiselt mit dem Finger, schaut die Kumpels an und klopft an seine Schläfen. »Durchgedreht...!«, heißt das. »Der Kerl hat seinen Grips nicht ganz beisammen...!« Müde winkt er ab. »Es lohnt sich nicht, mit ihm zu streiten...«
Die Jungen sinken enttäuscht in sich zusammen. Pedro hat recht! Schließlich sind sie nicht GOTT, sofern es diese unbekannte Größe wirklich gibt. Wie sollen solche armen Erdenwürmer wie sie wohl schöpfen können...? Schade, daß Blanco spinnt...!
Ungerührt fährt Eva fort. »Gerade *deshalb* hat GOTT uns Menschen geschaffen, damit wir IHM bei seiner Schöpfung helfen...!«, behauptet sie gerade. »Wir sind GOTTES Mitschöpfer!«
Das hätte sie lieber nicht sagen sollen. Nun flammen sie doch wieder auf und geraten regelrecht in Wut.
Pedro spuckt verächtlich aus. »Da soll ich meine Finger drin haben...? In dieser miserablen Schöpfung...? Nee, ich gewiß nicht...! Ich hätte ganz was anderes daraus gemacht, da kannste aber Gift drauf nehmen! Nicht so einen Misthaufen wie diesen hier mit Hunger und Elend!« Er klopft sich auf die Brust. »Ich hätte allen Kindern, die versuchen, anständig zu bleiben so wie wir und nicht klauen... denen hätte ich mindestens ein Dach über dem Kopf spendiert! Das kannste ruhig weitergeben...!« Wieder spuckt er angewidert aus. Genau vor Evas Füße.

»Du könntest ja versuchen mitzuschaffen, damit es besser wird...«, schlägt Eva vor. Das Lachen ihrer Mutter klingelt in ihr Ohr.
Sie starren Eva sprachlos an.
Blitzschnell fällt Dreizehn ein. Die ganze Zeit schon spitzt er seine Ohren und hört voll Spannung zu, als hätte er darauf gewartet. »Ja, kann man das, Blanco...?«, fragt er atemlos. »Wirklich...? Aber *wie denn...?* Ich ahne sowas, seitdem ich damals fast gestorben wäre....! Nur *wie...?* Das würde ich jetzt gerne wissen...!«
»Gleich werden wir zusammen schöpfen...!«, verspricht Eva. Sie ist nun selbst erschrocken (aber Mutter, gehst du nicht zu weit...!)
Das finden auch die andern. »*Was*... hast du da gesagt?«
»Wir erschaffen *mit jedem Wort*... *mit jeder Tat*... *mit jedem einzelnen Gedanken...!* GOTT gab uns unbegrenzte Macht...!«
Pedro unterbricht sie rüde. »Da haste aber endlich mal ins Schwarze getroffen...!« Verliebt spielt er mit seinen Fäusten.
»*Damit*... schlägt man doch alles nur kaputt!« Eva schaut ihn kerzengerade an. »Viel besser könnten wir was Neues schaffen...! Etwas Gutes, Schönes..! Wir schaffen nämlich *mit jedem Gedanken... mit jedem Wort... mit jeder Tat...!* GOTT schenkte uns das *Denken*. Wieder blickt sie Pedro an. »Den ganzen Misthaufen dieser Welt haben wir Menschen uns selber eingebrockt und selbst erschaffen! Denn *Gutes* schafft man mit *guten Gedanken* und *Leid und Elend mit den bösen...!*«, hört sie sich zu ihrem Staunen sagen.
»Wie kommst du nur auf solche Sachen...?«, murrt Pedro etwas kleinlaut. »Und *woher* willst du das alles wissen...?« Unbehaglich schaut er seinen Sklaven an und kratzt sich seinen breiten Kopf.
»Von meiner Mutter«, erklärt Eva. »Und die...«, sie zuckt die Achseln, »die weiß das meiste aus der Bibel!« Wieder spürt sie das Lächeln ihrer Mutter.
»Mein Vater hat gesagt: »Um die Bibel zu begreifen, muß man Pfarrer werden!«, schmettert »Unschuld« dazwischen. »Und selbst die verstehn sie nicht..., hat er gesagt.«
»Vielleicht ist es für uns leichter...«, meint Eva leise.
»Wieso für uns...?« Sonntag lauert sprungbereit wie eine Schlange vor dem Mauseloch auf jedes Wort. Er hört jetzt wieder voller Spannung zu.

»Weil Jesus sagt, alle Menschen sollen werden wie die Kinder...!«

Großes Staunen: »Wie *wir*...? Hast du gesagt *wie wir*...? Wieso denn das...?«

Eva denkt nach, denn ihre Mutter schweigt. »Vielleicht, weil wir ganz leicht an Wunder glauben«, überlegt sie. »Viel, viel leichter als die Großen...!« Dabei denkt sie an ihren Freund den Kapitän. Nachdenklich fährt sie fort: »Denn der Glaube...«

Strahlend fällt Dreizehn ein: »Der vollbringt die Wunder und versetzt sogar Berge..!«

Erstauntes Schweigen. Einer schaut den andern an. »Ich *glaube* nicht!«, behauptet Sonntag sachlich. »Wieso soll ich an Wunder glauben, wo es doch keine gibt...?«

»Natürlich glaubst du...!«, berichtigt Eva. »Wenn du am Abend einschläfst, *glaubst du*, daß du am nächsten Morgen wieder wach und munter bist. Und jeden Morgen *glaubst* du schon wieder, daß du Kunden findest und was zu essen kriegst...!«

»Na klar, sonst könnte ich gleich liegenbleiben...!«, knurrt Sonntag. »Ich kenne solche...!«

»Also *glaubst* du!«, stellt Eva sachlich fest, und Sonntag pfeift höchst überrascht durch seine Zähne.

»Ihr sollt werden wie die Kinder...!«

Das gefällt ihnen. Irgendwo sind sie verblüfft und atmen auf. Dieser Jesus macht ihnen plötzlich kolossalen Eindruck.

»Und wieso sind wir Mitschöpfer...?«, fragt Sonntag zögernd. Das will er jetzt genauer hören.

»Weil immer das geschieht, was wir *gläubig und mit Gewißheit denken*...!«

»*Denken*...? Hmm...!«

Es summt in ihren Köpfen! Man hört es förmlich knistern. Blanco ist nicht durchgedreht. O nein...! Nur ist es manchmal schwer, ihn zu kapieren.

Selbst Pedro ist nun doch beeindruckt. Wie magisch angezogen kommt er näher, in der ausgestreckten Hand ein Rest vom angekauten Brot. Drohend zielt er auf Eva. »Willst du damit sagen«, knurrt er, »daß ich nicht unbedingt die Hände falten und auf meine Knie fallen muß, um diesen... hm... deinen GOTT da... gläubig anzubeten, da-

mit wir heute Nacht ein trockenes Lager kriegen...?«
»Besser wäre es natürlich...!« Eva schmunzelt. »Weitaus besser sogar...!« Wieder hört sie sich zu ihrem Staunen sagen: »Doch reicht es schon, ganz fest daran zu *denken*... (aber Mutter, bloß *denken*? Jesus sagt uns doch, wir sollen *gläubig bitten*...!«)
Trotzdem spricht sie gehorsam weiter. Ja, sie hebt sogar den Finger (oder ist es die Mutter, die ihr den Finger hebt...?) und erklärt nachdrücklich: »Alles, was ist, wurde durch das *Denken* geschaffen! Durch den *ausgesprochenen* Gedanken! *Deshalb* hat Gott uns Menschen gemacht, damit wir MIT IHM Gutes und auch Schönes denken und ihm bei seiner Schöpfung helfen!« Sie sieht die bestürzten Gesichter. »Na und, wir können alle denken...!«
»Ich nicht...!«, sagt Unschuld kläglich, und sein rundes Kindergesicht zieht sich bedenklich in die Länge. »Begreifst du nicht, wir... wir waren niemals in der Schule! Wie sollen wir wohl *denken* können...?«
»Ich habe selten welche gesehen, die ihren Grips so gut beisammen haben wie ihr!«, bemerkt Eva voller Anerkennung.
Das tut gut...! Sie grinsen vor Freude über dieses Lob. Langsam wird die Stimmung wieder besser.
»Denkt euch mal einen Schuh...!«, schlägt Eva vor.
»Einen Schuh sollen wir uns *denken*...?« Sie sind ein einziges Fragezeichen.
»Na klar, denkt mal **an** einen Schuh!«
Ach soooo...! AN einen Schuh denken können sie alle.
»Braun oder schwarz...?«
»Grün...«, sagt Eva. Alle lachen.
»Und nun an euren Schuhputzkasten...!«
Auch das klappt bestens! »Ich mach ihn grade auf und hol 'nen Lappen raus«, berichtet »Sonntag«, obgleich er auf dem Kasten thront. »Leider find' ich keinen. Alle dreckig. Brauche dringend Nachschub!«
Wieder gibt es Gelächter. Allmählich beginnt das *Denken* Spaß zu machen.
»Gut...«, lobt Eva. »Und nun als nächstes euer Lieblingsessen!«
»Pizza mit Tomaten, viel Knoblauch, Chilipfeffer, Muscheln und

mit Meeresfrüchten...!« Das war Dreizehn und kommt wie aus der Pistole geschossen. Seit seiner überraschenden Genesung träumt er nur noch vom Essen und stopft sich ständig voll. »Und danach schlafen...«, fährt er fort, »weil ich dann müde bin und auch nach Knoblauch stinke. Aber, bitte, unter einem trockenen Dach...!«

Und damit sind sie wieder bei dem gleichen Thema. *WO verbringen sie die Nacht...?*

Erschrocken schauen sie sich an.

»Nun geht es los...!«, sagt Eva und klatscht in ihre Hände. »Als nächstes *denken* wir uns unser Haus...! Für heute nacht und alle weiteren Regennächte...!«

Alle haben jetzt begriffen, wie das mit dem Denken geht und sind mit Feuereifer dabei.

»Ein richtig echtes Haus«, schwärmt Sonntag. »Nicht nur aus Blech mit'm bißchen Pappe bloß mal eben so zusammengeklatscht wie sonst die Hütten alle, sondern mit richtig festen Wänden!«

»Jawohl...! Hauptsache wasserdicht...! Und trocken...!«, fordert Pedro. Von mir aus weiße Wände. So richtig fest und schön stabil, damit es nicht zusammenkracht, wenn man mal mit dem kleinen Finger daran wummert! Und mit 'nem roten Ziegeldach...!« Langsam erwärmt er sich. »Paar Blumen wären auch nicht schlecht und Bäume ringsherum und grüner Rasen...!«

Erstaunt blickt alles Pedro an.

»Wenn schon, denn schon...!«, sagt Pedro und lehnt sich zufrieden zurück. »Wenn ich nun schon mal schöpfe, dann schöpfe ich gleich richtig...!«

»Ich auch...!« schwärmt Dreizehn. »Ich *denke* mir ein festes Haus *mit einem Fenster! Und richtig Glas davor...!* Dann schau ich raus, wenn's pladdert und freue mich bei jedem Guß, daß wir im Trockenen sind statt unter diesen blöden Brücken...!«

»Ein kleines Haus...«, träumt Unschuld mit verklärter Stimme. »mit fließend Wasser und mit'm grünen Handwaschbecken...! Dazu ein echtes Wasserklo zum Ziehn...!«,

»Wieso denn *grün...?*«

»Weil's mir gefällt, pendejo (Dussel)...!«

Ist das *»Mitschöpfen«...?*

»Ich seh' es deutlich vor mir!«, jubelt Sonntag. »Jawohl, ich auch...!« »Und ich erst...!«, fallen die andern ein. »Haargenau...!«, kommt es von allen Seiten und aus aller Munde.

»Und du, Blanco? Wie *denkst* denn du dir unser Haus...?« Alle Augen wenden sich zu ihrem Sklaven. Der hat bislang noch keinen Wunsch geäußert.

»Ich bete, daß es gleich heute noch geschehen möge...!«, sagt Eva leise.

»Ich bete mit dir...!« Das war Dreizehn. »Gläubig...!«, fügt er leise hinzu.

»Dann werden wir gewiß schon heute Nacht in unserem Haus im Trocknen schlafen«, erklärt Eva, »denn...« Sie lauscht den Worten ihrer Mutter. »Denn Jesus sagt: Alles, was zwei von euch auf Erden gemeinsam erbitten, werden sie von meinem himmlischen Vater erhalten. Denn wo zwei oder drei in meinem Namen versammelt sind, da bin ich mitten unter ihnen!«

Ein leichter Donner grüßt in weiter Ferne.

»Ob *der da oben* wohl auch so'n Spaß am Schöpfen hatte, als er die Welt gebastelt hat...?«, kann Pedro sich die Frage nicht verkneifen.

Vor dem Aufbruch flitzt Eva zum Klo und schlägt dort heimlich ihre Bibel auf. Staunend liest sie: »WISST IHR DENN NICHT, DASS IHR GÖTTER SEID...?«

Pedro legt 'ne Leitung

Die Müdigkeit der Jungen ist wie vom Sturm verweht. Sie putzen weiter Schuhe, aber nicht besonders fleißig! Anstelle dessen *denken* sie eifrig an *ihr Haus* und malen es sich gründlich und in allen Einzelheiten aus, jeder auf seine ganz persönliche und eigene Art und Weise. Die Arbeit läuft so nebenher. Unter Unschulds Händen verwandeln sich die braunen Treter seines Kunden plötzlich in ein blaues Handwaschbecken. Voller Andacht öffnet er im Geist den Hahn und läßt das Wasser über seine schwarzverschmierten Hände rinnen. Danach benutzt er erst einmal *'sein* Klo', und dann betätigt er mit breitem Grinsen und voll Genuß die Wasserspülung. Einmal... zweimal... dreimal...! Immer wieder...! Nicht genug kann er kriegen von diesem herrlichen Spiel.

Sonntag geht es ähnlich. Ständig stoppt er seine Arbeit, starrt mit leerem Blick verträumt in irgendeine Ferne, die Bürste steif in seiner ausgestreckten Hand. Ganz deutlich sieht er sich *in seinem Haus* im Kreise seiner Kameraden gemütlich auf dem Boden hocken. Mit verklärtem Lächeln lauschen sie den Wolkenbrüchen, die auf das Dach herunterpladdern. Soll doch der Regen trommeln, soviel er nur mag, es ist die reinste Wonne, ihm von hier drinnen zuzuhören! Hin und wieder erhellt ein Blitz die kleine Runde. Der Donner knallt, daß sie entsetzt zusammenzucken und ein angenehmes Gruseln über ihre Rücken rieselt. Was macht es schon, sie sind geborgen...! Glücklich futtern sie die leckeren »arepas«, trinken Wasser aus der eigenen Leitung und müssen sich nicht um den Schlafplatz sorgen...!

Dreizehn macht es anders. Er gönnt sich bald schon eine Pause, damit er besser *denken* kann! Bequem lehnt er sich im angenehmen Schatten eines Hochhauses an eine Wand und versucht mitten in dem Menschentrubel ein Gespräch mit GOTT. Denn wo sonst ist man so ungestört als unter vielen Leuten, außer nachts in ihrem Park natürlich...? Doch ist das Unternehmen weitaus komplizierter, als er dachte.

»Großer GOTT...«, beginnt er, doch aller Anfang ist schwer! Beim zweiten Wort kommt er bereits ins Stottern und ringt mühsam um die Worte: »Vergib mir, denn... ich kann nicht beten! Ich habe keine

Ahnung, wie man so was macht! Aber Blanco sagt... er sagt, du hörst uns immer! Ganz gleich, was wir DIR sagen...! Wir brauchen nur an DICH zu *denken*... sagt er... und schon bist DU da!« Nachdenklich macht er eine Pause. »Und wenn wir etwas brauchen...«, sagt Blanco ... »dann sollen wir dich einfach bitten! *Gläubig bitten...*«, sagt er »... hm! Weil nämlich... er sagt, daß du uns *nahe* bist! Näher als unser Atem...! Ich habe DICH schon mal *geatmet* und bin danach gesund geworden...!«

Erstaunt hält Dreizehn inne und lauscht in sich hinein. Er horcht auf seinen Atem. Ein und aus... ein und aus... und ein und aus... und versucht herauszukriegen, wo dieser denn wohl landet. Dabei überkommt ihn eine merkwürdige Ruhe. Eine ungewohnte Stille breitet sich in seinem Herzen aus! Ihm wird ganz feierlich und wohl zumute. Fast so, als würde etwas von diesem unbegreiflichen GOTT in ihn hineingeatmet. Er fühlt sich seltsam glücklich, und immer noch auf seinen Atem achtend, fliegen ihm die Worte nun auf einmal ganz von selber zu. Verwundert über sich und dies Geschehen schüttelt er den Kopf. Endlich kann er von sich geben, was ihn so lange schon bedrückt und quälte.

»Damals... als ich fast gestorben wäre, sagte Blanco... er sagte: DU BIST UNSER VATER!« Dreizehn seufzt. »Ach, ich hätte dich so gern zum VATER!« Ein zweiter Seufzer weitet seine noch immer viel zu schmale Brust. Ihm ist, als rutsche ein schwerer Stein herunter, der ihn so oft nicht atmen ließ. Die Worte kommen ganz vonalleine angeflogen. »Blanco sagt, du hilfst uns immer, *wenn es dein Wille ist,* worum wir beten...! Und so bitte ich dich von ganzem Herzen um ein Haus...! Um ein richtiges und echtes Haus für alle...! Mit einem Fenster...! Und gleich für heute Nacht, denn heute wird es wieder regnen...!«

Tief atmet Dreizehn durch. Er fühlt sich wie befreit, und ihm ist unbeschreiblich wohl und gut zumute wie schon seit langem nicht, angefüllt mit etwas, das er zuvor nicht kannte. Fast ist ihm so, als ob er gar nicht mehr so richtig mit den Füßen auf dem Pflaster steht... Seine Gedanken gleiten ab, und unvermittelt *ist er in seinem Haus,* steht an *seinem Fenster* und drückt die Nase an der Scheibe platt. Verträumt schaut er den Güssen zu, die an dem Glas herunterklatschen und betet einfach weiter:

»Ach, ich wußte nicht, daß es so gut tut und so einfach ist, mit DIR zu reden...!« Sehnsüchtig breitet er die Arme aus: »Blanco nennt dich Vater-Mutter-Gott«, murmelt er. »Ich werde dich von jetzt an VATER nennen...!«

Gewaltsam reißt er sich aus seinen Träumen und blickt erschrokken ringsherum. Was macht er bloß...? Was sollen die Leute von ihm denken, daß er hier wie gekreuzigt steht, mit ausgebreiteten Armen an eine Wand geklatscht...? Ach was, die Leute...! Plötzlich muß er lachen, flüstert scheu ein »Danke Vater« und ein »Amen«...!,« und begibt sich ein wenig verlegen und unendlich erleichtert an seine Arbeit.

Ja, und Eva...?

Die betet, was das Zeug hält: »Großer GOTT und unser Vater! Bitte schenke uns ein Haus! Ein richtig trockenes Haus, und laß uns nicht im Regen sitzen...! Hilf bitte auch den Jungen! Denn sieh, die fangen gerade an zu glauben...! Ein klitzekleines bißchen! Sie halten dich für möglich! Und *wenn* du uns ein Haus schenkst (ach, nur ein kleines...), *dann* werden sie dich sicher lieben..! Bitte, laß sie nicht im Stich! Auch mich nicht...! Danke, Großer GOTT...!«

Doch mittendrin im Schuhputzen hält sie inne. Die Bürste erstarrt zu Stein in ihrer Hand. Was ist, wenn *nichts* geschieht und die Gebete in der Luft verpuffen...? Dann gibt's kein Haus und auch kein trockenes Dach! Ein Blick nach oben...! Dort türmen sich bereits die dicken Wolken. Hin und wieder zuckt ein Wetterleuchten durch den Himmel, und ganz bestimmt wird's wieder gießen! Wehe, sie müssen unter einer dieser Brücken schlafen...! Dann wird Pedro sie skrupellos zusammenschlagen, und auch die Jungen werden sie vielleicht in ihrer Wut verdreschen. Da kann auch Dreizehn ihr nicht helfen.

Ob sie das überlebt...?

Was hat sie da bloß angerichtet...?

Haben die Jungen recht? Ist sie verrückt, daß sie den Worten eines Mannes traut, der vor zweitausend Jahren lebte und von sich selber glaubte, er sei... GOTT?

Eiskalter Schrecken rast durch Evas Glieder. Angst und Zweifel überrollen sie und schlagen unbarmherzig zu. Ihre Knie sind auf einmal butterweich und schlackern. Sie fühlt sich zum Erbarmen schlecht!

Mit den letzten Kräften poliert sie die Schuhe unter ihren Händen und verleiht ihnen hastig den letzten Glanz. Wie Feuer brennt der Boden unter ihren Füßen, und während der Kunde umständlich sein Geld sortiert, tritt sie ungeduldig von einem Fuß auf den anderen. Mit einem flüchtigen »Danke« und »que DIOS le page (GOTT bezahl es Ihnen)« wetzt sie davon, und der Kunde bleibt verwundert mit dem Trinkgeld in der ausgestreckten Hand zurück.

Achtlos knallt sie Unschuld Geld und Werkzeugbeutel vor die Füße, hält sich demonstrativ den Bauch, zeigt in Richtung Toilette und rast im Affenzahn die Treppe runter.

Na, der hat's eilig...! Unschuld grinst. Aber das kennt man ja! Kaum hat die Regenzeit begonnen geht es mit dem Durchfall los. Na denn...! Hoffentlich schafft Blanco es noch bis zum Klo...!

In allerhöchster Eile schiebt Eva den Riegel vor! Endlich allein...! Der Boden wackelt unter ihren Füßen, sie bebt am ganzen Körper und sinkt erschlagen auf den Toilettendeckel.

Was hat sie da bloß angerichtet...? Ein Feuer hat sie entzündet... ein Hoffnungsfeuer in den Herzen der Jungen. Sie träumen jetzt von *ihrem Haus!* Nur Eva kann auf einmal nicht mehr träumen. Was ist, wenn GOTT nicht mitmacht...? Vielleicht hat ER ganz andere Dinge vorgesehen...? Ein dunkles Gefühl sagt ihr, sie hat falsch gebetet!

Was würde ihre Mutter dazu sagen? Auf einmal wird ihr schlagartig klar, was die Mutter sagen würde.

»Eva, man *handelt* nicht mit GOTT...!«

Ein heißer Schreck fährt wie ein Stich durch Evas Brust.

Hat sie versucht, mit GOTT zu *handeln*...?

Jawohl...! Sie hat gesagt: »Wenn... dann...! WENN DU uns ein Haus schenkst, DANN lieben dich die Jungen...!« Als ob ER nicht wüßte, was gut und richtig ist...? Sie, die kleine Eva, hat versucht, IHM *ihren* Willen aufzudrängen, statt SEINEN anzunehmen!

Erschüttert starrt sie auf die graue Wand.

»Vergib mir...!«, flüstert sie. Ihr ist, als wachte sie auf aus einem widerlichen, dunklen Traum. Wie konnte sie auf diese Weise beten...? Hat sie noch immer nichts gelernt...? Wieso nur fällt sie immer wieder in ein abgrundtiefes, schwarzes Loch...?

Scheu blickt sich Eva um. Dies ist nicht gerade der allerheiligste Ort! Das Klo riecht nicht besonders gut, der Putz ist abgeblättert von den Wänden, und es ist alles andere als sauber. Aber Jesus kümmerte sich auch nicht um die Orte, ob sie nun heilig waren oder nicht. Er betete, wo auch immer er war und machte damit alle Orte heilig...! Und nun weiß sie auf einmal, was sie zu tun hat. Richtig beten...! Sie setzt sich aufrecht hin und faltet feierlich die Hände. Zwar weiß sie nicht die Worte, aber ER wird es schon machen...!

»VATER, gib mir die Kraft, *DEINEN WILLEN* anzunehmen!«, hört sie sich zu ihrem Staunen sagen. Weiter nichts...! Unvermittelt fühlt sie sich maßlos erleichtert und eingehüllt in tiefsten Frieden. Tränen rollen über ihre Wangen, und von einem Augenblick zum anderen ist wieder einmal alle Angst verschwunden. GOTT IST DA... Sie spürt es...! *Dies ist ein heiliger Ort!* Mag er stinken, der Putz am Boden liegen und der Spiegel Risse haben...! In ihr *ist* die Kraft... alle Kraft, um anzunehmen, was auch immer kommen mag! Die kalten Brücken nachts im Regen, Pedros Wut, selbst wenn er sie in Stücke reißt... und die Verachtung ihrer Mitgenossen! »DANKE VATER!«, flüstert sie. »Amen!«

Kerzengrade und erleichtert verläßt sie diesen Raum, der ihr zur Andachtstätte wurde. Was auch immer geschieht, ist gut und richtig! Ihr ist, als spüre sie das Lächeln ihrer Mutter und höre sie leise »bravo« sagen.

Ja, und nun fehlt nur noch einer, das ist Pedro! Wo steckt er denn? Was ist mit ihm...?

Auch er putzt selbstverständlich Schuhe und führt dabei einen heftigen Kampf. Sowohl mit sich als auch mit GOTT... ärgerlich und grollend, wie es nun mal seinem Charakter entspricht! Die Arbeit läuft allein! Er verrichtet sie beinahe, ohne hinzusehen, und dabei flitzen die Gedanken und geben keine Ruhe.

Was ist dies *Beten*, von dem Blanco spricht?

Und WER und WAS ist diese unbekannte GRÖSSE namens GOTT...?

Bestimmt kein alter Mann mit weißem Bart, der je nach Laune

milde oder strafend vom Himmel runterblickt! »So ein Blödsinn...!«, knurrt Pedro angewidert, und sein Lappen fährt ärgerlich über den Schuh vor seiner Nase. Dann schon eher eine große Kraftzentrale, wie Blanco neulich sagte, die man *anzapfen* kann! Die muß dann allerdings unvorstellbar groß und riesig sein, um diese ganze Welt in Gang zu halten! Immerhin, das wäre denkbar und plausibel.

Ist das, wovon ihr Sklave faselt und was er »Beten« nennt, das gleiche, was die Armen machen, wenn sie einfach die Leitungen anzapfen und den kostbaren Strom in ihre Hütten holen...? Vielleicht ist mehr an dem Geschwafel, als er dachte...? Pedro wiegt den Kopf. »Blanco« hat von Energie gesprochen. Lebensenergie...!

Ist GOTT »Strom«...?

STARKSTROM...?

Und *Beten* so was wie *'ne Leitung legen...?*

Unwillig schüttelt er den breiten Schädel und reibt und bürstet wie ein Wilder, um diese albernen Ideen aus seinem Grips herauszukriegen. Doch alles Bürsten nützt ihm nichts. Hartnäckig wie die Fliegen kommen die lästigen Gedanken immer wieder angeschwirrt und brummen in seinem Kopf herum.

Ein Wort schießt plötzlich durch sein Hirn. Völlig überraschend: »Kraftpott...!«

Das gefällt ihm. »KRAFTPOTT...!«, wiederholt er leise und probiert es auf der Zunge. Es schmeckt gewaltig...! Nach Kraft und einem Riesenpott voll Energie. Wenn schon »DER DA OBEN«, dann so...! Pedro läßt den Lappen sausen und richtet seinen Rücken gerade. Er hebt die Hände und den Blick gen Himmel und sagt laut und deutlich:

»K R A F T P O T T...!«

»Ist dir etwas...?«, erkundigt sich besorgt der Kunde. Er hebt den Blick und schaut verwundert über seine Brille und den Zeitungsrand.

Pedro zuckt zusammen wie ein Dieb, erwischt auf frischer Tat.

»Hast DU mich in die Knie gezwungen, GROSSER KRAFTPOTT...?«, grollt er leise. »Am hellen Tag in einem vollen cafetin...?« Fast muß er lachen. Ausgerechnet er... der starke Pedro, den die Kumpels alle fürchten, rutscht hier auf seinen Knien herum und reckt die Arme in den Himmel, als ob er *betet*!

»Verdammter Blanco...!«, knirscht er durch die Zähne. Dann reißt er sich zusammen, um diese lächerliche Situation zu meistern. Nicht umsonst ist er der Boß der kleinen Bande und erledigt mühelos ganz andere Schwierigkeiten. Wieder wirft er die Arme dramatisch hoch, zeigt voller Abscheu auf den Himmel und erklärt vorwurfsvoll: »Verdammt noch mal, heut' nacht wird's wieder regnen...!«

Der Herr folgt seinem Blick, betrachtet nachdenklich die graue Wolkenbank und bestätigt: »Leider...!« Auch für ihn ist dieser Regen lästig, das bedeutet mühevollen Autostau und stundenlanges Zentimeterfahren in der Schlange. Mit einem unerwarteten Anflug von Teilnahme erkundigt er sich:

»Und du...? Du wohnst doch hoffentlich 'Zu Hause'...?«

Dumme Frage!

»Ich *wohne* unter freiem Himmel!«, erwidert Pedro mürrisch.

»Ach so...!«

Schweigend zückt der Herr die Börse. Er leert sie gründlich aus und überreicht dem Jungen dort zu seinen Füßen ein dickes Bündel Scheine. Pedro ist von diesem Anblick überwältigt. Alles für ihn...? Noch nie in seinem Leben hatte er so viel Geld in seinen Händen, und fassungslos starrt er es an. Mit einem Ruck reißt es ihn senkrecht hoch, und zum ersten Mal in seinem jungen Leben legt er eine fabelhafte Verbeugung auf das Pflaster! Fast trifft die Nase auf den Boden. Ohne jeden Widerwillen und ebenfalls zum ersten Mal wünscht er aus tiefstem Herzen: »Que DIOS le page, Señor (GOTT bezahl es Ihnen, mein Herr)...!«

»Danke!«, sagt der nette Kunde.

Pedro macht umgehend mit der Arbeit Schluß. Überwältigt und zutiefst beeindruckt schlendert er davon. Staunend spielen seine Finger mit den Scheinen, und hin und wieder wirft er einen Blick zum Himmel:

»Warst du daran beteiligt, Großer KRAFTPOTT...? Hmm, es sieht ja fast so aus...!«

Ein fernes Donnergrollen ist zu hören.

Pedro kann ein leichtes Schmunzeln nicht verbergen. Na denn, wenn dem so ist...? Ihm kommt ein herrlicher Gedanke, und er beschließt, ein Ferngespräch zu führen. Direkt zum Himmel... denn Spaß muß sein, besonders an so brenzligen Tagen! Mitten in der Stadt lehnt er sich lässig an die nächste Wand, und dann geht's los. Erstmal Leitung legen...! Anpeilen...! Dann wählen...!

»GROSSER KRAFTPOTT, bitte...!«

Lauschen...!

Und nun sprechen: »Ist dort die GROSSE KRAFTZENTRALE...?«

Wieder leises Donnergrollen. Pedro lacht von einem Ohr zum andern.

»Hallo, hier ist Pedro. Könnten SIE uns nicht ein Haus besorgen...?«

Anhaltendes Grummeln in der dicken Wolkenmasse.

Pedro schnauft begeistert. Was für ein Spiel...! Er ist nun mal ein Spieler und mißt sich gar zu gern mit unbekannten Größen! Das hier ist ein wunderbarer Spaß, und er ist voll dabei. Jammerschade, daß Blanco nicht dabei ist, um ihn so richtig zu verulken!

»Hören Sie, MEIN HERR, es ist sehr dringend...! Bitte gleich das Haus für heute nacht...! Und regensicher...! Denn SIE DA OBEN haben ein Gewitter angezettelt. Wir müssen allerdings auf Stottern kaufen, aber eine Anzahlung...«, Pedro zögert, und seine Hände streicheln zärtlich über sein Vermögen. »Also eine Anzahlung könnten wir machen...! Jawohl...! Jetzt gleich und auf der Stelle...!« Suchend fällt sein Blick auf einen Bettler. Einer der vielen, die in dieser Gegend wie Unkraut aus den Ritzen schießen und einem ständig vor den Füßen hocken. Er fischt einen dieser prächtigen Scheine aus der Hosentasche (Quatsch, der ist zu groß, ein kleiner tut es auch...), macht ein paar gezielte Schritte zu dem nächsten dieser armen Teufel und wirft den Schein voll Schwung auf seinen Plastikteller.

Der hebt erstaunt den Blick und schaut ihn an. Ja so was...? Ein Junge... fast so arm wie er...? Der schenkt ihm Geld...? »Que DIOS te lo page...!«, krächzt er heiser.

Wieder zum ersten Mal, daß man ihm so was wünscht. Na, heute passieren vielleicht Sachen...! Pedro räuspert sich, dann spricht er weiter:

»Das war die Anzahlung...! SIE DA OBEN haben es wohl mitgekriegt mit Ihren superscharfen Augen...? Ja, und nun zur Abzahlung...! Also mit der Abzahlung machen wir es folgendermaßen: Sollte das Geschäft zustande kommen, wir kriegen unser Haus und können heute regensicher schlafen, dann...«, Pedro schwankt, fast wird er wankelmütig. Unschlüssig schaut er den Bettler an. Auch der ist ohne Unterkunft und naß geworden. Noch immer hat er seine rote Plastiktüte auf dem Kopf. Komisch, er weiß selbst nicht wieso, aber auf einmal kann er Spaß und Ernst nicht mehr so richtig unterscheiden. Er schluckt und räuspert sich. »Bueno, also gut... dann würde ich wahrhaftig jeden Tag so einem armen Schlucker einen Becher Milch spendieren. Versteht sich, sofern ich selber was verdiene...! SIE DA OBEN können ja mal runterspitzen...!«

Ein greller Blitz... und Pedro zuckt zusammen. Das dumpfe Grollen in der Ferne mahnt zur Eile. Bald kommt die Nacht. Bis dahin müssen sie den neuen Schlafplatz haben...!

Eva hört nicht zu

Die Jungen brechen auf und gehen schnurstracks und ohne große Worte zu verlieren den gewohnten Weg zu 'ihrem' Park, um ihre Schuhputzkästen in irgendeinem Schlupfloch regensicher zu verstekken. Denn wer weiß, mit welchem Gesindel, sprich: »Halunken, Pack und Gaunern« sie die Nacht verbringen? Und außerdem... der Park ist nun mal ihr Zuhause! Genau dort zieht es sie hin...!

Sie wandern durch die Straßen und *denken* an ihr Haus. Wo werden sie es finden...? Bislang ist keines aufgetaucht. Zumindest nicht mit rotem Dach und festen Wänden, geschweige denn mit einem *Fenster*! In dieser ganzen Gegend gibt es überhaupt kein Haus, nur Wolkenkratzer und Fabriken. Ganz nebenbei und im Vorübergehen prüfen sie mit schnellem Blick die Seitengänge, untersuchen jeden Hinterhof und schnüffeln überall nach einem Unterschlupf. Nichts ist vor ihren Blicken sicher. Selbst die wackeligen Dächer der Grill- und Kaffeebuden werden einer kurzen Prüfung unterzogen. Doch die sind allesamt besetzt.

Eva zeigt sich völlig unbeteiligt. Unberührt von der Hektik der Jungen schlendert sie dahin, als ginge sie das Ganze überhaupt nichts an. Auf dem Klodeckel sitzend... an diesem heiligen Ort hat sie ihre Wünsche übergeben, und in ihr ist es still geworden. Still wie in einem See! Mag nun kommen, was will, ein Haus, kein Haus... es ist des VATERS WILLE! Und sie ist jetzt bereit, ihn anzunehmen.

»Wozu mag wohl das Ganze dienen?« Sinniert sie, während die Jungen kreuz und quer und links und rechts in jeden Winkel schießen. »Heute Regen und *kein* Haus, nicht mal ein kleines Dach über dem Kopf! Und morgen...? Wer weiß! Da sieht's vielleicht schon wieder völlig anders aus! Jesus sagt: »Sorget euch nicht um den morgigen Tag; denn der morgige Tag wird seine eigene Sorge haben. Jeder Tag hat genug an seiner eigenen Plage!«

Wahrhaftig, seit sie von Bord ist, hatte jeder Tag mehr als reichlich seine eigenen Plagen! »Warum«, sinniert sie, »gibt es nur immerzu so viele Schwierigkeiten? Es muß doch irgendwo ein Sinn dahinter stecken und für irgend etwas nützlich sein?

»Damit wir *beten* lernen!«, kommt die Antwort aus der Stille ihres Herzens.

Ruckartig hält Eva inne. *Damit wir beten lernen...?* All diese krummen und verschlungenen Wege? Bloß damit wir *beten* lernen...?
»Bloß...?« Das klingt wie eine Frage.
Eva denkt nach. »Was passiert denn, wenn wir beten?«
Schon ist die Antwort da: »Es führt zu GOTT!«
Na klar...! »Ohne IHN sind wir nichts«, erinnert sie sich der Worte ihrer Mutter. Doch »mit IHM sind wir ALLES!« Eva wird auf einmal munter. Sind das ihre eigenen Gedanken? Aber so was... nein, so was kann sie nicht alleine denken! Das ist ganz plötzlich da wie aus dem Nichts... von irgendwo herbeigeflogen! WO kommt das alles her? Wer flüstert ihr das zu? Immer wieder in den letzten Wochen...? Die Mutter nicht, denn die klingt anders. Sollte wahr sein, was sie immer wieder sagte, daß außer GOTT und Jesus Christus noch *jemand anders* bei ihr ist? Ein Bote GOTTES oder... Engel?

Hat GOTT die Menschen so unvorstellbar lieb, daß er jedem einzelnen extra einen Helfer zur Seite stellt? Jemand, der sich ständig um ihn müht und kümmert? Das wäre...! Unglaublich wäre das! Immer wieder mal begegnet ihr im Traum ein großer Mann. Oft ist er einfach da, manchmal zeigt er ihr den Weg, und hin und wieder führt er sie sogar an seiner Hand. Ist das ihr Engel oder Helfer...?
»Hmm... Er hatte *keine Flügel...!*«

Hat auch Pedro seinen Helfer? Der Gedanke, daß ein Engel um Pedro herumschwirrt, um ihn vor allem seinen Blödsinn zu beschützen, ist so komisch, daß Eva lauthals losplatzt. Armer Engel! Na, der hat viel zu tun! Doch halt, was heißt hier *fliegen?*

Die Jungen hören ihr Gelächter und kommen eifrig angeschossen.

»Hast du was gefunden?«, fragen sie aufgeregt.

Eva kichert. »Pedros Engel...«, hätte sie beinahe gesagt. Gerade noch rechtzeitig schluckt sie diesen gefährlichen Satz herunter, gluckst weiter und schüttelt nur bedauernd ihren Kopf.

»Ach, und wir... wir dachten schon...! Aber warum lachst du, wo's doch nichts zu lachen gibt? Kein Haus, kein Nachtquartier, kein gar nichts! Noch nicht mal einen Unterschlupf!« Ein empörter Blick zum

Himmel auf die dicken, schwarzen Wolken: »Bald kommt die Nacht, und du... du lachst!« Mißtrauisch mustern sie Eva von oben bis unten. Hat Pedro etwa recht und Blanko hat ein paar Schrauben locker? Dann allerdings können sie ihr Haus gleich zu den Bürsten in den Schuhputzkasten stopfen und den ganzen Kram vergessen!

»Gib Bescheid, wenn's bei dir ausgerappelt hat!«, empfiehlt Pedro, und kopfschüttelnd flitzen sie weiter.

Eva hört nicht auf zu gickern. Wenn sie mal anfängt, kann sie nicht mehr stoppen. Ob diese Straßenbengel alle ihren Engel haben...? Und wieder kommt die gleiche Frage. Ist dieser ernste große Mann im Traum... ihr Engelhelfer?

»Ja...!«, fühlt sie die Anwort. Ganz deutlich fühlt sie dieses »Ja...!«

Ein paar Schrecksekunden braucht sie nun doch, um sich von ihrer Überraschung zu erholen. Das war eine klare, eindeutige Antwort! Also hat die Mutter recht, und *jemand* ist an ihrer Seite. Jemand, der Antwort gibt und mit ihr spricht! Stark ist er und groß und sehr, sehr hilfsbereit.

»Aber, du hast... keine Flügel!«, stellt sie fest.

»Ich h a b e keine Flügel!«

Eva staunt. »Ach so...«, murmelt sie enttäuscht. »Ich dachte...! Na gut...!« Diese Nachricht muß sie erst einmal verdauen. Dann wagt sie ihre nächste Frage: »Bist du es, der manchmal in Gedanken mit mir spricht?«

»Ich spreche Tag und Nacht zu dir!« Und nach einer kleinen Pause: »Nur hast du oftmals keine Lust, mir zuzuhören...!«

Eva schweigt betroffen. »We-wer... bist du?«, fragt sie zögernd.

»ICH BIN GOTTES STIMME!«

Eva schluckt. GOTTES STIMME...?! ER... spricht zu ihr? Und sie... hat manchmal keine Lust, IHM zuzuhören? Das ist allerdings schlimm! Sie beißt sich auf die Lippen: »Ich will versuchen, mich zu bessern!«, verspricht sie und fährt dann eilig fort: »Warst du es, der mir das Loch im Zaun gezeigt hat in dieser schlimmen Nacht...? Bist du denn wirklich immer da...? Immer, immer, wie meine Mutter sagte?«

»Ich bin immer bei dir, Tag und Nacht!« Und nach einem kleinen Schweigen: »Ich *versuche,* dir zu helfen, doch oftmals läßt du es nicht zu!«

»Stimmt!« Eva nickt bekümmert mit dem Kopf. Trotz aller Müdigkeit und Schwäche ist sie oft zu stolz, um irgendeine Hilfe anzunehmen.

»Wenn du mich bittest, könnte ich dir besser helfen...«, schlägt die Stimme vor.

»Genau wie Jesus«, murmelt Eva.

»ICH BIN SEIN WILLE...!«

»SEIN WILLE...?«, wiederholt sie. »Und du meinst... du sagst... du hast gesagt... *wenn* ich dich bitte, dann könntest du mir besser helfen?«

»Vielleicht nicht gerade so, wie du es gerne haben möchtest...! Da gibt es ein paar Dinge, die mußt du ganz allein vollbringen! Doch bin ich immer bei dir, und das gibt dir Mut und Kraft. Ich kann in deinem Leben manches ändern und zum Guten wenden und einiges sogar für dich erledigen, sofern du mich nur bittest und... gehorchst. Wenn du ganz still bist, kannst du meine Worte hören!«

Wieder nickt Eva mit dem Kopf. Genauso ist es wohl auch mit GOTT, mit Jesus und mit ihrer Mutter! Manchmal bittet sie um Hilfe, und nichts geschieht. So hat es jedenfalls den Anschein. Und dennoch fühlt sie sich fast augenblicklich besser! Irgendwie und völlig unerwartet läuft plötzlich alles wie geschmiert und... meistens völlig anders, als sie es sich erträumte.

»Und wieso...«, fragt sie vorsichtig, denn wer weiß, vielleicht gibt's wieder eine Rüge, »wieso kann ich dich heute *deutlich* hören und sonst nur selten oder nie, und höchstens mal im Traum...? Selbst dann, wenn ich es wirklich möchte...?«

»Weil du jetzt still bist! Still wie ein See...!«

Wieder nickt Eva mit dem Kopf. So still und wunschlos wie gerade jetzt war sie noch nie! Still wie ein See. In der Bibel steht: »Wenn ihr still bliebet, so würde euch geholfen...!«

Ganz andächtig ist ihr zumute. Sanft und leise geht sie wie auf Watte. *Jemand* ist bei ihr! *Jemand*, der sie liebt und stets begleitet! Sie durfte ihn schon manches Mal im Traum erleben und nun seine Stimme hören. GOTTES STIMME! So geduldig, sanft und voller Liebe! Ohne jeden Vorwurf, auch wenn sie sich nicht immer helfen läßt und oft nicht hört. Ihr kommt ein seltsamer Gedanke. Wenn man

nicht horcht, dann kann man selbstverständlich *nicht ge...horchen* !
Sie hört ein leises und vergnügtes Lachen. Ach so, das hat ER ihr natürlich zugeblasen! Wenn sie *ihn* bittet, hat *er* gesagt, *dann* kann *er* besser helfen! Hat Jesus *ihn* geschickt, da er SEIN WILLE IST? Na los! Worauf noch warten? Es wird wahrhaftig höchste Zeit!
»Jetzt...!«, ruft sie voller Eifer. »Hör zu, du... du Großer, Starker! *Jetzt* lasse ich mir helfen...! Ach, wie gerne...!« Sie wird ganz aufgeregt: »Ich *bitte* dich ganz dringend, führe uns zu unserm Haus! Ach, bitte gleich, bevor es wieder regnet!«
Eva horcht.
Nichts...!
»Hallo, hörst du mich...?«
Keine Antwort...!
Sie neigt den Kopf und lauscht. Wahrhaftig, diesmal horcht sie wirklich! Ihr Herz klopft bis zum Hals. Doch nichts geschieht! Die Stimme schweigt...!
Enttäuscht läßt Eva ihre Schultern hängen. Und dann auf einmal kommt ihr das Begreifen! Kein Wunder, daß ihr Helfer schweigt...! Ihr stiller Seelensee schlägt hohe Wellen. Er ist vom Sturm gepeitscht, und GOTTES STIMME kommt nicht durch. Die wundervolle Ruhe ist dahin! Ihr eigner Eifer hat sie aus der Stille rausgerissen. Wie hohe Brecher stürmen die Wünsche auf sie ein, als wären sie nie fort gewesen. Sie kann auf einmal nur noch an den Regen und die nassen Nächte denken und an ein trockenes Haus.
Oder sind auch dieses die Gedanken ihres Helfers...? Nur nicht so laut...? Der Seelensee muß glatt sein wie ein Spiegel. Dann kann er SEINE WORTE widerspiegeln!

Ein »Pico«

Die Jungen sind schon längst verstummt. Trübselig trotten sie dahin und lassen ihre Köpfe hängen. Kein Haus ist aufgetaucht. Wie sollte es...? Drohend grollt der Donner in der Ferne, und Blitze zucken über den gesamten Himmel. Die Zeit wird knapp...!

Zum Glück sind sie an ihrem Zaun! Ein schneller Blick nach allen Seiten... die Luft ist rein! Sie schlüpfen durch ihr Loch, hasten auf versteckten Wegen durch den Park und landen endlich unter *ihrem* Baum. Erleichtert stellen sie die Kästen in das wohlvertraute Gras und recken ihre müden Glieder.

Die Jungen sind nicht zimperlich! Wahrhaftig nicht, doch nun ist ihnen eigenartig weh zumute, und ein dicker Kloß schnürt ihre Kehlen zu. Eigentlich wollten sie nur ein paar Lumpen holen für die kalte Nacht und ihre Kästen regensicher unterbringen. Doch nun stehen sie einfach in der Gegend herum und können sich zu nichts entschließen.

»Ich denke fest an »unser Haus«, flüstert Dreizehn eifrig in Evas Ohr. »Und du...?«

Die seufzt. »Ich auch...«, wispert sie. Es klingt ein bißchen kläglich.

»Verdammter Regen...!«, murrt Pedro und klettert ohne jeden Schwung in seinen heißgeliebten Baum. Er braucht das Seil und wird auch heute nacht nicht auf dem Boden bei den Würmern schlafen, soviel steht fest. Bloß weiß er leider immer noch nicht *wo*.

Weit kommt er nicht, da knallt sein Kopf an einen harten Gegenstand.

Pedro kennt den Baum fast besser als die eigene Hosentasche und reibt erstaunt den Schädel. Nanu, ein »pico«...! Eine Spitzhacke! Wieso hängt die in *seinem* Baum...? Ganz klar, der Gärtner hat sie reingehängt und dann vergessen. Pedro schnappt das schwere Ding und wirft es etwas lahm mit einem müden Lächeln runter. Sein Temperament hat merklich durch die Nacht gelitten, und alle Energien sind verpufft.

»Die kommt genau zur rechten Zeit, um Blanco eins auf seinen

Kopp zu ballern, wenn das verdammte Haus nicht bald mal auftaucht...!«, ruft er mürrisch und klettert lustlos weiter.

Traurig blickt ihm Eva nach. Weshalb nur haßt er sie...? Ob wohl sein Engelhelfer mit ihm klettert...? Vielleicht versucht er gerade, ihm etwas ganz besonders Nettes in sein Ohr zu flüstern? Doch Pedro hört bestimmt nicht zu! Genau wie sie so oft nicht hört! Wie sollte er mit so viel Gift im Bauch...?

Die Jungen fahren auseinander und betrachten erstaunt den Gegenstand, der haargenau vor ihre Füße knallte. Eine echte Spitzhakke...! Der sonst so stille Dreizehn versetzt ihr einen ärgerlichen Tritt.

»Hätte der alte Gärtnerdussel doch besser seine Schlüssel in den Baum gehängt, anstelle von dem blöden »pico«! Dann hätten wir jetzt unser Haus...!«

Schweigen...!

Sonntag starrt ihn sprachlos an, als hätte Dreizehn soeben die Weisheit der gesamten Welt verzapft. Vor lauter Staunen kriegt er den Mund nicht wieder zu. Dann pfeift er langgezogen durch die Zähne. »Schlüssel...«, murmelt er. »Was sagst du da von einem »Schlüssel...? Und vom Haus...?« In seinem Kopf beginnt es zu rumoren wie in einer Waschmaschine. »Pico... hast du gesagt, du Goldschatz! Du... du Weiser! Du bist ein kluger Junge! Das wußte ich schon immer! Und Schlüssel hast du auch gesagt...! Du hast ja völlig recht, mein Guter, da ist was dran! Bloß was...?« Nachdenklich kratzt er seinen Kopf. »Pico... Schlüssel... Hmm! Und Haus...! Das paßt wie Pedros Faust aufs Auge! Und andersrum geht's auch und paßt sogar noch besser! Schlüssel... pico... Haus...!« Erneuter Pfiff! Fieberhaft ist er am Denken und wiegt den schlauen Kopf. Er hebt die Hacke zärtlich auf und mustert sie von allen Seiten. Dann blickt er Dreizehn an:

»Was meintest du in deinem Hinterstübchen, du superkluger Goldschatz, als du 'Schlüssel' sagtest...? Du mußt dabei doch irgendwas ganz Außerordentliches in deinem Superhirn gedacht haben?«

Der superkluge sogenannte Goldschatz zuckt verständnislos die Achseln. »Ich glaub' du spinnst! Du hast nicht alle! Gar nichts hab ich gedacht! Ich habe nur gesagt, er hätte besser seine Schlüssel in den Baum gehängt anstelle von dem 'pico'. Dann hätten wir jetzt nämlich unser Haus! Und 'Dussel' hab ich auch gesagt«.

»Jupi...!«, jubelt Sonntag. »Habt ihr mitgekriegt, was dieser Goldschatz eben sagte...? Der Gärtnerdussel hat den pico«..., er japst nach Luft. »Der hat... der hat...«, Sonntag klatscht sich jauchzend auf die Schenkel. »Anstelle von dem Schlüssel hat dieser liebe Dussel den wunderbaren pico... genau für uns... in Pedros Baum gehängt! Nun ist der pico... der pico ist... er ist...«, Sonntags Stimme kommt ins Rutschen, er bringt nur noch ein schräges Quietschen raus. »Kapiert doch endlich, »muchachos« (Jungs)...! Wieder überschlägt sich seine Stimme. Er keucht wie ein kaputtes Auto, schnappt nach Luft und legt mit neuen Kräften los:

»Der pico *ist*... DER SCHLÜSSEL! Er ist *der Schlüssel für unser Haus...!*« Sonntag brüllt jetzt wie ein Affe, daß es durch den ganzen Park schallt.

Sprachlos starren ihn die Jungen an.

Doch nun schlägt's auch bei Unschuld ein. Wie ein Funke beim Feuerbrand hinüberhüpft zum nächsten Busch, hat es jetzt auch in seinem Hirn gezündet, und er kapiert.

Haus...! Das ist das Stichwort!

»Jupi...!«, johlt er. »Gol (Tor)...!« Und wieder »Jupiii...! Wir haben unser Haus und müssen nicht im Freien schlafen...!« Er boxt die andern jubelnd in die Rippen. Sonntag schwingt in wildem Tanz die Hacke, daß Eva erschrocken hinter einem Busch verschwindet! Und auch sonst benehmen sich die beiden wie zwei hirnverbrannte Idioten. Sie hüpfen wie die Hühner durch das Gras und schreien nur noch: »Jupiiii... Haus... und Gol....!« Und immer wieder »jupiii...!«

»Muß ein Virus sein...!«, stellt Pedro fest und schaut verdattert aus dem Baum. »Steckt offensichtlich an!« Mit einem schiefen Blick auf Eva: »Jetzt hat's die andern auch erwischt, und du bist nicht allein befallen...! Achtung Dreizehn! Nix wie weg!... Verdammt noch mal, das ist gefährlich...!«

Bevor er noch weitere Gehässigkeiten runterspucken kann, nehmen die Ereignisse bereits ihren rasanten Verlauf. Sonntag grapscht die Hacke und rast davon. Unschuld prescht jubelnd hinterher. Pedro ist auf einmal hellwach. Auch bei ihm hat's jetzt gezündet. Im Affenzahn rutscht er vom Baum herunter, daß die Zweige krachen. Und

nun stürmt die ganze Bande hechelnd hinter Sonntag her.
Gerade noch zur rechten Zeit..!
»Halt...!«, schallt Pedros Donnerstimme. »Stop...! Nicht hier...! Moment mal, Leute! Laßt uns in Ruhe überlegen...! Wir brauchen Zeit...!«

Sie stehen vor dem Gärtnerhaus, und Sonntag läßt zutiefst enttäuscht die Hacke sinken. Schwer klatscht Pedros Hand auf seine Schulter und schüttelt sie voll Anerkennung, daß Sonntag wie ein vom Sturm gepeitschtes Bäumchen wackelt und ihm die Hacke aus den Händen rutscht. Doch was er nun zu hören kriegt, macht alles wieder wett.

»Prächtig...!«, lobt Pedro hingerissen. »Große Klasse seid ihr...! Alle...!« Mit einem Seitenblick auf Eva: »Nix mit Virus, Blanco...! Nicht die Spur...!« Er schmettert ihr die Pranke auf die Schulter, daß sie mit einem kleinen Schrei zu Boden geht: »Hut ab, wenn ich einen hätte! Allen Mist und was ich von dir dachte, schnauf ich zurück und lege es als Kompliment vor deine Füße...!« Hilfreich packt er zu und stellt sie wieder auf die Beine. Schon ist der Nächste dran, und kräftig boxt er Unschuld in den Rücken. Der wackelt, wankt und schnappt erfreut nach Luft. Dreizehn flüchtet, doch zu spät. Pedros Faust erwischt ihn noch mit halber Kraft und bricht ihm fast die Rippen. Trotzdem grinsen die dergestalt Betroffenen höchst erfreut und etwas schmerzverzogen über das seltene Lob. »Nur ich...«, gibt Pedro zu, »verdammt noch mal... ich war ein echter Trottel! Denn *darauf* bin ich nicht gekommen...!« Er macht eine kleine Verbeugung in die Runde (die zweite seines Lebens, und das am selben Tag!) und hebt dann mahnend seinen Finger: »Aber nicht hier hakken, Freunde! Laßt uns in Ruhe überlegen. Kein Mensch darf wissen, daß wir jetzt Hausbesitzer sind!«

Eva schaut verblüfft und staunend in die Runde. Sie ist noch immer kein gelernter Straßenjunge und braucht ein bißchen Zeit, um das hier zu kapieren. Da ist das Gärtnerhaus! Unschuld steht mit erhobener Hacke (er hat sie sich gegrapscht), und Sonntag johlt und pfeift wie ein Verrückter... Und nun begreift sie endlich! Ein Loch wollen sie in die Mauer hacken. Ein kleines Loch...! Dann können sie ins Haus!

Pedro ist wieder völlig Herr der Lage und munter wie in seinen besten Tagen. Prüfend blickt er sich um.

Ein großer Busch mit gelben Blütensternen verdeckt die halbe Wand. Auf geht's! Das ist der Platz...! Die Zweige lassen sich fast mühelos zur Seite biegen, und Sonntag darf als erster hacken, sozusagen als Belohnung. Danach legt Unschuld los. Dann ist Dreizehn dran und als letzter Pedro. Sie hacken, daß die Brocken fliegen. Nur Eva hält sich raus. Dafür darf sie die Zweige halten.

Das Geräusch der Hacke, ihr Jubel und Gejohle... der ungeheure Lärm, den sie in ihrem Übermut verbreiten, geht bereits im Donnergrollen unter. Das Loch wächst schnell, die Ziegel haben dünne Doppelwände mit nichts als Luft dazwischen und lassen sich mit wenig Kraft zertrümmern.

Dann ist der große Augenblick gekommen...! Die Öffnung reicht mit knapper Not gerade für den Kleinsten, und Unschuld kriecht als erster rein. Doch gleich am Anfang bleibt er stecken, zappelt wie ein Frosch mit beiden Beinen und stöhnt und wühlt und schnauft. Man hört gewaltiges Rumoren. Mit Kopf und Armen quält er sich ins Unbekannte, die anderen schieben kräftig nach... und plötzlich ist er weg!

Atemlose Spannung draußen, und von drinnen nichts als Schweigen...! Kein Laut, kein Pieps...! Das Gärtnerhaus hat ihn verschluckt. Sie warten ungeduldig, voller Spannung, und endlich kommt's! Ein lautes »Jupiiii...!« und jubelndes Geschrei.

»Komm raus...! Sofort...! Berichte...!«, ordert Pedro.

Unschuld taucht kurz mal auf, zeigt freundlich seinen Strubbelkopf und streckt vergnügt die Zunge raus. Dann zieht er allen eine lange Nase. Und schwupp... schon ist er wieder weg! Die draußen protestieren laut und heftig, doch das hilft alles nichts...! Es gibt nur eine Lösung: So schnell wie möglich dieses Loch vergrößern und nichts wie rein! Sie hacken wie die Wilden, und einer nach dem andern verschwindet in der Röhre.

Pedro flucht und hackt als allerletzter, die anderen sind schon längst hindurchgeschlüpft. Ab und zu winkt gnädig eine Hand nach draußen, und von drinnen johlt Gelächter. Doch Pedro muß noch weiter schuften! Es ist nicht immer nur ein Vorteil, groß und stark und breit zu sein...!

Unschuld streckt verschmitzt den Kopf zum Loch heraus: »Da haste sie, die festen Wände...!«, jubelt er. »Nu kannste aber herzhaft wummern, soviel du willst! Un« nich« bloß mit«m klein'n Finger...!« Behaglich schaut er zu, wie Pedro mit den gelben Blütenzweigen kämpft, die ständig vor die Hacke schnellen, denn Eva ist schon lange weg. »Un' Blumen wünschtest du dir auch...«, bemerkt er freundlich.

Pedro flucht und hebt die Hacke, doch »wupps« ist Unschuld wieder weg.

»Ich bin stark und helf mir selbst...«, knurrt Pedro und hämmert weiter. Doch es klingt etwas lahm.

Er hackt und schuftet, daß die Brocken fliegen. Dann endlich zwängt auch er sich durch das Loch, bleibt ein paar Mal hängen und wird jubelnd von seinen Kumpanen begrüßt. Wie schon vorausgesehen hocken sie in vergnügter Runde auf ihren Schuhputzkästen, Eva wie eine Glucke in der Schubkarre behaglich mittendrin. Sie lachen und schwatzen und haben es außerordentlich gemütlich!

Pedro blickt sich überwältigt um. Das hier ist einfach große Klasse! Trotz des Gerümpels gibt es reichlich Platz zum Schlafen. Ein dicker Stapel Jutesäcke wird wunderbar als Decken und Matratzen dienen. Und genau diese gesegneten Säcke waren es, die Unschuld in die Quere kamen, daß er wie ein Frosch mit seinen Armen und den Beinen rudern mußte, um sich ins Haus zu wühlen. Man braucht sie jetzt nur wieder vorzuschieben, und das verräterische Loch ist zu.

Andächtig bleiben seine Augen an zwei starken Haken hängen. Für sein geliebtes Hängebett...! Nicht zu glauben, selbst dafür ist gesorgt! Hingerissen reibt er sich die Hände, doch »Unschuld« läßt ihm keine Zeit zum Staunen. Ungeduldig boxt er seinen Rücken und legt geheimnisvoll den Finger an die Lippen. Schweigend zerrt er den Boß durch eine schmale Tür und zeigt ihm selig sein ersehntes Klo.

Es ist schon reichlich angeschlagen und auch nicht grün, nur einfach grau. Mit einem ausrangierten Kleiderbügel betätigt »Unschuld« feierlich die ramponierte Spülung und strahlt von einem Ohr zum andern. Andächtig lauschen sie dem Wasserrauschen, doch es gibt noch weitere Wunder! Ein kleines Handwaschbecken direkt daneben und in der Ecke eine primitive Dusche. Prüfend lassen sie das Wasser laufen und wackeln über so viel Luxus höchst verblüfft mit ihren Köpfen.

»Caramba, Gärtner muß man werden...!«, murmelt Pedro hingerissen, schüttelt ganze Berge Staub und Mauerreste aus den Haaren, klopft die zerrissene Hose aus und läßt sich überwältigt zu Eva in den Karren sinken. Betroffen mustern ihn die Kumpels, die großen Löcher in der Hose, den mehlverstaubten Pedro und... sich selbst!

Bedenklich schauen sie sich an. Es ist wohl keine Dauerlösung, täglich raus und rein durch dieses Zackenloch zu kriechen und dabei Hemd und Hosen zu zerreißen...!

Sonntag weiß wieder einmal Rat! Seine Stimme ist zwar bei dem vielen Schreien heißgelaufen, doch sein Hirn läuft nach wie vor auf vollen Touren, und krächzend zeigt er auf die Tür.

Das grenzt wahrhaftig an ein Wunder! Dort hängt ein Schlüssel...! Ein zweiter Schlüssel für die Tür! Möge dieser Gärtner noch lange in Gesundheit leben...! Nicht bloß, daß dieser Mensch den »pico« in dem Baum vergaß...! Jetzt sorgt er noch für einen Extraschlüssel...! Sobald der Gute morgen pünktlich um fünf Uhr die Hacke niederlegt und aus dem Park verschwindet, holen sie den Schlüssel und lassen in der Stadt Kopien machen...! Dann können sie gemütlich *durch die Türe* raus- und reinspazieren!

Viel zu schnell wälzt Pedro sich mit einem schweren Seufzer aus dem Karren und klatscht energisch in die Hände. O sie kennen dieses Klatschen...! Doch diesmal spricht er ungewöhnlich sanft: »Aufräumen amigos...! Tut mir ehrlich leid, aber wir dürfen keine Spuren hinterlassen. Gemütlich machen wir's uns später!«

Recht hat er! Also kriechen sie gähnend wieder ins Freie. Am Himmel türmen sich die Wolkenberge zu grausig schwarzen Ungetümen. Drohend grollt bereits der Donner, und die Blitze zucken durch den ganzen Himmel. Hundemüde sind die Jungen! Und hungrig sind sie auch und sehnen sich nach ihren mitgebrachten Broten. Doch das hilft alles nichts! Sie kratzen alle Spuren weg und sammeln jeden Mauerrest und alle Splitter sorgfältig zusammen. Jeder kleinste Krümel könnte sie verraten...! Mit dem »pico« hacken sie ein tiefes Loch und begraben alle Reste unter dem bewährten Busch. Zum Schluß hängt Pedro diese wunderbare Hacke zärtlich wieder in den Baum. Und dann ist endlich Feierabend!

Kaum ist der Letzte in das Haus gekrochen, klatschen schon die ersten schweren Tropfen. Grelle Blitze zucken, der Donner kracht, und draußen bricht die Hölle los. Der Regen trommelt wie die Sintflut auf das Dach und gießt die Wasserfluten eimerweise gegen Dreizehns Fenster, daß sie ihr eigenes Wort nicht mehr verstehen. Sie aber hocken dankbar und geborgen in ihrer regendichten »Luxusvilla«.

Nach dem ersten wilden Toben kommt eine kurze Pause, denn selbst das schlimmste Wetter muß mal Atem holen. »Dreizehn« nutzt die Stille. Mutig spricht er aus, was er seit langem fühlt und denkt: »Wißt ihr was, amigos? Den »Blanco« hat uns GOTT geschickt...!«

Verblüfftes Schweigen...!

»Hmmm...«, macht Pedro. Selbst er hat momentan nichts einzuwenden.

Eva schluckt. Ach, wenn die Jungen von ihren Zweifeln und den Ängsten wüßten...!

Ein weiterer Blitz erhellt den Raum. Zur gleichen Zeit kracht mit ungeheurer Wucht der Donner, daß alles bebt und dröhnt und grollt und sie entsetzt zusammenzucken.

Etwas später schrubben sie die schwarzen Pfoten und tauchen

ihre mehlverstaubten Schädel in das Wasserbecken. Zu mehr reicht es an diesem Tage nicht. Dann sitzen sie gemütlich in der Runde, futtern die »arepas«, trinken Wasser aus der Leitung und werden nicht müde, sich ihr wunderbares Abenteuer haarklein zu berichten.

Zwischendrin quetscht Dreizehn die Nase immer wieder an *sein Fenster*, wo die Regenfluten wie die Bäche strömen, und Unschuld flitzt pausenlos zum Klo und läßt die Wasserspülung rauschen. Das Stürmen draußen geht noch lange weiter, und plötzlich ist es rabenschwarze Nacht. Die Jungen gähnen abgrundtief, räkeln sich bequem auf ihren Jutesäcken und sind schon halb im Schlaf, da reißt es Dreizehn hoch von seinem Lager.

»Hört mal zu muchachos (Jungen)! Ich weiß ja nicht, wie's euch erging, aber ich... ich hab beim 'Denken' die ganze Zeit immer nur den Schuppen hier in meinen Grips gekriegt!«

Verblüfft rappeln sich die Jungen wieder auf, und alle reden durcheinander. Im grellen Schein der Blitze sieht man, wie sie mit den Armen rudern.

»Genauso ging es mir...!«

»Mir auch...!«

»Ich schwöre, dies Gärtnerhaus mit seinem roten Dach war alles, was ich 'denken' konnte!«, schwirrt es durcheinander.

»Ich hab' *hier drinnen* immerzu das Wasserklo gezogen!«, berichtet Unschuld eifrig! »Bloß meins war blau und nagelneu! Und das hier ist...«, er zieht 'ne Schippe.

»Grau und angedatscht und einfach herrlich«, ergänzt Dreizehn höchst zufrieden, und alle lachen und sind sich restlos einig.

»Ich hab' die festen Wände abgeklopft...«

»Und ich zum Fenster rausgeschaut...«

»Und du, Pedro...?«

»Ich...?«, säuselt Pedro. Genüßlich wälzt er sich auf seinem breiten Rücken. In Anbetracht der Jutesäcke verzichtet er heut mühelos auf seine Hängetakelage. »Ich sag wie immer: Pedro, hilf dir selbst...! In *meinem* Baum, da hing ein »pico«! Dreimal dürft ihr raten, wer ihn gefunden und euch zugeschmissen hat...?« Selbstgefällig klopft er sich die breite Brust. »Wenn ich nicht raufgeklettert wäre, dann hätten wir noch längst kein Haus...!«

Erstauntes Schweigen.
»Wie praktisch!«, sagt Eva trocken. »Du hast dir wieder einmal 'selbst geholfen' und mußt jetzt 'dem da oben' noch nicht mal 'danke' sagen...!«
»Genau«, kräht Unschuld, »da haste dich mal wieder so richtig fein aus der Schlinge gemogelt...!«
Pedro kratzt verblüfft den breiten Kopf.
Zufrieden liegen sie auf ihren Säcken und lauschen noch eine ganze Weile behaglich dem Sturm, der draußen tobt. Wer weiß, ob nun nicht doch der eine oder der andere voll Dankbarkeit die Hände faltet und ein Gebet zum Himmel schickt...?

Bähh ...!

Du dünkst dich viel zu sein...
Ach wärst du über dir und
schautest dich dann an,
du sähst ein schlechtes Tier.

(Angelus Silesus)

Die nächsten Tage lebt die kleine Bande wie im Himmel. Sie sind jetzt Hausbesitzer, jedenfalls bei Nacht und kosten dies Erlebnis gründlich aus. Wann immer der Regen herunterprasselt und gegen Dach und Fenster klatscht, brechen sie in lauten Jubel aus. Gruselnd genießen sie das Donnerknallen. Und wenn die Blitze draußen zukken, heben sie nur mal kurz den Kopf von ihrem warmen Lager, schmunzeln selig und schlafen schnellstens wieder ein.

Doch eine ganze Reihe von guten Tagen kann selbst der Beste nur schwer ertragen, und schon gar nicht so ein Typ wie Pedro. Auch das größte Wunder wird einmal Gewohnheit! Das Leben geht weiter, und mindestens zur Hälfte ist es Kampf. Da kann man selber noch so friedlich sein, es gibt immer solche, die den Frieden stören.

Ein Ungewitter braut sich über Evas Kopf zusammen. Noch nicht ganz deutlich sichtbar, doch man spürt bereits die dicke Luft und ahnt das ferne Donnergrollen.

Die Sonne steht an diesem späten Nachmittag schon etwas schräg am Himmel. Eine sanfte Brise fährt säuselnd durch die grünen Blätter und erfrischt den ganzen Park. Eva lehnt erschöpft an einem Baum und brodelt giftig vor sich hin wie ein übervoller Suppentopf. Sie ist erschöpft und ausgelaugt von einem langen Tag. Und außerdem war Pedro heute unausstehlich! Wieder einmal...! Schlimmer als je zuvor...! Es ist nicht mehr auszuhalten mit ihm, und Eva kocht vor Wut.

»Gemeines Pack!«, knirscht sie. »Widerliche Bande, alle miteinander...!«

Sie wird behandelt wie der allerletzte Scheuerlappen...! Geknufft, getreten und geschubst von allen Seiten, und außerdem beschimpft man sie mit den gemeinsten »grocerías« (Flegeleien)! Was ist bloß plötzlich los...?«

Heulen könnte sie vor Ärger und Enttäuschung. Und dabei hatte sie gehofft... ein kleines bißchen jedenfalls, sie könnten Freunde werden! Es sah doch fast so aus! Doch nichts dergleichen! Brutal und unausstehlich sind die Jungen! Selbst Dreizehn weicht ihr plötzlich aus, als hätte sie die Krätze! Dabei schaut er sie immer wieder schuldbewußt und flehend an, um Gnade bettelnd wie ein armer Straßenköter, der auf Prügel wartet. Dann wieder greift er sie völlig überraschend an und überschüttet sie mit hundsgemeinen Worten. Ganz besonders dann, wenn Pedro in der Nähe ist!

Hoppla... *Wenn Pedro in der Nähe ist!* Ach so ist das...! Pedro steckt dahinter! Eva geht ein Licht auf. Er hat *befohlen*, sie grob und schäbig zu behandeln. Die Jungen *müssen*, ob sie wollen oder nicht! Vielleicht wollen sie ja gar nicht...? Denn zwischendrin sind sie unerwartet nett und freundlich und die besten Kumpel der Welt. Immer dann, wenn Pedro außer Sicht ist.

Eva schnauft verächtlich. Alles klar, sie stehen unter seiner Fuchtel...! So eine feige Bande, einfach mitzumachen...! Wie ein gelernter Straßenbengel spuckt sie heftig aus.

Sie ist so wütend und verzweifelt, daß sie heulen könnte. Und enttäuscht ist sie auch! Maßlos enttäuscht, und müde...! Zum Umfallen müde und erschöpft! Wieder einmal weiß sie nicht mehr weiter. Soll sie bis an ihr Lebensende Schuhe putzen...? Ausgebeutet von ein paar gewitzten Straßenjungen...? Ist sie *deshalb* von dem Schiff geflohen, statt in Sicherheit beim Kapitän zu bleiben?

Wie soll sie jemals ihren Vater finden...? Vielleicht jeden weißhäutigen Kunden fragen: »Pardon Señor, wie ist ihr Name...? Haben sie nicht eine Tochter namens Eva?«

Eva schluckt, und eine Welle namenlosen Mitleids überwältigt sie.

Hoppla...! In ihr schrillt es »Alarm«! Da war doch etwas mit den Würmern...? Wieder sieht sie diesen Kohlkopf vor sich liegen, frisch vom Bauernhof geholt, wimmelnd und total zerfressen von den Raupen.

»Ach, die paar Raupen...«, sagte damals ihre Mutter. »Merk dir

Eva: Mitleid mit sich selbst ist weitaus schlimmer als ein paar Würmer hier im Kohl!«

Eva seufzt. Ach wäre sie nur da...! Aber sie weiß schon, wenn man sie dringend braucht, dann kommt sie nicht. Was würde sie jetzt sagen?

»Nimm es nicht so ernst«, würde sie sagen, »das Leben ist ein Spiel!« Genau das...!

Haha, ein Spiel...! Es gibt auch böse Spiele, hart und grausam! Da geht es Auge um Auge und Zahn um Zahn. So steht es in der Bibel. Jesus sagte zwar, das soll heutzutage nicht mehr gelten, aber wer hört denn schon auf ihn...?

Die Bibel...! Knallend klatscht sich Eva an den Kopf. Die hatte sie total vergessen...! Wie konnte sie...? Eilig greift sie ihren kleinen Rettungsanker. »Gib du mir Antwort, Jesus!« flüstert sie. »Dies ist DEIN BUCH...!«

Sie schließt die Augen, öffnet ihren kleinen Schatz und legt den Finger irgendwohin. Dann sperrt sie ihre Augen wieder auf und schaut begierig in das Buch. Dort steht...! Das ist doch nicht zu glauben...? Wie eine Ohrfeige knallt der Satz ihr mitten ins Gesicht. Dort steht wahrhaftig: »LIEBET EURE FEINDE...!«

Diese Kerle lieben...? Puuuh...! Der reinste Hohn! Kein Mensch kann das von ihr verlangen!

Aber ER war ja auch kein normaler Mensch...!

Eva seufzt. Ihre Müdigkeit ist weg. Fortgewischt im Angesichte dieser Worte. Sie beschließt, diesem Übermenschen in der Bibel ein wenig auf die Sprünge zu helfen. Sie wird ihm eine Chance geben und ein bißchen mogeln...! Mal sehen, was dann passiert! Vielleicht hat er doch noch was Besseres vorzuschlagen...?

Ihr Finger klebt noch immer wie festgedonnert auf dem vertrackten Satz. Wieder macht sie die Augen zu und schiebt den Finger etwas weiter... ein kleines bißchen nur... ganz unauffällig... so etwa einen Daumen breit.

Gespannt reißt sie die Augen auf. Doch der Gang der Dinge ist offensichtlich nicht zu bremsen. Was dort jetzt steht, macht überhaupt nichts besser! Im Gegenteil, eher schlimmer!

»SEGNET, DIE EUCH FLUCHEN...«, buchstabiert sie und liest

dann gleich den ganzen Satz zu Ende. »TUT WOHL DENEN, DIE EUCH HASSEN, UND BETET FÜR DIE, DIE EUCH BELEIDIGEN UND VERFOLGEN...!«

B e t e n...! Sie...? Für diese Rüpel...?

Empört knallt Eva ihre Bibel zu.

Wieder einmal wird ihr klar, warum so wenig Menschen diesem Manne wirklich folgen! Er ist das Unbequemste, was es gibt, und er krempelt alles um...! Entweder glaubt man ihm und tut, was ER verlangt, oder aber man schlägt die Bibel zu... ein für allemal, wie sie es schon einmal tat und läßt alles laufen, wie es will.

Hm... wirklich *alles*...? Was hat sie denn schon zu verlieren...?

Ach, sie hat nichts zu verlieren...! Eva stöhnt. Ein abgrundtiefer Seufzer quält sich aus ihrer Brust. Muß man erst einmal so weit kommen, um *ihm* dann endlich zu gehorchen...?

Sie schielt zu ihren Peinigern hinüber. Die stehen voll in ihrer Sicht und haben sich gerade in eine deftige Diskussion verwickelt. Mit Händen und Füßen reden sie wild aufeinander ein, gestikulieren und rudern heftig mit den Armen. Es sieht wahrhaftig so aus, als ob sie sich gleich mächtig in die Haare kriegen.

»Feste...!«, hetzt Eva. »Bringt euch ruhig um...! Schlagt euch die Köpfe ein...! Kratzt ab, verfluchte Bande...! Der Teufel soll euch holen...! Je schneller desto besser! Ich wein' euch keine Träne nach...!«

»Segnet, die euch fluchen...!«

O weh...! War das ein Fluch...? Erschrocken beißt sich Eva auf die Lippen. Und was für einer...! Der hatte sich gewaschen! Doch wer... zum Teufel segnet sie?

Das Geschrei der Jungen wird immer lauter und die Stimmen wilder. Dreizehn steht in seiner ganzen Länge dürr und aussichtslos vor Pedro, kampfbereit und wild entschlossen. Ausgerechnet...? Was fällt dem Jungen ein? Eva horcht und schüttelt höchst besorgt den Kopf.

»Mach alleine weiter...!«, brüllt er gerade. »Ohne mich, denn ich verschwinde...!« Eva kriegt nicht mit, worum es geht. Streiten die sich wieder mal um ihre Wenigkeit? Für wen sie morgen schuftet...? Komisch, daß sie nicht mit der Münze knobeln!

Doch der Streit geht heute um ganz andere Dinge.

»So, so... du lächerliche Wanze machst nicht mehr länger mit!«, stellt Pedro höchst gelangweilt fest. »Was kratzt dich denn an deinem Hintern...?« Fast zärtlich schaut er Dreizehn an, spielt verliebt mit seinen großen Pranken und spreizt und schließt genußvoll seine Finger. Unvermittelt ballt er sie zur Faust, fertig und zum Schlag erhoben. »Raus mit der Sprache!«, donnert er. »Was ist mit dir, du miserable cucaracha...? Du, du nichtsnutzige Küchenschabe...?«

O weh, gleich wird er ihn vernichten...! Evas Herz fängt an zu flattern. Doch tapfer und entschlossen pflanzen sich nun auch die beiden anderen Jungen vor ihren starken Boß.

Verdutzt schaut der sie an. »Nanu, ihr meutert...?«, fragt Pedro höchst erstaunt. Er schluckt und kriegt den Mund nicht wieder zu. Das muß er erstmal inhalieren...! Und dann nach einer ganzen Weile: »Warum...?«

Eva kümmert sich nicht länger um den Streit der Jungen. Sie hat wahrhaftig ihre eigenen Sorgen! Voll Reue klappt sie die Bibel wieder auf, der Bleistift liegt noch immer auf der gleichen Seite und sortiert das reiche Angebot.

Nummer eins heißt: »SEGNET, DIE EUCH FLUCHEN« und kommt wohl nicht in Frage, weil sie selber wie ein alter Scheuerbesen fluchte. Da rutschte ihre Zunge mächtig aus, und schuldbewußt senkt sie den Kopf. Also abgehakt und weiter.

Nummer zwei ist einfach unverschämt und fordert: »LIEBET EURE FEINDE«...! Pah...! Eva zischt wie eine böse Schlange und bläst empört die Backen auf. Ob *ihm* wohl klar ist, was *er* da verlangt...? O ja, gewiß! *Er* hat es bei seinem eigenen Tod noch praktiziert!

Vorschlag Nummer drei lautet: »TUT WOHL DENEN, DIE EUCH HASSEN...!« Na gut, das hat sie gerade ausprobiert. Bis zum »Geht-nicht-mehr« den ganzen lieben, langen Tag! Und es hat nichts genützt!

Wie bescheuert putzte sie für ihren Boß die Schuhe, der ganze Rücken tut ihr weh! Und er tat nichts! Höchst gelangweilt kaute er unentwegt den widerlichen Bubbelgummi, fabrizierte umfangreiche Blasen, sog sie rein und raus aus seinem breiten Mund, schob sie von einer Seite auf die andere und ließ sie irgendwann mit lautem Knall zerplatzen, daß alle Welt erschreckt zusammenfuhr... Dazwischen nahm er knurrend die von ihr verdienten Gelder ein, trank laufend frische Säfte, lutschte Eis und fluchte wie ein illegaler Schnapsverkäufer. Und wurde stündlich mißgelaunter! Kein Wunder bei dem Leben...! Sie selber durfte Wasser trinken.

Eva seufzt.

Und was hat Nummer vier zu bieten...? Ohne große Hoffnung studiert Eva diese schwierige Palette: »BETET FÜR DIE, DIE EUCH BELEIDIGEN UND VERFOLGEN...!«

Für diese Rüpel b e t e n...? Das wäre wohl das Allerletzte...! Verzweifelt schüttelt sie den Kopf.

Wütend knabbert sie an ihren Fingern, denkt heftig nach und entschließt sich endlich für den SEGEN, weil sie zum ersten Mal in ihrem Leben selber wie ein böser Drachen fluchte!

Auf geht's: »SEGNET, DIE EUCH FLUCHEN...!« Angestrengt schaut sie in ihre Bibelseiten und versucht, sich Pedro vorzustellen. Die dichte Wolle auf dem breiten Schädel, seine klugen braunen Augen, welche sie immer wieder haßerfüllt betrachten, und die aufgeworfenen Lippen, die noch vor gar nicht langer Zeit so herzlich lachen konnten. Warum in aller Welt mag er sie hassen...?

Schaudernd blickt sie den Querkopf an, der hämisch grinsend aus ihren Bibelseiten Taucht. Mit einem plötzlichen Entschluß streckt sie ihm die Zunge raus: »Bäh...!«

Das tat gut und kam aus tiefstem Herzen...!

Besser Luft ablassen als vor Ärger platzen...! Und gleich noch einmal: Zunge raus, so lang es geht und: »Bähhh...!«

Und noch ein drittes Mal: »Bähhh...!«

Augenblicklich fühlt sich Eva besser!

Und dann begibt sie sich zähneknirschend an das schier unmögliche Werk, diesen widerlichen Knilch zu segnen. Tief holt sie Luft, als wollte sie ins Wasser springen und legt los!

»Ich segne dich, du widerlicher Halsabschneider! Es fällt mir schwer, das kannst du glauben! Du bist ein Nimmersatt und kriegst den Schlund nicht voll, und ich... ich racker mich für dich kaputt! Trotzdem, ich segne dich, auch wenn du mir mein Leben zur Hölle machst...!« Angewidert spuckt sie aus. (Was Pedro kann, kann sie schon lange...!) »Bis zum letzten Tropfen beutest du mich aus, kriegst nie genug, hetzt mich herum und hetzt nun auch die andern auf, daß sie mich schlecht behandeln...! Ständig liegst du Scheusal wie eine fette Würgeschlange auf der Lauer und schnürst mir meine Kehle zu! Ich kriege einfach keine Luft! Trotzdem, ich segne dich...! Doch nur, weil *er* es will...! Ach, wieviel lieber würde ich dir eine runterknallen, du ausgekochter Sklavenhalter! Glaub' mir, du Schuft, ich könnte dich in Stücke reißen! Doch leider will *er*, daß wir unsere Feinde *segnen...!*«

Sie seufzt...! Und mittendrin im Segnen kommt ihr ein herrlicher Gedanke. Gleich heute nacht, wenn alle selig schlafen, wird sie zu Pedro in die Äste klettern und mit dem Taschenmesser, das ihm beim gierigen Kassieren aus der Tasche rutschte, sein Hängebett zersäbeln, daß er wie eine verrottete Melone vom Baum herunterknallt und sich die Knochen bricht, der Satansbraten...!

Eifrig denkt sie nach, was sie ihm sonst noch antun könnte. Am liebsten würde sie ihm den verflixten Hals umdrehen und ihn erwürgen...! Doch leider ist sie dazu viel zu schwach...!

Ihr Vorrat an Ideen und bösen Worten ist verbraucht. Sie wußte nicht, daß sie davon so viel auf Lager hatte. Doch plötzlich fällt ihr ein, daß sie ihn *segnen* wollte und zuckt entsetzt zusammen. Erschüttert schlägt sie ihre Hände vors Gesicht. Mein Gott, sie *haßt...!* Genau wie er sie haßt, so haßt sie ihn und bringt ihn auf die widerlichste Weise um! Zwar nur im Geist, doch das zählt auch! Erschrocken hält sie inne.

Und dabei glaubte sie, *sie könnte überhaupt nicht hassen...!* Sie war der felsenfesten Meinung, sie sei *ein guter Mensch*! Und nun muß sie entdecken, daß sie kein bißchen besser ist als er...! Im Gegenteil, sie wollte ihn erwürgen und den gesamten Kerl in Stücke reißen. Er nahm ihr lediglich die Gelder ab (das Trinkgeld selbstverständlich auch, die widerliche Ratte) und tritt und knurrt und knufft, wo er sie nur erwischt. Aber den Hals verrenken und dann noch in die Pfanne hauen und verbraten, das wollte er sie sicher nicht. (Dann wären sie ja plötzlich ohne Sklaven...)

Der ganze unbekannte schwarze Abgrund ihrer Seele reißt vor

Eva auf. Voll Scham vergräbt sie ihren Kopf in beide Hände, total zerschmettert von dem, was in ihr tobt. Der reinste Abfallkübel...!
Sie kann nicht segnen...! Unmöglich! Nicht so mit dieser Wut im Bauch...! Hilflos blickt sie in ihr Buch.

* * *

Das Geschrei der Jungen wird immer lauter. »Raus mit der Sprache...!«, donnert Pedro. »Cual diablo, welcher Teufel ist in euch gefahren...? Warum meutert ihr...?«
Dreizehn spricht es aus. »Blanco ist mein Freund«, sagt er mit fester Stimme und doch mit einem kleinen Beben in der Stimme. Es braucht viel Mut, sich gegen Pedro aufzulehnen, und zugegeben, seine Knie wackeln. Doch jetzt spricht er aus echter innerer Not und mit dem Mute der Verzweiflung weiter.
»Ihr wißt es alle, ohne Blanco wäre ich gestorben...!« Allein an ihn zu denken, gibt ihm bereits Kraft und Mut, und seine Stimme klingt auf einmal völlig sicher. Fest blickt er Pedro an. »Und deshalb will ich nicht nach deiner Pfeife tanzen und ihn schlecht behandeln, bloß weil du ihn haßt und nicht verdaust! Ich haue ab...!«
Betroffen läßt Pedro seine Fäuste sinken. Haßt er Blanco...? Hat Dreizehn recht...? Ja, zugegeben, er haßt den weißen Jungen! Weshalb ist der ihm so zuwider...? Pedro krault verdutzt den breiten Kopf und sucht vergebens eine Antwort. Dann stemmt er beide Arme in die Seiten und blickt die beiden letzten seiner Bande vernichtend an: »Und ihr...? Warum...?«
»Weil du unausstehlich bist«, kräht Unschuld mutig. »Du kannst ja ruhig weitermachen mit der schlechten Laune, aber ohne mich...! Wo wären wir denn ohne Blanco? Wir würden weiter nachts im Regen draußen schlafen und hätten immer noch kein Haus!«
Jetzt ist Sonntag dran. Furchtlos schaut er Pedro in die Augen. Bevor der zuschlägt, ist er schon längst davongeflitzt! »Spuck mal raus, was mit dir los ist, Alter...! Wo bleibt der Spaß, den wir zusammen hatten...? Du bist jetzt nur noch schlecht gelaunt und kannst dich selbst und uns nicht leiden...! Keiner hat dir was getan! Und was Blanco angeht, der hat dir seine Hände aufgelegt und sich ganze

Nächte wegen uns um die Ohren geschlagen. Du kannst dein Spielchen weiter mit ihm treiben, aber ohne mich...!«

Verdutzt betrachtet Pedro seine Leute. Doch nicht sehr lange. Von einem Augenblick zum anderen ist er wieder Herr der Lage mit einem kühlen, klaren Kopf und absoluter Chef der Bande.

»Ihr Schwachköpfe!«, sagt er gelassen. »Ohne mich seid ihr verloren...! Das solltet ihr jetzt langsam wissen...!«

Verdutzt schauen sich die Jungen an. Pedro hat recht! Wie sollten sie wohl überleben ohne ihn und seinen klugen Kopf? Und seinen Witz und seine harten Fäuste...? Wie oft hat er sie rausgeprügelt aus den schlimmsten Situationen, daß die Fetzen nur so flogen. Nie hat er sie im Stich gelassen und weiß immer einen Ausweg!

Betretenes Schweigen lähmt die kleine Gruppe.

* * *

Eva hat die Hände vom Gesicht genommen und schaut verzweifelt in ihr Buch. Sie kann nicht segnen. So nicht...! Grinsend fletscht Pedro sie aus ihren Bibelseiten an. Ihr schaudert.

»Ich kann nicht...«, jammert sie. »Ich kann es wirklich nicht...!« Dann kommt ihr ein Gedanke: »Jesus, wenn *du es wirklich willst*, daß ich dies Ekel segne, dann hilf mir bitte! Amen!«

Wieder starrt sie in das Buch, und plötzlich kommt ihr die Erleuchtung. *Sie* kann es nicht! Natürlich nicht! Wie sollte sie...? Aber ER..! Eva stockt der Atem. »DU IN MIR...!«, flüstert sie erleichtert. Ach, warum ist sie nicht gleich darauf gekommen...? IHM muß sie das Segnen übergeben!

Und nun hämmert sie ihre Segenswünsche hinein in diesen dikken Schädel, der ihr aus den Blättern des Buches so unverschämt entgegengrinst.

»Ich segne dich, du gerissener Hund, dessen Eigentum ich bin, wer weiß, wie lange noch...? Ich segne dich mit SEINER KRAFT IN MIR, denn ich... von mir aus... kann es nicht! Ich segne dich MIT SEINER HILFE...!«

Und nun legt sie los: »DIOS TE BENDIGA, PEDRO...! GOTT SEGNE DICH...! GOTT SEGNE DICH... GOTT SEGNE DICH...!«

Wie lange wohl? Sie weiß es nicht. Tapfer hält sie durch. Nach einer Weile wird das Segnen etwas leichter. Ein tiefer Atemzug hebt Evas Brust. Und dann... nach einer weiteren Weile, klappt es fast von allein. Und noch ein wenig später wird es auf einmal kinderleicht! Die Worte fließen wie von selbst, als ob da *jemand* mit ihr segnet...?. Sie braucht nur nachzusprechen. Also nichts wie »weitersegnen«! »

»DIOS TE BENDIGA, PEDRO...! GOTT SEGNE DICH...! GOTT SEGNE DICH...! GOTT SEGNE DICH...!«

Nur nicht aufgeben...! Weitermachen... weitermachen...! Immer wieder diese gleichen Worte...! In ihr beginnt ein Strom zu fließen, etwas Warmes, Wunderbares, wie Mitgefühl für diese Burschen. Es macht sie satt und froh und füllt sie rundum aus! Es ist, als ob sich etwas von ihr löst und hinüberfließt zu diesem Hitzkopf, der... so jung er ist, die Bande führt und sie mit roher Kraft und Disziplin und nicht zuletzt mit viel Humor zusammenhält.

Was ist es, das da unter diesen Worten schmilzt? Ihr eigner Zorn...! Die Wut...! Der ganze Ärger...! Sie ist nicht mehr die haßerfüllte Eva. Plötzlich fühlt sie sich wie ausgeweitet, größer, schöner, besser als zuvor. Seltsam, auf einmal macht das Segnen Spaß...!

Dann macht sie eine seltsame Entdeckung: Wenn sie Pedro segnet, *segnet sie sich selbst!* Eva braucht ein paar Sekunden, um zu begreifen, was sie soeben dachte: Wenn sie... Pedro segnet... *segnet sie... sich selbst...!*

Mein Gott, und wenn sie haßt...?

Sie schüttelt sich. Das will sie lieber nicht zu Ende denken. Doch soviel ist gewiß, sobald sie segnet, kann sie nicht mehr hassen. Unglaublich, aber wahr, sie... l i e b t ! Von einem Augenblick zum andern!

Sie liebt den Strom, der in ihr fließt.

Sie liebt Dreizehn! Doch den liebte sie schon immer!

Sie liebt die Jungen! So rauh und grob sie manchmal sind!

Sie liebt auch ihren Vater, den sie in diesen Tagen fast vergessen hatte, und den Käpten sowieso!

Sie liebt sich selbst...! Mitsamt dem Abgrund und dem Trümmerhaufen ihrer Seele!

Sie liebt... sie liebt...!

Sie *könnte...!* Ja, selbst Pedro könnte sie jetzt lieben... Doch so weit kommt es nicht. Zumindest nicht gerade jetzt.

Die Jungen haben aufgehört zu streiten. Einer knufft den anderen an. Mit ausgestreckten Händen zeigen sie zu ihr hinüber.

Und nun steht der vor Eva, dem sie den Segen in den harten Schädel hämmert und staunt sie zweifelnd an.

»He, Blanco... du kannst... lesen...?«

Ungleiche Waffen

»Was in aller Welt treibst du da eigentlich...?« Vier Paar braune Bubenaugen starren Eva fassungslos und staunend an.
»Ist das *lesen*...?«, forscht Sonntag. »Mit dem Finger...?«
»Sonderbar...«, grunzt Pedro, »mal kneifst du die Augen zu, dann reißt du sie plötzlich wieder auf...!«
»Genauso mit dem Buch. Du klappst es ständig auf und zu. Die Leute, denen wir die Schuhe putzen, lesen anders«, behauptet Unschuld.
Dreizehn sagt kein Wort. Hingerissen schaut er Eva an.
Die hat Mühe, sich zurechtzufinden. Ihr ist, als habe sie einen weiten Weg zurückgelegt. Unbeschreiblich mühevoll und lang. »Ich lese und ich lerne«, berichtet sie der Wahrheit entsprechend.
Sonntag pfeift langgezogen durch die Zähne. »Etwa wieder von diesem Jesus?«, forscht er unbehaglich.
»Genau von dem...!«
»Na und... was bringt der Neues?« Das war Pedro. Es soll spöttisch klingen, aber die Wahrheit ist, daß ihm ihr sonderbarer Sklave immer rätselhafter wird. Ausgerechnet ihnen, die ihn wie den letzten Dreck behandeln, spendierte er vor kurzem sein gesamtes Geld, statt damit abzuhauen oder Eis zu kaufen. Und nun kann er auch noch lesen! Und das in einer völlig fremden Sprache...! Betreten schauen sie ihn an.
Eva überlegt: »Was bringt Jesus Neues...?« Genau das, worum sie selbst so mühsam ringt...! »Die Liebe«, sagt sie leise. »Statt Haß bringt er die Liebe, und die verwandelt *alles*!«
Das hätte sie lieber nicht sagen sollen! Ahnungslos hat sie wieder mal genau den wunden Punkt getroffen, so als bohrte sie mit dem nackten Zeigefinger in einem Wespennest herum. Denn Liebe haben diese Jungen kaum gekannt, vielleicht in ihren ersten Lebensjahren, bevor sie auf die Straße mußten. Und ob sie's zugeben oder nicht, ganz heimlich und versteckt tragen sie in ihrem innersten Herzen die Sehnsucht danach mit sich herum, qualvoll und verzweifelt. Deshalb rotten sie sich in Grüppchen zusammen. Deshalb drücken sie

sich nachts so fest und nahe aneinander unter dem Vorwand, Wärme zu suchen. Und, so merkwürdig es klingt, aus dem gleichen Grund prügeln sie sich aus dem kleinsten Anlaß, denn auch das ist menschliche Berührung! Sie wissen selbstverständlich nicht warum, und keiner von ihnen würde das jemals zugeben.

»Alles Quatsch...!«, behauptet Pedro und spuckt verächtlich aus, haargenau vor Evas Füße. Zufrieden spreizt er seine großen Pranken, ballt sie zur Faust und streckt sie unter Evas Nase: »*Das* verwandelt! Und zwar alles..., falls du es immer noch nicht wissen solltest!«

Eva springt auf. Klein und zierlich steht sie vor dem großen Klotz und schüttelt energisch ihren Kopf. »*Das* wird jeden Tag getrieben...!« Mit beiden Händen umschließt sie seine Faust, und ein Schauer strömt durch Pedros Körper. »Es wird geraubt, getötet und gestohlen seitdem die Welt besteht. Daraus entsteht doch immer nur das Gleiche, nämlich wieder Rauben, Töten, Stehlen! Gerade deshalb ist *er* zu uns gekommen, um zu zeigen, daß es *so* nicht geht. Wir sollen eben *nicht* zurückschlagen, wenn uns einer Böses antut und *nicht* Gleiches mit Gleichem vergelten, sonst hört es niemals auf! 'Wenn dich einer auf die rechte Wange schlägt, sagt *er*, dann halte ihm auch deine andere hin!' Denn nur auf diese Weise kann man Haß in Liebe verwandeln!«

So, nun ist es heraus. Eva strahlt. Sollte sie nun endlich diese schwere Lektion begriffen haben...?

Es entsteht ein nachdenkliches Schweigen. Dann fragt Pedro sachlich: »Du hast wohl nie gehaßt...?«

»Doch«, erwidert Eva freundlich: »Dich...! Noch gar nicht lange her...!«

Pedro nickt zufrieden. Kein Wunder bei der Behandlung. »Und jetzt?«, forscht er neugierig.

»Jetzt...« Eva wiegt den Kopf. »Nun, nicht, daß ich dich gerade liebe, aber...«

»Aber was...?« Pedro grinst und hält ironisch seine großen Pfoten wie zwei Trichter hinter beide Ohren.

»Jetzt mag ich dich!«, erwidert Eva mutig. »Ich hab« dich gern...!«

Das haut rein wie eine Bombe. Pedro verschlägt es die Sprache.

Sein Unterkiefer klappt herunter. Er schnappt nach Luft und starrt verwirrt und hilflos seinen Sklaven an.

»Es war nicht leicht...!«, gibt Eva zu. Sie ist ein bißchen rot geworden. Schließlich ist es keine Kleinigkeit, diesem Lümmel zu gestehen, daß sie ihn unversehens und gegen jede Logik plötzlich mag.

»Noch bis vor kurzem habe ich euch alle gehaßt«, gesteht sie der Wahrheit entsprechend, »bis auf Dreizehn!« Sie schaut Pedro an. »Dir hätte ich den Hals umdrehen können! Aber *er*...«, sie klopft auf ihre Bibel, »*er* sagt: Segnet eure Feinde! Na gut, das habe ich versucht! Das ist kein Kinderspiel! Glaubt das bloß nicht, sondern es ist so ungefähr das Schwerste, was es gibt auf der Welt! Aber seitdem... merkwürdig...!«, sie schüttelt immer noch verwundert ihren Kopf. »Ich weiß ja nicht wieso, aber seither hab ich euch alle gern...! Ich mag dich«, fährt sie tapfer fort und schaut Sonntag an. »Und dich...«, sie dreht den Kopf zu Unschuld, »und dich...«, sie lächelt zu Dreizehn hinüber, als ob sie sagen wollte: »Du weißt es sowieso, dich mochte ich schon immer...!«

Die Jungen sind wie vom Donner gerührt. Das müssen sie erst einmal verdauen und verkraften. Soweit sie sich erinnern können, hat noch nie in ihrem Leben jemand so etwas zu ihnen gesagt. Mit Ausnahme von Pedro, der einstmals eine Mutter hatte, die ihn heiß und innig liebte. Vielleicht hauen ihn gerade deshalb Evas Worte glattweg um.

Ist das die Liebe, von der JENER in der Bibel spricht, und die jetzt sanft und heimlich ihre Herzen berührt und dieses leise Unbehagen und ein völlig unbekanntes köstliches Glücksgefühl auslöst...?

»Jupiii...!«, schreit Unschuld und schlägt vor Übermut und lauter Freude einen Purzelbaum.

»Deshalb die Brote neulich und der Kaffee...?«, fragt Sonntag heiser. Seine Stimme klingt rauh, als hätte er seine Schuhbürste verschluckt.

»Hm...«, Eva überlegt. »Na ja... vielleicht so ähnlich, oder etwa in der Richtung...!«

Sie ahnt noch nicht, wie schnell man oft beim Wort genommen wird, wenn man versucht, diese scheinbar so harmlos klingenden Bibelworte zu befolgen. Prüfungen lassen selten lange auf sich warten, und dieser Kampf ist noch nicht ausgefochten. Noch lange nicht...! Ja, er hat noch nicht einmal begonnen und fängt gerade an!

Kann denn so eine einfache Aussage wie »jetzt mag ich dich, ich hab dich gern« so große Folgen haben...?

O ja, sie kann es...!

In Pedro tobt ein wilder Kampf. Die Worte seines Sklaven haben ihn getroffen, schmerzvoller, als er es zugeben möchte. Und zwar mitten in sein Herz...! In seinem tiefsten Innern schreit es nach mehr! Nach der sanften Berührung dieser Hand und der Wiederholung seiner einmaligen Worte. Immer wieder möchte er das Gleiche hören, dieses »ich hab dich gern«, und auch die Hand auf seiner eigenen spüren.

Verdammt noch mal, er fühlt genau, er könnte süchtig werden...!

Unbehagen überkommt ihn, fast so etwas wie ein leises Bangen oder sogar Angst. Etwas Fremdes und so lang Entbehrtes kommt da auf ihn zugeschlichen, wohlvertraut von früher her. Es unterwühlt das altgewohnte Denken und bringt sein ganzes Fundament ins Wanken.

Vorsicht, Pedro... wo bleibt da seine Macht? Die gründet sich auf rohe Kraft der Fäuste, auf Gewalt und seinen klugen Kopf. Und nun reichen ein paar lächerliche Worte dieses weißen Knaben, um alles fortzuschmelzen wie die Butter an der Sonne...!

Bestürzt krault Pedro seinen dicken Kopf. Hat er denn ganz und gar den Grips verloren...? Ein seltsamer Gedanke läßt sein Blut gerinnen. »Mosca« Pedro, (Fliege!), da stimmt was nicht...! Irgendwo ist die Geschichte faul! Vorhin die Meuterei...! Und jetzt dies süßliche Gesäusel...? Plötzlich dämmert es in seinem Schädel. »Ojo«, Junge, Augen auf! Alles klar wie schwarze Stiefelwichse! Das Ganze ist ein fauler Trick...! Der Bengel will ihm seine Macht entreißen und selber Boß der Bande werden. *DESHALB* spendierte er das ganze Geld und legte seine Zauberhände auf ihre kranken Körperteile! Verblüfft starrt Pedro seinen Sklaven an und schlägt sich knallend an den Kopf. Fast wäre er dem Burschen mit seinem sanften Milchgesicht und diesen honigsüßen Reden aufgesessen! Viel hat da nicht gefehlt...!

Kalte Schauer rieseln über seinen Rücken. Ein schneller Blick auf die verklärten Gesichter seiner Mitgenossen, und Pedro weiß Bescheid. Dort hat das Gift bereits gewirkt und allen Widerstand zerfressen. Hoffnungslos sind sie dem Burschen auf den Leim gegangen und sitzen fest wie Mäuse in der Falle! Fünf knappe Wochen des Zusammenlebens haben ausgereicht, um sie in sanfte Schwächlinge und Idioten zu verwandeln, untauglich für das harte Leben auf der Straße.

Na warte, Bursche...!

Schneller als er denken kann, saust seine Hand nach vorn und klatscht Eva mitten ins Gesicht.

Peng – das saß!

»Ich will dir zeigen, was das heißt, *mich gern zu haben!*«, brüllt er und blickt sich triumphierend um.

Die Jungen fallen aus den höchsten Wolken. Herausgerissen sind sie aus einer Welt, von deren Existenz sie bis vor kurzem keine Ahnung hatten. Sie kennen Pedro! Seine Wutanfälle, die sich langsam steigern und zur donnernden Explosion entladen! Pedro ist gefährlich! Wehe dem, den es erwischt...! Armer Blanco, gegen Pedro ist kein Kraut gewachsen.

Das kam wie ein Blitz aus heiterem Himmel! Evas Kopf brummt und dröhnt, und verblüfft hält sie sich ihre Wange. Mit Grausen sieht sie die dunklen Wetterwolken auf dieser bullenbreiten Stirn und ahnt, was auf sie zukommt. Das hier ist schrecklicher als alles, was sie je erlebte!

»Mutter...«, fleht sie in Todesängsten. Ach, Eva weiß es ja in ihrem tiefsten Herzen, gerade *deshalb* ist die Mutter fortgegangen, damit sie sich auf GOTT verläßt! Auf niemand anders, und schon gar nicht auf sich selbst! Es ist ein grausames Begreifen. So klein und schmal steht sie vor diesem großen Bullen...

»Na, wie steht es mit der anderen Wange...?«, säuselt Pedro höhnisch. Langsam kriegt er wieder Oberwasser. Wenn's um die Macht geht, kennt er keinen Spaß.

»Lauf, Blanco... lauf...!«, schreit Sonntag.

»Mach schnell...!«, keucht Unschuld.

»Nun renn doch...! Los, hau ab...!«, brüllen die Jungen, und Dreizehn versetzt ihr einen heftigen Stoß.

Eva taumelt. Sie kämpft den Kampf ihres Lebens. Dem da vor ihr blitzt die Mordlust aus den Augen. Ihre Beine wollen rennen, doch wie angewurzelt bleibt sie stehen. Da ist *etwas*, das stärker ist als alle Angst und ihre Füße an den Boden nagelt.

Mit schnellem Griff packt Pedro zu und krallt ihr Hemd. Zu spät...! Jetzt kann sie ihm nicht mehr entwischen!

»Das war die linke Wange...!«, verkündet er mit honigsüßer Stimme. »Und nun, mein Kleiner, kommt die rechte dran...!«

Eva zittert wie ein armes Blatt im Wind. Sie schließt die Augen, um diesen fürchterlichen Pedro aus dem Blick zu kriegen. Gleich wird er ihr die grobe Pfote auf die andere Wange kleben.

Die andere Wange...! Er hat sie hingehalten und obendrein noch seinen Peinigern *vergeben!* Und nun ist ihre dran...! Aber *er* war GOTT...! Mensch und GOTT zugleich! Doch sie... wer ist sie schon, um gegen so ein Ungetüm zu streiten...? Ein »Nichts«!

»Ohne IHN sind wir *nichts...!«,* hört sie im Geist die Mutter sprechen. »Aber *mit IHM sind wir ALLES!* Man braucht IHN nur zu rufen, und schon ist Er da. Es reicht bereits, an IHN zu *denken...!* ER IST IN UNS...!«

»JESUS - !«, schreit Eva laut in ihrer Not.

»Prächtig...!«, lobt Pedro hingerissen. »*Den* wollte ich schon lange kennenlernen!« Seine Stimme trieft vor Hohn. Nun er sich entschlossen hat, das süßliche Gesäusel einfach wegzuwischen und diese lächerliche Mücke zu zerquetschen, will er es auch auskosten...! Höchste Zeit, mal wieder klar zu zeigen wer der Boß ist. Nämlich er...!

»Ich fürchte bloß...«, scheinheilig schickt er seinen Blick zum Himmel, »das dauert noch, bis sich der hohe Herr bemüht. So lange möchte deine andere Wange sicherlich nicht warten! Oder...?«

Er grinst und hebt ganz langsam seine Hand.

Warum geschieht denn nichts? Kein Heer der Engel stürzt vom Himmel runter...! Und auch kein Gärtner ist in Sicht, der ausnahmsweise mal verspätet durch den Park spaziert, um Pedro die 'machete' vor den Latz zu knallen. Friedlich schickt die Sonne ihre schrägen Strahlen durch die Bäume. Ein Kolibri hängt sich genau vor ihren Nasen surrend in die Luft, als wären sie mit süßem Honig angefüllte Blütenkelche, und Pedro läßt die Muskeln spielen.

Alles ist geblieben wie es noch vor Sekunden war.
Und dennoch...
»Haha, dein Jesus...! Na, wo bleibt er denn...?«, höhnt Pedro lachend und holt genußvoll aus.
Seltsam...! Irgendwas ist doch geschehen...! Evas Angst ist plötzlich weg, und dieses dumme Zittern auch! Wie mit einem Scheuerlappen weggewischt von unbekannter Hand.
Sie blickt den Jungen vor sich kerzengrade an. Tief senkt sie ihren Blick in seine Augen, und Pedro ist, als könnte er die gleiche Botschaft wieder darin lesen: »Jetzt mag ich dich! Ich hab dich gern...!«
Verdammt noch mal! An was erinnert ihn der Glanz in diesen Augen? Er zögert und denkt krampfhaft nach. Und plötzlich kommt's ihm hoch! AN SEINE MUTTER...! In ihren Augen stand das gleiche Leuchten!
Ein tiefer Seufzer steigt aus Pedros Brust. Doch wie ein Hund die Flöhe schüttelt er die lästigen Gefühle runter und beißt die Zähne zusammen. Lächerlich, durch ein paar blaue Augen einfach umzukippen...! Die andere Wange ist jetzt dran, das hat er laut genug verkündet. Niemals darf ein Boß sich je blamieren oder Schwäche zeigen! Schon gar nicht vor sich selbst.
Eva schaut ihn noch immer an. »Schlag zu, Pedro!«, sagt sie mit klarer Stimme. »DIOS TE BEENDIGA...!«
Pedro zuckt zusammen. Wie ein Peitschenhieb treffen ihn die Worte! Das war... DER SEGEN SEINER MUTTER! Die Hand an Evas Hemd brennt ihm wie Feuer, und wie ein heißer Strom schießt das Blut in seinen Schädel. Entsetzt stößt er den Knirps da vor sich fort...! Wieso muß dieser Bengel ausgerechnet diese Worte zu ihm sprechen...?
Voller Wehmut schließt er seine Augen, und längst vergessene Bilder tauchen in seiner Seele auf. Wie einst sieht er die Mutter an seinem Bette sitzen, als er ein kleiner Junge war, und hört sie diesen Segen sprechen. Täglich segnete sie ihn mit diesen gleichen Worten.
»DIOS TE BEENDIGA, PEDRO, MI QUERIDO MUCHACHITO! GOTT segne dich, mein geliebter kleiner Pedrojunge!« Jeden Morgen, jeden Abend diese gleichen Worte...! Selbst damals noch, an

jenem schreckensvollen Tag, als sie für immer Abschied von ihm nahm, weil sie an diesem unheilvollen Mückenfieber starb.

O, wie er sie entbehrte...!

Pedro stöhnt. Ein dumpfes Röcheln steigt aus seiner Kehle, fast klingt es wie ein Schrei.

Seine Mutter war es, die ihn lehrte, daß Arbeit heilig ist und man nicht stehlen darf, selbst wenn man Hunger hat! Sie nahm ihn immer mit, wenn sie in fremden Häusern wusch und kochte oder putzte. Meist spielte er zu ihren Füßen, doch bald schon versuchte er, auf ungeschickte Kinderart bei allem ihrem Tun zu helfen.

Nach ihrem Tode blieb keine andere Wahl als nur das Leben auf der Straße. In den ersten Nächten lag er hungrig und verzweifelt unter diesen widerlichen Brücken. Doch dann riß er sich gewaltsam seine Trauer aus dem Herzen wie man Schlangen oder Skorpione tötet. Das rauhe Straßenleben duldet keine Wehmut. Wer überleben will, darf nicht an gestern denken!

Um sein Herz wuchs eine harte Kruste.

Genau wie Blanco wurde er von einer Bande aufgelesen und mußte reihum für die großen Jungen Schuhe putzen. Gründlich lernte er ihr Handwerk und ebenso die Fäuste seiner 'Herren' kennen. Doch seine eigenen wuchsen auch! Sie wuchsen sogar kräftig...! Er wurde stark und groß und schlug sich bald im wahrsten Sinne des Wortes durch. Nun ist er selbst schon lange Boß von einer eigenen kleinen Bande.

Warum mußte dieser Bengel nun ausgerechnet mit dem Segen seiner Mutter kommen...? Er reißt die alten Wunden auf, die er schon längst vergessen glaubte, und macht ihn lächerlich vor sich und seinen Leuten. Ach, hätte er ihn doch nicht weggefeuert wie ein heißes Eisen...! Dann könnte er jetzt sich und seinen Kameraden zeigen, wie man so einen lächerlichen Wurm vernichtet und zermatscht...!

Die Wut reißt ihn zurück aus seinen Träumen. Pedro sperrt die Augen auf und starrt verblüfft auf seinen Sklaven. Da steht er vor ihm, dieser Wurm... immer noch und gegen jedes menschliche Begreifen! Wieso ist dieser blöde Hund nicht fortgerannt...?

Ganz einfach, Evas Beine sind wie festgewurzelt. In ihr fließt eine Kraft und hält sie fest. Da gibt es einen sonderbaren Strom, der

sie umhüllt und trägt und der ihr jede Angst genommen hat. Sie weiß nur: DIES IST GOTT! Sie rief IHN an, nun ist ER da! Sie kann nichts anderes tun als MIT IHM SEGNEN! Der Segen rutscht ihr nur so raus. Wie Seife löst er sich von ihrer Zunge und rollt und rollt. Sie hat ihn vorhin unentwegt geübt:
»GOTT segne dich, Pedro!
DIOS te beendiga...!
GOTT segne dich... GOTT segne dich... GOTT segne dich...!«

Das verlorene Gesicht

Pedro glaubt, er hört nicht richtig.

Fassungslos stemmt er die Arme in die Seiten, neigt sich zu diesem Knirps herunter und starrt ihn staunend an. Hat dieser Idiot denn weiter nichts im Kopf, als ihn zu segnen...? Er knallt ihm eine runter, daß es kracht, und der hält ihm die zweite Wange hin, als wäre es ein Zuckerschlecken und hört und hört nicht auf mit dem verdammten Segen! Total verrückt der Bengel, und dieser Jesus auch!

Er ist bestürzt, erschrocken... ja, beschämt! Etwas will an sein Herzen rühren. Ist es die Mutter...? Oder dieser Junge...? Doch so schnell ist er nicht weich zu kriegen.

»Blöder Zufall!«, knirscht er. Und wieder wird ihm klar: Der Knirps hier ist gefährlich...! Er raubt ihm alle Kraft und macht ihn wehrlos wie ein nacktes Baby! Wut steigt in Pedro hoch! Eiskalte Wut auf sich und seine Schwäche und Haß auf diesen Burschen, der ihn mit ein paar süßen Worten so mühelos in einen Hampelmann verwandelt. Grob packt er ihn am Hemd. »Du bist geliefert!«, brüllt er wutentbrannt. »Keines deiner Worte soll mich jemals wieder aus der Stimmung bringen...! Ich werde dich lehren, mich zu segnen, oder auch nur gern zu haben! HASSEN sollst du mich!«

Pedro kennt sich selbst nicht mehr. Er beutelt Eva wie einen alten Schuhputzlappen. »Wenn du nicht augenblicklich hier zu meinen Füßen kriechst und um Erbarmen winselst, vertrimm ich dich zu einem morschen Trümmerhaufen, und du stehst nicht mehr auf...!« Hungrig blickt er sein Opfer an.

Eva graust. Wie in einem bösen Traum vernimmt sie Pedros haßerfüllte Worte. Seltsam, und dennoch sieht sie auch den kleinen Blumensauger, der schimmernd wie ein Edelstein im letzten Abendlicht um ihre Köpfe schwirrt, als wäre er der Bote aus einer anderen Welt.

»Na wird's bald?«, drängelt Pedro ungeduldig. »Deine 'Freunde' werde ich zur Hölle schicken, falls sie noch weiter zu dir halten! Du aber dienst von nun an nur noch mir...!« Er knurrt jetzt wie ein böser Hund. »Du wirst auch keine müden Scheine heimlich in die eigene

Tasche stopfen, denn auch dein Trinkgeld ist in Zukunft meins...! Hast du kapiert? ICH BIN DEIN HERR...! Nur ich ALLEIN...!«
Pedro schlägt sich auf die Brust. »Entscheide dich! Ich zähl' bis drei...!«

Eva wird auf einmal wieder munter. Was sagt er da? »ICH... BIN DEIN HERR?«

In der Bibel steht, man soll nur EINEM HERREN DIENEN...! IHM natürlich! Ist doch klar! Aber ach... wo ist ihr Mut geblieben? Und diese wunderbare Kraft...? Sie fühlt nur Angst, und ihre Beine schlackern. Wie herrlich wäre es, jetzt einfach umzukippen und in mildtätige Ohnmacht zu versinken...! Doch leider kippt sie nicht so schnell.

»Eins...«, zählt Pedro schnaubend.

Die Zeituhr tickt. Eva kämpft den Kampf ihres Lebens. Der eigene Herzschlag dröhnt wie Donnerschlag in ihren Ohren, Sekunden dehnen sich zur Ewigkeit.

»Na wird's bald...?«, donnert Pedro. »Noch warte ich... doch nicht mehr lange!«

Dreizehn kickt die Jungen in die Rippen und hält zwei Finger hoch! Ein kurzer Blick...! Die nicken schweigend mit den Köpfen. Bevor er »drei« zählt, reißen sie ihm seine Beine unterm Hintern weg, und nichts wie drauf! Dann ist Blanco wohl endlich schlau geworden und flitzt ab!

»Kriechst du noch immer nicht zu Kreuz...?«, brüllt Pedro heiser und hebt drohend seine Hand.

Die Angst vor diesem Ungeheuer löst sich als dumpfer Schrei aus Evas Kehle: »Nicht er... DU BIST MEIN HERR!«, ruft sie mit letzter Kraft. Sie glaubt, sie ruft, doch nur ein schwaches Gurgeln dringt aus ihrer angstverschnürten Kehle. »*Hilf mir, JESUS...!*«, röchelt sie. »*Und... hilf auch ihm!*«

Sie weiß wahrhaftig nicht, woher ihr diese Worte kommen. Mit einem Schlag ist wieder einmal alle Angst verschwunden, und staunend fühlt sie ihre Kräfte wachsen.

Pedros Augen funkeln. »Zwei...!«, zählt er, ballt die Hand und senkt bedrohlich seine Stimme. »Danach kommt Drei...! Entscheide dich, du lächerliche Wanze! Mach schnell, sonst ist es mit dir aus...!«

Die Jungen wechseln einen Blick. »Jetzt...!«, heißt das. Doch bevor sie sich auf Pedro stürzen, funkt ihr Sklave wie ein Blitz dazwischen. Eine unbekannte Macht schleudert Eva vorwärts. Nicht sie... *etwas* in ihr handelt. Ihre Hände umschließen Pedros Faust. Ganz nahe steht sie vor ihm und blickt in seine Augen.

»Du kannst mich schlagen«, sagt sie eindringlich, »und dennoch werde ich dich segnen...! Du kannst mich töten, ich vergebe dir! ICH SEHE, WIE DU WIRKLICH BIST...!«

Fassungslos starrt Pedro Eva an. Wieder überkommt ihn dieses elende Gefühl, schlapp zu machen und dahinzuschmelzen. Keine Spur von Angst steht in den Augen seines Sklaven, nur dieses seltsame Verstehen.

Pedro senkt den Blick. Das Leuchten dieser Augen kann er nicht ertragen. Aus den Händen, die fast zärtlich seine Faust umspannen, fließt ein seltsam warmer Strom und trifft ihn mitten in sein Herz. Vergebens sucht er seinen Haß...! Er kann ihn nicht mehr finden. Die dicke Kruste, mühsam aufgebaut im harten Kampf des Straßenlebens, zerbröckelt wie ein morsches Haus.

DAS SPIEL IST AUS...!

Was hier geschieht, geht über seinen Horizont. Pedro kann nicht weiterspielen, denn diese Regeln kennt er nicht! Wie soll man jemand schlagen, der still den nächsten Schlag erwartet, immer weiter segnet und obendrein noch seine Hände auf die eigenen legt... nur dieses seltsame Verstehen in den Augen?

WIE IST ER WIRKLICH...?

Ihm ist, als schwanke der Boden unter seinen Füßen.

Verzweifelt und mit seinen letzten Kräften schüttelt er diese Hände ab, die ihn so seltsam wehrlos machen und schnappt erschöpft nach Luft. Hilflos sinken seine Arme herunter und hängen steif und fremd am Körper, als gehörten sie nicht länger ihm. Mit einem Ruck reißt er sich heftig los, macht kehrt und wankt davon wie ein uralter Greis und ein gebrochener Mann.

Mühsam schleppt er sich fort und wirft sich hinter ein paar Büschen total erschöpft ins Gras. Sein ganzer Körper bebt und wird von heftigem Schluchzen geschüttelt.

Entgeistert blicken ihm die Jungen nach. Was ist denn jetzt passiert...? *So* haben sie den Boß noch nie erlebt!

Mahnend legt Eva ihren Finger an die Lippen, macht »pssst...!«, damit die Jungen ihm nicht folgen und geht nun selbst hinüber zu dem Unglückshaufen. Still hockt sie sich an seine Seite und legt ihm sanft die Hände auf den Rücken.

Pedro liegt bäuchlings mit der Nase in dem Gras und läßt die Tränen fließen. Sie stürzen unaufhaltsam wie ein Wasserfall und reißen große Löcher in die Mauer, die er in vielen Jahren wie eine harte Festung um sich baute. Er spielte immer nur den starken Mann und durfte niemals Schwäche zeigen. Seitdem die Mutter starb, hat er nicht mehr geweint! Nun rinnen seine Tränen wie ein offener Gartenschlauch. Das Wasser fließt in Strömen und reißt den ganzen Dreck und Abfall mit, der sich in seiner Seele häufte. Sein ganzer Körper zuckt und bebt, und eimerweise schwimmen Hochmut, Stolz und eine Menge Eigenliebe mitsamt dem Größenwahn auf Nimmerwiedersehen fort. Endlich ist Pedro wieder Kind und darf nun weinen! Hemmungslos schluchzt er den Kummer um sein gebrochenes Heldentum ins Gras, und übrig bleibt ein ganz normaler Junge. Tröstend spürt er Evas Hand auf seiner Schulter.

So etwas braucht Zeit, doch Eva hat Geduld. Sie selbst ist immer noch beschwingt von dieser wunderbaren Kraft, die unversehens zu ihr kam, sie weiß wahrhaftig nicht wieso. Es macht sie leicht und froh, sie kann nichts anderes tun als immerzu nur »danke« sagen.

Plötzlich zischt ein kleiner Ball haarscharf an ihrem Kopf vorbei und reißt sie raus aus dieser wunderbaren Schwingung. Zeternd stürzt der zauberhafte »Bote aus einer anderen Welt« sich auf die Blütenhecke. Ein Konkurrent hat sich herangewagt, genauso schillernd schön wie er und taucht den unverschämten Schnabel genüßlich in die roten Blütenkelche. Wutgeladen greift Nummer eins den Räuber an und jagt ihn lauthals schimpfend fort. Nun sitzt er hochzufrieden auf einem dürren Ast, blickt siegreich in die Runde und gönnt sich eine kurze Rast.

»Sind wir nicht auch ein bißchen so wie dieser wunderschöne kleine Zwerg?«, grübelt Eva. »Außen angetan mit bunten Federn und innen häufig giftgeladen...!« Sie bläst die Backen auf, so prall es geht, die linke tut noch ganz schön weh. Nachdenklich blickt sie ihren Herrn und Sklavenhalter an. Dem ist jetzt auch die Puste ausgegangen, genau wie neulich ihr. Knatternd läßt sie ihre Luft entweichen und hört ihn undeutliche Worte stammeln.

»Sprich lauter...!«, fordert sie, doch Pedro brabbelt weiter. »Du sprichst wie ein verschnupfter Papagei!«, stellt Eva fest. »Falls du dich unterhalten möchtest, bitte deutlich!«

Zerknirscht hebt Pedro seinen Kopf. Noch immer fließen seine Tränen und verschmieren mit Gras und Erde sein verschwollenes Gesicht. »Du hast gewonnen...!«, schnauft er zutiefst gebrochen, wischt die Augen aus und schmiert sich noch mehr Dreck um seine Nase.

»Nicht ich...«, sagt Eva leise. »*Er...!*«

»Und nun bist du der Boß...!«, behauptet Pedro schniefend, und tiefe Trauer steht in seinen Augen.

Eva denkt, sie hört nicht richtig. »Wie bitte...? »WAS«... bin ich?«

»Genau das, was du immer wolltest...!«

»Und WAS wollte ich...?« Eva kapiert noch immer nicht.

»Du wolltest immer schon von Anfang an der Boß der Bande sein...!«

Eva fällt aus allen Wolken. »Stimmt was nicht in deinem Oberstübchen?«, erkundigt sie sich besorgt.

Doch nun legt Pedro richtig los. Genau wie vorher seine Tränen schwappten, fließt jetzt sein ganzer Kummer wie ein übervoller Wassereimer hemmungslos aus ihm heraus. »Du hattest weiter nichts im Kopf, seitdem du bei uns bist, als mir 'nen Tritt zu geben, so klein du bist, um selbst der Boß zu sein...!«, quetscht er verbissen durch die Zähne. »Nun hast du es geschafft...!« Er schluchzt. »Ach, warum nur kann ich dich nicht schlagen...?« Verzweifelt trommeln seine Fäuste auf den Boden. »Wenn du dich wehren würdest... nur ein bißchen...! Aber so...!«

Sein Kopf rutscht wieder runter, und hilflos krallen seine Finger sich ins Gras.

Endlich hat's geschnackelt...! »Du spinnst...!«, stellt Eva trocken fest und schüttelt über so viel Unverstand und Mißverstehen fassungslos den Kopf.

»Und ich...«, stöhnt Pedro, »ich habe mein Gesicht verloren...!«

Wieder verkrampft sein Körper sich zu wildem Schluchzen.

Doch nun platzt Eva lauthals los: »Verloren hast du's nicht«, gickert sie. »Es klebt noch immer dran an deinem dicken Schädel! Du hast es nur mit lauter Dreck verschmiert, haha...! Als ob ein ganzer Papageienschwarm darüber weggekleckert hätte...!« Zu komisch, was Pedro von ihr denkt.

Gewaltsam reißt sie sich zusammen. »Ich bin kein Boß...! Und will auch niemals einer werden...!«, stellt sie die Dinge richtig, und immer noch mit einem Kichern in der Kehle. »Ist doch völlig klar! DU BIST DER BOSS...! DER EINZIGE, DER DAZU TAUGT...! WER SONST...?«

Ungläubig starrt Pedro Eva an, fassungsloses Staunen in den Augen. »Du *willst* das gar nicht...?«, stottert er. »Du *willst* nicht Chef der Bande sein...? Verdammt noch mal, wozu dann dieser ganze Zauber...? Die Brote neulich und der Kaffee...? Bezahlt mit deinem bißchen Geld...! Daß du mich segnest...! Und... was du zu mir sagtest...! Daß du... daß du mich magst!« Er schluckt... »Und auch das andere...«, fast scheu blickt er auf ihre Hände. »War das denn alles echt...? Du meinst es wirklich so...?«

»Na klar, was dachtest du?«

»Ich dachte...«, Pedros Gesicht wirkt leicht verstört. Eilig schluckt er runter, was er dachte. Mit einem Ruck setzt er sich auf und schneuzt den feuchten Dreck und letzten Tränenrest energisch in sein Hemd. Danach wischt er die Nase gründlich mit dem Ärmel ab und starrt sie staunend an.

»Ich habe dich gehaßt«, bekennt er ehrlich. »Und behandelt hab' ich dich wie einen feuchten Haufen Dreck! Weiß der Geier warum! Ich wollte dir... «

»Stop...!« Eva hebt eilig ihre Hand und bremst ihn schnellstens ab. »Glaub bloß nicht, daß ich besser war als du! Nicht so viel...!« Sie schnippt mit ihren Fingern. »Ich wollte nämlich auch...! Ich wollte noch ganz andere Sachen mit dir machen...!«

»Du«...?«, staunt Pedro und rückt erfreut ein ganzes Stückchen näher. »Was wolltest du wohl mit mir machen...?«

»Ich w-wollte...«, druckst Eva, »ich w-wollte dir mit *deinem* Taschenmesser...«, sie fischt es aus der Hosentasche und wirft es Pedro hin,«»da w-wollte ich bei Nacht, wenn du am tiefsten schläfst... den Strick von deinem Hängebett zersäbeln, damit du aufgedunsener Frosch herunterknallst und dir die Knochen brichst...!«

Eva schaudert. Nun ist es also raus aus ihrer dunklen Seele.

Ein erstes Lächeln huscht zaghaft über Pedros verquollenes Gesicht. »Erwürgen wolltest du mich auch«, erinnert er sich fast heiter. »Beinahe hättest du mich umgebracht, weil ich so schwach und mickrig bin...!« Entwaffnend grinst er Eva an, sein alter Charme kommt langsam wieder durch. Dann schüttelt er den Kopf. Soweit so gut! Bis dahin kann er ohne Mühe folgen. Doch was danach geschah, bleibt immer noch ein ungelöstes Rätsel!

Sehr behutsam und voller Vorsicht packt er sie am Hemd: »Nun rück schon raus! Wieso bist du nicht abgezwitschert, als ich dich verschrotten wollte...? Hattest du keine Angst...?«

»Und ob...! Ich hab' geschlottert wie ein dürrer Baum!«

Pedro schüttelt verständnislos den Kopf.

»Verstehe nichts...! Warum bist du nicht abgezischt?«

»Ich konnte nicht«, sagt Eva leise.

»Du... *konntest* nicht?«

»Ich konnte schon! Ich *durfte* nicht!«

Ratlos starrt Pedro Eva an. »W*er* zum Geier kann dir verbieten, wie eine Mondrakete abzuschießen, wenn es um harte Prügel geht...?«, forscht er zweifelnd.

»*Er* sagt: Fürchtet euch nicht, ICH BIN BEI EUCH BIS AN DER WELT ENDE!«

»Allerdings...! Viel hat da nicht gefehlt, daß sie für dich am Ende war!«, bemerkt Pedro trocken. »Nun hör gut zu, entweder ist *mein* Grips kaputt, oder *deiner!* Du hattest also Angst, das hast du gerade zugegeben, und trotzdem bliebst du wie festgedonnert vor meiner Nase stehen, weil *einer* dir solchen hirnverbrannten Quatsch in deine Ohren flüstert! Verdammt noch mal, wie soll ich das kapieren...?«

Eva denkt heftig nach, und plötzlich hat sie's. »In uns...«, erklärt sie, »spricht immerfort und ständig eine Stimme. Die sagt uns, was wir tun und was wir lassen sollten...!«

Pause.

Verblüfft starrt Pedro sein Gegenüber an. »Weißt du was...? Ge-

nau dasselbe sagte meine Mutter!« Er versinkt in tiefes Schweigen.
»Bloß ich... verdammt noch mal, das hatte ich vergessen...! Meine Mutter sagte, diese Stimme ist sehr leise. Man muß ganz still sein, denn sonst kann man sie nicht hören...!«

»Man muß horchen und ge-horchen...!« Eva lacht verschmitzt und muß an ihren Helfer denken.

Pedro dröhnt der Kopf von diesen harten Brocken, die pausenlos auf ihn herunterdonnern. Kaum hat er einen mühsam inhaliert, rollt bereits der nächste. Wie in aller Welt soll er das alles schlucken...? In komischer Verzweiflung schlägt er die Hände vors Gesicht.

Doch völlig ungerührt kramt Eva ihre Bibel raus »Da gibt es etwas mit der Angst...!«, erklärt sie triumphierend und schlägt sie auf. Die entsprechende Seite hat sie mit einem Eselsohr verziert.

Pedro spreizt vorsichtig die Finger und schaut fast ängstlich durch die Ritzen seinen Sklaven an. Er hat gewaltigen Respekt vor ihm bekommen. Doch schon liest Eva vor: »Furcht gibt es in der Liebe nicht, sondern die vollkommene Liebe vertreibt die Furcht...!«

»Willst du damit sagen...«, stottert Pedro verblüfft«, und nimmt nun endlich seine Hände vom Gesicht, »willst du sagen, du hattest dich entschlossen... *mich... zu lieben...!*«

»Na ja... nicht ganz! Doch in gewisser Weise schon...! Ich habe mich für *ihn* entschieden, für *Jesus Christus*. Ich schrie nach *ihm* in meiner Not, und alle Angst war weg! Denn *er ist Liebe!*«, fügt sie leise hinzu.

»Liebe...?«, grübelt Pedro. Er probiert das Wort auf seiner Zunge und kaut es gründlich durch. Es schmeckt sanft und gut und voller Frieden wie einstmals seine Mutter, und sein Herz schlägt unwillkürlich höher. Haß dagegen schmeckt nach Prügel, nach Gewalt und all den Dingen, die er bislang mit seinen Fäusten übte! Fast bewundernd schaut er Eva an. Der schmale kleine Kerl entschied sich also für die Liebe... und hat gesiegt!

»Und das hast du gewagt...? Du hast dich einfach drauf verlassen, was dort in deinem Buche steht und eine unsichtbare Stimme in dir flüstert...? Und daß dir einer hilft, der längst hinüber ist...? Du lieber Himmel, für so was hätt' ich keinen Mumm!« Er kratzt sich seinen Schädel, dann ballt er seine Faust und schaut sie sinnend an.

Wenn dieser Bursche nicht ohne die geringste Schramme so harmlos lächelnd vor ihm säße, würde er es keinem glauben!

»Es nützt nicht viel, darüber nachzugrübeln«, gibt Eva zu. »Das meiste in der Bibel klingt zum Haarausraufen, bis... ja bis man dann endlich einmal horcht und schließlich auch gehorcht. Vor allen Dingen aber muß man g l a u b e n!«

Pedro bleibt keine Wahl. Auch er muß irgendwie an diese Sache glauben, denn dieser Junge hat gesiegt! Und er ist echt...! Das weiß er plötzlich ganz genau. Der will tatsächlich nichts! So etwas wie Begreifen zuckt durch seine Seele. Am Ende ist er so ein Mensch wie seine Mutter, der gar nichts für sich selber will und einfach gibt und... liebt? Ungläubig staunt er Eva an, und auch die letzte Kruste um sein Herz kriegt krachend Risse und zerknaxt.

Unvermittelt springt er auf, voll Schwung und energiegeladen wie zuvor. »Wenn das so ist... wenn du das wirklich meinst, was du mir vorhin sagtest, UND ICH BIN IMMER NOCH DER BOSS... weißt du was...? Dann schenke ich dir die Freiheit!«

Eva fällt aus allen Wolken. Soll sie nun lachen oder weinen...? »Du meinst... ihr wollt mich nicht mehr haben...?«, stottert sie. »Ich soll fortgehen...? Einfach so...? Irgendwohin...? (Du lieber GOTT, *wohin...?)*«

»Ich meine, erklärt Pedro strahlend, »es wäre einfach klasse, wenn du bei uns bleibst! Große Klasse wäre das! Du könntest reihum unsere Schuhputzkästen mitbenutzen, bis du deinen eigenen hast.... Denn alles Geld, was du verdienst, ist selbstverständlich deins!«

Eva kommt aus dem Staunen nicht heraus. »Und dein verlorenes Gesicht...?«

Ein strenger Seitenblick in Richtung Mitgenossen, die immer noch verscheucht wie ein paar Hühner hinter ihren Büschen hocken: »Das krieg' ich in den Griff...!« Pedro ist plötzlich wieder ganz der alte. Oder doch nicht ganz?

»Wie gehabt...!«, stellt Eva trocken fest. »Mit Gewalt und deinen Fäusten...!«

Ein breites Grinsen läuft wie heller Sonnenschein über Pedros verquollene Züge und verleiht ihnen eine ungewohnte und seltsame Schönheit. »In Zukunft werde ich so manches anders machen!«, erklärt er ernst. »Du hast gesiegt, und der Verlierer muß die Folgen tragen! Doch weißt du was? Der Sieger auch...! Was du hier sagst und tust, ist mir noch mächtig neu und ungewohnt. Aber du könntest mich ja beraten...! Und auch mal kräftig in die Rippen stoßen, falls ich zu schnell die Fäuste hebe...! Bitte, Blanco...! An Mut fehlt's dir wahrhaftig nicht!« Er schaut sie fragend an, steht schwungvoll auf und streckt ihr fast ängstlich seine gewaltige Pranke entgegen.

»Abgemacht...?«

»Abgemacht...!«, jubelt Eva. Auch sie springt auf, und ihre Augen glänzen. Feierlich legt sie ihre kleine Hand in seine große. Sie wissen es noch nicht, doch sie ahnen es bereits: Von nun an sind sie Freunde!

Oh du alles verwandelnde Macht der göttlichen Liebe!

Einmal wieder Mädchen sein

Wieder einmal geht ein Tag zur Neige.
Eva hockt auf einem kühlen Brunnenrand inmitten einer hübschen kleinen 'plaza' und zählt beglückt ihr eigenes Geld. Sie ist umringt von Tauben und von ihren Kumpeln, die genau wie sie die Frische suchen, und strahlt und platzt beinah vor lauter Glück!
Pedro hat Wort gehalten! Seit Tagen ist sie nun schon ein freier Mensch und kann dies Wunder immer noch nicht völlig fassen. Staunend blickt sie auf das viele Geld in ihren Händen. Es fehlt nicht viel, dann reicht es für den eigenen Schuhputzkasten! Und heute abend könnte sie anstelle der arepas mal was ganz Besonderes und Leckeres wählen. Zum Beispiel Tintenfische in pikanter Knoblauchsoße oder feine Camerones auf frischer Aguacate oder die roten Pfefferschoten mit gezupftem Fleisch und üppigem Salat...! Und einen ganzen Liter Saft bei dieser Hitze...! Und hinterher ein doppelt großes Eis...! Sie könnte und könnte und könnte...! Sie ist ein freier Mensch! Ja, wenn sie wollte, könnte sie der kleinen Bande glattweg den Rücken kehren und verschwinden, wenn sie nur wüßte, wo der Vater steckt.
Aber seltsam, genau das will sie gerade nicht! Jedenfalls nicht jetzt und heute! Heute will sie hier und bei den Jungen sein, natürlich unter Pedros starkem Schutz, und Spaß mit ihnen haben! Und morgen auch und eine lange Weile noch...! Und all den Unfug und den Quatsch genießen, den sie trotz aller Arbeit ständig miteinander haben.
Wieder schaut sie glücklich auf das Geld in ihren Händen. Doch nicht nur sie...
Ein freundschaftlicher Knuff weckt sie aus ihren Träumen. Kein harter, grober wie in früheren Zeiten, oder gar ein Tritt ins Schienbein! O nein, seit ihrem heftigen Gefecht mit Pedro läuft alles denkbar friedlich ab...!
»Hat sich wohl massig gelohnt heute...?«, fragt Dreizehn strahlend.
»Mann, so was sieht doch selbst'n Blinder mit 'ner schwarzen

Brille auf der Nase...!«, stellt Unschuld tadelnd fest. Er reckt sich auf die Zehenspitzen, schielt über Evas Schulter und zeigt mit seinem schwarzen Schuhputzfinger glücklich auf die Scheine. Sonntag reibt als echter Straßenhändler begeistert seine Hände. Mit einem schnellen Blick hat er schon längst die ganze Summe überschlagen. Nun sieh mal einer an, sein Findling hat das Zeug zum freien Unternehmer! Sie sollten auch späterhin gemeinsame Geschäfte machen...!

Pedro benimmt sich wie ein frischgebackener Vater, der seinem kleinen Sohn die ersten Schritte zeigt. Kräftig klatscht er seine Hand auf Evas Schulter, rüttelt sie und lobt: »Bravo chico (Kleiner)! Mach weiter so, das hast du wirklich gut gemacht!«

Die Kumpels freuen sich und starren auf das Geld in Evas Händen, als wären es die eigenen Scheine. Sie mögen ihn, den schmalen, weißen Jungen, der bis vor kurzem noch ihr Sklave war und dürfen ihm nun endlich offen ihre Freundschaft zeigen! Die ist wie eine zarte, kleine Blume zwischen grauen Pflastersteinen fast unbemerkt in ihren Herzen aufgebrochen. Und nun hat's also auch den Boß erwischt! Buchstäblich über Nacht ist diese gleiche Freundschaft zur Überraschung seiner Mitgenossen wie ein Vulkan in Pedro hochgeschossen und lodert nun lichterloh in heller Glut. Immer wieder knallt er ihr begeistert seine Pranke auf die Schulter, und Eva blickt gerührt in lauter strahlende Gesichter.

Doch plötzlich gibt es eine Unterbrechung. Ein Mädchen hopst in diesem feierlichen Augenblick vorüber, etwa so groß und alt wie sie, und Eva gibt es einen Stich ins Herz. »Nur ein Mädchen«, würden ihre Kumpels sagen! Was heißt hier »nur«...? Es ist ein Traumgeschöpf, das da beschwingt an ihr vorbeispaziert! Allein der blaue Jeansrock mit dem bunten Spitzensaum, der keß nach allen Seiten wippt! Die süße, gelbgetupfte Bluse... Und dann die rote Schleife in den braunen Locken...! Ein Seufzer ringt sich aus Evas Brust: »Das könnten *ihre* Haare sein...!« Und nicht zu glauben, diese weißen Socken...! Auf jeder prangt ein himmelblauer Schmetterling...!

Ach, einmal wieder Mädchen sein...! Und einmal wieder Röcke und so lange Locken tragen...! Vergessen ist das Geld in ihren Händen.

Sie kriegt den Blick nicht los von diesem Traumgebilde, das so vergnüglich neben einer schlanken Frau daherspaziert. Wie sollte es nicht hopsen oder springen und vergnügt und fröhlich sein, die eigene Mutter an der Seite...? Wehmütig blickt sie den beiden nach, und wieder hebt ein tiefer Seufzer ihre Brust.

Ein Schreckensruf holt sie zurück ins Straßenleben. »Nun seht euch bloß den Knirps hier an...!« Empört stemmt Pedro beide Arme in die Seiten und schüttelt sorgenvoll den Kopf. »Chico (Kleiner), wieso fängst du denn jetzt schon an...? Das ist noch viel zu früh für dich...! Laß bloß die Finger von den Weibern...!«

»Genau...! Das bringt nur Ärger und Probleme...!«, warnt Dreizehn wie ein alter Greis.

»Ich kann nur sagen: Pfoten weg«, meint Sonntag angewidert. »Du bist noch viel zu klein, um schon den Frauen hinterher zu gaffen! Die meisten bringen sowieso kein Glück!«

»Und dabei siehste selber wie ein Mädchen aus...!«, stellt Unschuld fest. »Wenn du in solchem Plunder steckst wie die dort drüben, dann könntest du genau wie die als Mädchen gehen...!«

Verblüfftes Schweigen. Dann brechen alle in schallendes Gelächter aus und ahnen nicht, wie nahe sie der Wahrheit sind.

Au Backe! Der Schreck saust Eva in die Glieder, und ihr Herz macht einen fürchterlichen Satz. Wie immer in der Not ruft sie sofort zu Gott, und schon kommt ihr der rettende Gedanke. *Sie selbst geht jetzt zum Angriff vor!*

»Und du...?«, faucht sie zurück. »Viel besser noch als ich taugst du als Mädchen mit deinem niedlichen Gesicht und diesen hübschen Grübchen...! Schau dich doch bloß mal an...!« Kreideweiß ist sie vor lauter Schreck geworden, fast wie die Marmorsäule in dem Brunnen. O wenn der Junge wüßte...! Knallhart traf er den Nagel auf den Kopf!

Alle Augen richten sich erheitert auf den Kleinsten und Eva atmet auf. Unschuld nimmt nichts krumm. »Meinst du...?«, staunt er. »Wirklich..?«

Verdutzt blickt er an sich herunter und versucht erfolglos, sein rundes Bäuchlein einzuziehen. Doch diese Mühe ist vergebens! Zweifelnd schaut er sich noch einmal an: »Nee, ich nicht! Ich bin zu dick...«!

Protest von allen Seiten: »Na und...? Es gibt auch dicke Mädchen!«

»Jawohl, und die gefallen mir viel besser als die dünnen Dinger!«

»Mir auch, ich mag kein mageres Gestell!«

»Ich mag am liebsten schlanke Mädchen«, behauptet Eva mutig!

»Hör du bloß auf«, empört sich Pedro streng und hebt schon wieder mahnend seinen Finger. »Du bist noch längst nicht reif für solche Sachen...!«

Eva beißt sich schleunigst auf die Lippen, um bloß nicht lauthals loszugackern. Ganz fest nimmt sie sich vor, in Zukunft keine Blicke mehr an irgendwelche Mädchen zu verschwenden, ganz gleich, was sie für wundervolle Sachen tragen. Doch *träumen* wird sie weiterhin von bunten Röcken, das kann man schließlich nicht verbieten.

Derweil kramt Sonntag eifrig ein bunt geblümtes Tuch aus seinem Wunderkasten, verziert mit ein paar dunklen Schuhcremeflecken, und drapiert es malerisch um Unschulds Kopf. Der macht sofort begeistert mit, fischt sein überlanges T-Shirt aus der Hose, hängt es über seinen dicken Bauch und krempelt die Hosenbeine hoch. Nun sieht er wirklich wie ein kugelrundes Mädchen aus.

Das ist ein Spaß!

»Hombre (Mann), bist du auch wirklich sicher, daß du kein Mädchen bist...?«

Unschuld lacht mit beiden Grübchen. Er ist so sicher, daß er kokett sein Hemd an beiden Zipfeln faßt und es beschwingt um seine runden Lenden wirbelt. Die Jungen klatschen jubelnd in die Hände, und so legt er gleich noch ein paar flotte »joropo« Schritte auf das Pflaster. Danach hebt er graziös sein Hemd und knixt und dankt kokett nach allen Seiten. Die Jungen klatschen hingerissen, und Evas Sorgen lösen sich in schallendem Gelächter. Unschuld mit seinem sonnigen Gemüt ist wieder mal die große Rettung!

Sie kullern sich vor Lachen. Und dann fängt Pedro plötzlich an, im Takt zu klatschen, und alle klatschen mit. Der sonst so scheue Dreizehn hat plötzlich eine verbeulte alte Büchse in den Händen und kratzt und klappert auf dem Blech herum. Er hopst und trommelt, daß es allen wie Zündstoff in die Beine fährt. Sie drehen sich im

Kreis herum und tanzen 'cha-cha-cha'. Sie johlen, pfeifen, juchzen... sie stampfen mit den Füßen, und Unschuld tanzt als runde Schönheit wie ein vergnügter Gummiball in ihrer Mitte.

Selbst Eva klatscht und tanzt und wird von so viel Rhythmus mitgerissen.

Dann macht es 'klick' und 'klack', und plötzlich regnet's Münzen. Sie knallen auf die Pflastersteine; dazwischen flattern sogar ein paar Scheine. Passanten bilden einen Kreis. Sie lachen, wiegen sich im Takt und klatschen eifrig mit.

Von irgendwo ein Pfiff! Ein Ruf: »Die Polizei...!«, und schon stiebt alles auseinander.

Dank der Spenden kaufen sie ein umfangreiches Nachtmahl ein und schlendern höchst vergnügt mit 'ihrem Mädchen', den vielen Tüten und noch immer lachend zu ihrem altgewohnten Park.

Bei dieser angenehmen Brise schlafen sie schon lange wieder mückenfrei und ohne Regen friedlich unter freiem Himmel und lagern sich mit ihren Siebensachen gemütlich unter ihren Baum.

Wer bin ich …?

Eine gute Stunde später, als sie bereits mit vollem Bauch zufrieden gähnend in der Runde sitzen, lädt Pedro Eva ein, mit ihm hinauf auf seinen Baum zu klettern.

Die wehrt erschrocken ab. »O bitte nein«, sagt sie entgeistert. »Ich tauge nicht für solche Klettertouren, schon gar nicht in der Nacht! Morgen früh, wenn du es willst... da komm ich mit!«

Sie hat wahrhaftig keine Lust, bei diesem Dämmerlicht in Pedros Baum herumzuturnen und wünscht sich weiter nichts, als rücklings auf den Jutesack zu kippen.

Von wegen...!

»Jetzt oder nie...!«, behauptet Pedro streng.

»Ich bin so schrecklich müde...«, jammert Eva. Die Jungen schauen sie voll Mitleid an, doch Pedro kennt jetzt kein Erbarmen. Ungerührt schwingt er sich auf den nächsten Ast und streckt energisch seine Hände aus. Eva bleibt keine Wahl, sie seufzt zum Gotterbarmen und rappelt sich gewaltsam hoch.

Mit einem Schwung zieht Pedro sie sogleich ein ganzes Stockwerk höher. Gestützt von seiner starken Hand hangeln sie sich langsam in die Spitze.

»Hier...!«, sagt Pedro stolz und zeigt ins Astgewirr. »Rate mal was ich dir schenke...?« Erwartungsvoll schaut er sie an.

Eva braucht eine ganze Weile, bevor sie sein Geschenk in diesem fahlen Dämmerlicht entdeckt. »Ein Hängegebett!«, schreit sie bestürzt, »genau wie deins!«

»Kluges Kind...!«, lobt Pedro.

»Und darauf...«, stottert sie entsetzt, »du meinst ... *darauf* soll ich jetzt... *schlafen*?« Vorsichtig tastet sie die Zwischenräume, um nicht zu sagen Löcher, ab.

»Wie gut du raten kannst!«, grinst Pedro.

»Und... wenn ich runterfalle?«, gibt Eva zu bedenken.

»Kannst du nicht! Ist alles abgesichert!« Pedro klatscht stolz auf seine Brust. »Ach so, Moment! Ich hab' noch was vergessen!« Schwupp ist er weg, klettern kann er wie ein Affe.

Da sitzt sie nun bei Nacht und Dunkelheit einsam und verlassen in der allerhöchsten Spitze eines Riesenbaums auf einem wackeligen Löcherbett und klammert sich verzweifelt fest. »Na warte, amorcito (kleiner Liebling)...«, Eva schnauft vor Wut. Sobald er schläft wird sie den widerlichen Knilch wie einen wilden Sturmwind schütteln, damit auch er endlich mal das Fürchten lernt und merkt, wie so was ist! »Elender Hund!«, schimpft sie mit lauter Stimme, und wie in alten Zeiten schießen Haß und Ärger munter wieder in ihr hoch.

»Meinst du mich?«, fragt Pedro freundlich und schmeißt ihr etwas in den Schoß. »Dein Jutesack! Hier oben ist es nämlich frischer als da unten! Die anderen senden dir die besten Grüße und wünschen eine gute Nacht. Los, nun steig ein!«

Eva verzweifelt fast an diesem Unternehmen. Am liebsten würde sie ihm den verflixten Sack um seine Ohren knallen, doch Pedros Stimme duldet keinen Widerspruch. Er wird nicht eher Ruhe geben, bis sie in diesem blöden Beutel steckt. Seufzend kämpft sie sich hinein und liegt dann endlich lang.

»Nun, sag mal was! Gefällt es dir...?«

Keine Antwort! Eva schweigt. Stumm vor Staunen liegt sie in ihrer Wiege, über sich den klaren Sternenhimmel so nah wie nie und schaukelt sanft im Wind. Vergessen sind ihr Ärger und die ganze Wut.

»He du... Nun sag doch endlich was! Du bist doch wohl nicht weggetreten?«

»S a g e n h a f t...«, haucht Eva.

»Hab' ich ja gewußt«, murmelt Pedro glücklich. »Aber verdammt nicht leicht, so einem Sturkopp was Vergnügliches zu schenken!«

»Selber Sturkopp...!« Eva hangelt nach einem Ast, gibt Schwung und wiegt sich sanft im Wind. Rausfallen kann sie nicht aus ihrem Beutelbett weil Pedro Schlaufen dranmontierte. Die zieht sie über ihrem Bauch zusammen und starrt überwältigt in den Sternenhimmel. Was will sie mehr? Ihr starker Freund liegt neben ihr. Sie könnte ihn, wenn sie nur wollte, mit der Hand berühren ...

Sie k ö n n t e.....

Evas Müdigkeit ist weg. Fassungslos blickt sie die Sterne an und kann dies Wunder weder fassen noch begreifen. Stumm tastet sie nach Pedros Hand.

»Perdon amigo! Vergib, mein Freund, daß ich so eklig mit dir war!«

»Nur wenn du Nervensäge mich nun endlich schlafen läßt...!«, grunzt Pedro und gähnt, als käme er aus tiefstem Schlaf. Doch deutlich hört sie sein zufriedenes Lachen. Und unvermittelt schießt er hoch und boxt sie stürmisch in die Rippen. »Du kannst doch auch nicht schlafen...!«, behauptet er. »Nun schieß schon endlich los! Erzähle, *wie ich wirklich bin!*«

»Und das kann nicht bis morgen warten?«

»Nee, kann es nicht! Denn keiner weiß, was morgen ist!«

Was wird schon morgen sein...? Ein Schuhputztag wie jeder andere...! Doch jetzt ist sowieso nicht mehr an Schlaf zu denken in dieser sonderbaren Nacht. Na denn...!

»Deshalb hast du mich also hier auf diesen Baum gehetzt!«, stellt Eva fest und rappelt sich aus ihrem Sack.

»Wo denn sonst kann man dich endlich mal allein erwischen...?«, grunzt Pedro und rückt so nah es geht an Eva ran. »Nun mach schon und schieß los«, drängelt er: »Wie bin ich also... wirklich...?«

Eva lacht: »Wie der Petrus aus der Bibel!«, schießt es pistolenschnell aus ihrem Mund.

»Hä...?«, schreit Pedro voll Entsetzen. »Du meinst doch wohl um Himmels Willen nicht den Heiligen mit seinen Schlüsseln...?« Voll Abscheu zeigt sein Finger in den Himmel. »Mit *dem da oben* hab' ich nichts zu tun!«

»Mehr als du denkst!« Endlich hat Eva ihre Arme freigestrampelt und hockt nun quietschvergnügt auf ihrem Schaukelbett. »Du bist so *stark* wie Petrus...«, erklärt sie schmunzelnd, »du *heißt* wie er... und ganz genau wie er verläßt du dich auf weiter nichts als deine starken Muskeln!«

»Na klar! Auf was denn sonst...?« Pedro wirft sich stolz in seine Brust. »Bis dahin stimmt's! Doch alles weitere ist reiner Quatsch! Zufällig heiß' ich nun mal grade so wie der da oben, doch bin ich wirklich nicht das kleinste bißchen heilig!« Er spuckt verächtlich aus.

»War der auch nicht«, beruhigt Eva. »Heilig wurde der erst später, das kann bei dir noch kommen! Heiliger Schuhputzer San Pedro aus Caracas...«, gickert sie. »Mit einem Lichterkranz um seinen dikken Schädel... hahaha...!« Lauthals platzt sie los und ist so schnell nicht mehr zu bremsen.

Pedro fegt ungeduldig ihren Lachanfall beiseite: »Hör auf, hier wie ein krankes Huhn herumzugackern, und mach weiter! Wieso denkst du, ich bin wie der...? Ausgerechnet...?«

Eva japst nach Luft und fängt schon wieder an zu gickern. »Weil du dich haargenau wie er... einzig und allein auf *deine eigene Kraft* verläßt...!«

»Na klar, auf was denn sonst...?«

»Auf GOTT, du Dussel...!« Eva ist nun plötzlich ernst geworden. »Ohne IHN sind wir nichts«, erklärt sie. »Gar nichts sind wir ohne IHN!« Sie hebt bedeutungsvoll den Finger, auch wenn das kaum was bringt in diesem Dämmerlicht. »Doch MIT GOTT... SIND WIR ALLES«!

»Hm...«, brummt Pedro unbehaglich.

»Petrus oder Pedro war bereit, für seinen Herrn zu sterben«, berichtet Eva. »Er liebte ihn fast mehr noch als sich selbst und folgte ihm auf Schritt und Tritt! Sein Leben wollte er für Jesus lassen und war sich seiner eigenen Kraft und Stärke völlig sicher... Und dennoch verriet er ihn, den er aus tiefstem Herzen liebte...! Als man ihn nämlich selber schnappen wollte, bekam er plötzlich Angst und log, er kenne diesen Jesus nicht. Dreimal nacheinander wiederholte er die gleiche Lüge. Er schwor sogar, er habe nichts mit ihm zu tun. Danach war er zutiefst erschüttert über sich und seine Tat und brach zusammen. Heimlich wie ein Dieb bei Nacht schlich er sich fort und weinte bitterlich.«

»Und so ein Feigling wird dann heilig...?«, empört sich Pedro voll Verachtung.

»Kaum ein Mensch ist wirklich so, wie er es gerne von sich glauben möchte«, sagt Eva weise und denkt betrübt an ihren eigenen Seelentrümmerhaufen. Sinnend blickt sie in den klaren Sternenhimmel.

»Nun mach schon«, drängelt Pedro. »Wie geht es mit dem 'Helden' weiter...?«

Eva überhört gelassen seinen Spott. »Nicht nur der starke Petrus hatte Angst«, erzählt sie, »auch die anderen Jünger waren voller Furcht. Man wollte sie genau wie Jesus alle miteinander töten. Sie flüchteten zusammen mit Maria in ein Haus, verrammelten voll Angst die Fenster und die Türen und fingen an zu beten. Lange, lange...! Ohne Unterlaß...! Viele Tage und auch Nächte flehten sie zu GOTT und baten IHN um SEINE KRAFT.«

Pedro staunt. »Sag' bloß, die haben sie gekriegt...?«, fragt er verblüfft.

Eva ist, als würde sie die Betenden wie in einem fernen Traum erblicken, ahnt ihr leises Murmeln und sieht sie bei den Kerzen knien, angefeuert von der Mutter Maria. Ja, und dann hört sie das starke Windesbrausen, das plötzlich tösend das ganze Haus und auch die Luft erfüllt und sieht ein helles Feuer, das sich in lauter kleine Flämmchen teilt und auf die Häupter der Anwesenden setzt.

Staunend starrt Eva auf dies Geschehen. Sollte das der HEILIGE GEIST sein...? Der 'Tröster' den Jesus seinen Freunden versprach...?

»Warum sprichst du nicht...?«, bohrt Pedro mit erhobener Stimme. »Haben... sie... die... Kraft... gekriegt...?«

»Ja...«, flüstert Eva.

»Und sich nicht mehr gefürchtet...?«

»Nein...!«

»Nie mehr...?«

»Niemals mehr in ihrem ganzen Leben!«

»Caramba...!« Es qualmt in Pedros Kopf. »Und jetzt willst du mir auf die Nase binden, daß dieser Mensch vom Beten heilig wurde...?«, forscht er fast unbehaglich und verärgert.

»Genau das...!« Eva hat noch immer die Betenden vor Augen. Sie wischt sich über Stirn und Augen und reißt sich mühsam aus dem Traum.

»Und dann...? Wie geht dein Märchen weiter«, forscht Pedro ungeduldig.

Eva seufzt: »Dem Petrus oder Pedro wurde voller Schrecken klar, daß er sich selbst nicht trauen konnte! Weder sich noch seiner eigenen Kraft... und schon gar nicht seinen dicken Muskeln!« Mit einem kleinen Seitenblick auf Pedro, »NUR GOTT ALLEIN...!«

»Hmmm...«, macht Pedro.

Eva fällt in tiefes Grübeln. Da ist noch etwas, das sie dringend wissen und begreifen möchte. Und plötzlich lichtet sich die dichte Wolkenwand um ihren Kopf. Knallend schnalzt sie mit den Fingern »Ich hab's...!«, erklärt sie triumphierend. »Hör zu...! Erst *jetzt und dadurch* konnte GOTT durch Pedro handeln und ihn als Instrument benutzen! Er mußte erst einmal zusammenbrechen und 'zerbrochen werden', um zu kapieren, daß wir OHNE IHN NICHTS SIND! Danach war er total verwandelt!«

Pedro hört mit Besorgnis zu. Brach er nicht auch zusammen...? Noch gar nicht lange her...! Ist er nicht auch dabei, sich zu *verwandeln* Ein bißchen jedenfalls...!

»Wie geht es dann mit meinem, hm... mit meinem Namensvetter weiter?«, forscht er heiser und bereits ein ganzes Ende zahmer.

»Och...«, sagt Eva, als wäre es ein Kinderspiel. »Der gab dann seinen eigenen Willen auf!«

»Was sagst du da...?« Pedro ist geplättet. »Wie meinst du das...? Was soll das heißen...?«, forscht er aufs höchste alarmiert. »Willst du damit sagen... du meinst, er hatte keine Wünsche mehr und wollte... und wollte nichts mehr für sich selber haben...?«, stottert er und fällt fast aus der Hängematte.

»So ist es...! Er und seine Freunde wollten von nun an nur noch GOTTES Willen tun!«

Pedro kratzt sich verdattert seine Ohren.

»Wie lange haben sie das Spielchen durchgestanden...?«, forscht er neugierig, »immer nur das tun, was jemand anders sagt...? Und nichts mehr für sich selber wollen...?«

»Bis an ihr Lebensende...!«, bemerkt Eva heiter.

Pedro zieht einen Flunsch und schüttelt fassungslos den Kopf.

Schweigend schaukeln sie auf ihren Hängebetten. Doch nicht sehr lange.

»Weiter... weiter...! Mach schon endlich weiter...!«, drängelt Pedro stürmisch!

Und Eva berichtet: »Alle Angst und Furcht der Freunde war plötzlich wie vom Sturmwind weggeblasen! Von einem Augenblick zum anderen waren sie *verwandelt,* stürmten ohne jede Angst aus ihrem Haus und predigten sofort den Leuten auf der Straße. Und das noch in verschiedenen Sprachen...!«

Wieder ist ihr so, als stünde sie mit Petrus und den Jüngern inmitten der erstaunten Menge von Menschen, die anfangs glauben, die Männer hätten zuviel Wein getrunken. Sie hören Petrus über Jesu Tod und seine Auferstehung in ihren eigenen Sprachen reden und sehen ihn eine ganze Menge Leute taufen.

Energisch wischt sich Eva dieses Bild aus ihren Augen, denn der Pedro hier im Baum möchte die Geschichte weiterhören. »Von nun an gehorchte Pedro nur noch GOTT!«, berichtet sie. »Genau wie Jesus wurde er verfolgt und angegriffen, und oftmals wollte man ihn töten. Doch Pedro hatte jede Angst verloren. Unbeirrt zog er von Ort zu Ort und auch von Land zu Land und taufte und bekehrte viele Menschen. Wie Jesus heilte er die Kranken, denn er war nun selber *heil* geworden und konnte deshalb *heilen* und vollbrachte viele Wunder. Und solche Leute nennt man *heilig!* In seinem inneren Wesen wurde Petrus Jesus ähnlich, genau wie seine Freunde!«

Es folgt ein langes Schweigen. »Was für ein sonderbarer Vogel...!«, knurrt Pedro und wackelt staunend mit dem Kopf. »Raro! Rarissimo (sonderbar)! Und diesem Typ da, meinst du, bin ich ähnlich? Hmmm...!«

»*Bevor*... er heilig wurde«, schränkt Eva ein.

»Kein Bedarf! Das wäre wohl das Allerletzte...!«, murmelt Pedro erschüttert und sackt rücklings auf sein Hängebett.

Lange liegen sie noch wach in dieser sonderbaren Nacht und starren in den Sternenhimmel, und Eva muß an ihre Mutter denken. »Siehst du«, hört sie auf einmal ihre höchst vergnügte Stimme sagen: »DAS hast du jetzt ganz allein gelernt...!«

Wozu ein bißchen Wasser nützt

Unglaublich nahe blinkt der helle Stern, noch näher als vorhin. Er winkt und ruft, und Eva breitet gehorsam ihre Flügel aus und segelt sanft und selig wie ein Vogel in die dunkle Nacht. Senkrecht steigt sie in den Himmel, schwebt durch ein paar zarte Federwolken und läßt die Erde weit hinter sich zurück. Noch größer ist der Stern geworden und strahlend hell. Er flimmert, lockt und ruft, und Eva hat nur einen Wunsch, bei ihm zu sein und niemals mehr zurückzukehren! Kein Wunder, denn siehe da... auf einmal ist es gar kein Stern, der da so fröhlich winkt und blinkt. Es ist die Mutter...! Hat sie es nicht die ganze Zeit gewußt...?

»Ich komme...!«, jubelt Eva! »Ach Mutter, nur noch ein paar Flügelschläge...!« Schon ist sie ihr zum Greifen nahe... doch plötzlich wird sie hart gebremst. Irgend etwas hält sie fest! Eva kriegt die Kurve nicht und kann auch nicht mehr mit den Flügeln schlagen. Sie ist gefesselt...! Eine schwarze Kette hängt wie Blei an ihrem Körper und zieht sie erbarmungslos zurück. Vergebens streckt sie ihre Arme aus... sie fällt und stürzt! Wie ein Stein saust sie herunter.

»Ich falle...!«, schreit sie voll Entsetzen. »Hilfe Jesus, fang mich auf!«

Verwirrt reißt sie die Augen auf. Das war ein Sturz...! Zum Glück hat Jesus sie mit einem weichen Netz erwischt und sanft in einen Baum gehängt. Da liegt sie nun, ist völlig heil und unversehrt und schaukelt sanft im Wind.

Sie will sich aufrecht setzen, um herauszufinden wo sie gelandet ist. Doch vergebens plagt und müht sie sich...! Ihre Arme sind immer noch gefesselt. Ach so... sie steckt ja bis zum Hals in einem Sack! Jetzt weiß sie wieder wo sie ist, das alles war... ein Traum!

Was für ein Jammer! So nahe war sie ihrer Mutter und wäre fast bei ihr geblieben...! Viel hat da nicht gefehlt! Ach, warum durfte sie nicht bei ihr bleiben...? Nicht mal im Traum...? Eva seufzt. Sie weiß schon, weil sie alles lernen und probieren soll, was die Mutter ihr erzählte und auch, was Jesus in der Bibel lehrt. Dankbarkeit zum Beispiel, da hapert es noch mächtig! Und genauso hapert's mit der

Liebe! Das kann man nur hier auf der Erde lernen, hat die Mutter gesagt. Ach ja, sie hat noch viel zu tun...!

Energisch zerquetscht sie ein paar dicke Tränen und quält sich dann entschlossen aus dem Sack.

So friedlich liegt der Park im bleichen Licht der Stadt. Ganz nahe zirpt ein unbekannter kleiner Schläfer und träumt die zarte Melodie der Nacht. Alles liegt in tiefem Schlaf. Außer Beutelratten, ein paar Motten, Fröschen und den Fledermäusen ist sie wohl das einzig wache Wesen.

Weit gefehlt! Es gibt durchaus noch andere Gestalten, die ganz besonders in den späten Stunden erschreckend wach und munter sind. Zwei Lichter irren plötzlich durch die Nacht, die ganz und gar nicht in den Park gehören...! Sie tanzen hin und her und huschen flink wie Mäuse mal links mal rechts und kreuz und quer.

Das sind nicht die gewohnten Käfer mit den kleinen Blinkerlampen, die immer wieder glühen und verlöschen. O nein... das fühlt sie plötzlich ganz genau! Die dort unten sind durchaus nicht harmlos! Sie haben Böses vor...!

Eiskalter Schreck saust Eva durch die Glieder. Ihr Herz klopft bis zum Hals. Ihre Hand sucht Pedros Schulter und klopft ihm heftig auf den Rücken.

Der ist sofort hellwach. Senkrecht schießt er in die Höhe. Straßenjungen haben einen leichten Schlaf. Sie geben keinen Mucks von sich, wenn sie erwachen. Nicht mal den kleinsten Laut! Sie grunzen oder schimpfen nicht... denn sie sind ständig auf der Flucht.

»Que hay...?«, flüstert er. »Was ist...?«

Eva dreht seinen Kopf hinunter in die Lichterrichtung. Nun kann er selber sehen, was es gibt.

»Verdammt...!«, knurrt Pedro aufgebracht, »verfluchte Bande...! Mierda (Schei...!)«

Das klingt nicht gut. Weiß Pedro mehr von diesen Lichtern, die sich so unerbittlich durch das Dunkel tasten? Sie kommen näher, blitzen unter Hecken und in Büsche und leuchten ganz besonders gründlich unter Bäumen. Fast sieht es aus, als ob sie etwas suchen. Was suchen sie...? Wem sind sie auf der Spur...?

Pedro legt warnend seine Hand auf Evas Mund. »Por DIOS,

callate...! (Bleib still um GOTTES Willen!)«, zischt er in Evas Ohr! »Solche Typen haben Waffen...!« Seine Hand zittert. MEIN GOTT, der starke Pedro zittert! Hat er etwa Angst...?
Was meint er mit »den Typen«...?
Jetzt sind sie da...!
Die Angst springt über. Voller Unheil ist auf einmal diese stille Nacht, und Eva stockt der Atem. Ach sie sind sorglos geworden! Alles ging so gut in letzter Zeit und wiegte sie in Sicherheit. Und nun...?
Voll Schrecken starren sie hinunter durch das Astgewirr. Die Lichterkegel erfassen flüchtig die schlafenden Kumpane und GOTT SEI DANK... sie wandern weiter! Unten steht ein gedrungener, breiter Mann und trägt in jeder Hand suchend eine superhelle Taschenlampe. Deutlich hören sie den bösen Fluch: »Caray... wieso nur drei? Wo zum Teufel sind die beiden anderen...?«
Der Strolch dort unten sucht nach weiteren Jungen!
Eva greift erschrocken Pedros Hand. *SIE* sind es, die er sucht...! Offensichtlich kennt er sie und weiß wieviel und wer sie sind...! Gesunde, gutgenährte Kinder! Gerade die sind eines Tages spurlos weg! Wohin...? Das weiß kein Mensch...! Da gibt es nur Gerüchte. Wer sucht denn schon nach Straßenkindern...?
Jetzt schlottert Eva auch. MEIN GOTT, der Typ braucht nur hinauf in ihren Baum zu leuchten...! Fluchend kreist er durch die Gegend. »Besser drei als keiner...!«, brummt er schließlich und gibt auf. Ein Glück, er scheint in Eile...
Das Weitere geht schnell und ist Routine. Die Taschenlampen fliegen in das Gras. In ihrem Schein der kurze und gedrungene Schatten eines Mannes. Bevor die Schläfer einen Schrei ausstoßen, geschweige denn die Flucht ergreifen können, ja bevor sie überhaupt erwachen, liegt eine schwere Hand auf ihrem Mund, erstickt ihr schwaches Gurgeln mit einem dicken Stopfen und spritzt gekonnt wie eine Krankenschwester den Jungen eine schwere Ladung unter ihre Haut.
Dann ist es still... Unheimlich still!
Die Grabesstille steigt wie eine giftgetränkte Wolke zu den beiden Lauschern in den Baum. Die kippen fast von ihrem Ast, um zu

erspähen, was für Unheil dort geschieht. Nach einer kleinen Weile hängt der Kerl die eine Lampe in den Baum und lädt sich mühsam etwas Schweres auf die Schultern. Er knipst die Lampe aus und eilt davon. Im Nu hat ihn die Dunkelheit verschluckt.

Die beiden Lauscher sitzen wie versteinert, Angst und Entsetzen in den Herzen. Was schleppt er fort...? Er wird doch nicht...? O nein, das darf nicht sein...!

Plötzlich werden Evas Beine höchst lebendig. Ein Stoß in Pedros Rippen: »Apurate (mach schnell)...!«, und schon rutscht sie mit einem Schwung im Affenzahn vom Baum herunter. Sie weiß nicht, *wie* sie runter kommt... und weiß auch nicht, *was* in ihr handelt. Das ist genau wie seinerzeit, als sie das Schiff verließ. Da rastet etwas in ihr aus und läßt sie alle Angst vergessen. Nicht sie... *es* reißt sie einfach mit sich fort.

Bei ihrer Landung stößt ihr Kopf an etwas Rundes, und sie findet eine Taschenlampe! Entweder hat er sie vergessen, oder aber... er wird wiederkommen!

Sie knipst sie an und schreit entsetzt. Da liegt ein Junge... gefesselt und mit einem Knebel in dem Mund! Ist es Sonntag? Seltsam fremd liegt er auf seinem Sack und rührt sich nicht. Er ist doch wohl nicht tot...? Evas Schrei reißt Pedro aus der Lähmung. Wie ein Irrer kommt er angefegt, kniet neben Sonntag nieder, hebt seine schlaffe Hand und zeigt bestürzt auf eine große Spritze, die achtlos auf dem Boden liegt. Erschüttert blickt er Eva an. »Der Schweinekerl hat ihn gedopt...!«

»Aber...«, stottert Eva, »wo... wo sind die andern...?«

»Verschleppt...«, preßt Pedro durch die Zähne. Wer weiß wohin...? Eva hebt die Spritze auf und schaut sie prüfend an. »Halbvoll...! Na klar, der Typ hat ja mit mehr gerechnet...!«

»Mit uns natürlich! Das verdammte Schwein...!« Ein Schauer schüttelt Pedros Körper. »Der kommt zurück... schon bald, denn er will noch den letzten holen...! Wir müssen schnellstens weg von hier und nehmen Sonntag mit...!«

»Wohin...?«, fragt Eva zweifelnd.

»Ins Gärtnerhaus, dort sucht uns keiner...! Los komm... wir müssen uns beeilen!«

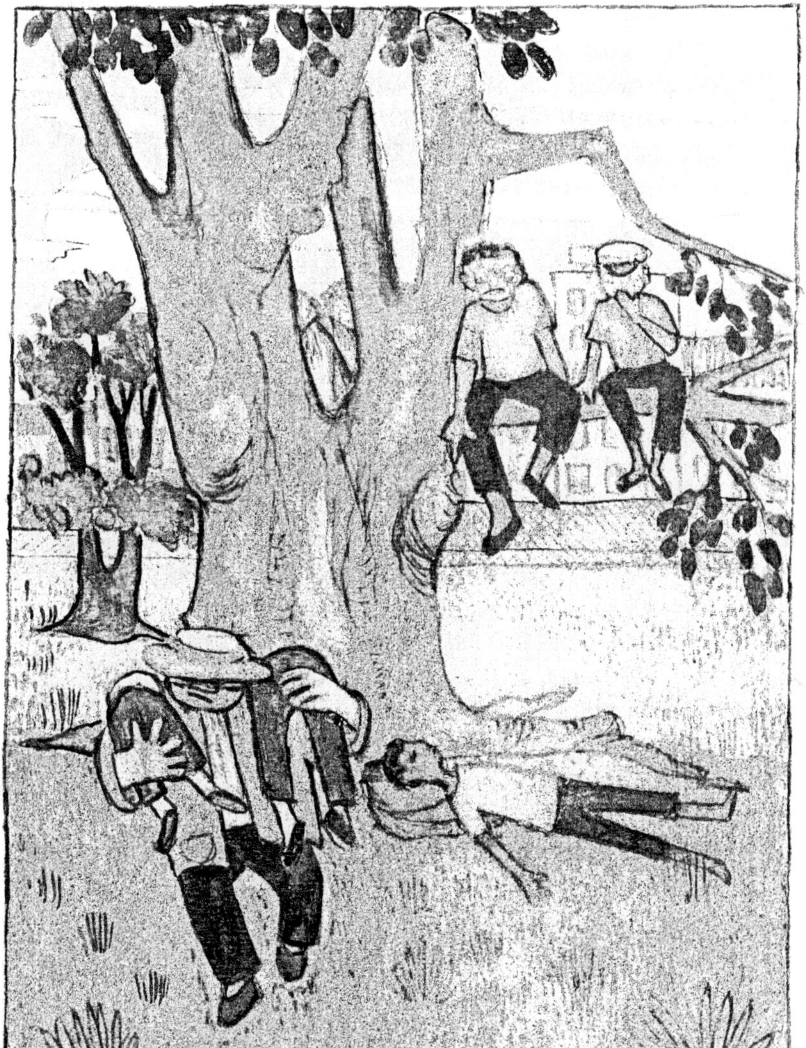

»Das müssen wir...!«, sagt Eva ruhig und rührt sich nicht vom Fleck. Nachdenklich starrt sie auf die Kokosnuß, die frischgeköpft und trinkbereit mit einem Strohhalm in der Öffnung neben Dreizehns Lager steht. Statt Rauchersucht hat Dreizehn jetzt die Wassersucht. Wenn ihn sein altes Laster plagt, greift er zum Wasser. Kokoswasser oder aus der Leitung ist egal. Doch ohne das läuft nichts bei ihm, stets hat er es zur Hand. Eva spürt, wie es in ihrem Kopf rumort.

»Was stehst du bloß herum...? Nun pack doch endlich an...! Der Kerl ist demnächst wieder da...!«

»Rauchen oder Wasser...«, überlegt Eva ohne hinzuhören. »Man könnte...! Natürlich, genauso könnte man auch Spritze oder Wasser sagen...!« Sie klatscht sich knallend an den Kopf. Plötzlich hat's bei ihr geschnackelt, und wieder überkommt sie dieses Handeln.

»Nun mach doch endlich...!«, drängelt Pedro. »Du weißt es doch, der Typ...«

»...kommt wieder!«, nickt Eva. »Ich mach' ja schon...! Komm her und leuchte mal...!« Sie drückt dem verblüfften Pedro die Laterne in die Hand, spritzt das Giftzeug aus der Spritze in das Gras, saugt Wasser aus der Kokosnuß, spritzt es wieder in die Gegend und säubert auf diese Weise gründlich die vermaledeite Spritze. Dann füllt sie sie zur Hälfte mit dem Wasser auf und sagt zufrieden: »So...!«

»So...«, äfft Pedro aufgebracht. »Was heißt hier »so«...? Du stehst hier einfach nur herum, vertrödelst Zeit und sagst bloß »so...!« Ihm wird es heiß und brenzlig unter seinen Füßen. »Nun greif doch endlich zu! Pack Sonntag an und nichts wie weg...!«

»Nein«, sagt Eva. »Wir bleiben hier...!«

Pedro starrt sie sprachlos an.

»Wir legen uns dort drüben ins Gestrüpp, von dort ist dieser Typ gekommen, und zeigen nichts als unsere Beine«, kommandiert Eva.

Atemlose Pause. Pedro graust es. Die Haare steigen ihm zu Berge. »Weißt du, was das bedeutet...?«, fragt er entsetzt.

»Klar weiß ich das...!« Eva hat jetzt die Führung übernommen. »Er buckelt erstmal Sonntag auf den Rücken, dann haut er ab und stolpert über unsere Beine! Und dann...«, erklärt sie grimmig, »dann wird er sich natürlich mächtig freuen und haarklein alles tun, was wir von ihm erwarten! Er wird uns höchst erfreut mit Dreizehns

Wasser dopen und dann auf seinen Schultern eigenfüßig zu den Freunden *tragen*! Wir brauchen nicht einmal zu laufen...!«

»Por DIOS (O GOTT)...«, murmelt Pedro erschüttert. »Ich soll hier einfach liegen und darauf warten, daß der mir Wasser in die Muskeln spritzt und mich verschleppt...? Nee, ich nicht...! Das halte ich nicht aus! Lieber lass' ich mich erschießen! Oder besser klopp' ich ihn zusammen, daß die Fetzen fliegen...!«

»Und dann...?«, fragt Eva nüchtern.

»Dann... hmm! Na klar... dann finden wir die anderen nicht! Und so... so könnten wir mit etwas Grips und sehr viel Glück... da könnten wir sie vielleicht retten...!« Bewundernd schaut er Eva an. »Genial...!«, schnaubt er und wirft sich resigniert an ihrer Seite ins Gebüsch.

»Was meinst du«, wispert er nach einer Weile, »geht alles gut...?«

Eva weiß es nicht. Sie weiß nur, daß sie tun muß, was sie tut. »Sei still...«, flüstert sie und betet: »Vater, dein Wille geschehe...!«

Doch Pedro ist nicht still. Sein ganzer Körper zappelt. »Alles ist hier voll mit Wanzen, Läusen oder Gänsepickeln...!«, jammert er. »Die krabbeln an mir rum, weil ich auf dem verdammten Boden liege...!«

»Schsch...t! Nun sei doch endlich still!«

»Wie soll ich still sein, wenn so ein Sausubjekt hier durch den Park spaziert und Kinder klaut...!«, murrt Pedro.

»Dein Wille...«, betet Eva wieder. Dann greift sie seine Hand. Und nun ist Pedro endlich still.

Doch nicht sehr lange. Verzweifelt stößt er Eva an. »Ich habe Angst...!«, flüstert er.

»Du...?«, staunt Eva. »Ich dachte, so was kennst du nicht...!«

»Jetzt lerne ich es gerade...«, bibbert Pedro. »Und du...? Hast du denn keine Angst...?«

Eva horcht in sich hinein. »Komisch... ich jetzt mal grade nicht!«

»Weil du betest...«, stellt Pedro fest. Ach, könnte er das von sich selber sagen...! So was wie Neid steigt in ihm hoch. Unvermittelt springt er auf. Nicht eine einzige Sekunde wird er hier noch weiter wie eine tote Flunder auf der verdammten Erde liegen und nicht die kleinste Flosse rühren, sondern nur darauf *warten*, daß ihn nun endlich doch die Würmer holen oder dieser Schweinekerl!

Heftig stößt er Eva an: »Komm, hock dich hin und sag mir mal ganz schnell: *Wie betet man...?*«

Eva schnaubt entrüstet: »Loco (Verrückter)...! Du weißt doch selbst, der Lump...«

»...kommt wieder...! Weiß ich so gut wie du! Nur ruhig Blut! Sobald wir seine Lampe sehen, schmeißen wir uns lang! Nun schieß schon los: *Wie* betet man...?«

»Uff...! Im Schnellverfahren beten lernen...?« Eva stöhnt. Sie weiß doch manchmal selbst nicht, *wie* sie beten soll.

»Ein andermal...«, versucht sie dieses Thema aufzuschieben.

»He... soll ich etwa warten, bis wir gemeinsam in der Hölle braten...?«

Das zieht, und Eva hockt sich hin. Sie schickt ein Stoßgebet zum Himmel: »Hilf, großer GOTT, daß ich das Rechte sage!«, und atmet dann erleichtert auf.

»Also erstmal Leitung legen...«, erinnert sich Pedro und hilft Eva auf die Sprünge. »Und dann...?«

»Danke sagen...!«

»Wieso schon *vorher* danke sagen, wenn ich noch nichts bekommen habe...?«, protestiert Pedro empört.

»Weil wir uns mit dem Danken wie eine Blüte öffnen und damit Licht und GOTT empfangen!«

»Ich bin doch kein Hibiskus...!«, wehrt Pedro sich beleidigt.

»Wahrhaftig nicht...!«, gickert Eva. »Im Gegenteil! Ne harte Nuß bist du und brauchst wie Petrus ein paar Hammerschläge auf den harten Schädel, um ihn endlich aufzuknacken!« Seltsam, sie fürchtet sich noch immer nicht. »Laß gut sein, GOTT wird das schon machen...«, tröstet sie. »Die harten Nüsse sind sehr oft die besten!«

Harte Hammerschläge auf den dicken Schädel...? Pedro schluckt.

»Das Licht...!« Eva greift seine Hand. »Dort hinten...! Siehst du nicht...? Er kommt...!«

Blitzschnell werfen sie sich auf den Bauch, und ihre Herzen klopfen. Wieder sehen sie das Licht. Es flackert kurz mal auf und ist dann weg.

»Das war ein Auto auf der Straße...!«, stellt Pedro sachlich fest.

Erleichtert rollen sie sich wieder in die Hocke.

»Wird nix...! Schade...!«, sagt Pedro traurig. »Ich bin zu blöd für diese Art von beten!«

Eva lacht. »Schon passiert! Du hast bereits gebetet...«, sagt sie trocken. »Gerade eben...!«

»Quatsch...! Ich hab kein Sterbenswort von GOTT gesagt!«

»Du hast gesagt: »ICH BIN... zu blöd!«

»Bin ich auch!«, erwidert Pedro wütend. »Ich bin zu blöd für diesen Blütenkram...! Und für das Beten auch...!« Er seufzt und hofft ganz heimlich auf Protest.

»Im Gegenteil! Du Knallkopp hast dir soeben deinen eigenen Kopf vernagelt!«, strahlt Eva.

»Hä...?«

»Im Namen GOTTES hast du dir befohlen, blöd zu sein!«

»Was... hab ich?«

»ICH BIN...«, sagt Eva und holt Luft, »ICH BIN ist nämlich GOTTES NAME!«

»Verstehe immerzu nur Frösche und Tomaten...!« Verstört kratzt Pedro seinen Kopf.

Eva überlegt. Wie kriegt sie das bloß rein in diesen Schädel...? Sie kann ja selbst kaum fassen, was sie hier plötzlich von sich gibt. »Als Moses GOTT vor langer Zeit nach SEINEM NAMEN fragte...«, berichtet sie, »da sagte GOTT...«

Blitzschnell schießt Pedros Kopf nach vorn und knallt beinah auf Evas Nase. »Aha..., und was hat GOTT gesagt...?«

»ER hat gesagt: »Mein Name ist: ICH BIN DER ICH BIN!«

»Ach...!« Pedro fällt aus allen Wolken. »Das kann ja jeder von sich sagen...!«, knurrt er enttäuscht. Dann wirft er sich in seine Brust: »Ich bin auch »der ich bin«!«

»Bist du auch, chamito...!«, jubelt Eva. »Jungchen, du hast den Nagel auf den Kopf getroffen! Du... bist... genau... so... GOTT wie ER...!«

Pedro schnappt verblüfft nach Luft. »WAS... bin ich? Kannst du das noch mal sagen...!

»GOTT hat uns nach SEINEM Bild geschaffen und uns SEINE Macht gegeben! ER gab uns alles, was ER selber ist! Deshalb fragt uns Jesus in der Bibel: Wißt ihr denn nicht, daß ihr Götter seid...?«

Stumm vor Staunen starrt Pedro den Jungen dort im Dunkeln an, der solche unfaßbaren Dinge ganz gelassen von sich gibt. Er hat vorübergehend alle Angst vergessen und glaubt schon längst nicht mehr, daß Weißer spinnt und irgendwelche lockeren Schrauben hat. Er muß sich mächtig eilen, denn die Zeit wird knapp!

»ICH BIN...?«, versucht er zögernd.

»Siehst du, und schon bist du mit GOTT verbunden! Nicht nur verbunden... du bist EINS MIT IHM!«, jubelt Eva. Ganze Welten der Erkenntnis brechen in ihr auf: »Was du in SEINEM NAMEN sagst, geschieht...!«

»Du meinst... wenn ich jetzt sage: »Ich bin... Mut, dann bin ich mutig...?«, fragt Pedro zweifelnd.

»Na klar! Du mußt nur daran glauben...!«

Sie liegen bäuchlings Kopf an Kopf. Pedro schaut in eine und Eva in die andere Richtung, um sofort in tiefen Schlaf zu sinken, sobald der Typ erscheint. Doch haben sie den widerlichen Kerl und alles um sich her in diesem Augenblick total vergessen. Um so grausamer ist ihr Erwachen.

»Da...! Das Licht...!« Heftig packt Pedro Evas Arm. »Sag noch was... schnell, bevor er kommt...! Wie geht es weiter...?«

Evas Nerven kribbeln. Noch ist das Licht in weiter Ferne. Eisern reißt sie sich zusammen. »Wir sind GOTTES Mitschöpfer...!«, flüstert sie. »Was wir in SEINEM NAMEN sagen, das geschieht. GOTT wartet nur darauf, daß wir mit IHM zusammen schöpfen!

»Genau...!« In Pedro blitzt es auf. »Ich hab schon mal geschöpft...!«, erinnert er sich triumphierend. »Wir alle...! Wir haben unser Haus geschöpft! Es hat geklappt...!« Hoffnung flammt in ihm auf.

Sie starren auf das ferne Licht, das eilig durch die Büsche flattert.

Eva gibt Pedro einen Knuff: »Nun dreh dich endlich um und halt den Mund...!«

Pedro dreht sich gehorsam um, doch still ist er noch lange nicht. »Für mich ist GOTT die große Kraftzentrale!«, flüstert er in Evas Ohr.

»Ist ER auch...«, haucht Eva. »GOTT ist ALLES! ER kommt zu

uns in jeder Form... wie wir IHN gerade rufen oder brauchen! Ich selber...«, sie zögert. »Ich selbst sag lieber 'du' zu Gott und rufe meistens Jesus! Doch nun hör endlich auf mit deinem Quatschen!«

Doch Pedro ist noch längst nicht fertig. »Kannst du GOTT hören oder mit ihm sprechen...?«

»Fühlen kann ich ihn!«

»Und hören auch...?«

»Sch...t!«, macht Eva.

»Kannst... du...?«

»Nervenbündel...!«, zischt Eva und klapst die Hand auf seinen Mund. Pedro schielt zurück. »Der hat sich hinten im Gebüsch verloren und macht bestimmt Pipi... Nun sag schon, kannst du...?«

»Jeder kann...! Auch du...! GOTT spricht immerfort mit uns, nur hören wir nicht zu! Wir müssen lernen, SEINE STIMME in uns zu erkennen. Wir müssen *fühlen, horchen* und danach *gehorchen!* Das ist alles...!«

Das Licht taucht wieder auf und nähert sich in großer Eile.

»Woher weißt du diese ganzen Sachen...?«

»Von irgendwo kommt es mir zugeflogen...«, flüstert Eva. »Vielleicht weil du mich fragst. Denk' bloß nicht, ich hätte das von mir... Ich lerne es gerade... so wie du das Fürchten lernst...«

»Dann bin ich also für dich nützlich...?«, will Pedro voller Hoffnung wissen".

»Sehr...«, faucht Eva wütend. »Und jetzt ist Schluß! Halt deine Klappe...!«

Endlich ist Pedro still.

Keine Sekunde zu früh...

Der Typ ist wieder da. Er lädt sich Sonntag auf die Schulter, geht los und stolpert dann beinahe über zwei Paar weitere Jungenbeine. »Olè...«, sagt er begeistert, denn fünf Jungen sind weitaus besser als nur drei. Wo hatte er bloß vorher seine Augen...? »Der Kerl scheint nicht besonders helle«, stellt Pedro dankbar fest, denn dabei läßt er es bewenden. Unsanft läßt er Sonntag auf den Boden plumpsen.

Da liegt ja noch die zweite Taschenlampe und auch die Spritze griffbereit. Halbvoll... genau wie er sie hinterließ. Nur die Jungen haben sich vermehrt...!

Pedro hat sich auf den Bauch gewälzt, um diesem Saukerl nicht die Fresse einzuschlagen. Er krallt die Finger in das Gras, als er die Spritze spürt und stöhnt vor Schmerz und Wut. Kurzerhand dreht der ihn auf den Rücken, stopft ihm im Handumdrehen einen Pfropfen in den Mund und drückt ihn kräftig auf den Boden. Fesseln hat er jetzt nicht dabei.

»Gleich biste weg, mein Süßer...!«, hört Pedro die versoffene Stimme sagen. »So schnell wacht ihr zwei Hübschen nicht mehr auf...!«

Der Lump kennt seinen Stoff und weiß genau, wie schnell die Spritzen wirken. Der Kleine war sofort hinüber, der Große braucht ein bißchen länger. Er hält ihn eisern fest, bis der sich nicht mehr rührt und schlaff wie ein geplatzter Luftballon in sich zusammenfällt. (O wenn er wüßte, was dies Theaterspielen Pedro kostet...!)

Dann packt er Sonntag auf die eine und Eva auf die andere Schulter und haut ab.

Verschleppt

Da liegt nun Pedro einsam und von aller Welt verlassen und leidet Höllenqualen. Empört reißt er den Knebel aus dem Mund und schmeißt ihn wütend in die Büsche. Dabei bemerkt er voller Schrekken, daß sein Gebiß wie ein kaputter Auspuff klappert. Er bebt am ganzen Leib und büßt in diesen paar Minuten alle Sünden seines kurzen Lebens, selbst solche, die er noch nicht begangen hat.

»Es war nur Wasser...!« flüstert er. »Reines Kokoswasser...! Das kann man sogar in die Venen spritzen! Ein Glück, das Gift hat Blanco gründlich rausgewaschen! Bloß die verdammte Spritze...! Uralt und stumpf wie eine Säge... tat höllisch weh...! Wer weiß, wie viele Kinder dieser Lump schon vor uns spritzte...? Dem ist's doch piepegal, ob unsereiner einen bösen Virus kriegt!«

Sein Kopf gibt den Befehl: »Hau ab, so schnell du kannst und hilf dir selbst...!«, und Pedros Beine zappeln. »Nun lauf schon los und sei kein Frosch!«, knirscht er verbissen.

Na also, warum läuft er nicht...? Woher dies messerscharfe Bohren ganz tief in seiner Brust...? Wie kann er sich denn selber helfen, wenn er die Kumpels sitzen und verrecken läßt...? Kalter Schweiß schießt Pedro aus den Poren. Seine Zähne klappern wie ein ausgedientes Moped aufeinander. Nackte Angst würgt seine Kehle, und verzweifelt ringt er um ein bißchen Luft.

Das ist die große Stunde der Versuchung! Er fällt jetzt in die gleiche trampa (Falle) wie sein großer Namensvetter und verrät die eigenen Freunde...! »Na und...?«, knurrt Pedro trotzig. Soll ausgerechnet er denn treuer sein als der..? Heilig will er sowieso nicht werden...!

Er springt so heftig auf, daß die Gelenke in den Beinen knaxen und rast los! Nix wie weg...! Hinein in die schützende Dunkelheit des Parkes, wo ihn keiner sucht und findet und in den dichten Kronen der allerhöchsten Bäume die sichersten Verstecke sind.

Er rennt wie ein Geschoß. Nur ein Gedanke treibt ihn weiter: »Mich kriegt der Saukerl nicht...!« Doch plötzlich bremst er so unvermittelt seinen Lauf, daß er fast aus den Latschen kippt.

Da ist er wieder, dieser dumpfe Schmerz in seiner Brust und wühlt wie wild in seinem Herzen. Pedro fühlt sich elend wie die letzte Laus und schäbig wie die widerlichste cucaracha (Küchenschabe). Der messerscharfe Schmerz in seiner Brust gibt keine Ruh. Er weiß genau warum...! Verdammt noch mal, weil er sich feige aus dem Staube macht und seine Kumpels einfach sitzen und verrecken läßt! Er ist noch nie davongelaufen...! Noch nie in seinem ganzen Leben! Heulen könnte er vor Angst und Wut und schlägt voll Scham die Hände vors Gesicht.

Ist dieser Schmerz in seiner Brust am Ende GOTTES STIMME, von welcher Blanco sprach...? O wie er diesen Bibelpedro jetzt versteht, den er vor kurzem einen Feigling nannte...! Und was tat der in seiner Not...? Er betete, und alle Furcht verschwand!

Unschlüssig trampelt Pedro auf der Stelle und denkt heftig nach. Blanco gab ihm eine Zauberformel, die heißt »ICH BIN«! Er sagt, man muß nur stark an GOTT und seine Wünsche denken! Aha...! Und *vorher* danke sagen...! Und fest dran glauben muß man auch... Hmm...!

»Ausprobieren...!«, beschließt Pedro. »Dann weiß man, ob es stimmt!«

»Danke, großer Kraftpott«, hört er sich mit lauter Stimme in das Dunkel sagen. »HIER BIN ICH! ICH BIN Pedro, und ich danke dir!« Er wartet eine Weile. Das ist sich wie 'ne Blume öffnen oder eine Leitung legen, fühlt er plötzlich.

»ICH BIN Liebe«, hört er sich zu seinem Staunen und statt aller Wünsche bebend sagen. »UND GLAUBE... BIN ICH AUCH!«

Wieder wartet er. »Ich helf mir selbst, denn ich bin stark...!«, behauptet Pedro schlotternd. Doch das ist eine glatte Lüge, und plötzlich kommt ihm die Erleuchtung: »Wenn er es MIT GOTT tut, wie Blanco sagte, DANN WIRD ER HELFEN«.

Kurz entschlossen macht er kehrt und wetzt von neuem los. Doch diesmal in die andere Richtung, wohin die Dunkelheit den Schuft mit seiner Last verschluckte. Wenn er noch etwas retten will, bleibt wenig Zeit zum Beten! Pedro ist ein schneller Läufer. Er rennt wie ein Geschoß, und dabei keucht er laute Stoßgebete aus den Lungen:

»Hilf, großer Kraftpott! Bleib dran...ich bitte dich...! Laß mich den Typen noch zur Zeit erwischen...!«

Ach so »ICH BIN« ist besser! Also: »ICH BIN zur rechten Zeit bei diesem Lumpen! ICH BIN der Mut und auch die Kraft, den hundsgemeinen Kinderklauer zu erwischen! Und nicht nur das... gerissen BIN ICH auch! Jawohl, und klug und schlau wie Blanco!«

Das Rennen tut ihm gut, und plötzlich überkommt ihn ein gewaltiges Vertrauen. Der dicke Stein aus Angst plumpst einfach in das Nichts, und auch das dumpfe Bohren in der Brust ist spurlos weg, und Pedro atmet auf.

Laut betend schießt er durch die Nacht. »ICH BIN der Boß in diesem Unternehmen! ICH BIN die Rettung meiner Freunde! ICH BIN die Strafe dieses Lumpen! ICH BIN DER ICH BIN...! Jawohl, das BIN ICH...! Und außerdem, DU GROSSE KRAFTZENTRALE, BIN ICH Glaube und Vertrauen!«

Wie die Feuerwehr saust Pedro durch den Park. Und dort am Zaun... direkt am Straßenrand... genau an ihrem Einstiegloch (nun sieh mal einer an...) ein offener Kombiwagen mit aufgeklappter Motorhaube! Ein echtes Schrottgefährt vom letzten Abfallhaufen. Daneben »ojo« (Augen auf), hält ein Streifenwagen!

Pedro stutzt. Wieso genau an ihrem Einstiegloch...? Ein Blick auf die geheime Maschentür! Nanu, die ist ja gar nicht richtig zu! Nur mal so grade lässig in das Loch gedrückt! Dabei hat er sie gestern eigenhändig zugehakt, und zwar mit großer Sorgfalt so wie immer! Das weiß er ganz genau!

J e m a n d hat die Tür geöffnet...! Jemand, der sie und auch ihr Schlupfloch bestens kennt! Pedro krault sich seinen dichten Schopf. Ihn gruselt's und sein Hirn läuft jetzt auf höchsten Touren.

Hat der GROSSE KRAFTPOTT sein Gebet erhört...? Ist er gerade noch zur rechten Zeit gekommen? Wer sind die beiden Typen, die am Motor basteln? Sind das die Kinderklauerlumpen...?

Gedeckt von Büschen schleicht sich Pedro nahe an den Zaun und spitzt hindurch. Aus dem Streifenwagen klettern jetzt zwei Polizisten und gehen schwerbewaffnet und mit forschen Schritten hinüber zu den Typen. »Na wartet nur, ihr Lumpen und ihr Halsabschneider, die werden euch jetzt zeigen, was man mit Kinderklauern macht...!« Erwartungsvoll reibt Pedro seine Hände.

Doch dann kriegt er den Mund nicht wieder zu vor Überraschung und Enttäuschung und kann nicht fassen, was er sieht. Das ist doch nicht zu glauben...! Statt die Kiste zu durchsuchen und die beiden Typen festzunehmen, stecken sie die Nasen eifrig in die Motorhaube. Hilflos und in blinder Wut knallt Pedro seine Fäuste aufeinander, und manches wird ihm klar.

Die zwei Halunken sind ein fabelhaftes Team. Der eine dieser ausgekochten Lumpen sammelt Kinder ein, und währenddessen simuliert der andere Ganove einen Motorschaden. Bei dieser alten Klapperkiste muß das ja selbst der Dümmste schlucken, und wie man leider sieht... nun auch die Polizei...! Pedros Hirn schlägt Wellen. Falls er hier richtig kalkuliert und seine Phantasie nicht übermütig Purzelbäume schlägt, dann sind das hier die Kinderklauer! Wo aber stecken seine Kameraden? Weit und breit ist nichts zu sehen. Nicht die kleinste Spur!

Pedro denkt im Schnellverfahren. Hinten auf der Ladefläche liegt ein riesengroßer Mangohaufen. Lauter herrlich frische Früchte... »Solche Typen treiben keinen Früchtehandel...«, grübelt Pedro! »Ausgeschlossen...! Die verscheuern lieber Kinder, das bringt mehr! Was machen sie mit diesem Mangohaufen...?«

»Zur Tarnung!«, schießt es durch sein Hirn! Ganz klar, die tun nur so als ob...! Früchtehändler sind harmlose nette Leute, völlig unverdächtig und tun selten Böses! Und wieder macht es »klick«! Mangos kleben wie die Pest, denn sie sind oft mit schwarzem Teer bekleckert! Wer will schon in den Früchten wühlen und sich die Finger dreckig machen...? Bloß um zu schauen, was darunter liegt...? Fast bewundernd schaut Pedro die Halunken an. Statt Waffen Früchte! Ein guter Trick! Die Burschen haben Grips im Kopf und können denken! Doch er hat auch nicht gerade Stroh in seinem Schädel! Mit GOTTES Hilfe und gemeinsam mit den Freunden werden sie die Burschen überlisten!«

Pedro hat genug gesehen! In Kürze wird auch er bei seinen Freunden unter diesem Mangohaufen liegen! Und später einmal... so beschließt er, geht er zur Polzei! Nicht zu der gewöhnlichen, versteht sich, sondern zu den Schwarzen (spezielle Truppe), und schleicht dann nachts durch finstere Straßen oder Parkanlagen und macht

Schluß mit diesem Menschenhandel! Am besten zusammen mit den Freunden!

Zähneknirschend dreht Pedro um und schleicht ins deckende Gebüsch. Und nun passiert ihm ganz genau das gleiche wie vorhin diesem Kinderklauer: *Er stolpert über zwei Paar Jungenbeine...*

»Caray...!« Entsetzt macht Pedro einen Satz. Er schluckt den Schreckenschrei herunter und rast davon wie ein geölter Blitz, als wären die Halunken mitsamt der Polizei und ihren Waffen ihm bereits auf seinen Fersen. Doch dann beginnt sein Grips normal zu denken. »Kinderbeine...? Nanu...? Wieso denn Kinderbeine...? Sollten das...? Ach so...! Na klar...! Du lieber Himmel...!«

Und wieder dreht er um und saust zurück, zum dritten Mal in dieser irren Nacht...! Ein Blick zur Straße, die Kerle fummeln immer noch am Motor rum, und schon kniet Pedro neben diesen Beinen und seinen Kameraden, die dazu gehören.

Blanco liegt am nächsten. »He du... wach auf und spiel hier nicht den Toten! Por DIOS, bist du nun etwa echt gedopt...?« Er rüttelt ihn wie einen überreifen Mangobaum.

»Pana (Kumpel)...!« Wie eine Ertrinkende greift Eva seine Hand und staunt ihn fassungslos und glücklich an. »Duuu...? Wo kommst du her...? Wieso... was machst du hier...?«

»Och nichts...!«, murmelt Pedro. »Ich wollte dir nur eine gute Reise wünschen...!«

Eva kichert unter Tränen: »Und ich...«, sie schluchzt, »ich dachte schon... ich dachte nämlich...! Weißt du, was ich dachte...? Ich kriegte plötzlich Angst, du rennst davon und läßt mich einfach sitzen...!«

Pedro senkt schuldbewußt den Kopf. Er schluckt, und fast bleibt ihm das Wort im Halse stecken. »*Beinahe...*«, gibt er zu. Dann lacht er plötzlich: »Jetzt BIN ICH hier...! Mit GOTT BIN ICH dein Schutz...!«, behauptet er mit fester Stimme.

»Und ICH BIN nun beschützt«, sagt Eva und atmet hörbar auf.

»Ich sause jetzt zurück und laß mich von dem Mistkerl holen«... berichtet Pedro. »Bleib tapfer und halt' durch! Gleich sehen wir uns in dem Klapperkasten wieder!«

»Meinst du den Karren auf der Straße?«

»Genau! Die Lumpen simulieren einen Motorschaden und fummeln mit zwei Polizisten an dem Auto rum.«

Eva geht ein Licht auf. »Ach sooo! D*eshalb* hat der Typ uns plötzlich in das Gras geknallt! Und weshalb rufst du nicht die Polizisten?«

»Die glauben doch nicht Straßenkindern...! Und außerdem... die Kerle haben Geld!«

Donnernd heult ein Motor durch die Nacht. Der Zwischenfall der Straße ist beendet! Höchste Zeit für Pedro abzuzischen! Die beiden Polizisten klettern zufrieden in ihr Auto und brausen ab. Sie haben zwei armen Schluckern den heilen Motor repariert und obendrauf noch beide Arme voller Mangotüten. Ein letztes Hupen und ein Winken, und schon sind sie weg.

»Bis gleich! Verlaß dich drauf, ich komme...!«, verspricht Pedro, und Eva lächelt unter Tränen. »ICH BIN mutig«, flüstert sie und sinkt zurück.

Und wieder mal macht Pedro kehrt, jetzt schon zum vierten Mal... und saust im Eilgalopp zurück zu seinem alten Platz. »GROSSER KRAFTPOTT...«, japst er atemlos, »bleib dran, bleib dran...! Bleib bitte, bitte dran...!«

Mit letzter Kraft und allerletzter Puste erreicht er das Gebüsch und wirft sich lang. Doch kaum hat er sich hingeschmissen, schießt er schon wieder voller Schrecken hoch! Der Knebel...! Verdammt noch mal...! Wo hat er den verfluchten Schnuller hingefeuert...? Böse Flüche von sich stoßend kriecht er verzweifelt tastend durchs Gestrüpp. Wie soll er dieses blöde Ding im Dunkeln finden?

»Bleib dran... bleib dran...«, murmelt er. »O GROSSER KRAFTPOTT, BLEIB JETZT BITTE DRAN...!«

Die Zweige zerkratzen sein Gesicht, heulen könnte er vor wilder Wut und knirscht verzweifelt mit den Zähnen. Doch auch in solcher bösen Nacht geschehen manchmal Wunder. Nicht zu fassen... plötzlich hat er den widerlichen Lappen in der Hand und stopft ihn sehr erleichtert und voller Ekel in den Mund.

Da liegt er nun noch immer völlig außer Atem und schnappt wie wild nach Luft! Und wieder kriecht die Angst wie eine üble schwarze Wolke an ihn hoch und droht, ihn zu ersticken. Doch auch was anderes kommt plötzlich auf ihn zugeflogen! Ein lichter, heller Strom wie eine weiche Welle.

Jupiii...! Er ist nicht mehr allein! Deutlich kann er fühlen, Blanco betet auch...! Pedro kriegt auf einmal wieder Luft und atmet durch! Ein dicker Brocken fällt von seiner Seele. Mindestens der halbe Stein, der eben noch sein Herz zerdrückte.

Das Beste wäre, daß er jetzt auch für seine Freunde betet, bevor das Gras vor lauter Warten aus seinen Ohren wächst...!

Doch dazu kommt es nicht. Noch nicht...! Der Typ ist wieder da. Keuchend und in großer Eile wirft er sich den schweren Pedro auf den Buckel und schleppt ihn fast im Laufschritt fort.

Und so geschieht es, daß der Kinderräuber lauthals fluchend durch den Park marschiert, während der einstmals etwas wilde Pedro auf seinem Rücken unhörbar und sanft Gebete murmelt.

Wohin ...?

Die Nacht ist weit vorangeschritten, und den Banditen brennt der Boden unter ihren Füßen. Zappelnd steht der eine schon am Zaun und reißt nervös das Schlupfloch auf, und Pedro wird in höchster Eile durch das enge Loch gequetscht. Ein paar Mal ratscht er an. Ein Stück von seinem Hemd, und leider auch ein Fetzen Haut bleibt irgendwo an diesen Zacken hängen, und nur mühsam unterdrückt er einen lauten Fluch. »Saukerle...! Verbrecher...! Miserable Schlangenbrut...!«, preßt er verbissen durch die Zähne.

Trotz alledem riskiert er ein paar kurze Blicke. Von wegen »alte Klapperkiste«..! Sie ist mit den modernsten Raffinessen ausgerüstet. Ein Knopfdruck und ein leises Summen... und schon erhebt sich dieser Mangoberg mitsamt dem Deckel einer flachen Kiste (um das Ding nicht gerade »Sarg« zu nennen). Dort liegen seine Kameraden! Wie ein Kaffeesack wird Pedro roh dazugeschmissen. Der Deckel gleitet lautlos wieder zu, und trostlos schwarze Finsternis hüllt alles ein. Die Mangos rollen, und man hört ein Kullern. Ab geht die wilde Fahrt.

»Mierda (Schei...)!«, stöhnt Pedro. Er keucht, und wieder mal kämpft er um Luft. Da tastet eine Hand zu ihm herüber, und voller Dankbarkeit packt Pedro zu: »Blanco...!« Wie ein Urschrei quält es sich aus seiner Seele. Und nach einer Weile: »Wieso hältst du den Mist hier ohne Jammern aus...?«

»Weil ich bete...«, flüstert Eva. Ihr Mund liegt fast an seinem Ohr.

»Und woher kriegst du dazu Luft...?«, beschwert sich Pedro japsend.

Sie liegen eng, noch enger als Sardinen in der Büchse und ringen mühsam um ein bißchen Sauerstoff. Ein fadendünner Lichtstrahl dringt unvermittelt in ihr schwarzes Grab. Schwupp ist er wieder weg.

»Das war ein Auto«, stellt Pedro sachlich fest. »Wo Licht reinkommt, muß auch 'ne Ritze sein! Da, schon wieder!« Seine Finger tasten suchend an der Wand. »Ein Loch...!«, jubelt er. »Noch mehr Löcher! Zugestopft mit den verdammten Früchten! Lauter runde

Atemlöcher! Na klar, was sollen die Halunken mit erstickten Kindern...?«

Er stochert eine Weile, draußen fängt es an zu rumpeln und zu rumoren, und triumphierend hält er eine Frucht in seiner Hand. »Für dich...!«

Dankbar beißt Eva rein. »Mmmh...!« Der Saft leckt ins Gesicht, rinnt in den Hals und über ihre Hände und kleckert fröhlich auf ihr Hemd... was macht das schon? Pedro gräbt nach weiteren Löchern, sammelt eifrig Mangos, und wunderbare frische Atemluft strömt in den engen Kasten. Mit tiefen Zügen saugen sie das neue Leben in sich rein und stopfen ihre Mägen bis zum Platzen voll mit diesen wunderbaren Früchten. Sie futtern sie mitsamt der Schale und stopfen die abgelutschten Kerne fein säuberlich zurück hinaus zum Mangohaufen. Bloß keine Spuren hinterlassen!

Nach einer guten Weile sind sie satt! Und sieh mal an, schon kommen die alten Lebensgeister munter wieder anmarschiert.

»Das war die erste Lebensrettung«, behauptet Pedro kühn und leckt zufrieden seine Klebefinger. »Bald ist die zweite dran!«

Was so ein bißchen frische Luft bewirkt...! Und diese süßen Früchte...! Und nicht zuletzt der Freund hautnah an der Seite! Dennoch... die Fahrt ist lang! Fast neidvoll tastet Evas Hand hinüber zu den anderen Kameraden. Die liegen tief im Drogenschlummer. Sie atmen flach und haben keinen Schimmer von dem, was hier passiert.

Mangos machen satt und das Geschuckel von dem Karren müde. Eva gähnt. Krampfhaft reißt sie die Augen auf, denn sie will beten und Pedro auch. Doch nichts als schwarze Finsternis ist um sie her und lullt sie ein.

»Jesus...,, murmelt Eva, dann klappen ihre Lider zu. Und schwupp, schon ist sie weggetreten! Pedro kommt noch gerade zum »ICH BIN«... dann hat's auch ihn erwischt. Er sinkt in seliges Vergessen.

* * *

Ungewohnte Stille reißt beide aus dem Schlaf.
Der Karren steht...!
Atemloses Warten...!

Pedro ist augenblicklich wach. Hellwach wie immer! Sein Hirn vibriert und läuft auf höchsten Touren. Eva kriegt einen derben Knuff: »Schnell, schmeiß dich auf den Bauch! Vielleicht ist draußen heller Tag! Das kleinste Blinzeln könnte uns verraten...!«

Eva seufzt und dreht sich um. Sie ist nicht mehr die tapfere Eva von vorhin. Nackte Angst hat sie gepackt, ihr Körper bebt und klappert wie eine alte Waschmaschine.

»Ich habe Angst...!«, wimmert sie.

Mitfühlend legt Pedro seine Hand auf ihre Schulter. Dieser Zustand ist ihm seit heute wohlbekannt.

»Du etwa nicht...?«, flüstert Eva, »hast du denn keine Angst...?«

Pedro horcht in sich hinein und schüttelt verwundert seinen Kopf: »Nee...! Ich nun mal grade nicht! Muß ja wohl am Beten liegen!«

Das sind So ungefähr die gleichen Worte, die er... noch gar nicht lange her... von Eva hörte, als ihn das große Klappern packte. Er spürt ihr Beben, es schüttelt ihn fast mit, und bohrt ihr freundlich seinen Finger in die Rippen.

»Du hast zu mir gesagt, WIR SIND WIE GOTT...! Und GOTT IN MIR...«, Pedro macht eine eindrucksvolle Pause, »GOTT IN MIR hat nun mal keine Angst«, versucht er zu erklären. »Alles halb so schlimm«, tröstet er und rüttelt ihre Schulter. Sag: »ICH BIN«, und du kriegst wieder Oberwasser!«

»Ich kann jetzt überhaupt nichts sagen«, jammert Eva, »ich... hab'...nur... Angst...! Weiter nichts als nackte Angst!«

Pedro sieht ihre Not. »Sag »ICH BIN«, und schon bist du verbunden!«

Schweigen....

»Sag »ICH BIN...!«, verlangt er streng, nun wieder ganz der Boß.

»ICH BIN...«, piepst Eva kläglich.

»Gut! Nun sag: »ICH BIN... MUT«!

»ICH BIN... MUT«, stammelt Eva. »Aber ich bin überhaupt nicht mutig! Nicht die Bohne und das kleinste bißchen!«

»Du machst es ja sofort kaputt!« Empört sich Pedro. GLAUBEN mußt du! OHNE GLAUBEN geht es nicht! Das wissen schon die kleinen Kinder! LA FE MUEVE MONTANAS (DER GLAUBE VERSETZT BERGE)!«

Verblüfft hört Eva zu. Der Junge weiß mittlerweile mehr als sie! Aus dem Schüler wurde über Nacht ihr Lehrer...

»Noch mal von vorn...!«, fordert Pedro streng: »Sag: ICH BIN GÖTTLICH!«

»W a s sagst du da...?« Voll Schrecken schießt Eva rücklings hoch.

»Reg dich nicht auf...!« Energisch drückt Pedro sie zurück. »Das hast du selbst gesagt! Vorhin im Park als *ich* das Schlottern kriegte! »WIR SIND GÖTTER, hast du gesagt. GOTT GAB UNS ALLES, WAS ER SELBER IST...! Na klar, und GOTT IN UNS... ist ohne Angst! Sag: ICH BIN GOTT IN MIR...! und alle Angst verschwindet! Sag: ICH BIN KRAFT...! Sag: ICH BIN Mut... UND ES GESCHIEHT!«

In dieser einen Nacht hat Pedro mehr gelernt als in den gesamten Jahren seines Lebens. Er gibt Eva noch einen aufmunternden Klaps und wälzt sich an die Wand.

Höchste Zeit! Leises Summen... Mangos rollen... und grelles Lampenlicht huscht flüchtig über ihre Körper.

»Gugute Ware...«, leiert die versoffene Stimme. »Lalalauter zzähe Burschen...! Kkkrkräftig und gesund!«

»Laß die dummen Schwätzereien! Beeilt euch, los zum Boot!«

Hastig buckeln drei starke Männer die Jungen auf die Rücken und klettern im Eilgalopp einen steinigen Pfad hinunter Richtung Küste. Manchmal stolpert einer unter seiner schweren Last. Man hört nur Keuchen und hin und wieder einen scharfen Fluch.

Gewaltige Gesteinsbrocken versperren immer wieder ihren schmalen Weg. Doch die Kerle scheinen jeden Schritt zu kennen und kraxeln fluchend drumherum. Noch ist es Nacht. Eva hat ihre Augen fest geschlossen und zittert weiter wie ein armes Blatt im Wind.

»Der hat zuviel gekriegt«, bemerkt ihr Träger. »Den haste ganz bestimmt im Suff gedopt mit deinem Rattengift. Hoffentlich krepiert er nicht vor dem Kassieren! Für tote Kinder gibt's kein Geld...!«

»Ich spripitze nnie im Ss..suff«, protestiert die Säuferstimme. Als Antwort kommt ein lautes Lachen.

Die Worte treffen Eva wie ein Schlag! Was fällt dem ein...? Wieso soll sie krepieren...? Sie nicht und keiner ihrer Kumpels! Gerade deshalb ist sie mitgekommen und Pedro auch! Und nun? Was ist mit ihr? Wieso hängt sie hier plötzlich rum wie eine schlaffe Fahne ohne Wind? Schande...!

Was würde ihre Mutter sagen...?

Sie weiß es schon! Die Antwort kommt in letzter Zeit von selbst! »MIT GOTT SIND WIR ALLES!« würde sie sagen. »ABER OHNE IHN sind wir nichts!« Dasselbe meinte Pedro mit »ICH BIN GÖTTLICH...!« GOTT IST DIE MACHT IN UNS!

GOTT IN IHR! Das muß sie in ihr Hirn reinkriegen! Sie hat IHN außerhalb gesucht. Auf diesem Schuckelweg hat sie jetzt alle Zeit, IHN anzurufen und zu suchen.

»ICH BIN... GOTT IN MIR!«, beginnt sie zaghaft. Und dann forscher: »ICH BIN GOTT IN MIR!!« Und noch mal: »ICH... BIN... GOTT... IN... MIR...! DU BIST MIR NÄHER ALS MEIN ATEM! DU UND CHRISTUS AUCH...! UND MIT DIR BIN ICH ALLES...! UNSCHLAGBAR...!«, fügt sie hinzu und kriegt auf einmal wieder Oberwasser. Nur ihr Körper schlottert eigensinnig vor sich hin und ist nicht mehr zu bremsen.

Tapfer macht Eva weiter. Sie achtet nicht mehr auf ihren Klapperkörper, doch plötzlich gibt's ihr einen Ruck. Wenn GOTT »IN IHR« UND ALLES IST, DANN IST ER AUCH IN DIESEM Mann, DER SIE SO MÜHSAM SCHLEPPT, (wer weiß wohin?) UND... SIE SIND EINS!

Was für ein gräßlicher Gedanke!

Sie kann ihn nicht zu Ende denken, denn sie sind angelangt. Eine einsame kleine Bucht, versteckt und abgelegen ohne Zugang oder Straße. Die Jungen werden wieder mal gestapelt, diesmal in ein Motorboot. Und ab geht die schuckelige Fahrt zu einem kleinen Kutter, der völlig ohne Licht ein gutes Stückchen weiter draußen vor der Küste liegt.

Ungeduldig werden sie empfangen.

»Wieso seid ihr so spät?« Fragt eine messerscharfe Stimme von dem Schiff herunter.

»Weil ein paar Bullen ums Verrecken ihre Nasen in unsern Karren stecken wollten!«

Ein besorgter Pfiff: »Und... wie habt ihr das Ding gedreht?«

»Sie haben unsern Motor repariert!«

Kurzes Lachen. Prüfend fällt ein helles Licht von oben auf die Jungen. »Wieviel habt ihr geschnappt?«

»Fünf! Ggu..gute Ware! Lla..lauter zzähe Burschen. Krkr..kräftig und gesund!« Leiert die Säuferstimme ihren Vers herunter.

Die Lampe bleibt an Eva hängen. »*Halbe Portionen-halber* Preis«, bemerkt die kühle Stimme.

»Dadann muß dder dda...neben doppelt oder drdr...dreifach zzzählen!«, protestiert empört die Säuferstimme. »An dd...dem hahabb ich mich hhalb kakakaputt geschleppt!«

Das Licht krallt sich an Pedro fest. Zufriedenes Grunzen: »Okay! Bringt sie rauf!«

»Erst das Geld, danach die Ware!«, fordern die im Boot.

Wieder kurzes Meckern. Der Mann im Kutter greift in seine Tasche und wirft ein Bündel Scheine runter. Schweigend wird gezählt. Einmal, zweimal... und ein drittes Mal! Dann kommt ein Knurren aus dem Boot:

»Betrug, Halunke! Wir haben andere Preise ausgehandelt!«

Der da oben zuckt die Schultern: »Mehr hat man mir nicht gegeben...!« Mit kalter Stimme sich an seinen Mitkumpanen wendend: »Nicht wahr Pepe?«

»Nee...!«, krächzt oben eine weitere Säuferstimme.

Eisige Kälte weht zu dem Kutter hinauf. »Wie ihr wollt! Wir haben andere Auftraggeber, die scharf auf heiße Ware sind und *ehrlich zahlen!* Los Jungs, wir hauen ab!« Er stößt die anderen an. Schon heult der Motor auf.

»Stop...! Wartet...! Vielleicht...! Laßt mich mal seh'n... ich glaube...«, brüllt der Scharfe oben. Er zieht ein zweites Bündel aus der Hosentasche und wirft es angeekelt runter.

Diesmal stimmt's!

Der Handel ist perfekt. Die Jungen werden umgeladen und über eine steile Treppe hinunter in den Bauch des Schiffes transportiert. »Zwei sind nicht gefesselt«, bemerkt die harte Stimme und wirft ein Bündel Seile runter.

Fesseln...? Das hat Pedro gerade noch gefehlt! Er boxt empört, doch drei paar harte Fäuste packen unerbittlich zu. Im Nu ist er wie ein Geschenkpaket verschnürt und hat im Mund mal wieder einen Stopfen.

»Ich hahahabe nich im Ssussuff gespr...itzt«, stottert die Säuferstimme. »Ddder ischon wwiwieder vövöllig...ff.f...fit!«

»Kein Wunder bei dem Schwergewicht...!«

Danach ist Eva dran. Sie bebt und zittert wie ein altes Wrack und klappert furchterregend mit den Zähnen. Die Männer lassen sie erschrocken los. »Der ist schon halb krepiert und stirbt auch ohne Fesseln! Bloß weg, bevor der Scheißkerl oben merkt, daß hier demnächst 'ne Leiche liegt!« In höchster Eile klettern die Männer in ihr Boot und brausen ab, als wär der Teufel persönlich hinterher.

Den beiden auf dem Kutter brennt es gleichfalls mächtig unter ihren Füßen. »Schau nach den Jungen, Pepe, und schließ zu!« Befiehlt der kalte Typ. Wir müssen schnellstens weg, bevor die Sonne kommt und jemand faule Eier riecht! Viel zu lange haben wir hier rumgelegen und die ganze Nacht verbummelt!« Donnernd läßt er den Motor an.

Brummend klettert Pepe die Stiegen runter und öffnet knarrend eine Tür. Flüchtig fährt seine Lampe über die Jungenkörper.

»Alles in Butter...!«, brüllt er heiser, holt den Schlüssel aus der Hosentasche und schließt zu.

Zehn Minuten später tuckert ein Fischkutter getarnt mit ein paar Reusen in angemessener Entfernung an der Küste entlang Richtung Westen.

Ein tollkühner Plan

Der Motor dröhnt. Die Wellen klatschen an den Bug des Schiffes, und Pedro grunzt empört durch den verstopften Mund. Er wälzt sich wütend hin und her, und auch die Jungen fangen an, aus ihrem Tiefschlaf zu erwachen. Doch Eva kriegt von alledem nichts mit. Zu sehr ist sie mit sich beschäftigt.
    Was hat der blöde Typ gesagt...? »Der ist schon halb krepiert *und stirbt auch ohne Fesseln...!*« Danach sind sie davongerannt als hätte sie die Pest. Soll das bedeuten, *daß sie ALLE sterben...?* Egal ob mit oder ohne Fesseln...?
    Wut steigt in Eva hoch. Wut über diese unverschämten Kerle, die sie in dieses ungewisse Schicksal schicken und Wut über sich und ihren Körper, der nur noch klappert und ihr nicht mehr gehorcht. Sie liegt hier völlig nutzlos rum, ist voller Angst und rasselt vor sich hin wie eine böse Klapperschlange.
    Muß sie jetzt sterben und die andern auch...?
    Eva stöhnt.
    So fest und sicher ruhte sie in GOTT, und jetzt ist sie in diese fürchterliche Angst gerutscht. Eiskalter Schreck saust Eva durch die Glieder. Hat ER... hat GOTT sie jetzt verlassen...?
    Sie schüttelt heftig ihren Klapperkopf. O nein, GOTT ist in uns, und ER verläßt uns nie. *SIE* hat sich von IHM abgewandt, wie schon so manches Mal und braucht nur wieder hinzugehen!
    Ein tiefer Seufzer hebt Evas Brust.
    »WISST IHR NICHT, DASS IHR GÖTTER SEID?«, sagt Jesus. Ahnt und weiß sie nicht in ihrem tiefsten Herzen, daß sie weitaus mehr und größer ist als dieser kleine Eva-Mensch, der hier so klappert und seit kurzem auch noch Blanco heißt?
    GOTT IST IN IHR, so viel ist klar! Doch immer nur ein Teil von IHM, erkennt sie plötzlich. Nur so viel wie man selber zuläßt und erlaubt. Alle sind wir göttlich, nur wissen wir es nicht! Wir haben es *vergessen,* IHN einfach abgeschoben und ausgesperrt... Doch in dem Maße wie wir uns *erinnern, glauben und* uns zu IHM hinbegeben... *sind wir göttlich...!*

»WAO...!«
Also nichts wie hin zu GOTT...! ER ist in ihr...! Zutiefst erleichtert atmet Eva auf und folgt nun diesem Atemstrom, der sie genau in ihren Bauch und in die Mitte führt! Und schließlich wagt sie es und sagt mit lauter Stimme: »ICH BIN GÖTTLICH!«
Pause...!
Sie horcht in sich hinein. Wahrhaftig, das tut gut! Es ist, als ob ihr ganzer Körper voller Spannung lauscht. Nicht nur der Körper, nein, ihr gesamtes Sein...! Erwartungsvolle Stille schwingt plötzlich in dem Raum. Alles lauscht! Auch die Wellen klatschen sanfter. Selbst Pedro liegt auf einmal still, und alles scheint zu warten. Worauf...? Daß sie das Gleiche wiederholt und sich zu ihrer Göttlichkeit bekennt? Liegt solche Kraft in diesen Worten?
Also weitermachen wie schon einmal und zwar zusammen *mit dem Atem!* »ICH BIN GÖTTLICH!« Und noch einmal...! Und nun zum dritten Mal!
Eva spürt, wie etwas auf sie zukommt. Sanft und dennoch stark wie eine weiche, warme Welle, und sie ahnt bereits den sanften Frieden. Nichts wie Weitermachen und dabei streng auf ihren Atem achten. Nur nicht an Pedro und die Kameraden denken, sonst wird sie rausgeschleudert aus dieser ruhevollen Mitte!
»ICH BIN GOTT in mir! Und Liebe BIN ICH auch, denn ICH BIN göttlich!«
Ruhe... Stille... Zuversicht und Wohlbefinden!
Dies ist ein großer Augenblick, und Eva beschließt, sich für die Liebe zu entscheiden. Ein für allemal, komme, was da wolle! Wie ein Schwur klingt das in ihrem Herzen!
Mit lauter Stimme spricht sie ihr Gebet: »Großer GOTT und unser Vater in mir und uns, führe uns aus unserer großen Not. In dir sind wir geborgen, denn du bist unsere Rettung! Dein Wille geschehe! Danke Vater, Amen!«
Unumstößliche Gewißheit steigt in Eva hoch. Alles ist gut, mag draußen auch die Erde wackeln und mögen auch böse Dinge ihrer harren, sie ist geborgen! Von hier aus ihrer Mitte wird die Hilfe kommen, und Dankbarkeit erfüllt ihr Herz.
Zutiefst gestärkt taucht sie hervor aus diesem wunderbaren Frie-

den und reckt die steifen Glieder. Geräusche dringen an ihr Ohr. Die Wellen klatschen, ein paar lose Planken klappern, leere Flaschen rollen unermüdlich hin und her, und draußen wackelt's wirklich! Doch nicht die Erde, sondern nur das Boot! Pedro wälzt sich hin und her und knurrt und grunzt wie ein gefangener Bär. Sein ganzer Körper rebelliert und zappelt und wehrt sich gegen diese widerlichen Fesseln.

Eva springt auf, so leicht und voller Schwung, als hätten ihre Beine nie geschlottert. Sie rennt zu Pedro und reißt ihm den verhaßten Schnuller aus dem Mund. Der stöhnt befreit und schnappt nach Luft.

»Pfui Teufel...!«, ist das erste, was er von sich spuckt. Ein heiseres Räuspern »krr..chcht!« Dann Krächzen, Schlucken und ein lautes »Puuuh...!« und etwas, das wie »Messer« klingt.

»Messer...?«, staunt Eva.

»Na klar, was sonst...?«, krächzt Pedro ungeduldig. »Hosentasche... hinten... links...! Kkkr..htt...!« Erneutes Krächzen.

Leicht gesagt, denn Pedro liegt voll auf seinem breiten Rücken. Er liftet hilfsbereit sein schweres Hinterteil so weit es irgend geht, doch Eva muß den großen Brocken mühsam auf die Seite rollen.

Tatsächlich, genau in der besagten Hosentasche steckt sein geliebtes Taschenmesser. Es klemmt ein bißchen durch sein strammes Hinterteil, doch schließlich ist auch das geschafft! Eva schielt besorgt zur Tür. »Daß bloß jetzt keiner der Halunken kommt...!« Sie säbelt die verhaßten Fesseln durch, und steif wie ein Brett rappelt sich Pedro hoch, stellt sich schwankend auf die Beine und holpert mühsam zu den Kameraden.

Die sind inzwischen alle wach und starren etwas blöde und benommen in die unbekannte Gegend. Ihre Fesseln fallen, und verwundert betasten sie die schmerzenden Gelenke, krächzen Unverständliches durch ihre ausgedörrten Kehlen und lecken erfolglos mit den ausgedörrten Zungen über die zerrissenen Lippen. Was diese Burschen dringend und als erstes brauchen, das ist Wasser! Und Pedro selbst natürlich auch!

Ein dünner Glanz vom lichten Tag dringt kümmerlich und zaghaft durch die Deckenritzen und wirft ein fahles Licht auf allerhand

Gerümpel. Forschend blickt sich Pedro um. Kistenweise stapeln sich die Flaschen, doch nichts als »ron« (Rum) und Bier und scharfer Schnaps. »Borrachos...!«, knurrt er angewidert und rümpft verächtlich seine Nase, »Trunkenbolde...!« Er stolpert über ein paar dicke Rollen Tau, fällt halbwegs hin und haut fast mit der Nase auf einen ausgedienten Anker, der aus dem Gerümpel ragt. Fluchend steigt er über leere Kübel, schiebt Ölbehälter und Benzinkanister durch die Gegend, doch das ist alles...! Wasser scheint hier nicht gefragt.

Mißmutig stöbert Pedro weiter, schraubt sämtliche Behälter auf, hält schnüffelnd seine Nase dran und pfeffert sie enttäuscht zurück. Fast gibt er seine Hoffnung auf, doch dann...! Zwischen Zwiebackbüchsen, Trockenmilch und Ölsardinen steht in der hinterletzten Ecke wahrhaftig eine bis zum Rand gefüllte Wassertonne und daneben ein verbeulter Plastiktopf! Pedro bremst die erste Freude. Das Wasser ist bestimmt uralt und abgestanden, zum Motorkühlen und mit Öl vermischt, denn *trinken* tun die Kerle offensichtlich nur das Bier und scharfe Sachen. Zweifelnd schöpft er ein bißchen Wasser in die hohle Hand, riecht erstmal dran und stippt behutsam seine Zunge rein. Und dann ein Jupii-Jauchzer... echtes, frisches, wunderbares Wasser...!

»Danke großer Kraftpott! Du bist super...!«
Randvoll schöpft Pedro den verbeulten Kübel und trinkt in gierigen, langen Zügen. Den Rest kippt er sich über seinen Kopf. Listo (fertig)! Auf geht's mit frischem Wasser zu den Kameraden!

Die können nicht genug vom Wasser kriegen. Sie trinken wie die Kutscherpferde, futtern bergeweise Kekse und Sardinen und stekken ihre Köpfe immer wieder in den Wasserkübel. Dazwischen wird berichtet und erzählt. Und schließlich sind sie wirklich wach.

Dann schauen sie sich lange an. Und jetzt...? Was nun...? Wie geht es weiter...?

Es gibt so viel Gerüchte von vermißten Kindern...! Entführt genau wie sie, zumeist verschleppt in fremde Länder und... verstümmelt! Und dann zum Betteln angehalten, ausgeschickt für irgendwelche Banden. Andere wieder fand man tot mit Geld und Zetteln in den Händen: »Danke für die Spende!« Man weiß und hört von Augen- und von Gliedertransplantationen. Nein danke! Sie wollen weder Blut noch Körperglieder opfern und schon gar nicht sterben... für nichts und niemand auf der Welt! Leben wollen sie und sind bereit, dafür zu kämpfen. Doch wie...?

Angst steigt hoch wie eine schwarze Wetterwand. Schwer und knüppeldick steht sie im Raum. Fast kann man sie mit Messern schneiden, und Grabesstille drückt beklemmend die Gemüter.

Die Lage ist sehr ernst. Was kann man tun...?

Vergebens zermartern sie sich die Hirne und strengen ihre schlauen Köpfe an, doch keinem fällt was ein.

Dreizehn unterbricht das drückend schwere Schweigen und blickt gerührt und dankbar erst Pedro und dann Eva an:

»Es ist wohl fraglich, ob wir diesen Schlamassel lebendig überstehen! Doch, bevor's zu spät ist, möchte ich euch beiden Kumpels danke sagen, daß ihr aus freien Stücken bei uns seid, statt weiter wie die monos (Affen) auf dem Baum zu hocken...!« Seine Stimme kippt, er schluckt. Dann reißt er sich zusammen und fährt fort: »Was ihr getan habt, gibt uns Mut und Kraft! Durch euch sind wir schon mal die blöden Fesseln los, wir konnten Wasser trinken, und abgefüttert sind wir auch! Das Beste aber ist, daß wir zusammen sind...!« Jetzt mit fester Stimme: »Und zusammen sind wir stark...!« Kräftig klopft er Pedros Rücken und gibt ihm feierlich die Hand. Danach kommt Eva dran, und auch die andern folgen seinem Beispiel.

»Schluß jetzt mit der Rührung«, motzt Unschuld und schluckt entschlossen seine eigene runter. »Wir legen uns jetzt besser flach, falls diese Hundesöhne uns beglotzen wollen!«

»Wollen sie *noch* nicht...!«, behauptet Pedro, an die Ungeduld des 'Scharfen' denkend. »Die haben fast die ganze Nacht mit uns und durch die Polizei verplempert, und jetzt sitzt ihnen die nackte Angst im Hintern, und sie haben weiter nichts im Kopf, als uns so schnell wie möglich abzuschieben...! Denn 'Heiße Ware' befördern dieserart Halunken vorzugsweise in geierschwarzer Nacht, und sie haben es jetzt mächtig eilig! Nämlich die Küstenwache würde sich die Finger schlecken, um solche tiburónes (Haie) zu erwischen!«

»Vielleicht sind sie schon hinterher, um uns zu retten...!«, jubelt Unschuld.

»Quatsch«, murrt Sonntag. »Was heißt hier »retten«...? Nichts mit 'Retten' du Inocente (Unschulds-Knabe)! Die meisten wollen Schmiere- und Bestechungsgelder!«

»Nanu...?«, staunt Eva.

Schweigen...!

»Vor kurzem hat hier jemand laut mit GOTT gesprochen...!«, meldet Pedro mit einem Seitenblick auf Eva.

»GOTT...!?« Dreizehn zerkaut das Wort, als hätte er wie einstmals die begehrten Kippen zwischen seinen gelben Zähnen, »Blanco sagt, wenn er mal nicht mehr weiter weiß, dann betet er zu GOTT. Er sagt, das hilft...!«

Alle schauen Eva an.

»Und ob es hilft...!«, sagt Eva. »Immer...!«

»Hab' ich auch schon mitgekriegt«, gibt Pedro zu.

»Wir auch mit unserm Haus«, kräht Unschuld, und Sonntag nickt mit seinem Kopf.

Hoffnung steht plötzlich wieder in dem Raum.

»Also los...!«, kommandiert Pedro. »Hinlegen zur inneren Besinnung! Vielleicht fällt uns was ein...!«

Und so geschieht es. Alle liegen flach, und es folgt Stille...!

Nicht sehr lange. Ein gedämpftes »Jupiii« schreckt sie in Kürze wieder auf. »Ich hab's«, jubelt Sonntag. Die Jungen schießen senkrecht hoch, und Sonntags kluger Kopf liefert im Handumdrehen einen wunderbaren Plan. Simpel, handfest... aber auch gefährlich! Den Jungen graust es. Doch mit dem Beistand von dem großen Boß dort oben könnte das Unternehmen klappen!

Fieberhafte Tätigkeit erfüllt sogleich den Raum.

Die Fesseln werden eingesammelt und verknotet. Der Pedroschnuller ist wieder mal spurlos verschwunden, und alle kriechen auf dem Boden. Und schließlich wird das widerliche Ding gefunden. Endlich gibt es noch einen Stellungswechsel, sie liegen umgedreht, die Köpfe nahe an der Tür.

Ihre Nerven sind zum Zerreißen und aufs äußerste gespannt.

Denn was nun beginnt, ist Warten...!

Es wird dramatisch

»Pepe...!«, befiehlt der Scharfe streng, »geh zu den Jungen, und laß sie schnellstens Wasser trinken nach dem Gift, damit wir sie lebendig rüberkriegen! Für tote Ware gibt's kein Geld! Doch wehe dir, du Hundesohn, säufst du dir die Hucke voll...! Wenn du mich wieder sitzen läßt, knall ich dich ab und schick dich unverzüglich in die Hölle! Verstanden...? Bis wir die Burschen los sind, gibt es nichts! Nicht einen Schluck, du faules Stück! Schreib dir das gründlich hinter deine Ohren...! Und nun verschwinde und hau ab! Mach Frühstück, ich hab' Hunger! Doch erst das Wasser für die Burschen, damit sie nicht verrecken!«

Pepe poltert aufgebracht die Stiegen runter. »Nicht mal 'nen kleinen Schnaps nach solcher langen Nacht...!«, grollt er verbittert. »Immerzu nur auf der Flucht und dabei ständig die verfluchte Angst im Nacken...! Dazu noch dieser sture Boß...! Scheißkerl ist das und hart wie Stein! Da hilft wahrhaftig nur ein Schluck, um diese ganze mierda (Schei...) zu vergessen! Noch besser wären zwei...! Ach was, am allerbesten drei...!«

Immer noch mit seinem Schnaps beschäftigt, steckt er den Schlüssel in das Schloß. Quietschend öffnet sich die Tür. »Wenn man mal drin is' inner Mühle«, brummelt er mißmutig vor sich hin, »dann kommt man nich' mehr raus! Un' eines Tages sin' wir dran, so sicher wie ich Pepe heiß! Un deshalb kipp ich mir am besten gleich die ganze Buddel runter! Basta...!«

Das Licht der Lampe flattert flüchtig durch den Raum. Ein kurzer Blick! Die Burschen schlafen friedlich vor sich hin, und Pepe wendet sich erfreut den Flaschen zu. Bevor er mitkriegt, daß die Bengel ohne Fesseln sind und obendrein verkehrt herum liegen, sind ihm bereits die Beine unterm Hintern weggerissen. Sein Kopf knallt heftig auf die Stiegen, und wie die Geier sind die Jungen über ihm. Ehe er denken kann, erstickt bereits ein dicker Knebel seinen Schrei.

Eisern wird er von vier Paar Händen festgehalten, wie ein Paket verschnürt und ist im Nu gefesselt. Kaum kann er seine Finger rühren, denn Pedro kennt sich sowohl mit Stricken als mit Knoten bestens aus. Und diesmal geht es um ihr Leben...!

Die Jungen atmen auf. Soweit so gut und nichts wie raus! Tür zu, Schlüssel in die Hosentasche und an Deck...!

Sonntag wird vorausgeschickt, um die Lage zu erkunden. Heimlich wie auf Katzenpfoten schleicht er die Stiegen rauf und steckt die Nase in den weichen Wind. Doch sofort flitzt er zurück. »Da ist noch einer...!«, berichtet er aufgeregt. »Ein langer Dünner. Vorn am Steuer steht er genau mit dem Rücken zu uns...!«

Pedro nickt grimmig mit dem Kopf: »Na klar ist da noch einer! Den hab' ich nächtens mitgekriegt, als ihr geratzt habt wie die Toten! Ein ganz Gefährlicher ist das, und hart wie Eis!«

Was nun...?

Erstmal wieder die Treppe runter! Rein ins dunkle Loch, Tür verschließen und beraten!

»Wir schleichen uns von hinten an ihn ran und nix wie über Bord mit dem Halunken!«, schlägt einer vor.

»Denkste...! Der reißt bestimmt noch jemand mit! Und wer von uns kann schwimmen...?« Keiner bis auf Eva. Die andern haben das Meer noch nicht einmal gesehen.

»Wir deppern ihm die Flaschen auf den Kopp, dann ist er hin...!«

»So einfach ist das nicht«, warnt Pedro. »Ein paar Tote mehr auf seiner krummen Liste kratzen solchem Menschenhändler noch nicht mal seine Haut!«

Betroffenes Schweigen...! Man hört sie förmlich denken. Dann ein gedämpfter Jubelruf! »Den schaffen wir auch so!«, behauptet Unschuld pfiffig.

Alles staunt. »Dann sag mal wie!«

»Kinderleicht, genauso wie den ersten...!«

Betroffenes Schweigen. Dasselbe...? Noch mal die ganze Prozedur...? Wieder endlos warten...? Und dann riskieren, daß dieser schlaue Typ sie alle in die Pfanne haut...?!«

Doch Pedro ist begeistert. Hingerissen lobt er: »Gol...! Entweder oder...! Unschuld hat das Tor geschossen! Was haben wir denn zu verlieren...? Wenn dieser Dussel...«, er gibt Pepe einen verächtlichen Tritt in seinen Hintern, »wenn der nicht wieder an Deck kommt, schaut der da oben selber nach! Da könnt ihr Gift drauf nehmen, und dann sitzt er in der Falle...!«

Den Jungen graust es. Haben sie den Mut, dies Spiel noch mal zu spielen...? Diesmal mit einem ausgekochten Typ? Halten sie es aus, wieder endlos still zu liegen und zu warten...? Doch niemand fällt was Besseres ein und höchste Eile ist geboten! Also los...!

Im Eilverfahren schleifen sie den augenrollenden Pepe hinter seine geliebten Schnapskanister und überprüfen gründlich und ein letztes Mal noch seine Fesseln. Alles klar! Eilig reißen sie den überlangen Saum von Unschulds Hemd herunter und präparieren einen weiteren Knebel. Und ganz zum Schluß verknoten sie die eigenen Fesseln zu neuen für den heißen Typ da oben.

Fertig...!

Tür aufschließen, alles hinlegen, wieder umgedreht und mit dem Kopf zur Tür, und atemloses Horchen! Und wieder kriecht die Angst wie eine schwarze Wand an ihnen hoch! Doch diesmal müssen sie nicht lange warten. Dem Typ da oben reißt nach dieser langen Nacht sehr schnell der letzte Rest Geduld. »Was ist los mit Pepe...? Wieso steigt immer noch kein Kaffeeduft an Deck...?« Hunger wühlt in seinen Eingeweiden. »Wo steckst du, Pepe...?«, brüllt er wütend und beugt sich über das Einstiegsloch.

Keine Antwort.

»Pepe...!«

Nichts...!

»Verdammter Hund...!« Hat er es nicht geahnt? Der hängt mal wieder an der Flasche und säuft sich seine Hucke voll! Und läßt ihn, wie schon so oft in letzter Zeit, mit dem gesamten Krempel sitzen! Doch jetzt ist Schluß! Ein für allemal!

»Na warte, Bursche...! In drei Minuten fliegst du über Bord mit einem Klotz am Bein, damit du mir nicht wieder vor die Augen kommst! Du bist zu weich und taugst schon längst nicht mehr für diesen Job! Ich kenne dich und deinesgleichen! Eines schnellen Tages hetzt du mir die Schwarzen (spezielle Polizei) auf den Leib und kaufst dich frei, und dann bin ich geliefert! Doch nicht mit mir...!«

In kalter Wut steigt er die Treppe runter.

Die Stiegen knarren...!

Schritte...!

Die Jungen halten ihren Atem an. In höchster Spannung horchen sie auf das entnervende Quietschen einer sich öffnenden Tür.
»Pepe...!«
Nichts...!
Erbittert blickt der Typ sich um und greift entschlossen zur Pistole.
»Pepee-e!«
Wieder nichts! Ein kurzer Blick fällt auf die Jungen. Die liegen friedlich drusselnd da und sind bestimmt noch immer ohne Wasser! Wie soll er ahnen, daß ihre Herzen zum Zerbersten klopfen?
»Pepe...! Gib endlich Laut, versoffenes Stück!«
Ganz aus der Nähe kommt ein jämmerliches Krächzen. Aha, da liegt der Hund im Suff und röchelt sich die Seele aus dem Leib! Hat er es nicht gewußt...? Der Jammerlappen taugt zu nichts als nur zum Saufen! Nicht mal den Schuß in seinen blöden Schädel ist er wert, und selbst als Leiche muß er ihn noch eigenhändig die Treppe rauf und über Bord befördern! Alles muß er selber machen! Nichts bleibt ihm auf dieser Fahrt erspart! Nur Ärger hat man mit dem blöden Kerl!
Wieder dumpfes Röcheln.
Er dreht sich um und hebt entschlossen die Pistole. Da bricht die Hölle los, unvermittelt und aus heiterem Himmel! Bevor er sich versieht, sind ihm die Beine weggerissen. Er kippt, es fällt ein Schuß... zum Glück ins Leere, und wie die Ratten sind die Jungen über ihm! Zwei dieser wilden Biester verkrallen sich an seinen Armen, zwei weitere halten seine Beine fest, und Pedro würgt ihm seine Kehle zu. Die Waffe fliegt in weitem Bogen durch die Luft. Kanister krachen, Fetzen fliegen und gewaltiges Getöse erfüllt den ganzen Raum. Es ist ein unbeschreibliches Gewühl und Durcheinander. Keiner weiß so ganz genau, an wem er gerade zieht und zerrt.
So simpel wie mit Pepe läuft die Sache nicht! Der Typ besitzt sowohl die Kraft als auch die Gewandtheit einer Schlange und kennt zudem noch eine Menge fauler Tricks. Unversehens hat er die Jungen wie die Fliegen abgeschüttelt, und keiner weiß wieso. Nur Pedro klemmt noch weiterhin an seinem Hals. Mit einem Rollertrick dreht sich der Harte um und wälzt ihn einfach platt. Dann steht er plötz-

lich senkrecht in dem wilden Trubel, knallt Pedro krachend an die Wand, reißt Sonntag blitzschnell an den Beinen hoch und wirbelt ihn als schützenden Propeller erbarmungslos im Kreis herum, daß alle auseinanderstieben. Unerbittlich kreiselnd schiebt er sich langsam durch den Raum, genau dorthin, wo Eva steht.

Die hat sich an die Wand gedrückt und blickt entsetzt auf diesen aussichtslosen Kampf. WO sind die Kameraden...? Pedro liegt ausgeknockt in irgendeiner Ecke, der arme Sonntag wird erbarmungslos herumgeschleudert, Unschuld versucht erfolglos, sich dem Typ zu nähern, und von Dreizehn leider nicht die kleinste Spur..!

Unerbittlich kommt der Unmensch direkt auf Eva zu, und der wird plötzlich klar, was dieser Typ bezweckt. Seine Pistole will er wiederhaben, denn damit kriegt er sie alle in den Griff! Und dieses widerliche Ding liegt fast zu ihren Füßen.

Eva steht wie festgenagelt an der Wand und starrt voll Abscheu abwechselnd ihren Feind und die Pistole an. Gleich hat er sie, und dann ist's aus! Erbarmen kennt er nicht, das kann man deutlich sehen.

Dies kann doch nicht das Ende sein...?
Gibt es denn keine Hilfe?
»Mutter...!«, will sie rufen. »Nein, nicht die Mutter«, fühlt sie plötzlich, »sondern GOTT! ER IST DIE RETTUNG!« Wie Sprengstoff reißt es Eva aus der Lähmung! Gar nichts ist aus...! Noch lange nicht...!

»Hilf uns, großer GOTT!«, ruft sie mit übermächtig lauter Stimme schallend in den Raum. »DU in mir und uns bist mächtiger als alles auf der Welt! Danke Vater, Amen!«

Stille...!

Nur noch das Motortuckern ist zu hören und das Wellenklatschen an den Bug.

Tief atmet Eva durch.

Selbst der Harte stockt und kreiselt plötzlich langsam, daß Sonntags Hände fast den Boden schleifen. Dann gellt sein höhnisches Gelächter.

Vorbei ist Evas Lähmung! Mag der Mensch da vor ihr noch so höhnisch lachen, in ihr wächst unumstößliches Vertrauen!

Sie ist kein Held, beileibe nicht, doch plötzlich überkommt sie wieder dieses Handeln, bevor sie denken oder überlegen kann. In Sekundenschnelle windet sie sich auf dem Boden, stürzt sich wie wild auf die Pistole und rollt dann wie ein Ball zurück. Etwas hilflos steht sie da und hält die Waffe zögernd in der Hand. Was nun...?

Mit einem Wutschrei läßt der Harte Sonntag sausen, der fliegt wie Pedro krachend ins Gerümpel... und der Typ stürzt wie wild auf Eva los. Schaudernd quetscht die sich an die Wand, jetzt kann nur noch ein Wunder helfen...!

Und siehe da, Wunder geschehen öfter, als man glaubt.

Dieser Pfiffikus von Unschuld nämlich... umschleicht den Typ schon seit geraumer Zeit. Geduldig und behutsam wie eine Katze ihre Maus belauert er den Feind von allen Seiten und wartet auf den richtigen Moment. Und plötzlich ist er da...! Der Typ läßt Sonntag los, und Unschuld rollt ihm harmlos ein paar Flaschen vor die Füße. Zwei Flaschen nur, und das genügt! Der Harte stolpert, kommt ins Schleudern und knallend haut's ihn hin! Er stürzt wie ein gefällter Baum und landet wunderbarerweise genau zu Evas Füßen.

Verblüfft bleibt er ein paar Sekunden liegen, und das genügt. Blitzschnell stürzen sich die beiden letzten Helden aussichtslos und tapfer auf ihn drauf und krallen sich verbissen an den Feind.

Schaudernd schaut Eva die Pistole in ihren Händen an. Soll sie oder soll sie nicht...? So viel steht fest, der Mann dort auf dem Boden ist in Sekundenschnelle wieder auf den Beinen und legt von neuem los. Sie muß...! Zögernd hebt sie ihre Hand. »Was würde GOTT... was würde Jesus sagen...?«, schießt es brennend durch ihren Kopf.

Er hat es längst gesagt! »Liebe deinen Nächsten wie dich selbst!«

Sie läßt die Waffe sinken und schaut den Typ zu ihren Füßen an. Das *ist* IHR NÄCHSTER! Selbst wenn er sie alle umbringt und verreißt. Langsam läßt sie die Waffe sinken. Der Augenblick des Handelns ist vorbei. Es bleibt nur eins: »Großer GOTT, hilf DU...!«

Und wie ein Wunder kommt die Hilfe von der anderen Seite. Pedro hat sich hochgerappelt. Ihm brummt zwar noch der Kopf, sein Körper schwankt, und er steht reichlich wacklig auf den Beinen, doch ist er klar genug, mit einem Blick die Lage zu erfassen.

»Ha...!«, ruft er hocherfreut und weit entfernt von irgendwelchen Skrupeln oder sonstigen Bedenken. Entschlossen reißt er Eva die Pistole aus der Hand und brüllt mit Donnerstimme: »Ergib dich, Schuft, sonst knallt's...!«

Die beiden Helden kugeln blitzschnell auf die Seite. Der Gegner ist beim Sturz auf seinen Bauch geplatscht und hebt nun mühsam seinen Kopf. Die eigene Waffe zielt genau auf seine Stirn.

Ein Fluch entfährt ihm, so ekelhaft und hundsgemein, daß selbst der abgebrühte Pedro wie vom Peitschenhieb getroffen zusammenzuckt. Langsam streckt er seine Hände aus, und alle atmen auf.

Von wegen...! Plötzlich schnellt er hoch und saust nach vorn.

Pedro schießt und knallt daneben...! Denn jetzt hat Eva zugeschlagen. Blitzschnell... genau auf seine Hand! »Du darfst nicht schießen!«, ruft sie mit heller Stimme in den Raum. »Er ist *göttlich...!*«

Verblüfftes Schweigen! Selbst der Typ verharrt für einen winzigen Moment und starrt sie staunend an. Dann springt er vor, reißt

Eva von der Wand und hält sie schützend wie ein Schild vor seinen Leib. Rückwärts rast er Richtung Tür. Nichts wie raus...! Sobald er die erwischt, knallt er sie zu und hat die ganze Bande in der Falle!

Wie soll er ahnen, daß zwischen Tür und ihm schon wieder einer dieser verflixten Bengel steht mit einer Flasche in den hocherhobenen Händen...? Ein Rache(b)engel...! Dreizehn ist sein wunderbarer Name. Er zielt und knallt dem Typ das Ding mit voller Wucht genau auf seinen Schädel, und lautlos sackt der Kerl in sich zusammen.

Eva windet sich verblüfft aus seinen Armen...

Es ist geschafft...!

Der Rest ist schnell getan. In Windeseile wird der Typ verschnürt und aus dem Weg geräumt. Fertig! Zur Sicherheit kriegt er noch einen Stopfen in den Mund und alles atmet auf.

Tür zu! Endgültig...! Abschließen, den Schlüssel in die Hosentasche, und nichts wie rauf an Deck und tief die frische Brise in die Lungen atmen!

Dreh einfach alles um

Viel Zeit bleibt nicht zum Schnaufen. Ein erster fast bestürzter Blick auf das unendlich weite Meer und ein entsetzter auf den Kutter, der unentwegt im Kreise küselt und versucht, sich in den eigenen Schwanz zu beißen.

Voll Schrecken rennen sie nach vorn und blicken ratlos ihr Steuer und das Schaltbrett an. Was nun...? Sonntags schwarzer Schuhputzfinger stippt auf einen unscheinbaren kleinen Schlüssel und dreht ihn zögernd um. Ein letztes Tuckern... dann folgt Stille! Das Boot hört endlich auf zu kreiseln und beginnt nun, ziellos vor sich hin zu dümpeln. Nur das sanfte Schwabbeln der Wellen an den Bug des Schiffes ist zu hören.

Erleichtert atmen die Jungen auf. Und augenblicklich meldet sich ihr ungeheurer Hunger. »Mir hängt mein hohler Bauch wie eine leere Tonne fast schon auf den Füßen!«, behauptet Sonntag düster.

»Und meiner...«, Dreizehn legt in komischer Verzweiflung beide Hände auf den Magen: »Der knurrt und grollt wie ein gereizter Köter...!«

Unschuld hebt dramatisch beide Hände. »Und ich...«, jammert er, »ich kann an weiter nix als bloß an Essen denken! Es muß auf diesem Kahn doch irgendwo ne Pfanne für arepas aufzutreiben sein...!«

»Ach, und ein Pott zum Kaffeemachen...!,« seufzt Sonntag voller Sehnsucht.

»Am besten eine Rieseneisbox vollgepackt mit Eiern, Käse, Wurst und Schinken...«, träumt Eva leise vor sich hin.

»Die Halunken müssen doch außer Bier und Schnaps noch irgend etwas Festes inhalieren...!«, grübelt Unschuld.

»Na klar und nichts wie los...!« Die Jungen springen auf und sind schon halb am Rennen, da hält ein scharfes »Halt« von ihrem Boß sie streng zurück. »Moment mal! Momentico...! Auch mir liegt nämlich etwas auf dem Magen«, meldet Pedro düster.

Fragend schaut ihn seine Truppe an.

Pedro hebt bedeutungsvoll den Finger. »Denkt mal nach, ihr klugen Leute, was mich und meinen Magen drücken könnte!«

Dumm schauen ihn die Jungen an. Bis auf ein paar Kratzer, Beulen und die vielen Schrammen haben sie dies Höllendrama bestens *überlebt!* Was also außer Hunger kann den Boß denn sonst noch kneifen...?

»Na denn, ihr Helden, erzählt mir bitte mal, WO WIR HIER SIND...! Pedro kraust besorgt die breite Stirn. »Ich weiß nur, daß wir völlig sinnlos mitten auf dem Meer rumschwabbeln wie eine Eierschale ohne Wind!

Betroffene Stille...! Ein scheuer Blick auf diese ungeheure blaue Weite, und alle hocken sich zerschmettert wieder hin!

»Nächste Frage«, fordert Pedro, »WIE kommen wir an Land...? Selbst wenn wir den verlausten Pott zum Laufen bringen mit Schlüsseldrehen, Gaspedal und allem Pipapo... WO sollen wir denn hin..? WO IST DIE KÜSTE...? Sieht einer von euch Land...? Treiben wir womöglich immer weiter raus aufs offene Meer...? Was ist, wenn Sturm aufkommt mit hoher See, verdammt noch mal, und wir hier hilflos kippen oder kentern...?«

Bestürztes Schweigen und ein entsetzter Blick zum fernen Horizont...! Pedro hat recht. Ein 'nichts' sind sie in dem Geschwabbel, nicht mal ein Vogelpups in dieser unheimlichen Brühe.

»Was wir jetzt dringend brauchen, ist ein Steuermann...!«, fährt Pedro fort. »Am besten gleich noch *vor* dem Frühstück! Ich frag mich bloß, woher nehmen wir den...?«

Wieder Schweigen...!

Weg ist der Hunger...! Spurlos weg...! Kein Mensch denkt mehr an Essen. Bedeppert schauen sich die Jungen an und kratzen ratlos ihre Köpfe. Weit und breit ist nichts als Wasserwüste...! Kein Baum, kein Strauch und nicht das kleinste Schiff in Sicht, man kann sich dumm und dämlich gucken. Wie sollen sie in dieser Wassersuppenwüste einen Steuermann aus ihren Fingern saugen...?

Doch nun erhebt sich Dreizehn! Kühn und gelassen steht er da in seiner ganzen Länge. »Unten liegen zwei...!«, bemerkt er sachlich.

Sprachlos starren ihn die Jungen an.

Pedro schickt ihm einen seiner schnellen Blick und kratzt sich nachdenklich den Kopf. Ein toller Junge, dieser Lange, mit einem

Haufen Grips im Kopf! Und mutig ist er auch, das hat er gerade erst bewiesen! Sein kühner Flaschenhieb hat sie im allerletzten Augenblick vorm sicheren Untergang gerettet! Langsam dämmert ihm, was dieser Kumpel da in seinem Schädel wälzt. Das ist kein sanftes Unternehmen...! Kerzengrade blickt er Dreizehn an.

»Ich nehme an, du weißt, wovon du sprichst...?«

Dreizehn nickt stumm mit seinem Kopf.

»Dann schmeiß die Sache, pana (Kumpel), und leg los! Brauchst du Hilfe...?«

Schweigend winkt Dreizehn ab, und Pedro kapiert: Was jetzt in seinem Kopf rumort, das muß er ganz alleine machen! Schwungvoll steht er auf und gibt ihm seine Hand. »Nimm dir Zeit, amigo, und... viel Glück! Ich schau mir unterdessen mal ganz in Ruhe diesen Motor an. Ihr andern aber...«, fröhlich grinsend blickt er auf die Kameraden, die wieder einmal null und nichts kapieren, »saust endlich ab, und geht ans Frühstückmachen! Aber dalli, denn wir haben Hunger!«

Jupiii... das ist ein Wort!

Sie sausen wie die Feuerwehr die Treppe runter. Nur zögernd und mit einem langen Blick auf Dreizehn folgt Eva ihren Kameraden, die wie ein Wirbelwind die Treppe runterstürzen und voller Neugier erst einmal das ganze Schiff durchstöbern.

Ein kleiner Kutter ist es, dreckig und verlaust mit einer winzigen Kombüse. Riesige Kakerlaken flitzen unbekümmert durch die Gegend, doch sonst ist alles da, was man zu einem guten Frühstück braucht, selbst der ersehnte Kaffepott. Jubelnd entdecken sie den Kocher für Kerosin mit Streichholzschachtel gleich daneben, dazu das Monstrum einer schweren Eisenpfanne, die Unschuld nur mit Mühe auf den Kocher wuchtet. Öl gibt es in rauhen Mengen und Maismehl für »arepas« auch, vermischt mit schwarzen Küchenschaben. Doch außer Eva stört das keinen dieser großen Geister, die flitzen sowieso davon!

Ja, und was sie dann noch finden, grenzt wahrhaftig an ein Wunder. Die erträumte Eisbox voller Herrlichkeiten, und endlich einmal ohne diese schwarzen Flitzer...! Erleichtert atmet Eva auf.

Voller Eifer begibt die kleine Crew sich unverzüglich an das große Werk. Vergessen sind die Sorgen ihres Chefs und Dreizehns seltsames Gebaren. Vor lauter Eifer kriegen die Jungen noch nicht mal mit, daß Eva sich eine ganze Handvoll Schinken klaut und heimlich aus dem Staube macht, so sehr sind sie am Brutzeln und mit dem Kaffee beschäftigt.

Schinkenkauend schleicht Eva behutsam durch den schmalen Gang und dann hinein in diesen dämmerigen Raum, der einstmals ihr Gefängnis war und findet Dreizehn tief versunken vor seinen beiden Kandidaten. Etwas zweifelnd steht er da, fast ein bißchen wie verloren, als wisse er plötzlich selbst nicht mehr so ganz genau, was er hier sucht. Will er wirklich »nur« den Steuermann besorgen...? Oder hat ihn noch anderes hergezogen? Etwas Ungewisses, Dunkles, das in ihm selber schwelt und keine Ruhe gibt, seitdem er diesem Typ mit aller Wucht die Flasche auf den Schädel krachte. Eva kennt den Freund fast besser noch als er sich selbst und fühlt, sie muß jetzt dringend bei ihm bleiben. Unauffällig drückt sie sich mit ihrem Schinkenrest in eine Ecke.

Dreizehn ist schwer am Grübeln und zutiefst versunken. Ihm ist fast so, als schwinge der letzte Rest von seiner Tat noch ungesühnt in diesem dunklen Raum und schreie nun nach Vollendung. War es ihm nicht genug...? Wollte er... Dreizehn stockt der Atem... wollte er den Lumpen vor sich *vollends töten...?*

Er wendet sich an den, der jetzt besiegt zu seinen Füßen liegt. Ist er inzwischen wach...? O ja, hellwach sogar und blickt ihn funkelnd und mit haßerfüllten Augen an.

»Du wolltest uns verkaufen und zum Schlachthof bringen wie die fetten Rinder und dann die nächste Fuhre Kinder holen, du... du Unmensch du!«, flüstert er mit heiserer Stimme! »Nun hat's dich selbst erwischt...!«

Wie im Traum greift er nach einer dieser vielen Flaschen, die haufenweise in den Kisten stapeln und dreht sie langsam zwischen seinen Fingern. Ach, wieviel Unheil haben diese Dinger bereits in seinem kurzen Leben angerichtet...! Er seufzt, und wieder taucht ein Bild vor seinem inneren Auge, auf ein Bild, das ihn verfolgt bei Tag und Nacht und niemals Ruhe gibt. Er sieht sich wieder auf dem Boden liegen und über ihm sein Vater, der ihn grausam schlägt bis er zusammenbricht! Immer wieder... unbarmherzig... ohne Gnade... jeden Tag, den GOTT geschaffen hat...! Kein Wimmern oder Schreien half! Auch nicht das Flehen seiner Mutter. Zuerst trank er sich voll mit dem verfluchten Zeug, dann ließ er seine Wut auf dieses »miserable Leben« mit harten Prügeln an dem Sohne aus.

Vor Dreizehns Augen taucht das leidverzerrte Antlitz seiner Mutter auf, die hilflos und verzweifelt ihre Hände ringt. Das schmerzte tiefer als die eigenen Wunden und tut noch immer weh! Ein kalter Schauer rieselt über seinen Rücken.

Dann kam der Tag, da schlug sein Vater ihn in seiner blinden Wut halbtot, und er blieb leblos auf dem Boden liegen. Erst Stunden später schlich er sich schmerzgekrümmt aus ihrer Hütte fort, um niemals mehr zurückzukehren.

Damals fing er das Rauchen an.

Nun liegt da dieser Unmensch vor ihm auf dem Boden, genauso grausam wie sein Vater, und all sein aufgestauter Haß steigt hemmungslos in Dreizehn hoch. Egal ob Vater oder dieser Schuft, jetzt endlich kann er sich und all das ihm zugefügte Leid an diesem rächen, der sie verscheuern wollte wie das Vieh.

»Ich bring ihn um!«, sagt Dreizehn leise, nicht ahnend, daß Eva längst an seiner Seite steht. »Ich *muß* es tun...!« Haßerfüllt schaut er den Typen an, die Flasche in der Hand.

Eva fühlt, wie sich ihr etwas nähert. Eine widerliche klebrig schwarze Masse aus Schmutz und Haß, die unerbittlich näher kommt und sie verschluckt und überrollt.

Ihr ist, als stecke sie plötzlich selbst in Dreizehns Haut und fühlt mit ihm das ganze Leid und Elend seiner Kinderjahre. Wilder Haß rast plötzlich auch durch ihren Körper, kriecht heimtückisch den Rücken hoch und steigt in ihren Kopf. Die gleiche Mordlust, die in Dreizehn wühlt, steht unversehens auch in ihren Augen. Sie ist fast blind vor Wut und ballt die Hände. »Töte ihn...!«, will sie rufen. »Erschlag den Schweinehund...! Er hat's verdient...!« Doch plötzlich macht es »klick« und sie wacht auf.

Was sagte einstmals ihre Mutter? »Du wirst es mir nicht glauben, Eva, aber Töten macht Spaß! Es überrollt die Menschen wie ein Rausch!«

Natürlich hat sie's nicht geglaubt! Schon gar nicht, daß ausgerechnet sie je einen Menschen töten könnte. Hat sie nicht jede Fliege aus der Milch gefischt und alle Käfer umgedreht, die auf dem Rücken lagen und nicht mehr krabbeln konnten...? Ist sie nicht immer allen Streitereien aus dem Weg gegangen und lehnte alles 'Böse' ab...? Sie war der felsenfesten Meinung, sie sei 'ein guter Mensch'! Doch jetzt muß sie bereits zum zweiten Mal die Lust am Töten in sich spüren und erleben, daß auch in ihr das Böse ist!

Sie stöhnt.

Entsetzlich...! Wie soll sie damit weiterleben...? Zerschmettert kriecht sie hinter Dreizehns Rücken. Ach, wäre jetzt die Mutter hier...!

Und diesmal wird ihr Wunsch erfüllt. »Gratuliere, Eva...!«, hört sie sehr deutlich ihre warme Stimme sagen.

Eva zuckt zusammen. Ist das ein Witz...? Ausgerechnet jetzt, wo sie am liebsten heulen möchte wie ein heimwehkranker Köter!

»Wieso denn das...?«, fragt sie verstört.

»Weil du erkennst, mein Kind, daß auch in dir das Böse ist...! Und nicht nur in den anderen Menschen!«, erklärt die Mutter ernst.

»Ach Mutter...!«, Eva schluckt. »Was hilft es mir, zu wissen, daß ich morden könnte...?«, fragt sie traurig.

»Weil du verwandeln kannst, was du erkennst...!«

»Ach sooo...!« Hoffnung glimmt in Eva auf, und langsam löst sich die Verwirrung. »Du meinst, ich könnte... dieses Feuer, was da vorhin in mir raste...«, stottert sie, »das könnte ich... verwandeln?«

»Natürlich, Eva! Man muß nicht gleich zum Mörder werden und das Böse *leben*«, erklärt die Mutter voller Güte. »Du weißt nun, daß es in dir ist, und das genügt!«

Dann sagt sie einen schweren Satz: »Es kann uns nur begegnen, was in uns ist!«

Eva schluckt. »Du meinst, Mutter... weil in mir Böses ist, kommt wieder Böses auf mich zu?«

Die Mutter schweigt.

»Ay-yay-yayy...!«, stöhnt Eva tief erschüttert.

»Vergiß nicht, Eva, daß du in deinem tiefsten Innern gut und *göttlich* bist!«, tröstet die geliebte Stimme. »Verwandle, was dir nicht gefällt!«

»Aber *wie* denn, Mutter...?«, stottert Eva.

»Kinderleicht...!« Die Mutter lacht. »Dreh einfach alles um!«

Eva ist ein großes Fragezeichen, doch plötzlich zuckt es wie ein Blitz durch ihren Kopf. Das hat sie doch schon mal erlebt...! *Sie hat bereits verwandelt...!* Damals, als sie Pedro haßte. Statt ihn umzubringen, was sie sowieso nicht schaffen konnte, hat sie ihn dann *gesegnet...!* Zähneknirschend... und aller Groll war wie ein Wunder weg! Bei ihm und auch bei ihr!

»Siehst du...!«, sagt die Mutter! »So geht es mit allem. »Statt schimpfen kann man nämlich...?«, fragend hebt sie ihre Stimme.

»*Singen...!*«, jubelt Eva!

Die Mutter lacht. (Endlich lacht sie wieder)! »Und statt mekkern...?«, fährt sie fort.

»Loben...!«

»Und statt hassen...?«

»Statt hassen *lieben...!*«, seufzt Eva. »Doch das ist schwer...!«

»Möchtest du jetzt immer noch den Menschen töten, den du vorhin gerettet hast...?«, forscht die Mutter.

Voll Entsetzen schüttelt Eva ihren Kopf.

»Siehst du, Eva...«, tröstet die Mutter. »Du übst die Liebe schon seit langer Zeit...! Mit viel Erfolg...! Mach weiter so...! Sei ehrlich mit dir selbst, und schau dich einfach an! Verwandle alles Unerlöste, wie es Jesus tat, und lege dich und das, was in dir ist, in seine Hände!«

Und schwupp, schon ist sie weg!

»Du kannst es Eva...!«, klingt es noch einmal aus der Ferne.

Das war's! Zurück bleibt eine sehr erlöste Eva. Ganz tief in ihrem Innern ist sie gut und... *göttlich* und wird in Zukunft alles auf den Kopf stellen und umdrehen und verwandeln, was ihr an dieser Eva nicht gefällt! Zumindest wird sie es versuchen. Tief atmet Eva durch und wendet sich zu ihrem Freund, den sie total vergessen hatte.

Höchste Zeit...!

Dreizehns Seelenkampf ist ausgekämpft. Eiskalt vor Wut hebt er jetzt langsam seine Hände, fest entschlossen zu dem Todeschlag.

»Nein...!«, schreit Eva. Gellend dringt ihr Schrei durch diesen

Raum in seine Ohren. Mit voller Wucht stürzt sie in seine Arme, umschlingt ihn wie ein Klammeraffe und läßt ihn nicht mehr los. Sie weiß genau, nur sie kann ihn noch bremsen. »Nicht töten!«, brüllt sie: »*Verwandeln,* wie es Jesus tat!« Sie ringt mit ihm und hält ihn eisern fest.

Dreizehn glüht vor Wut, die Flasche hoch über seinem Kopf. »Hau ab...!«, knirscht er. »Verschwinde...! Was willst du hier...? Ich töte ihn, und keiner kann mich daran hindern!«

»Du *sollst* nicht töten!«

»Er will uns töten!«

»Du tötest GOTT...!«

»Bist du verrückt...?«

Wie eine Riesenkrake krallt Eva sich an ihren Freund und hält ihn fest umschlungen. Mit voller Lunge brüllt sie in sein Ohr: »GOTT ist *in dir* und auch... *in ihm!*«

Dreizehn läßt verblüfft die Hände sinken.

»GOTT... in dem Subjekt...?«, fragt er fassungslos. »Wie sollte er...?«

Eva lockert ihren Krallengriff! »Wie GOTT in dir und allen deinen Zellen ist«, keucht sie, »so ist ER in uns allen! Und deshalb...«, sie schnappt nach Luft, »ist doch völlig klar, und deshalb sind wir *göttlich!*«

»Göttlich...? Wir alle...? Und die...?«, fragt Dreizehn voll Verachtung. »Was ist mit diesen beiden? Willst du im Ernst behaupten, daß sie... *göttlich* sind?«

»Die...?« Eva dreht sich um. Nachdenklich betrachtet sie die beiden »göttlichen Halunken« und nickt energisch mit dem Kopf. »Jawohl! Die... sind genauso göttlich wie du und ich, nur wissen sie es nicht. Sie haben es vergessen!

Eindringlich schaut sie Dreizehn an: »Beides ist in uns, das sogenannte 'Böse' und das 'Gute', ob wir es glauben oder nicht. Es ist in dir, in mir und in uns allen! Hast du das 'Böse' nicht gespürt...? Ich sehr! Es raste durch mich durch wie Feuer! Und du warst ebenfalls in Flammen, gib es nur ruhig zu!«

Dreizehn senkt bekümmert seinen Kopf.

»Wir sind es, die entscheiden, was wir leben wollen!«, behauptet

Eva weise und nimmt ihm sanft die Flasche aus den Händen. Hurra, das hat geklappt...! »Meine Mutter sagt, es kann uns nur begegnen, was *in uns* ist!«

Dreizehn kapiert sehr schnell.

»Du...!«, sagt er und strahlt sie an. »Du begegnest mir, weil Gutes in mir ist! Und diese beiden... und mein Vater auch...«, er stockt. Nachdenklich betrachtet er die beiden Typen und fährt dann tapfer fort: »Die sind mir über meinen Weg gestolpert, weil auch »das andere« in mir steckt!«

»Und das...«, schnappt Eva zu und ringt ein letztes Mal um Luft, »genau *das* sollen wir verwandeln, wie es Jesus tat, damit wir göttlich werden!

»Verwandeln...«, murmelt Dreizehn. Forschend blickt er seine leeren Hände und dann die beiden Gauner an. Auch in ihnen scheint der Haß erloschen, und das gleiche Staunen steht nun auch in ihren Augen.

»Verwandeln...«, staunt er wieder. »Genau wie Jesus, sagst du? Aber wie...?«

Durch Eva schießt ein heller Blitz: »Kinderleicht! Dreh einfach alles um!« Verzückt schaut sie die Flasche an, als wäre sie das reinste Himmelswunder. Dann dreht sie sie entschlossen um und drückt sie Dreizehn in die Hände. »Mach auf!«

Der staunt sie wortlos an.

»V e r w a n d e l n !«, jubelt Eva. »Los, mach die Flasche auf! Statt ihn zu töten laß ihn saufen, bis er nicht mehr kann!«

Dreizehn steht wie angenagelt. Eva stößt ihn heftig an: »Nun mach schon! Verwandle ihn und deinen Haß in dir!«

»Haß...?« Dreizehn erwacht aus seinem dunklen Traum. Wo ist sein Haß geblieben? Der ist spurlos weg und nicht mehr aufzufinden, weder auf den Feind noch auf seinen Vater. Er schüttelt seinen Kopf und murmelt voller Staunen: »GOTT in ihm und auch in uns... und dann wohl auch in meinem Vater...!«

Er schraubt die Flasche auf, beugt sich hinunter zu dem harten Typ und zieht ihm seinen Knebel aus dem Mund.

»Trink...!«, sagt er mit fester Stimme! »Los, sauf die Flasche aus!«

Der denkt nicht dran. Energisch schüttelt er den Kopf. Durch die gefletschten Zähne quetscht er mühsam eine Frage: »Bist du... göttlich?«.

Verblüfft läßt Dreizehn seine Flasche sinken. Mit einem kleinen Lächeln schaut er Eva dankbar an und sagt entschlossen: »Ja...!«

»Und... ich?«

Dreizehn bleibt die Spucke weg. Sprachlos starrt er auf seinen Feind. Er hat sehr viel gelernt in diesen letzten Stunden. Unheimlich viel! Doch diese Antwort braucht wahrhaftig Zeit.

Wieder schaut er den Typen an und findet langsam seine Sprache wieder. »Du auch...!«, sagt er entschlossen. Und dann mit fester Stimme. »Nur mußt du dich darauf besinnen... genau wie ich!«

Ein winziges Lächeln huscht wie ein Sonnenstrahl über die eckigen Züge dieses harten Mannes, und plötzlich sieht er ganz normal und menschlich aus. Flehend schaut er Eva an, öffnet nun vollends seinen Mund und sagt mit einer Stimme, die wie Schotter klingt: »Bevor ich sterbe, *muß* ich mit dir sprechen.«

»Morgen...!«, sagt Eva, und kniet schon hinter ihm. »Heute können wir dich nicht gebrauchen!« Sie liftet seinen Kopf, und Dreizehn preßt die Flasche zwischen seine Lippen.

Steuermann gesucht

Doch so einfach, wie sie glaubten, läuft die Sache nicht! Grinsend und schneller als der Blitz fletscht der Harte sein Gebiß, und die Flasche knallt dagegen. Nix mit wacklig...! Hart sind seine Zähne wie dieser unberechenbare Mann. Er quetscht die Lippen um die Flaschenöffnung wie ein Baby um den Schnuller und preßt die Zunge gegen seine Zähne....! Und nicht der kleinste Tropfen rinnt in seinen Hals.

Ratlos und verblüfft blickt Dreizehn Eva an. Die Sache läuft nicht, wie sie dachten und geht wohl nur mit Hammer und Gewalt... doch *seine* harte Welle ist vorüber.

Heulende Geräusche entfahren der Kehle ihres Opfers. Seine Hände zucken und die Finger zeigen aufgeregt nach oben. Er jault und winselt wie ein kranker Hund, verdreht verzweifelt seine Augen und klappert heftig mit den Wimpern.

Zeichensprache...! Will er dringend etwas sagen...?

Dreizehn zieht die Flasche ab, die braune Brühe rinnt dem Typen in den Hals und gluckert nutzlos auf den Boden. Augenblicklich riecht der ganze Raum nach diesem widerlichen Fusel. Energisch spuckt der Harte aus, dann schaut er Eva flehend an: »Laßt uns reden...! Jetzt gleich, bevor ich sterbe...! Es ist dringend...!«

Eva schluckt. Darf man solcher Bitte widerstehen? »Morgen...!«, vertröstet sie. »Wir können dich jetzt nicht gebrauchen!«

»Morgen habt ihr mich längst ins Meer geschmissen«, behauptet der kalte Typ. »Genau das wollte ich mit Pepe machen, aber...«, wieder fletscht er grinsend seine Zähne, »da habt ihr mich erwischt! Und jetzt... na gut, jetzt bin ich also selber dran...! Okay, einmal mußte es ja kommen!« Erstaunt fügt er hinzu: »Es kann uns nur begegnen, was in uns ist...!«

Vom Nebenmann ertönt ein Schreckenslaut. Pepe rollt entsetzt die Augen, dreht den Kopf und schaut den andern voller Grausen an. Herzerweichende Geräusche entfahren nun auch seiner Gurgel. Fast klingt es wie Kinderweinen oder Winseln eines Hundes.

»Recht hast du, Pepe!«, ruft der Harte, und seine Stimme klingt auf einmal ungewöhnlich sanft und weich. »Ich geb' es zu, du bist ein armes Schwein...! Gegen deinen Willen hab ich dich zu diesem Job gezwungen und gewaltsam auf dies Schiff gesperrt! Seit Jahr und Tag kamst du nicht mehr von diesem Kahn herunter und fingst das Saufen an, genau wie ich! Pepe, ich sag' dir was: Steig aus...! Noch ist es für dich Zeit! Und weißt du was...? Es tut mir leid...!«

Pepes Körper beginnt zu schlottern wie vom Sturm gerüttelt, Schluchzen schüttelt seine Brust, und Tränen rollen über seine Wangen. Sein ganzer Körper bebt.

Wieder schaut der Harte Eva flehend an: »Laßt uns jetzt gleich und heute reden! Morgen habt ihr mich längst über Bord geschmissen und erledigt!«

»Das könnten wir gleich jetzt und heute machen...!«, erwidert Dreizehn sachlich.

»Stimmt!«, gibt der Harte zu. »Trotzdem murkst ihr mich ab! Ich kenne euch!«

»Tun wir nicht!«, berichtigt Eva.

»Du lügst...!«

Eva schnappt verblüfft nach Luft. Dreizehn blickt ihn streng an. »Blanco hat noch nie gelogen!«, erklärt er scharf. »Keiner von uns lügt...!« Verwundert schaut der Typ sie an. Noch nie gelogen...? Und er... immer! Staunend mustern sich die Gegner.

»Und weshalb wollt ihr, daß ich trinke?«, forscht er mißtrauisch.

»Weil du gefährlich bist!«

»Ach so...! Kapiere...! Um mich loszuwerden...!« Ein winziges Lächeln fliegt über die kantigen Züge des Mannes. Und wieder schaut er Eva flehend an. »Nur ein paar Worte noch... du hast so Seltsames gesagt...!«

Der Blick des Harten sucht verzweifelt ihre Augen und klammert sich an ihnen fest. »GOTT...?«, flüstert er und hebt den Kopf. »Dein Freund dort sagt, du hast noch nie gelogen! Dann glaubst du also, was du vorhin sagtest... daß es IHN wirklich gibt? Und... daß ER *in uns ist...!* Nicht bloß in dir und ihm! Du sagtest... *auch in mir!* Wieder schaut er sie flehend an. »Nicht wahr, du mußt es glauben, sonst hättest du dem Burschen neben dir nicht die Pistole aus der Hand geschlagen...?«

»Ich glaube nicht, *ich weiß..!*«, sagt Eva ruhig.

»Der Kopf des Harten sinkt zurück. »Schade...! Zu spät für mich...!«, murmelt er. »Denn das... das würde manches ändern!«

»Nein...!«, ruft Eva, und hell klingt ihre Stimme durch den Raum. »NIE... ist es zu spät!«

»Ich treibe Kinderhandel und verkaufe heiße Ware«, sagt der Harte nüchtern. »Wenn ich es könnte... würde ich euch skrupellos ermorden! Das hat mir immer Spaß gemacht. Ich war schon immer schlecht, von Kindesbeinen an!«

Da ist es wieder, was die Mutter sagte: »Töten macht Spaß...!« Eva hat es soeben an sich selbst erfahren, und ein überwältigendes Begreifen steigt in ihr hoch. Dennoch...!

Mit klarer Stimme sagt sie: »GOTT liebt uns alle gleich!«

»Wie könnte ER...? So ein...«, der Harte zögert, »so ein Subjekt wie mich?«

»ER IST IN DIR und wartet, daß du IHN eines Tages suchst und... findest! Wirf den ganzen Krempel fort, der jetzt auf deiner Seele lastet, und mach sie frei!«

»Und dann...?«

»Dann wirst du SEINEN WILLEN tun, IHN lieben und dich selbst vergessen!«

»IHN... *lieben?*«, wundert sich der Harte. Er kaut das Wort als hätte er es nie gehört.

Schlagartig wird Eva das ganze Elend und die Tragik eines solchen Lebens klar. Nichts als Angst und Dreck und lauter Lügen...! Ständig verfolgt und auf der Flucht...! Nie ein Lachen oder frohes Wort, es sei denn mal beim Saufen mit dem anderen Gesindel... Nein, nicht mal das, denn dieser Typ hier ist ein Einzelgänger.

»Lieben...?, sagst du?« Wie einen Zigarettenstummel zerkaut der Harte noch immer dieses sonderbare Wort. »Wie... soll das sein?«

Erbarmen steigt in Eva hoch. »So...!«, sagt sie und senkt voll Mitleid ihren Blick in seine Augen. Dann tut sie etwas völlig Überraschendes. Sie neigt sich tief hinunter zu dem Feind und küßt ihn mitten auf die Stirn. Ein Strom der Liebe fließt von ihr hinüber zu dem Menschen, den sie vor kurzem noch erschießen wollte, und trifft ihn mitten in sein Herz. Und nun geschieht etwas Seltsames. Was

alle Worte nicht vermochten, bewirkt jetzt diese sonderbare Tat. Tränen füllen die Augen dieses harten Mannes, strömen über seine Wangen und überschwemmen wie ein Sturzbach sein Gesicht. Schluchzen schüttelt seinen Körper.
Verblüfft schaut Dreizehn dies Geschehen an und wischt verstohlen seine eigenen Augen. Was hier geschieht, geht allen dreien tief unter ihre Haut.
So was braucht Zeit...!
Der Harte schnieft. Er schluckt und schnauft, und Eva greift nach dem Klopapier, das bei der wilden Schlacht aus den Regalen rollte und griffbereit den ganzen Boden deckt. Sanft wischt sie den Tränenstrom von diesem kantigen Gesicht und seinen stoppeligen Wangen. Doch seltsam, je mehr sie wischt, desto reicher fließt das Wasser. Eine Tiefenreinigung wie einst bei Pedro. Nur ist hier weitaus mehr hinwegzuspülen.
Der Harte ist erschöpft, der Tränenstrom versiegt. Mit einem unbeschreiblichen Blick schaut er Eva an. »Ein Kind ...!«, murmelt er erschüttert. »Ein schwaches Kind hat mich besiegt und überwunden...!« Er schüttelt seinen Kopf. Mühsam kommt ein letzter Satz: »Selbst wenn ich könnte... würde... ich... dich... *niemals töten!*«
Eva nickt. Sie hat verstanden. Ein letztes Mal wischt sie fast zärtlich über seine Wangen, dann gibt sie Dreizehn einen Wink. Der hebt die Flasche, der Harte öffnet gehorsam seinen Mund und läßt.... mit einem letzten fassungslosen Blick auf seine beiden Überwinder gehorsam Schluck für Schluck den scharfen Saft in seine Kehle rinnen. Mit herzerweichendem Gestöhn begleitet Pepe neidvoll diese gurgelnden Geräusche.
Dreizehn kennt sich mit Säufern aus. »Gib Ruhe, Bursche, gleich bist du dran...!«
Und so ist es! Vollgelaufen ist der Typ. Als Dauersäufer braucht er nicht viel von diesem Stoff und kippt schon bald hinüber. Sein Kopf rollt hilflos auf die Seite, und der kümmerliche Flaschenrest rinnt auf den Bretterboden. Unter Pepes sehnsuchtsvollen Blicken schraubt Dreizehn die nächste Flasche auf. Eva liftet seinen Strubbelkopf, und Pepe kriegt anstelle seines Pfropfen nun endlich die ersehnte Flasche in den Hals geschoben. Er schluckt und stöhnt vor

Wohlbehagen, doch nach den ersten tiefen Zügen zieht Dreizehn ihm die Flasche raus.

»Aaaah«, grunzt Pepe mit der Wonne eines Säufers: »Mehr...!« Dankbar blickt er die beiden an.

»Nix mit mehr!«, sagt Dreizehn ernst. »Wir brauchen deinen klaren Kopf, mein Freund! Wir brauchen *dich!!!* Willst du uns helfen...?«

Pepes Augen leuchten auf. So hat seit Jahr und Tag kein Mensch zu ihm gesprochen. »Für was...?«, fragt er und schielt schon wieder nach der Flasche.

»Sei unser Steuermann! Bring uns an Land...!«

»Mach ich!«, sagt Pepe begeistert mit dieser gleichen gutmütigen Naivität, mit der er immer alles macht und die ihn ahnungslos und ohne Wollen in diese Kinder-Raubaffäre schlittern ließ. Doch plötzlich kommen ihm Bedenken. »Und dann... ? Danach...? Was wird aus mir...?«

»Kommt wohl ganz drauf an. Willst du weiter Kinder klauen...?«

»Nee«, sagt Pepe. »Hab' die Nase voll! Hab' nie geklaut, hab' sie nur versorgt«.

»Wir säbeln erstmal deine Fesseln durch«, schlägt Dreizehn voller Weisheit vor. »Du kriegst noch einen Stärkungsschluck, und alles Weitere läuft ganz von selbst, wohin es laufen soll!«

Sie liften Pepe mühevoll auf seine etwas steifen Beine, krempeln ihn vergnügt von beiden Seiten unter und schieben ihn mit lautem Singen und Gejohle triumphierend an Deck zu den verblüfften Freunden. Dort drehen sie noch eine kleine Ehrenrunde und singen übermütig und vergnügt: »Wir haben ihn... wir haben ihn... wir hahaben einen Steuermann und fa-ha-haren jetzt an Land...!«

Jubelnd springen die Jungen von ihrem späten Frühstück auf und wissen nicht wohin vor Freude. Heftig boxen sie die beiden Helden in die Rippen, klatschen kräftig ihre Schultern, schreien lauthals durcheinander und überschütten sie mit tausend Fragen. Pepe ist die Sensation des Tages und strahlt sie dankbar an. Und dann sausen sie alle miteinander nach unten und bestaunen fassungslos den harten Typ, der jetzt so harmlos auf dem Boden liegt und abwechselnd mal röchelt oder lauthals schnarcht.

»Am besten gleich an Deck mit ihm, *bevor* er wieder strampelt!«,

fordert Pedro. »Los, muchachos (Jungs), packt an...!« Mit harten Griffen schleifen die Jungen ihr Opfer rücksichtslos die Stiegen hinauf und werfen ihn verächtlich unters Rettungsboot. Das wär's!
Ja, und ihr Steuermann...?
Der hat inzwischen kräftig zugelangt und kaut bereits sein fünftes Schinkenbrot. Prüfend mustert er die öde Wasserwüste und setzt sich dann als echter Schipper gemächlich schaukelnd Richtung Steuer in Bewegung. Dort reckt er seine Nase erstmal nach allen Seiten schnüffelnd in den Wind und nickt vergnügt mit seinem Kopf. Lässig mit nur einer Hand (die andere hält den Kaffeepott) wirft er den Motor an und trinkt in aller Ruhe seinen Kaffee aus. Dann endlich packt er mit beiden Händen das geliebte Steuer an und bringt den Kahn auf rechten Kurs.

Frei

Es ist berauschend, neben Pepe vorn am Bug zu stehen, die frische Brise im Gesicht, Mund und Nase voller Gischt, und selbst zu steuern. Rauf und runter durch die Wellenberge und zu wissen: SIE SIND FREI!

Gloria, Victoria, wieder einmal ist das Leben schön!

Die Jungen sind ausgelassen und vergnügt, und Pepe ist es auch. Sie himmeln Pepe an. Er läßt sie ran ans Steuer, erklärt Maschine und Motor, zieht behaglich an der Pfeife und sonnt sich in ihrer Bewunderung.

»Pepe, woher weißt du, wo wir sind...?«

»Och, ganz einfach! Mit'm klein'n Rum in' Bauch hat unsereiner so was inner Nase.« Pepe hat seine eigene Ausdrucksweise.

»Und wo ist das Land?«

Pepe zieht 'n Flunsch und zeigt mit seiner Schnute nach vorn.

»Riechst du das etwa auch?«

»Claro! Landwind schmeckt kein Stück nach Salz un' See un' kommt meist von Nordost!

»Wie schmeckt sie denn, Pepe? Wonach...?«

»Na, nach Erde eben! Un' manchmal auch nach Staub un' heißem Sand.« Pepe zeigt nach vorn. Und nun sehen sie ihn auch, den schmalen Küstenstreifen in der Ferne und fangen an zu hopsen und zu johlen. Jupiii... bald haben sie's geschafft!

Schnell kommt die Küste auf sie zugeschossen. Weißer Sandstrand, eine nette kleine Bucht mit ein paar Palmen, vielleicht die gleiche, die sie nachts verließen, und dahinter sanfte Berge? Bis auf ein paar hundert Meter fährt Pepe seinen Kutter ran, drosselt den Motor und wirft mit hohem Schwung den Anker raus.

»Hier is' nu' das ersehnte Land!«

Nur noch leises Tuckern ist zu hören. Doch plötzlich fängt der Motor an zu spinnen. Er hustet, spuckt und setzt ein paar Mal völlig aus, tuckert stotternd noch ein paar Mal weiter... Dann gibt es einen Knall, schwarzer Rauch steigt knatternd in die Lüfte, danach folgt Grabesstille. Nur das Wasser plätschert leise an den Bug.

Verdammte Kiste!

Und jetzt...?

»Los Pepe, runter mit dem Rettungsboot!«

»Geht nich«! Hat'n Leck...! Schon mächtig lange...!«, erklärt der lakonisch.

Sprachlos starren ihn die Jungen an. »Und nun...? Wie kommen wir an Land?«

Das weiß Pepe auch nicht. Erneutes Achselzucken.

Wie ein Geschoß schießt ein sehr böser Fluch aus Pedros Mund, so scharf wie er nie wieder fluchen wollte, und ziemlich ratlos schauen sich die Jungen an. Doch nicht sehr lange, denn nun greift Eva ein. Wieder einmal hat sie einen ihrer plötzlichen Entschlüsse. Blitzschnell zieht sie die Schuhe aus, schnürt sie um ihren Bauch und schwingt sich schwungvoll auf die Brüstung. Noch bevor sie jemand bremsen kann, klettert sie die Leiter runter. »Ich hole Hilfe!«, ruft sie, winkt vergnügt und schon schwimmt sie im Wasser Richtung Land.

Empört spuckt Pedro hinterher. »Loco...!«, schreit er wütend. »Verrückter...!« Eva lacht und dreht sich um. »Selbst pendejo (Dussel)...!«, brüllt sie zurück, plätschert fröhlich mit den Füßen und schwimmt weiter.

Bedeppert schauen ihr die Jungen nach. Pepe stößt die Bengel an. »Nun macht schon! Los! Springt hinterher!«

»Wir können nicht...!«, sagt Sonntag kläglich.

Verdutzt krault Pepe seinen Strubbelkopf. »Ach so...? Genau wie ich!« Er zeigt bekümmert dorthin, wo der Harte liegt. »Ich wär' auch ohne sein'n Stein um Hals in' Schlamm gesackt und abgesoffen!«

Besorgt und auch ein bißchen neidisch folgt die Bande Eva mit den Blicken. Trotz der Jeans und sonstigen Klamotten schießt sie zügig durch das Wasser, erreicht den Strand und krabbelt an das Ufer. Dort dreht sie sich noch einmal um und winkt mit beiden Armen zurück zum Schiff. Dann zieht sie ihre Schuhe an und schaut sich um.

Ein schmaler, steiler Pfad führt hügelan. Wenn das der gleiche ist, auf dem sie nächtens ihren Bibberanfall kriegte, *dann muß dort oben eine Straße sein!* Also nix wie rauf!

Das erste Stück geht gut. Doch dann geht's steil bergan. Die Sonne sticht, die Schuhe quatschen, und schwer und ungemütlich schlottern die nassen Jeans um ihre Beine. Keuchend klettert sie bergan. Sie seufzt ein bißchen, holt ganz tief Luft und klettert tapfer weiter.

Auf halber Strecke hält sie an, schnauft wieder tief nach Luft und schaut zurück auf dies unendlich blaue Meer mit seinen weißgekrönten Wellen, die immerfort und ohne Unterlaß ans Ufer rollen. Ganz unten schwimmt das Schiff mit ihren Kameraden, und das ist fast zum Heimweh kriegen! Eva schluckt und dreht sich tapfer wieder um. Ein wenig abseits liegen ein paar Hütten, halbverdeckt von Felsen und Gestrüpp. Dort *könnte* sie um Hilfe bitten...! »Nein, lieber nicht«, fühlt sie, und muß an ihre Träger denken. Möglicherweise hausen dort die gleichen Männer, die sie fluchend runterschleppten...?

»Warten!«, beschließt Eva und wischt den Schweiß von ihrer Stirn. Seltsam, immer wieder das warnende Gefühl und manchmal auch dies starke Drängen, das sie zu irgendwelchen sonderbaren Taten zwingt...! Ist das ihr Engelfreund und Helfer...?

»Bist du es, Großer...?« Na klar, wer sonst? SIE IST GEFÜHRT und deshalb ging immer wieder alles gut! Man muß nur Horchen und Ge-horchen! Und GLAUBEN muß man auch, denn sonst läuft nichts. Der Glaube versetzt Berge, hat Jesus gesagt.

»Bitte, hilf uns auch jetzt!«, schickt sie ein Stoßgebet aus ihrem Herzen in den Himmel und kämpft sich mühsam hoch.

Sie dreht den Mützenschirm, der völlig nutzlos in ihrem Nacken hängt, nach vorn und schaut ein letztes Mal zurück. Viel fehlt nicht mehr, nur noch ein letztes kurzes Stück, dann ist sie oben auf dem Kamm.

Endlich!

Geschafft...!

Und dort ist auch die Straße, wenn man den rumpeligen Sand- und Löcherweg so nennen will.

Aufatmend flüchtet Eva unter einen Schattenbaum und knallt beinahe hin. Sie kommt ins Rutschen, fängt sich auf und steht erstaunt und schwankend auf einem lila Teppichboden aus lauter Murmeln. Hopla, was ist denn das? Sie schaut zum Baum hinauf. Das dichte Blätterdach strahlt angenehme Frische aus, und seine Zweige hängen voller Trauben, die unentwegt und knallend auf die Erde plumpsen. Sie hebt ein paar von diesen lila Kugeln auf, leckt mit der Zunge dran und steckt sie prüfend in den Mund. »Lecker...!« Das sind die Playatrauben (Strandtrauben), von denen die Mutter sprach. Die gibt's an allen Uferkanten. Hurra! Genau das Richtige nach dieser Klettertour! Sie stopft sich ihre Backen voll und spuckt die Kerne in weitem Bogen genußvoll ins Gebüsch. Nicht genug kann sie von diesen Dingern kriegen, sie kaut und lutscht und spuckt und überhört fast einen dicken Laster, der dröhnend um die Ecke brummt.

Soll sie winken...? Wieder fühlt Eva deutlich »nein« und läßt ihn sausen. Zurück bleibt eine Wolke Staub. Sie niest und will noch weitere Kugeln holen, da kommt der nächste angeschossen. Ein »rustico« mit offenem Dach und schreiender Musik, bis zum Bersten vollgestopft mit jungen Leuten.

»Auch nicht!«, beschließt Eva. Eine leere Büchse knallt vor ihre Füße, und schon rast er vorbei. Und wieder eine dicke Wolke.

Dann kommt eine lange Weile nichts! Qualvoll sengt die Mittagsonne auf die kahlen Berge. Die Luft steht still und auch die Zeit.

Warten... warten...! Nichts als warten...!

Eva stöhnt. Erschöpft und müde setzt sie sich auf einen Stein und fällt in sanftes Dösen.

Und wieder Früchte sammeln...! Und weiter warten...!

Nach einer endlos langen Zeit kommt endlich etwas angeschnurrt. Ein schweres Motorrad! Ganz gemächlich surrt es um die Kurve. Und... kaum traut sie ihren Augen, ihr Herz macht einen Satz, die beiden Fahrer tragen SCHWARZE UNIFORMEN!

Disip, gefürchtet und berüchtigt. Die schwarze Polizei!

Jetzt oder nie...!

Eva hopst hoch, spuckt eilig ihre Kerne aus und rast zum Straßenrand. Sie winkt und rudert mit den Armen, nimmt ihren ganzen Mut zusammen und brüllt so laut sie kann: »Auxilio...! Hilfe...! Auxilio...!« Und noch einmal: »Auxilio...!«

Werden diese großen Männer ihretwegen halten...?

Es sieht nicht danach aus. Mißtrauisch drosselt der Fahrer ein wenig den Motor, beide Männer greifen zu den Waffen, sie sind bewaffnet bis zum Hals und mustern streng das Kind. Ist das hier eine Falle...?

Eva rennt nebenher: »Nos sequestraron!«, keucht sie. »Man hat uns entführt! Wir haben die Banditen überwältigt. Der eine liegt gefesselt unten auf dem Schiff!«

Zweifelnd und höchst verblüfft schauen die Schwarzen den Jungen an. Endlich bremst der Fahrer, und das Fahrzeug stoppt. Die Männer steigen ab. »Wo liegt das Schiff?«, fragt der eine streng, noch immer halten sie die Hände an den Waffen!

Eva zeigt in Richtung Küste und den Hügel, wo ihr Pfad ein Ende hatte oder auch beginnt. »Von dort aus kann man's sehen!«

»Gut, komm mit!«

Der Untersetzte schiebt das schwere Motorrad, der Große hat Eva fest im Griff und seine Waffe schußbereit. Sie sind auf ihrer Hut! Nach allen Seiten sichernd bewegen sie sich mit großer Vorsicht an den Hügelrand. Wortlos zeigt Eva auf das Schiff, das wie ein Spielzeug ganz unten in dem blauen Wasser schwimmt.

Keine Reaktion...!

»Dort liegt es!«, sagt sie überlaut und deutlich. Sie wedelt mit dem ganzen Arm und schaut erwartungsvoll die Männer an.

Nichts!

Keine Reaktion!

Sie glauben ihr kein Wort...!

Das ist zuviel! Ein dicker Kloß würgt Evas Kehle zu. Sie ist am Ende und fängt verzweifelt an zu schluchzen. Nach dieser endlos langen, fürchterlichen Nacht jetzt diese beiden eisgekühlten Männer! Sie waren ihre große Hoffnung und sind der letzte Tropfen, der diesen übervollen Krug zum Laufen bringt.

Sie, die fast niemals oder nur sehr selten weint, schluchzt leise vor sich hin. Sie hatte so gehofft, und nun ist alles aus! Auf wen soll sie denn sonst noch warten...? Ganz still weint sie in sich hinein.

Die beiden Männer wechseln einen kurzen Blick. »Keine Falle...! Der Junge ist o. k.!«, bedeutet das! Tröstend wie zwei echte Freunde legen sie den Arm um Evas Schultern und sind auf einmal völlig umgekrempelt und furchtbar nett und freundlich.

»Kopf hoch, Junge, wir helfen dir und kümmern uns um deine

Kameraden!« Und nun mit harter Stimme: »Und ebenfalls um die Halunken...!«

Eva atmet auf. Sie würgt die Tränen runter und schaut sie dankbar an.

»Ich heiße Tirso...«, sagt der Untersetzte freundlich. Er lacht sie an und gibt ihr seine breite Hand. »Und das ist Angel (Engel)!«

»Ich heiß' nur so«, warnt der, reicht gleichfalls seine Hand und packt die andere wie ein netter Kumpel einfach obendrauf. Wärme steigt in Evas Herz und wortlos staunt sie Angel an. Ein Engel...? Mit blauen Augen genau wie sie! Umschlossen von zwei warmen Händen faßt Eva neuen Mut. Schon lacht sie wieder unter Tränen.

»Und wer bist du?«

»Blanco«, stottert Eva.

»Das muß dir selbst ein Blinder glauben!«, stellt der Engel fest. »Nun pack mal aus, du weißer Knirps! Was ist passiert? Fang ganz von vorne an!« Mit einem flotten Schwung hebt er sie auf das Motorrad.

»Schieß los!«

Doch Eva möchte vorher noch etwas wissen. »Warum seid ihr jetzt plötzlich nett zu mir und vorher wart ihr kalt wie Eis?«, fragt sie schüchtern.

»Weil viele Fallen auf uns warten! Oft gerade dann, wenn Kinder winken oder jemand mitten auf der Fahrbahn liegt! Leider...!«, erklärt Tirso bekümmert. »Man versucht sehr oft, uns hochzunehmen.«

Eva staunt: »Und plötzlich habt ihr *mir doch geglaubt...?*«

»Es gibt ein echtes und ein falsches Weinen«, erklärt Angel ernst. »Und deins war echt!«

»Ach sooo... Bei euch muß erst mal einer weinen...!, stellt Eva fest.

Betroffen schauen sich die 'Schwarzen' an.

Eva wischt die letzten Tränen mit ihrem Ärmel ab, genau wie Pedro neulich, schnappt tief nach Luft und fängt an zu berichten. Die Männer lehnen sich bequem an die Maschine und sind ganz Ohr. Aufmerksam schauen sie in Evas Augen und gravieren jedes Wort. Hin und wieder blicken sie sich kurz mal an, stellen ein paar gezielte Fragen und nicken mit den Köpfen.

»Heiße Sache!«, stellt Tirso fest. »Dahinter steckt mehr als eine Handvoll simpler Leute. Nämlich eine organisierte, skrupellose Bande, die schmutzige Geschäfte mit Kindern treibt! Wir werden Hilfe brauchen!«

Schweigen...!

Angel blickt Eva forschend an. »Blanco, wie wär's mit dir und deinen tapferen Freunden? Macht ihr mit...?«

Ist das ein Witz? Eva hebt entsetzt die Hände. Noch mehr Abenteuer...? »Danke, nein!«

»Du mußt dich jetzt nicht gleich entscheiden«, beruhigt Angel. »Später werden wir dich wieder fragen. Sag, Junge, hast du Hunger oder Durst?«

Eva gähnt. Nachdem sie ihre Sache nun in guten Händen weiß, fallen ihre Augen einfach zu. »Nur müde...«, sagt sie, gähnt schon wieder und kriegt den Mund fast nicht mehr zu.

Wen wundert das nach solcher Nacht?

Also los! Auf geht's...! Die beiden Männer schwingen sich zu Eva auf das Motorrad, nehmen sie behutsam in die Mitte und brausen ab.

Wohin...?

Eva weiß es nicht. Sie kriegt schon nach der nächsten Kurve nichts mehr mit. Sicher und geborgen ruht sie in Angels starkem Arm und schlummert ein.

Orakel

Schon wieder so ein sonderbarer Traum...? Eva rappelt sich von ihrem Lager hoch und schaut verblüfft umher. Wo ist sie nur...? Mit ihren Kameraden und einer Handvoll Disip-Männern hocken sie in einem Halbkreis auf der Erde, und Pedro grinst sie glücklich an. Tirso sitzt an ihrer linken Seite und Angel rechts. Selbst Pepe ist dabei und winkt ihr fröhlich zu.

Eva winkt beschwingt zurück. Herrlich, alle ihre Freunde sind beisammen!

Sie hocken unter einem großen Baum mit weitem Blick über ein langgestrecktes Tal bis tief hinunter auf das Meer. In der Mitte ihrer halben Runde steht ein untersetzter, breiter Mann von kräftiger Statur mit einer riesigen Zigarre in seinem Mund und kaut darauf herum.

Goldfarben ist er wie ein Indio mit dichtem, glattem Haar, halbnackt und dennoch angezogen. Er steckt in bunten Shorts, ein breites Stirnband, rot wie Blut, schmückt seinen vollen Schopf. Ein dreifach weißes Kreuz sticht seltsam ab von seiner nackten, dunklen Brust. Und seine bunte Perlenschnur ist leuchtender Kontrast zu seiner rötlich braunen Haut.

Eva kneift sich in den Arm. Es kann nicht wahr sein, was sie sieht. Träumt sie oder ist sie wach? Sie reißt die Augen auf, reibt sich die Wangen und schlackert mit dem Kopf. Das Bild vor ihrer Nase bleibt, und was sie sieht, ist reinste Wirklichkeit!

Was soll das Ganze...? Was hat das alles zu bedeuten...? Wieso kommt sie hierher...?

Angel neigt sich zu ihr. »Hast du Angst...?«, fragt er leise und blickt sie forschend an.

Angst...? Eva schüttelt ihren Kopf. Nein, Angst hat sie nicht! Nur ist es sonderbar, was dieser Mann dort vorne treibt. Endlos kaut er den 'tabaco' zwischen seinen Zähnen, nimmt ihn schließlich aus dem Mund und knetet voller Inbrunst daran herum. Er fühlt und tastet die Zigarre, prüft die Blätter und zerpflückt sie einzeln mit den Fingern. Seine ganze Aufmerksamkeit ist einzig und allein auf den Tabak gerichtet. Andächtig schaut er die Blätter an, horcht in sich hinein und ist zutiefst in seinem Tun versunken.

»Ist er ein brujo...?«, fragt Eva leise.

»Ein Hexer...? Por DIOS, no...! GOTT bewahre...!« Entsetzt wehrt Angel ab. »Das ist Mujika, unser 'curandero'! Siehst du das rote Band...? Nur Heiler tragen solche Bänder! Schau dir genau den Altar an, dann weißt du selbst, woran du bist!«

Altar...? Evas Blicke wandern suchend umher. Wo könnte hier ein Altar sein...? Dann endlich sieht sie ihn. Kaum sichtbar in der schwachen Abenddämmerung flackern Kerzen. Auf flachen Steinen stehen bunte Blumen, verschiedene Früchte und ein Kreuz aus rohen Ästen. Ein großes Bild vom NAZARENO lehnt an einem Stamm, ein anderes von der SANTISIMA VIRGEN (heiligen Jungfrau) und eine Gipsfigur der verehrten MARIA LIONZA, die auf einem Tapir reitet.

»Ist hier jemand krank...?«, fragt Eva leise.

»Bewahre!« Angel schüttelt seinen Kopf. »Mujika wird uns Auskunft geben über unser Unternehmen heute nacht. Wir fragen ihn fast immer, wenn es um heiße Sachen geht wie diese.

»Ach so... du meinst, er kann... die Zukunft lesen...?«, staunt Eva.

»Immer...! Du wirst es selber hören«, flüstert Angel.

»Und wieso sind die Jungen hier und Pepe auch?«

»Wir haben sie geholt und an ihrer Stelle ein paar von unseren Leuten auf dem Schiff gelassen.

»Ihr wart... ihr zwei wart auf dem Kutter...?«

Angel grinst. »Du auch! Die ganze Zeit hast du gepennt!«

Eva schluckt und kriegt den Mund nicht wieder zu!

Tirso macht »pssst« und zeigt mit einer Kopfbewegung auf den Tabakkneter. »Paß jetzt genau auf alles auf, Blanco, und seid ganz still! Er betet...!

Eva paßt höllisch auf. So viel erzählte ihre Mutter von den 'brujos' (den Hexern), den 'curanderos' (den Heilern) und den 'magos' (den Magiern), die aus dem Tabakrauch die Zukunft lesen.

Der Mann in ihrer Mitte zündet ein Streichholz an und zieht mit seinem Licht ein feierliches Kreuz. Er steckt den Tabakstumpen in den Mund und brennt ihn mit der gleichen Flamme an. Andächtig pafft er ein paar Züge, dreht sich ganz langsam in dem Kreis herum und bläst den Rauch mit einer tiefen Verbeugung ehrfürchtig in alle vier Himmelsrichtungen.

Und jetzt...? Eva lauscht. Was macht er nur? Kräftig und mit lauter Stimme spricht er das Vaterunser, und alle sprechen mit. Auch sie bewegt die Lippen, und man hört ein lautes Murmeln. So einer kann kein 'brujo' sein...! Er ruft den »TODO PODEROSO« (ALLMÄCHTIGEN) an, die »SANTISIMA VIRGEN« (HEILIGE JUNGFRAU) und »MARIA LIONSA«, die SCHUTZHEILIGE und HÜTERIN des klaren Wassers und der hohen Berge... Leiser wird die Stimme, verliert sich fast, und Mujica versinkt im Anblick seines Tabacorauchs. Seine Stimme geht allmählich über in ein unverständliches Gemurmel, verschwindet fast und wird dann wieder etwas stärker.

Zutiefst versunken und völlig hingegeben an sein Tun pafft er an der Zigarre. Nichts Äußeres scheint mehr für ihn zu existieren, nur dieser Tabak zwischen seinen Zähnen. Ein dünner Faden Rauch steigt senkrecht in die Luft. Und nun geschieht etwas sehr Merkwürdiges. Der Faden schwillt an, wird breit und breiter, bläht sich zu einer kleinen Wolke und formt schließlich eine dichte Kugel von der Größe eines Fußballs.

Eva entfährt ein überraschter Laut. Alle anderen schweigen, und Mujica scheint zu lauschen.

Dann spricht er das Orakel.

Wie Steine fallen seine Worte. Schwer und feierlich ist seine Stimme.

»Alles geht gut, denn ihr geht mit dem Licht...!«

»Ihr habt ein Kind dabei«, er zeigt auf Eva: **»Es hat viel Licht...! Das Licht vertreibt die Finsternis!**

»Geht und helft! Nehmt alle Kinder mit!«, er zeigt mit einer Handbewegung auf die Jungen. **»Kinder helfen Kindern!«**

»Was ihr vorhabt, ist sehr schwer. Doch es ist eine gute Tat!«

»**Einer verliert sein Leben und stirbt an den Folgen seiner Tat. Ein weiterer verliert es fast, doch dadurch wird er es gewinnen. Es ist zu seinem Besten!**«

Wieder deutet er auf Eva.
»**Nehmt diese mit! Sie hat viel Licht!**«

Eva zuckt zusammen, »sie«, hat er gesagt! Zerschmettert blickt sie sich nach allen Seiten um. Doch alle nicken nur freundlich mit den Köpfen, und keinem scheint was aufzufallen.

»**Sie betet zu dem TODOPODEROSO, dem ALLMÄCHTIGEN!**«, fährt der Mago fort (schon wieder »sie«...) »**Doch ihr sollt ALLE beten! Denn was ihr vorhabt, ist nicht leicht! Geht und helft! Es ist zum Besten vieler Kinder!**«

Er schweigt. Dann winkt er Eva.
Angel gibt ihr einen aufmunternden kleinen Stoß, und sie steht zögernd auf. Etwas beklommen steht sie vor diesem Mann. Weshalb gerade sie...? Was mag er von ihr wollen...?

Mujica schaut sinnend in den Rauch. Ganz langsam spricht er Wort für Wort, und tief fallen sie in ihr Gemüt:

»**BALD WIRST DU DEINEN VATER FINDEN...!**«

Evas Herz macht einen Satz. Es klopft, als wollte es zerspringen! Ihr scheint, der Boden schwankt und schaukelt unter ihren Füßen.

»**Er sucht dich! Er ist traurig, weil er nichts von dir weiß! Doch das ist bald vorbei! Schneller, als du denkst! Bald seid ihr froh!**«

Mujica legt die Hand auf Evas Kopf, drückt ihn sanft zurück und schaut in ihre Augen. »ER SIEHT ALLES«, weiß sie plötzlich. Alle ihre Kämpfe... die geweinten und die ungeweinten Tränen, den Schmerz um ihre Mutter, das Ringen mit dem Bösen um das Gute...

alles was in ihr ist. Er urteilt nicht! Er liebt sie, wie sie ist! Alle Menschen liebt er und fragt nicht, ob sie gut sind oder böse. Wie ihre Mutter, oder... Jesus! Ihr wird ganz warm und leicht ums Herz, und ihre Augen füllen sich mit Tränen. Fast schwindelt ihr vor dieser Tiefe seiner Augen, und am liebsten würde sie in seine Arme sinken.

Mit seinem Finger zeichnet er das Kreuz auf ihre Stirn und streicht ihr gütig übers Haar. Dann nimmt er einen tiefen Zug, klemmt den Tabakstumpen zwischen seine Finger, hebt sie wie eine kleine Feder mit seinen starken Armen hoch und haucht sie kräftig an. Erst auf die Stirn, danach auf ihre Brust, und schließlich bläst er kräftig auf den Scheitel. Dann stellt er sie behutsam wieder auf den Boden, klemmt die Zigarre zwischen seine Zähne und legt die beiden Hände sanft auf ihren Kopf, immer noch den Stumpen in dem Mund. Ein seltsam warmer Strom beginnt zu fließen, ein Strom aus Energie und reiner Kraft. Er strömt durch Evas Scheitel hinein in ihren Kopf und breitet sich auf wunderbare Weise allmählich in ihrem ganzen Körper aus! Sie ist umhüllt von dem Zigarrenduft.

»DIOS TE BENDIGA, hermanita (GOTT SEGNE DICH; Schwesterchen)!« Und nun geschieht, was sie sich vorhin wünschte. Mujica kniet sich zu ihr auf die Erde und nimmt sie in den Arm. **»Bald sehen wir uns wieder!«,** flüstert er und hüllt sie ein in seinen Tabakrauch.

Dann ist die Sitzung aus. Die Männer stehen auf und legen schweigend ein paar Gaben auf den Altar. Öl und Früchte, Gemüse, Kerzen und Zigarren oder andere Geschenke. Ein jeder gibt, was er gerade kann und hat. Mujica fragt nie nach Lohn und Geld.

Sie brechen eilig auf, denn vor ihnen liegt noch eine lange Nacht!

Nur Eva steht und träumt und kann nicht fassen, was mit ihr geschah.

Angel neigt sich zu ihr herunter und wispert leise in ihr Ohr: »Komm, Schwesterchen, wir brauchen dich! Ich nehm' dich Huckepack! Du bist unser Maskottchen!«

»Schwesterchen....!« hat er gesagt.

Sprachlos starrt Eva Angel an.

Sie ist entdeckt...!

Er grinst sie freundlich an und hebt sie schwungvoll hoch. Und schon sitzt sie auf seinem Rücken!

Ab geht die Klettertour den steilen Berg hinunter Richtung Küste.

Schwesterchen

Eva reitet höchst vergnügt auf Angels Schultern und denkt nach. »Schwesterchen« hat er gesagt...!« Und seltsam... es macht ihr gar nichts aus! Einmal mußte es ja kommen!

Sie klopft auf seine Schulter: »Kannst du schweigen...?«

»Gehört eigentlich zu meinem Beruf!«

»Ich meine: Hältst du dicht...?«

»Wenn du es möchtest...?« Das klingt wie eine Frage.

Eva beugt sich an sein Ohr: »Sag bitte keinem was! Niemand weiß, daß ich ein Mädchen bin! Hat außer dir noch jemand was gemerkt?«

Angel schüttelt seinen Kopf. Eva fühlt ihn heftig wackeln und atmet auf. »Sah nicht so aus!«, meint Angel.

Pause!

Doch jetzt ist Angel dran: »Und du? Wie steht's mit dir...? Hast du dich entschlossen? Machst du das Abenteuer mit...?«

»Claro que si (klar, daß 'ja')!« Eva klatscht die Hand auf seine Schulter. Sie ist so energiegeladen, daß sie beinahe platzt.

Angel knurrt zufrieden. Er streckt die langen Arme über seinen Kopf und tätschelt sie wie einen braven Hund. »Du mußt wissen, pana (Kumpel), unser Unternehmen klappt *nur mit euch!* Wir brauchen Jungen...«, er verschluckt sich heftig, macht »hmmm«... wollte sagen, »Kinder..., die so mutig und entschlossen sind wie ihr!«

»Einer kommt dabei um!«, flüstert Eva in sein Ohr.

»Du nicht!«, flüstert Angel zurück.

»Du auch nicht! Bitte...!«

Angel lacht. Unbekümmert klingt sein Lachen: »Du paßt ja auf mich auf...!«

Dann haben sie den Pfad geschafft und klettern in den Kombiwagen, der wartend unten an dem Sandweg steht und rasen Richtung Küste.

Wieder eine kleine Bucht, auch sie scheint unbewohnt, und auf dem trockenen Sand ein kleines Motorboot. Die Männer ziehen ihre Stiefel aus und werfen sie mitsamt den Waffen in das Boot. Dann krempeln sie die Hosen hoch, wuchten das Boot ins Wasser, schnappen sich die Jungen und springen alle hinein. Dröhnend heult der Motor auf. Schon rasen sie in höchster Eile übers Meer.

Pedro hockt an Evas Seite, knufft sie begeistert in die Rippen und redet wie ein Wasserfall. »Mann, wie hast du das bloß geschafft...? Plötzlich landet ein flottes Boot bei unserm alten Kahn mit fünf Mann schwarzer Polizei und einem Gruß von dir und bringen uns ein warmes Mittagessen! Knusprig frische Fische! Das war ein Schmaus, kann ich dir sagen...!« Pedro reibt begeistert seinen Bauch. »Sie wollten haarklein alles von uns wissen und haben diesen harten Typ und seinen alten Pott genau aufs Korn genommen. Und du hast wie ein Stein gepennt die ganze Zeit, und keiner konnte dich was fragen. Aber wir sagten: Du machst genau so mit wie wir!«

Er grinst sie fröhlich an.

»Einer kommt dabei um!« Wieder schießt dieser verflixte Satz durch Evas Kopf, und bangend schaut sie ihre Freunde an. »Und er...?« Sie zeigt in Richtung Pepe. »Was ist mit dem?«

Pepe winkt vergnügt zu ihr herüber.

Pedro lacht. »Der ist die Hauptperson in unserem Unternehmen. Du wirst sehen, das wird spannend!« Begeistert reibt er seine Hände.

»Auch er nicht, bitte...!«, flüstert Eva.

Im Handumdrehen ist es dunkel. Sie fahren ohne Licht, und auch an Bord des Kutters brennt nur eine trübe Funzel. Gerade noch vor der allerletzten Dunkelheit erreichen sie das Schiff und klettern flink an Bord. Das Motorboot dreht bei und fährt mit vollem Licht zurück.

Kurze Begrüßung der Männer, die das Schiff bewachen, und ein Blick zum harten Typ. Der liegt schon wieder oder noch immer an der Reling, hat die Augen weit geöffnet und blickt sie fragend und mit klaren Augen an. Etwas wie Freude huscht bei Evas Anblick über sein Gesicht. Seine Hände öffnen sich, als ob er sagen wollte: »Was ist mit dir...? Hältst du dein Versprechen? Siehst du denn nicht, *wie* ich warte...?«

»Ich komme, aber später...!« Eva nickt ihm freundlich zu. »Ich sterbe fast vor Hunger und muß zuerst was essen!« Wieder schießt der vertrackte Satz durch ihren Sinn: »Einer kommt dabei um...!«

»Er war sehr friedlich«, berichten die Männer. Wir haben ihn versorgt und auch verhört, doch es ist nichts aus ihm herauszukriegen. Wir wollten ihn nicht schlagen oder fertigmachen, denn ihr braucht ihn noch. Er sagt, er wird mit einem dieser Jungen sprechen und dann alles sagen.

Fertigmachen...? Schlagen...? Eva schaudert. Harte Sitten...!

»Zieht euch um«, befiehlt Angel. »Bringt das Essen! Und du...«, er wendet sich an Pepe, »kurbelst am besten gleich den Motor an und bringst uns schnellstens an den Bestimmungsort!«

Pepe windet sich. »Mach ich...! Man bloß... mir ist so nackicht um den Bauch herum! So richtig hohl und komisch... Ich glaub' ich brauch' mal was! Ich brauch... ich brauch...!«

»Gleich gibt es was! Die Männer wärmen schon das Essen!«, beruhigt ihn Tirso. Doch Dreizehn weiß besser, was Pepe jetzt gerade braucht. »Gebt ihm am besten einen Schnaps«, klärt er die 'Schwarzen' auf, »dann läuft sein Motor wie geschmiert, und Pepe macht im Blindflug alles, was ihr von ihm wollt!«

Also kriegt Pepe seinen Schnaps, und einen zweiten für sein Gleichgewicht und noch den dritten obendrauf. Dann ist er warmgelaufen, strahlt von einem Ohr zum andern und wirft zufrieden seinen Motor an. Er steuert ohne Licht nur seiner Nase nach todsicher durch diese rabenschwarze Nacht.

Ein neuer Schreck taucht unvermutet auf.

Eine Gruppe unbekannter Männer kommt überraschend von unten aus der Luke hoch. Den Jungen schießt die nackte Angst in alle Glieder. Kreidebleich krallt Eva sich an Tirso fest, doch der lacht schallend los und Angel auch. Es sind die gleichen Disipmänner wie vorhin, nur nicht mehr wiederzuerkennen. Denn mittlerweile stecken sie in verblichenen Jeans und ausgelatschten Schuhen, haben wirre Strubbelhaare und grelle, bunte T-Shirts an. Ein paar von ihnen qualmen Zigaretten. Tief vergraben sie die Hände in den Hosentaschen, lassen lasch die Schultern hängen und wirken mindestens genauso echt wie alle Männer überall in allen Häfen.

Das Essen kommt knusprig frisch in einer ungeheuren Pfanne, und alle greifen ausgehungert zu. Sie hocken auf dem Boden, zerreißen geschickt die leckeren Fische mit den Fingern und knabbern sie aus ihren Händen. Selbst die knusprigen Schuppen und ein Teil der Gräten sind ein Hochgenuß und werden begeistert mitgegessen. Die Jungen sind bereits Experten und zeigen Eva, wie es geht. Die Hände säubern sie mit viel Zitrone, und zum Trinken gibt es klares Wasser.

Seufzend steht Eva auf. Sie gähnt... und ist schon wieder müde! Doch der Mann dort oben an der Reling wartet, und versprochen ist versprochen! Neugierig folgen ihr die Jungen und Tirso und Angel selbstverständlich auch.

Der Harte schaut sie alle gründlich einen nach dem andern an. So etwas wie ein Lächeln fliegt über sein Gesicht, und er beginnt zu sprechen.

»Einen ganzen Tag liege ich hier an der Reling und denke nach, so gründlich wie noch nie in meinem Leben! Alles ist gut...! Das Allerbeste aber ist, daß ich euch Kinder getroffen habe... und... ihr mich besiegt! Mein Leben habe ich verloren, das ist mir völlig klar! Doch dafür fand ich GOTT! Durch dich...!« Fest blickt er Eva an: »Ich danke dir...!«

Erschüttert schaut ihn Eva an. »Dann hatte alles einen Sinn«, sagt sie leise.

Der Typ schätzt Angel ab. »Vermutlich bist du der Boß der Gruppe und so hart, wie ich es war! Ich will versuchen, einen kleinen Teil von dem zu reparieren, was ich zerstört und angerichtet habe! Einmal in meinem Leben will ich etwas Gutes tun!«

Der Typ macht eine Pause. Fast flehend blickt er auf die Männer. »Ihr werdet mir nicht glauben! Wie solltet ihr? Trotzdem... ich biete meine Hilfe an! Ich kenne die gesamte Bande und auch den Unterschlupf und alle Löcher, wo sie sich verstecken...!«

Stille...!

Beklemmend breitet sie sich aus. Wie eine dichte Nebelwand drückt sie auf die Herzen dieser Menschen. Ängstlich und gespannt blicken die Jungen hin und her. Erst zu Angel, dann zu dem unheimlichen Mann, zu Tirso und den bunten Männern, die mittlerweile alle versammelt sind.

Was denkt Angel...? Was wird er tun...? Er ist der Boß! Wie wird er sich entscheiden...? Ist dem Typ zu trauen...? Oder versucht er, seine eigne Haut zu retten und reißt sie alle ins Verderben...? Alles ist ihm zuzutrauen.

Unerträglich breitet sich die Spannung aus und lastet wie eine giftgetränkte Wolke auf sämtlichen Gemütern. Zum Zerreißen sind alle Nerven angespannt.

Doch jetzt greift Eva ein. Wieder einmal hat sie einen ihrer überraschenden Momente. Mit leichten, festen Schritten geht sie zu dem Typ, kniet sich an seine Seite und blickt ihm trotz des trüben Scheins der Funzel tief in seine Augen.

»Ich glaube dir!«, sagt sie mit fester Stimme. »Ich weiß, du wirst uns helfen und damit anderen Kindern auch!«

Die Augen des harten Mannes füllen sich mit Tränen. »Danke!«, flüstert er und seine Stimme kippt.

Der Nebel lichtet sich. Die schwere Wolkenwand scheint plötzlich hell und licht.

»Nehmt ihm die Fesseln ab!«, entscheidet Angel. »Wir werden jetzt gemeinsam Pläne machen für die Nacht!«

Eine heiße Nacht

Die dritte lange Nacht steht Pepe nun bereits am Steuer. Am Tage kann er schlafen, da übernehmen die Schwarzen seinen Job. Pepe fährt sozusagen blind und ohne Licht durch diese rabenschwarze Nacht, nur seiner Nase nach, um jeden Ärger mit den Grenzbehörden zu vermeiden. Angestrengt versucht er, diese dicke Tinte zu durchdringen. Er kennt sich selbst im Dunklen aus und weiß auf einmal ganz genau: Sie sind am Ziel! Endlich! Bei der kahlen, kleinen Inselgruppe vor Kolumbiens Küste ist der Treffpunkt, altbewährt seit langer Zeit! Er drosselt den Motor und wirft den Anker raus. Und schon krallt sich der scharfe Schein von einer Superlampe an den Kutter, zuckt hin und her und grellt in sein Gesicht. Leise tuckernd legt ein Motorboot sich längsseit an den Kutter.

»Mach den Motor aus!«, brüllt eine scharfe Stimme.

»Geht nicht!«, brüllt Pepe zurück. »Springt nich' mehr an, wenn er mal aus is'! Braucht dringend Überholung!«

Die Antwort ist ein Fluch.

»Wieso kommt ihr so spät...?«, will eine zweite Stimme voll Empörung wissen. »Seit gestern dümpeln wir in diesem blöden Meer herum und warten, und wer nicht kommt, seid ihr...!«

»Es gab Probleme!«, sagt Pepe kurz.

Erschrockenes Schweigen! Und nach einer Pause: »Mit der Polizei...?«

»Nee, nich« mit der Polente...!«, meint Pepe ehrlich, denn die 'Schwarzen' waren eine echte Hilfe. »Man bloß mit diesem alten Pott.«

Erleichtert atmen die Typen auf.

»Und wo, zum Teufel, steckt dein Boß...?« Die beiden werden langsam ungeduldig.

»Is' nich' zu sprechen. Hat 'ne Verabredung!«

»Was soll das heißen...? Mit wem, verdammt noch mal?« Erneut krallt sich das Licht an Pepe fest.

Pepe grinst über das ganze Gesicht. »Mit 'ner vollen Buddel Rum«, erklärt er freundlich und zeigt auf seinen schlafenden Kumpan, der deutlich sichtbar an der Reling liegt und pennt.

Die Lampe bohrt sich an dem 'Harten' fest. Der liegt mit offenem Mund, röchelt laut und weilt in anderen Gefilden. Da ist nichts zu machen!

»Der wird sich noch zu Tode saufen...!«, meckert der erste giftig.

»Kein Wunder bei *dem Job!*«, gibt Pepe zurück.

Einer der Ganoven fletscht seine vergilbten Zähne, es soll ein Lächeln sein. Dem andern platzt der Kragen. Ihm reicht jetzt das Geschwafel! »Habt ihr die Ware?«, fragt er ungeduldig. Pepe nickt und zeigt nach unten.

»Wieviel? Und was?«

»Fünf Stück! Nix als Jungen und alle kerngesund!«, leiert Pepe.

»Also schaff' sie rauf!«, brüllt der erste ungeduldig.

»Pepe zuckt die Achseln. »Muß beim Motor bleiben! Wenn der abwürgt, springt er nich' mehr an....!«

»Mist... Ein weiterer unaussprechlich böser Fluch. Die Geduld der beiden ist am Ende. Ärgerlich vertäuen sie das Boot und klettern aufgebracht die Leiter rauf. Dem röchelnden Typ am Deck verpassen sie im Vorübergehen einen saftigen Tritt in seinen Hintern und hasten eilig die Treppe hinunter in das dunkle Unterdeck.

Etwas zögernd verschnaufen sie vor der verschlossenen Tür und öffnen sie mit leichtem Unbehagen. Nie weiß man, was dahinter lauert. Ihr greller Lampenschein fällt in den muffigen, dunklen Raum, und erleichtert atmen die beiden Typen auf. Alles klar! Die Jungen liegen schlafend auf dem Boden, wie es sich gehört. Sie sind gedopt wie immer und werden vor dem späten Morgen nicht erwachen. Zeit genug zum weiteren Transport!

Sie ahnen nicht, wie sehr die Herzen ihrer Opfer klopfen und ihre armen Körper vor lauter Angst und Spannung beben. Was jetzt passiert, erleben sie bereits das dritte Mal, und einmal ging es fast daneben.

Beruhigt und völlig sorglos betreten die beiden Typen diesen Raum, und nun erleben sie die große Überraschung ihres Lebens. Im Bruchteil von Sekunden sind ihre Beine weggerissen, sie knallen hin und liegen sprachlos auf dem Boden. Bevor sie überhaupt begreifen können, was geschieht, klicken Handschellen an ihren Gelenken, und sechs starke Männer bedrohen sie mit Pistolen.

Sofort kommt das Verhör. Angel gibt ihnen keine Zeit zum Denken und nimmt sie kräftig in die Mangel. Er sieht nun überhaupt kein bißchen mehr nach diesem netten Angel aus.

»Entweder ihr singt...«, er macht eine eindeutige Handbewegung um den Hals. »Oder...«

»Oder was...?, fragt der Mopsige der beiden Typen und wird blaß.

»Oder wir kippen unsern Treibstoff aus und zünden diesen ganzen Plunder an!« Angel grinst. »Dann landet ihr bereits gebraten in der Hölle!«, erklärt der junge Disip kalt. Die Nacht ist kurz. Sie müssen diese Typen schnell zum Singen bringen. Das hat bei anderen gewirkt und wird auch hier die Wirkung nicht verfehlen.

Die beiden Männer erblassen unter ihrer dunklen Haut. »Und sonst...?«, preßt der eine durch die Zähne.

»Und sonst ab in die Diamantenminen! Auf Nimmerwiedersehen! Lebenslänglich, wenn euch nicht vorher eure lieben Brüder im Gefängnis um die Ecke bringen!«

»Ihr dürft gar keinen umlegen!«, protestiert der zweite kläglich. »Das ist verboten...!« Seine Beine schlottern. Seine Stimme zittert und die Zähne klappern.

»Du hast ja völlig recht, mein Kleiner«, Angel lacht. »Das dürfen wir wahrhaftig nicht! Ihr dürft ja auch nicht Kinder stehlen und böse Sachen mit den armen Kerlen machen! Oder...?« Seine Stimme ist plötzlich wie geschliffenes Glas, eiskalt und schneidend.

»Holt die Benzinkanister!«, befiehlt er seinen Leuten. »Aber dalli!

»Ihr Jungen geht schon mal ins Boot! Nehmt Pepe mit, daß er seine Haut rettet. Der Müll hier brennt gleich lichterloh...!«

Die Jungen sind schon längst erwacht aus ihrer vorgetäuschten Starre und stehen schaudernd hinter den Disipmännern in dem Raum. Nur sehr ungern und zögernd sind sie bereit, dieses aufregende Geschehen zu verlassen. Was wird, wenn diese beiden Gauner nun nicht 'singen', wie es Angel nennt...? Dann knallt der Pott hier in die Luft, und ihre Abenteuer gehen weiter! Doch langsam reicht es mit den Abenteuern! Zumindestens als Hauptpersonen...!

Ein scheuer Blick auf die Beamten. Steinhart sind die und zu allem entschlossen...!

Das scheinen auch die beiden Typen zu begreifen.

»Ihr könnt uns ja erschießen statt verbrennen...!«, versucht der erste klappernd zu verhandeln.

»Das gibt Probleme mit den Leichen!«, erwidert Angel kalt.

Drei volle Benzinkanister werden angeschleppt und schwappen randvoll durch die Tür.

»Los, kippt sie über diese Schweinehunde!«

»Nein...!« Ihr entsetzter Schrei gellt durch das ganze Schiff. Bestürzt hält Pepe oben an Deck sich beide Ohren zu.

»Bueno (gut), ihr wollt also reden...?«

»Si (ja)...!«

Angel gibt den Männern einen Wink. Sie stellen die Kanister in die Ecke, verschwinden und bringen jetzt den 'Harten' rein. Unbemerkt von den Banditen lehnt er sich an die Wand.

»Packt aus, ihr Lumpen. Los Burschen, singt...! Wo ist das Hauptquartier?«

»Unter der Heiligen Kapelle der Kleinen Teresita...!«

»Unter der... was?« Selbst den harten Disipmännern verschlägt es ihre Sprache.

Angel blickt den 'Harten' an. Der nickt. Es stimmt! Völlig nüchtern ohne jede Spur von Alkohol folgt er dem Verhör, nickt sein Einverständnis oder schüttelt seinen Kopf, wenn was nicht stimmt. Nach zwanzig Minuten sind die Banditen ausgequetscht bis auf den letzten Tropfen wie eine leere Apfelsinenschale.

Und eine halbe Stunde später braust bereits das Motorboot der Banditen in höchster Eile durch die Nacht in Richtung Küste. Der 'Harte' sitzt am Heck und steuert, und auf dem Boden liegen Eva und die Jungen unter einer Segelplane. Tirso hat sich wie ein Hund zusammengerollt und unter der ersten Bank versteckt, ohne daß der 'Harte' davon weiß. Denn Angel mag an Wunder glauben und dem 'Harten' trauen, doch Tirso nicht! Weiß der Teufel, was dem in den Sinn kommt, und plötzlich schießt er quer. Er, Tirso, wird ihn nicht aus seinen Augen lassen, bis diese Kinder sicher sind! Und deshalb liegt er hier...!

Wieder landen sie in einer unscheinbaren kleinen Bucht. Die Entführer haben's mit den unbewohnten, unscheinbaren Buchten...!

Ein kleiner Laster wartet, dazu ein Mann, der ruhelos am Strand marschiert!

Kurze Begrüßung und erstaunte Frage: »Du kommst allein...? Und bringst die Kinder selbst...? Wieso denn das...?

»Muß mit dem Boß über neue Preise reden! Kann so nicht weitermachen!«

»Na denn viel Glück! So schnell rückt der nix raus!« Der Fahrer nickt bedächtig mit dem Kopf. »Und was ist mit den andern?«

»Die reparieren einen Motorschaden an unserm Kutter und kommen später. Ich hab' die Jungen schon mal mitgebracht. Und du...? Was ist mit deinem zweiten Mann?«

»Schüttelfrost und hohes Fieber!«, erklärt der Fahrer trocken.

Schüttelfrost! Jawohl, genau das haben auch die Jungen! Wieder einmal schnürt die nackte Angst ihre Kehlen zu, und Evas Herz klopft bis zum Hals! »Dreh alles um...!« hat ihre Mutter gesagt! Haha...! Versuch's mal einer, wenn der ganze Körper klappert...! Doch *jemand*, der weitaus größer ist als alle, hat gesagt: »Furcht ist nicht in der Liebe, sondern die völlige Liebe treibt die Furcht aus!«

»LIEBE...«, flüstert Eva. Und plötzlich überkommt sie ein gewaltiges Verständnis: WENN SIE ANGST HAT, so wie jetzt, DANN KANN DIE ANGST SIE PACKEN! WENN SIE ABER LIEBT, KOMMT LIEBE AUF SIE ZU, UND ALLE ANGST MUSS WEICHEN! DENN GLEICHES ZIEHT GLEICHES AN!

Eva knallt sich heftig an ihren blöden Kopf. Will sie es denn noch immer nicht begreifen...? So oft hat sie es jetzt schon ausprobiert, und trotzdem fällt sie immer wieder in die gleiche Falle. Doch jetzt ist Schluß! Blindlings überläßt sie sich dem Rat der Bibel und der Mutter.

»Ich liebe!«, sagt sie mit lauter Stimme und lauscht den eigenen Worten nach. Es stimmt, sie liebt! Sie liebt den Harten, der plötzlich helfen will. Und besonders liebt sie Pepe, der naiv und kindlich ist und überhaupt nicht böse. Durch diese beiden lernte sie Angel und Tirso und den Mago kennen, die sie wahrhaftig liebt. Es fällt ihr gar nicht schwer, auf einmal auch den unbekannten Mann am Strand zu lieben, der schon so lange auf sie wartet. Wie eine warme Welle strömt die Liebe in ihr Herz... Sie liebt und liebt und liebt, und ALLE

ANGST IST WEG!
Die Männer ziehen das Boot an Land und bringen die Kinder einzeln in den Laster. Wie eine seltene Kostbarkeit trägt der 'Harte' Eva sanft auf seinem Arm, neigt seinen Kopf ganz tief zu ihr herunter und flüstert: »Hab keine Angst! Ich schütze dich, selbst wenn es mich mein Leben kostet!«

Eva blinzelt kurz und blickt ihn an. Er lächelt. Schnell macht sie die Augen wieder zu und liegt zutiefst berührt und völlig still im Wagen. Einer nach dem andern wird hineingetragen. Tirso liegt schon längst versteckt ganz hinten an der Wand.

Ab geht die Fahrt.

»Na hör mal, fährst du nicht zum Depot?«, fragt der 'Harte' nach zehn Minuten Fahrt erstaunt.

»Nee, direkt zum Händler! Die Jungen sind bereits verkauft. Wir sind äußerst knapp an Ware.«

Das ist ein Schlag!

»Halt' schnell mal an! Mir liegt was auf dem Magen, muß dringend in die Büsche!«, stammelt der 'Harte', und hält würgend die Hand vor seinen Mund.

Der Fahrer stoppt. »Mach nur, ich warte!« Er dreht zum Zeitvertreib das Radio auf volle Pulle und läßt den Motor weiterlaufen.

Der 'Harte' stürzt raus, klopft hinten an die Scheibe und winkt. Pedro macht auf.

»Disip, komm raus! Simuliere einen Überfall! Ich habe keine Waffe. Mach schnell, wir müssen unsere Pläne ändern!«

Tirso ist einer von den Schnellen. »Du weißt...?«, fragt er verblüfft.

»Denkst du, ich bin von gestern? Nun mach schon!«

Und Tirso macht!

Überraschend steht er vor der offenen Autotür, richtet die Pistole auf den erschrockenen Fahrer und sagt in barschem Ton: »Hände hoch! Raus mit dir! Verschwinde!«

Mit erhobenen Händen verläßt der Fahrer widerstandslos seinen Wagen und flitzt blitzschnell in die Büsche. Die Männer erklären den Jungen ihre neue Lage. Die sind hingerissen. Ein Überfall aus ihrem eigenen Lager! Spannend ist das Leben und ereignisreich! Sie haben alle Angst vergessen.

»Was wird jetzt mit dem armen Mann?«, fragt Eva anteilnehmend. »Kriegt er den Wagen wieder?«

»Sehr zu bezweifeln«, meint der Harte. »Der Boß räumt sofort auf. Das Auto weg und ihr nicht am Bestimmungsort...! Das sieht böse für ihn aus. Ich schätze, er flüchtet heute noch ins Nachbarland, damit ihn nicht von irgendwoher plötzlich eine Kugel trifft!«

Schweigen! Betroffen schauen sich die Jungen an. Vorbei ist die Begeisterung! »Ich gehe auch mal zu den Schwarzen und räume mit den ganzen Schweinen auf«, preßt Pedro durch die Zähne.

»Vorher mußt du in die Schule!«, gibt Dreizehn zu bedenken.

»Mach ich! Hab' schon mit Tirso gesprochen. Wir sollen alle in die Schule, hat er gesagt, damit aus uns was wird!«

Sie schauen Tirso an. »Darüber reden wir später«, sagt der und scheucht sie in den Laster. »Regt euch nicht auf, wenn ein paar Schüsse fallen. Das gehört nun mal dazu!«

Weiter geht's in Richtung Stadt! Der 'Harte' steuert, und Tirso sitzt daneben.

»Ehrlich«, sagt Tirso. »Ich hab' dir nicht getraut!« Er schüttelt seinen Kopf. »Angel glaubt an Wunder! Scheint was dran zu sein!«

»Hab' mir selber nicht getraut«, gesteht der 'Harte'. »Bis vor einer Woche noch...«

Tirso pfeift durch die Zähne. »Y eso? Wie das?«

»Durch diese Kinder!«, erkärt der 'Harte' ehrlich. »Besonders dieser eine...«

»Du meinst Blanco...«, murmelt Tirso.

»Genau! Noch nie in meinem Leben traf ich solche Menschen wie die und euch«, gesteht der »Harte«. »Ich wußte gar nicht, daß es so was gibt...!«

Tirso streift ihn mit einem schnellen Blick. »Das kam dann wohl genau zur rechten Zeit...?«

Der 'Harte' nickt.

Tief berührt preschen die beiden schweigend durch die Nacht in Richtung Stadt.

Unter der Heiligen Kapelle

Tirso und der 'Harte' nähern sich mit ihrer Fracht der Innenstadt und damit der Heiligen Kapelle der 'Pequena Teresita'. Ob die 'Kleine Teresita' wohl weiß, welch Unfug man unter ihren Hallen treibt...?
Unvermittelt greift Tirso in sein Hosenbein, fischt eine Pistole aus dem Stiefelschaft und drückt sie dem 'Harten' in die Hand. Fassungslos schaut der ihn an. »Caramba!«, sagt er leise.
Und nach einer Weile: »Und du...?«
»Hab' noch 'ne zweite!«, beruhigt Tirso. »Wo geht es lang zu der Kapelle?«
»Erste Straße links, die zweite rechts!«
»O.k. Mach's gut! Que DIOS te bendiga!«
Tirso öffnet die Wagentür und springt hinaus. Fast wehmütig schaut ihm der 'Harte' nach, er sieht ihn gerade noch im Seitenspiegel um die nächste Ecke springen. Nicht zu fassen...! Der harte Disipmann gibt einem Schwerverbrecher seine eigene Pistole und... obendrauf noch Gottes Segen! Er schüttelt nachdenklich den Kopf. Seltsame Leute, diese Sorte Polizei, hart wie Stein und innen weich wie Butter. Oder geschah ihnen vielleicht das Gleiche wie auch ihm durch diese merkwürdigen Kinder...? Sie drehten alles um! Nicht nur die bewußte Flasche, statt sie auf seinen Kopf zu schmettern, sondern auch ihn und sein gesamtes Innenleben!
Er läßt den Motor laufen... und fährt trotzdem nicht an. Zu tief ist er versponnen in seine eigenen Gedanken.
NOCH WÄRE NÄMLICH ZEIT...!
Er könnte noch immer untertauchen... wenn er es wollte und so wie früher denken würde! Es wäre eine Kleinigkeit! Er *könnte* die begehrten Kinder zu einem dieser Händler bringen, eine Menge Geld kassieren und verduften. Weg vom Fenster, untertauchen und verschwinden...!
Er könnte... doch *er will es nicht!*
Zuviel ist geschehen! Nicht nur das seltsame Verhalten dieser Kinder und das unfaßbare Vertrauen der Disipmänner... O nein, noch weitaus mehr!

GOTT IN IHM ist auferstanden durch die Worte eines Kindes! Wie ein Blitz traf diese unbekannte Macht sein Herz und läßt ihn nicht mehr los! Er kann nicht mehr wie früher unbekümmert weiterleben wie bisher, nach *seinem eigenen* Wunsch und Willen handeln und so tun, als wäre nichts passiert. ETWAS in ihm drängt, befiehlt und fordert, *und er muß gehorchen...!* Und das Seltsame ist, er tut es gern!

Träumend steht der Harte mit seinem Wagen an dem Straßenrand. Wie... kann... es sein... daß plötzlich ETWAS in ihm sozusagen aufersteht, von dem er nicht mal ahnte, daß es existiert und ihn dermaßen überrollt, daß er nichts anderes mehr tun und denken kann! Selbst der Schnaps, den er so nötig brauchte, ist ihm jetzt zuwider!

Endlich gibt er Gas und rollt ganz langsam an. Da klopft es heftig an sein Fenster. Er zuckt zusammen, greift automatisch zur Pistole... und läßt sie schnellstens wieder sinken.

Tirso!

»Ich hab's mir anders überlegt!«, sagt der entschlossen. »Ich fahre mit! Hinten bei den Kindern! Das ist besser! Schnell, laß mich rein!«

Der Harte nickt. Tirso spukt wohl ähnliches in seinem Kopf herum wie ihm!

Tirso greift sein Handy, ruft Angel an und kommt tatsächlich durch: »Hola Angel, ist bei euch alles klar?«

»Alles klar, bis auf die dunkle Nacht!«, beruhigt Angel.

Der Harte hebt den Finger. Tirso reicht sein Handy rüber, und der Harte fragt: »Wo steckt ihr?«

»In der Nähe der Kapelle. Wir warten hier auf euch!«

»Gibt es dort Mönche?«

»Schon! Ab und zu läuft hier mal einer rum!«

»Die gehören zu der Bande...!«

»Ahhh...«, Angel pfeift leise durch die Zähne. »Und die Nonnen?«

Der Harte lacht: »Das sind die Weiber von den Männern und die gehören auch dazu!«

Erneutes Pfeifen. »Und wo steckst ihr...?«

»Tirso kriecht gerade zu den Jungen in den Wagen. Wir sind in etwa drei Minuten da und fahren rein. Und ihr müßt sehen, wie ihr eure Sache dreht!«

»Kein Problem! Und euch viel Glück!«

»Sie DIOS quiere...!«

Angel schaut verblüfft ins Telephon. »So Gott will...«, hat er gesagt.

Die Jungen jubeln, als Tirso sich zu ihnen ganz hinten an die Rückwand quetscht. Halleluja! Mit ihm sind sie beschützt!

Langsam fährt der Wagen durch die fast menschenleere Stadt und nähert sich der Heiligen Kapelle der 'Kleinen Teresita'. Zierlich ist sie, wie wohl auch die Heilige es war, mit bunten Bögen und anmutigen Tür- und Fensterschwüngen und einem runden kleinen Turm. Ein paar verspätete Passanten schlendern gemächlich durch die sommerwarme Nacht. Zwei weitere Grüppchen stehen lässig beieinander, schwatzen und sind im Gespräch vertieft. Aha, das sind die wohlgetarnten Disipmänner! Aufmerksam verfolgen ihre Augen das einsame Gefährt.

Neben der Kapelle befindet sich ein breites Tor. Riesengroße Bäume recken hinter hohen Mauern ihre Zweige in den dunklen Himmel. Das Ganze sieht sehr ländlich und fast nach einer alten hacienda aus.

Der Harte bremst, steigt aus und klopft in einem ganz bestimmten Rhythmus an die Tür.

Kurz lang, kurz lang und dreimal kurz!

Nach einer endlos langen Weile dreht sich ein Schlüssel in dem Schloß. Es öffnet sich ein schmaler Spalt, und ein verhüllter Mönch in einer braunen Kutte steckt äußerst vorsichtig die Nase durch die Tür.

»Grüß dich Bruder!«

Statt aller Antwort kommt ein mürrisches: »Que hay? (was gibt's)?«

»Ich bringe Ware!«

»Davon ist hier nichts bekannt!«

»Sie ist bestellt! Der Laster wurde überfallen, der Fahrer umgelegt, ich konnte flüchten und bin nun hier! Los, laß mich rein! Ich will nicht mit der Ware auf der Straße stehen, und ich muß dem Boß berichten!«

Quälend langsam öffnet sich das Tor zu einem weiten Innenhof. Irgendwo brennt eine trübe Lampe und wirft ein fahles Licht auf eine dürre Rasenfläche. Der braune Kuttenmann zeigt schweigend auf das Ende einer Halle, und der »Harte« stellt den Wagen ab. Er springt hinaus, reißt schnell die Tür des Lasters auf und flüstert: »Keinen Mucks, muchachos (Jungs)! Augen zu und liegenbleiben! Alles ist o.k.!«

Geschickt rollt er das Tuch von ihren Körpern und klatscht es schwungvoll an die Wand. Es fällt genau auf Tirso und deckt ihn restlos zu.

Der Mönch hebt seine grelle Lampe, mustert lustlos und mit einem kurzen Blick die Jungen, murrt ungehalten etwas über »neue Arbeit« und winkt dem Harten mitzukommen.

Tirso späht durch das Fenster hinterher. Kaum sind sie weg, wühlt er sich angeekelt aus den widerlichen Tüchern, an denen wer weiß wieviele Kindertränen hängen mögen, schnappt tief nach Luft und sichert vorsichtig nach allen Seiten.

Keine Spur von irgendeiner Menschenseele. Zu dieser späten Stunde scheint alles frei von diesem 'Ungeziefer'. Noch mal die gleiche Mahnung an die Jungen: »Ihr liegt in tiefem Schlaf, verstanden? Rührt euch nicht aus diesem Karren, und bis bald...!« Gewandt wie eine Schlange gleitet er lautlos aus dem Wagen und schleicht den beiden hinterher.

Sehr bald schon landet er vor einer schweren Eisentür, kaum zu erkennen in dem schwachen Licht. Sie ist gewölbt und furchteinflößend wie aus alten, kriegerischen Zeiten, versehen mit Scharnieren und Beschlägen und einem schweren Schloß davor. Tirso schaudert. Unbehaglich, solche Türen! Er drückt den Griff herunter und atmet auf. Nicht verschlossen! Das spart viel Zeit...! Erschreckend langsam und mit einem unverschämten Knarren dreht sich die schwere Tür in ihren Angeln und öffnet sich zu einem schwarzen Loch. Tirsos Herz dröhnt bis zum Hals. Er hält den Atem an und horcht nach allen Seiten. Totenstille! Nichts geschieht! Kein schneller Wächter kommt herbeigelaufen! Diese lausige Banditenbande fühlt sich restlos sicher und geborgen im Schutze der berühmten Teresita.

Vor Tirso öffnet sich ein dunkler Gang, nur stellenweise schwach erhellt von ein paar trüben Funzeln. Er schaut sich unbehaglich um. Die reinste Mausefalle! Doch bleibt ihm nur die Flucht nach vorn! Also hinein!

Er greift zur Taschenlampe und läßt sie wieder los. Besser nicht, das könnte ihn verraten! Von einer trüben Lampe schleicht er sich zur nächsten mit der Pistole in der Hand. Dazwischen tastet er sich an den feuchten Wänden weiter und hält dabei der 'Teresita' eine kleine Standpauke.

»Sag mal, Kleine Heilige, liegst du im tiefsten Schlaf? Wie ist es möglich, daß du unter deinen so verehrten Hallen eine Bande duldest, die böse Kinderschänderei betreibt? Du hast doch schon als Kind die allerschlimmsten Bösewichter durch Schweigen und Gebet bekehrt, warst selbst ein Kind und ebenfalls Beschützerin der Kinder! Ich bitte dich, wach endlich aus dem Tiefschlaf auf und hilf uns, diesen Mist hier aufzuräumen! Danke!«

So, das tat gut!

Tirso glaubt zwar mehr an Waffen und seinen Grips als an die sogenannten Wunder. Aber auch 'ihre Kinder' haben 'durch ein Wunder' den Harten völlig umgekrempelt...! Mit Waffen hätten sie es nie geschafft! Ihm scheint fast, daß der weiße Junge sehr viel betet, und wohl die andern auch. Vielleicht ist es sehr nützlich, die Heilige um ihren Schutz zu bitten...! Schaden kann es nicht.

Tirso schlägt ein Kreuz und atmet auf.

Endlos wie ein langer Wurm schlängelt sich der Schlauch in eine unbekannte Tiefe. Ganz am Ende schimmert ein blasses Licht, und endlich öffnet sich der Wurm zu einer großen Halle.

Hier ist es endlich etwas heller!

Ein paar nackte Birnen hängen primitiv an einem lotterigen Kabel und leuchten auf ein wüstes Durcheinander. Leere Kisten, volle Kästen, Abfalltonnen und Gerümpel, alles wahllos durcheinander. Cucarachas (Kakerlaken) flitzen unbekümmert durch die Gegend. Der reinste Abfallhaufen! Tirso rümpft die Nase: Weitaus schlimmer noch als auf dem Schiff!

In der Ferne hört er Stimmen und Gelächter und verschwindet dankbar hinter ein paar Kistenstapel. Behutsam windet er sich durch die Hürden, immer den Stimmen nach, die irgendwo dort hinten heiser gröhlen und spektakeln, und ist ständig auf der Hut, nur ja nichts umzukippen oder Krach zu machen.

Die Stimmen kommen näher. Es klingt nach einem Zechgelage.

Gut gedeckt von ein paar hohen Kistentürmen schleicht Tirso sich heran und kriegt die Bande aus allernächster Nähe genau in seinen Blick. Etwa ein Dutzend angetrunkene Männer hängen bereits schräg in ihren Stühlen vor einem langen Tisch, auf dem sich halbgeleerte Bier- und Whiskyflaschen türmen! Ihre Wangen sind knallrot und ihre Nasen auch. Die abgelegten Kutten hängen lässig hinter ihnen auf den Stühlen oder liegen achtlos auf dem Boden. Auch hier glüht kahl und traurig an einem Kabel eine nackte Birne und beleuchtet die groteske Szene.

Aufrecht und gerade steht der »Harte« vor dem Boß der Bande, einem feisten Mann mit ausgeprägtem Bullennacken im ärmellosen Unterhemd, der einzige, der nüchtern scheint, und tischt ihm das gleiche Märchen auf, das er bereits dem Mönch erzählte.

Wortlos und ohne die geringste Regung hört der 'Bulle' zu. Sein Hemd hat er zur besseren Belüftung hoch über seinen fetten Kugelbauch gerollt und blickt sein Gegenüber aus kleinen Schweineaugen bösestechend an. Hin und wieder dreht er wie ein gereizter Stier den kahlen Kopf auf seinem feisten Doppelnacken. Fehlt nur noch, daß er drohend röhrt.

Gespannt hört alles zu. Das laute Lachen ist verstummt. Erwartungsvolles Schweigen senkt sich auf die Runde.

Tirso hält den Atem an und seine Waffe schußbereit. Wird der 'Feiste' die Geschichte glauben...?

Endlich macht der Bulle eine Handbewegung: »Está bien! In Ordnung! Setz dich! Whisky oder Bier?« Er deutet auf die Flaschen.

»Und du«, er wendet sich an den Kapuzenmann: »Versorg' die Jungen und verschwinde! Apurate! Mach flott! Was stehst du hier herum? Zisch endlich ab!«

Der Harte angelt einen Stuhl. Die Männer rücken zusammen, und er setzt sich hin. Flink wie ein Wiesel schnappt sich Tirso in dem allgemeinen Rutschen mit schnellem Griff die nächste Kutte und zieht sie hinter seine Kisten.

Er hat genug gesehen! Sofort wird er die Kameraden holen, damit sie dieser verrotteten Gesellschaft schnellstens ihr hundsgemeines Handwerk legen!

Hastig schlüpft er in die Kutte, stülpt die Kapuze tief über seinen Kopf und schleicht nun wohlverhüllt zurück zum Gang. Weiter vorne schlurft der Mönch mit müden Schritten, und lautlos eilt er hinterher!

Fast zur gleichen Zeit erreichen sie den Ausgang. Mürrisch hebt der falsche Kuttenmann die Autoklappe hoch, und voll Entsetzen starren beide Männer in den leeren Wagen.

Keine Spur von irgendwelchen Kindern...! Panik überkommt die Männer und Tirso überläuft ein kalter Schauer.

WO SIND DIE Jungen...?

Ein ekelhafter Fluch entfährt dem Kuttenmann. Das ist das Ende seines Jobs und... vielleicht das Ende seines Lebens! Nichts wie weg, sonst ist er heute noch ein toter Mann! Er hat schon einmal miterlebt, wie der Bulle einen Mann zu Tode hetzte. Für ihn und seine rohen Mitgenossen ist eine kleine Menschenjagd ein ganz besonders lustiges Vergnügen!

Zitternd streift er die Kutte ab und steht nun da in seinen ganz normalen Hosen. Nur schnell, und nichts wie ab! Möglichst Richtung Grenze und gleich ins Nachbarland! Seine Hand zuckt nach den Schlüsseln, doch unversehens liegt er auf der Nase. Tirsos kleiner Kunstgriff knallt ihn überraschend um. In Sekundenschnelle ist er in Decken eingerollt und liegt nun stumm und steif wie eine Mumie hinten in dem Wagen.

Tirso hebt die Schlüssel auf, rollt die Kutte unter seinen Arm und macht sich voller Panik auf die Suche nach den Kindern.

Weit kommt er nicht. Nach ein paar Metern knallt ihm etwas vor die Füße. Ein ganzer Zweig rauscht auf den dürren Rasen und Blätter auch. Er hebt erstaunt den Blick und kann's nicht fassen. Die ganze Jungenbande hockt oben in dem Baum. Singen könnte er vor lauter Freude, und Jubel ist in seinem Herzen. Was treiben die verflixten Bengel in den dichten Zweigen...?

Ein langes Seil hängt von dem Baum hinunter bis auf die andere Straßenseite, und nun klettern die eigenen Disipmänner einer nach dem andern wie die Affen die Mauer rauf und auf den Baum.

Und plötzlich wird er selbst aufs Korn genommen. Zehn Pistolen sind auf ihn gerichtet!

Seine eigenen Leute wollen ihn erschießen...! »Soy Tirso (ich bin Tirso)...!«, brüllt er, winkt und reißt sich die Kapuze runter. Diese verdammte Kutte kostet ihn jetzt fast das Leben...!

Lautes Lachen aus dem Baum. Als erster landet Angel gut gezielt vor Tirsos Füßen und grinst ihn freundlich an. Die nächsten folgen. Wie die reifen Kokosnüsse plumpsen sie vom Baum herunter, ganz zuletzt die Jungen!

Das gibt eine fröhliche Begrüßung!

Pedro berichtet:

»Erst sind wir einfach mal auf diesen Baum geklettert, um alles zu erkunden! Dann sahen wir die Disipmänner auf der anderen Mauerseite, wie sie eine Menschenleiter bauten. Immer ein Mann auf dem anderen. Nur das klappte nicht, die Mauer ist zu hoch! Da haben wir die Stricke aus dem Laster rausgeholt und in den Baum geknüpft. Na ja, nun sind sie alle da...!« Seine Augen glühen vor Begeisterung.

»Gut gemacht, ihr zukünftigen Kollegen...!«, lobt Tirso, und die Jungen strahlen.

Angel schaut sich prüfend um. »Völlig tote Hose hier!«, bemerkt er überrascht. »Scheint alles ausgestorben!«

»Ein Teil der Meute hockt unter der Kapelle und ist am Saufen!«, berichtet Tirso. »Bis auf einen! Der war ein bißchen müde und ruht sich jetzt im Laster aus!«

Angel kapiert und lacht. Suchend blickt er sich um. »Aber sagt mal... wo ist Blanco?«

Bestürztes Schweigen! Achselzucken...! Ratlos schauen sich die Jungen an...! Vorhin war er noch da! Und jetzt...?

O weh, Blanco ist verschwunden und keiner weiß wohin!

Tirso wirft Angel die zweite Kutte hin und rast wie wild davon. Angel hängt sich das Ding im Laufschritt um, und alle stürzen hinterher in Richtung Bandwurmtunnel.

Wo steckt der weiße Junge...?

Dort, wo höchstens Tirso ihn vermutet...! Hinter dem gleichen Kistenstapel, der auch ihn verbarg!

Genauso ist es! Wieder einmal setzte bei Eva plötzlich alles Denken aus! Ohne einen Piep zu sagen schlich sie davon und tappte durch den ganzen schauerlichen Tunnel. Sie mußte...! Etwas hat sie hergezogen, dringend, mahnend wie ein Aufschrei ihrer Seele. Blind ist sie dem gefolgt! Ob ES auch diesmal stimmt...?
Jawohl! Genau zur rechten Zeit...!
Angespannt späht Eva durch die Flaschenberge.
Das Saufgelage unter der Kapelle nähert sich dem müden Ende. Kaputt und quer hängen die sogenannten Mönche in den Stühlen, die meisten schnarchen schon und röcheln. Nur der Boß scheint hellewach.
Ganz nahe rutscht er zu dem Harten. »Raus mit der Sprache. Was, zum Teufel, willst du wirklich...?«
Der schluckt. Hoppla...! Achtung...! Etwas ist da schiefgelaufen...! Sein Hirn dreht sich auf vollen Touren. »Diese Hölle hier vernichten!«, würde er am liebsten sagen. Statt dessen fragt er nur: »Wieso...?«
»DER FAHRER LEBT! Niemand hat ihn umgelegt! Soeben rief er an!« Heimtückisch funkelt der Bulle sein Gegenüber an. »Du hast

gelogen...! Grund genug, dich sofort umzulegen! Doch vorher will ich wissen: Warum...?«

Verhandeln...! Zeit gewinnen...! Die Gedanken rasen!

»Weil ich dich sprechen muß!«

Das klingt ehrlich. »Weshalb?«

»Ich brauch' mehr Geld für unsere Ware! Es reicht nicht mal, um meinen Kahn zu reparieren!«

Kaltes Schweigen...

Evas Herz klopft bis zum Hals. Sie krallt die Finger um die Kistenränder. Der Harte ist in Not! DAS war es, was sie rief...!

Wie aus dem Nichts hat der Bulle plötzlich eine Waffe in der Hand und zielt dem Harten ins Gesicht.

»Du lügst schon wieder!«, sagt er kalt. »Den Überfall hast DU geplant! Dein Kumpel hat den Fahrer überfallen! Danach seid ihr zusammen weggefahren! Wo steckt der Hund...? Was habt ihr vor...? Raus mit der Sprache...!«

Der Harte schweigt.

»Ich zähl' bis drei...!«

Eva schaudert. Nur zu gut kennt sie diese Worte!

»Zuerst dein rechtes Ohr«, erklärt der Bulle voll Genuß und leckt sich seine dicken Lippen. »Danach das linke und so weiter...! Ganz langsam und der Reihe nach! Wir haben Zeit...!«

Er scheint es zu genießen: »Eins...!«

Der Harte schweigt.

»Zwei...iii...!«

Der Harte rührt sich nicht. Mein Gott, was ist mit ihm, und weshalb tut er nichts? Eva beißt sich verzweifelt auf die Finger. Er kennt doch sonst so viele Tricks...!

Genußvoll betrachtet der Bulle die Pistole. Er hebt die Stimme und scheint fest entschlossen: »Und nun, mein Freund, kommt Nummer...«

Wieder setzt Evas Denken aus. Wie ein Geschoß schnellt sie nach vorn und knallt dem feisten Typ mit einem harten Flaschenhieb die Waffe aus der Hand. Es klirrt, die Scherben spritzen durch die Gegend, die Schlafkumpane grunzen vor sich hin. Einer steht schwankend auf und wankt zum Tisch.

»Lala...laß dodoch den Bölölödsinn balaleiben...«, lallt er empört und wankt zurück.

Blitzschnell packt der Bulle zu, quetscht Eva vor seinen fetten Leib und schiebt sich rückwärts in die Gänge. Und wieder mal ist Eva Schild und Schutz für einen anderen.

Der Harte springt heftig auf. Sein Stuhl kippt um und auch die Flaschen. Er stürzt sich auf den Bullen. Der aber windet sich wie eine Schlange geschickt um ein paar Kisten.

Genau das, was der Harte einstmals mit Eva tat, muß er jetzt umgekehrt erleben...! Nur, daß ihm dieser gleiche Junge jetzt mehr bedeutet als sein eigenes Leben! Ein ganzer Kistenstapel kracht zusammen und stürzt mitsamt den Flaschen polternd auf den Boden. Der Bulle flitzt trotz seiner Leibesfülle um eine weitere Ecke, und da erwischt es ihn! Der Harte wirft sich mit einem Satz auf seine Füße und reißt ihm seine Beine weg. Der Dicke fällt, und mit ihm Eva. Weich und sanft plumpst sie auf seinen Polsterbauch und flitzt im nächsten Augenblick entsetzt davon.

Fast noch im Fallen zielt der Bulle auf den Harten. Es fällt ein Schuß. Der Harte bricht zusammen.

Doch dann fällt noch ein zweiter Schuß! Und auch der Dicke liegt in seinem Blut.

Woher kam dieser Schuß...?

Von wem...?

Eva stürzt in Angels Arme.

»Er... ist... tot...!«, schluchzt sie. »Und ich... ich hatte so gehofft... er würde leben...!«

»Schwesterchen...«, sagt Angel zärtlich! Unauffällig versenkt er seine Waffe in der Hosentasche und nimmt sie fest in seinen Arm: »Sieh selbst«, sagt er und dreht sie einfach um.

Und nun sieht Eva selbst: Der Harte lebt! Er wird bereits versorgt, und Jubel ist in ihrem Herzen.

Sie kniet an seiner Seite. Die Tränen strömen über ihr Gesicht. Sie lacht und weint zugleich und greift nach seiner Hand.

»Du weinst...? Um mich...?« Der Harte kann's nicht fassen. Auch seine Augen sind auf einmal naß.

»Deine Tränen waschen meine Schulden ab«, flüstert er. »Von

nun an will ich reparieren, was ich angerichtet habe, denn ich bin tief in SEINER Schuld!« Er klopft auf seine Brust.

Dann schließt er seine Augen und sinkt erschöpft zurück.

Das Weitere ist reinstes Kinderspiel! Die Banditen sind im Nu gefesselt und werden auf den camión (Laster) geladen. Der Bulle ist schwer verletzt, und es ist fraglich, ob er überlebt. Trotzdem wird er versorgt, und zwar nicht nur mit Bandagen! Handschellen klicken um seine Handgelenke, und er wird ebenfalls verladen.

Mit den Kutten über ihren bunten Hemden inspizieren die Disipmänner gründlich die gesamte Räuberhöhle und sammeln mühelos noch ein paar schnarchende Banditen von ihren primitiven Lagern ein.

Tirso wird noch eine gute Weile mit den Disipmänner in der Räuberhöhle bleiben, um im Verlauf der nächsten Tage den Rest der Bande hochzunehmen.

Angel wird jetzt gleich den Boß und die Banditen der zuständigen Behörde übergeben.

Pepe aber bringt persönlich die Jungen und das Schiff zurück ins Heimatland, wo Angel sie dann schon erwartet und man dann sehen wird, wo jedermann verbleibt und wie alles weitergeht.

Das schlägt wie eine Bombe ein

Beschwingt und ausgelassen hockt Angel mit Pepe und den Jungen unter dem offenen Schattendach im 'Pobre Juan', dem 'armen Johannes', einem kleinen Restaurant direkt am Meer, und lassen sich die weiche Meeresbrise genußvoll um die Nase wehen. Sie haben wunderbar gefuttert, geröstete Calamares, frische Krabben, Fisch und Muscheln. Nun räkeln sie die faulen Glieder und blicken höchst zufrieden auf das weite, blaue Meer mit seiner unentwegten Brandung, die ihre weißen Kronen fast an ihre Füße klatscht.

Direkt vor ihrer Nase tummeln sich die Pelikane. Wie umgestülpte Kleiderbügel kippen sie im Sturzflug senkrecht in das Wasser, schnappen mit dem grotesken Riesenschnabel einen Fisch und schlucken ihn mit einem Haps in ihren ungeheuren Schlund, manchmal erst beim Aufwärtssteigen, wobei sie fast den langen Hals verrenken. Ohne einen Flügelschlag gleiten sie knapp über der Brandung dahin, oder aber segeln schwerelos hoch oben durch die Lüfte.

Ja, wenn man so ein Vogel wäre...!

»Später werden sie mal blind vom ewigen Ins-Wasser-Stürzen und müssen dann verhungern...!«, berichtet Pepe.

Es folgt ein nachdenkliches Schweigen. Aber lange lassen sie sich nicht bedrücken. Zu schön ist gerade jetzt in diesem Augenblick die Welt!

»Estomago lleno, corazón contento (voller Magen, ein zufriedenes Herz)...!«

Wahrhaftig, sie haben allen Grund zur guten Laune! Hinter ihnen liegt das große Abenteuer. Ende gut, alles gut! Die Banditen sitzen hinter festen Gittern, der Harte liegt wohlversorgt im Krankenhaus zum Auskurieren seiner leichten Wunde, der feiste Boß ist tot, Pepe genießt den Landurlaub, und alle sind sie froh, mit heiler Haut so fröhlich hier am Tisch zu sitzen.

»Jetzt wäre eine gute Zeit zum Reden!«, schlägt Angel vor. »Pack aus, Blanco...! Dann könnten wir dir vielleicht helfen!«

Eva schluckt. Gut, wenn Angel es so will und möchte, gibt sie jetzt ihr Geheimnis preis und läßt die Katze aus dem Sack.

»Nur Mut..! Schieß los...!«, ermuntert Angel.

Alle starren Eva an. WAS... soll Blanco *reden*? Und *wieso helfen*? Hat er Probleme...?

Eva ist ein bißchen blaß um ihre Nasenspitze, doch tapfer steht sie auf, schaut ihre Freunde einen nach dem anderen fast zärtlich und mit leichter Trauer an, als wollte sie für immer Abschied nehmen, holt ganz tief Luft und sagt entschlossen:

»Ich bin nicht, was ihr alle denkt! Ich bin kein Junge...! Ich bin ein Mädchen, und ich heiße Eva!«

Das schlägt wie eine Bombe ein!

Fassungslos starren die Jungen Eva an. Ihr... Blanco... soll ein Mädchen sein?

»Como...? Que...? Loco...! Wie... was...? Verrückt...!«

Pedro reißt es hoch von seinem Stuhl. Das Glas mit seiner Cola kippt, der Kellner springt herbei und räumt die Scherben weg. Es ist, als bricht mit einem Schlag die ganze Jungenwelt zusammen. Wie ein »terremoto« (Erdbeben) wirft diese Nachricht ihr Leben plötzlich durcheinander und krempelt alles um.

Kummer steht in ihren Augen und... Empörung!

»Machst du Witze...?«, fragt Sonntag aufgebracht.

»Tut mit leid für euch!«, erwidert Eva tief bewegt.

Selbst Pepe schüttelt staunend seinen Kopf. Sie schwanken zwischen Lachen und Verzweiflung. Auch Anerkennung ist dabei, in Unschulds Augen flammt Begeisterung auf. Er findet als erster seine Sprache wieder.

»Ich hab's dir neulich schon gesagt«, kichert er. »Du könntest glatt als Mädchen gehen...!«

Prüfend schauen alle Eva an. So schmal und zierlich... fast zerbrechlich! Und hübsch...! Sehr hübsch sogar, verdammt noch mal!

»Aber... du bist mutig wie ein *echter* Junge!«, wendet Sonntag ein.

Eva schaut ihn ernsthaft an: »Auch Mädchen können mutig sein...!«

Dreizehn strahlt sie an. »Weißt du was? 'Mädchen sein' steht dir viiiel... besser!«

Eine sanfte Röte fliegt über Evas Wangen. »Danke«, sagt sie leise.

Pedro ist total verstört. »Caramba...!«, sagt er nur und gräbt den Kopf in beide Hände. Dann holt er seinen Lieblingsfluch erneut aus seiner Abfallkiste. »Verdammt noch mal...! Hätte ich das gewußt, daß du ein ... hm... ein Mädchen bist... dann...«

»Was dann...?«, fragt Eva neugierig.

»Dann...«, erklärt er schuldbewußt, »dann hätte ich dich nicht mit meiner großen Pranke angegriffen!«

»Danach...«, tröstet Eva, »hast du mich immer nur beschützt...! Alle habt ihr mich beschützt«, fährt sie fort und schaut liebevoll die Kumpels an, und alle Jungen strahlen plötzlich wie die erste Sonne nach einem langen Regen.

»Die erste Bresche ist geschlagen und das Eis gebrochen.

»Und jetzt... jetzt heißt du also Eva...?«, erkundigt sich Pedro unbehaglich.

»Ihr könnt natürlich weiter Blanco sagen«, beruhigt ihn Eva.

Die Jungen atmen auf.

»Und läßt du dir jetzt lange Locken wachsen...?«, will Unschuld voller Neugier wissen.

Eva schüttelt energisch ihren Kopf. »Nur ein bißchen! Sonst nehmt ihr mich nicht mit zum Schuheputzen!«

Toll...! Fantástico...! Blanco wird weitermachen! Dann ist ja alles gut! Die Jungen springen auf und klatschen in die Hände, ungeachtet der weiteren Gäste. Langsam gewöhnen sie sich an den seltsamen Gedanken, daß 'er' ein Mädchen ist. Ein hübsches Mädchen! Sehr hübsch sogar!

Sonntag hat noch etwas auf dem Herzen: »Und wieso erzählst du Angel dein Geheimnis und uns nicht, wo wir viel länger deine Freunde und amigos sind...?«, fragt er gekränkt.

Angel sieht die Verwirrung und Bestürzung in den Gesichtern seiner zukünftigen Kollegen und greift ein:

»*Nichts* hat Eva mir erzählt...! Kein Wort!« Zum ersten Male, daß einer sie mit ihrem echten Namen nennt, und Evas Herz macht einen frohen kleinen Extrahopser. »Kein Wort hat sie gesagt!«, fährt Angel fort. »Ihr hättet es genauso hören können, als Mujica sprach!«

»Ha...hahat Mujica gesagt Ww...weißer ist ein Mämämädchen...?«, stottert Dreizehn verblüfft.

Mujica hat »*sie...*« statt »*er...*« gesagt«, schmunzelt Angel.
Betroffenes Schweigen.
»Oberstes Gebot für Sonderpolizei ist ZUHÖREN!«, erklärt Angel! »LAUSCHEN... ALLES FÜR MÖGLICH HALTEN... und SICH NICHT VERBLÜFFEN LASSEN...! Kapiert...?«
Pause und ein nachdenkliches Schweigen.
»Aber Mujica hat noch mehr gesagt«, fährt Angel fort und blickt Eva auffordernd an.
Wieder wird Eva blaß. Sie greift zum Wasserglas und stürzt mit einem Zug den ganzen Inhalt runter. »Er hat gesagt... er hat gesagt...: »Bald wirst du deinen Vater finden...!«, flüstert sie.
»Erzähle!«, bittet Angel. »Woher kommst du, Eva...? Was ist mit deinem Vater...? Und wieso bist du bei diesen tapferen Jungen...?«
Eva holt ganz tief Luft. Diesmal greift sie Unschulds Wasser und kippt es auch noch runter. Und dann berichtet sie von Anfang an.... daß ihre Mutter starb und sie bei ihrem Vater in Caracs leben sollte, von ihrer Reise auf dem Schiff und daß kein Vater kam, um sie vom Hafen abzuholen! Sie schildert ihre abenteuerliche Flucht von Bord, um selbst den Vater aufzusuchen und... daß seine 'Quinta' gar keine Villa ist, sondern ein scheußlich graues Postgebäude!
Gespannt verfolgen alle den Bericht. Mit Kopf und Armen hängen die Jungen auf dem Tisch und hören wirklich zu. Sie saugen förmlich jedes Wort von Evas Lippen.
Gleich nach der ersten Nacht fand Sonntag sie, allein und ausgeraubt in ihrem Park und schleppte sie zu seiner kleinen Bande, wo sie dann erstmal Sklave wurde. Taktvoll übergeht sie die heftigen Zusammenstöße mit dem rauhen Boß und ihren sogenannten Herren und Besitzern, die langsam und allmählich echte Freunde wurden bis hin zu der Entführung. Hier will Angel selbstverständlich alle Einzelheiten haarklein wissen und spendet den Jungen ein gewaltiges Lob für ihre Tapferkeit, ganz speziell den beiden, die sich freiwillig verschleppen ließen und durch ihren Mut die Kameraden retteten.
Angel blickt Eva an: »Und nun geht's los!«, verkündet er. »Wie heißt dein Vater?«
»Georg Petermann.«

»Jorge (Horche) Betermaan...?«, fragt Angel.
Eva nickt. »So wird er hier genannt!
»Kennst du deinen Vater?«
»Nur per Telefon!« Sie holt die kleine Bibel mit seinem abgewetzten Foto aus der Hosentasche und legt es auf den Tisch. »So sieht er aus!«, sagt sie stolz, und neugierig stürzen sich alle drauf. Angel schaut ihn genauestens an und murmelt: »Der Arme...! Hab' mal so was in der Zeitung gelesen. Aber wie soll man denn ein Mädchen finden, das als Straßenjunge Schuhe putzt...?« Er schüttelt seinen Kopf. Dann klatscht er in die Hände:
»Los muchachos (Jungs), auf geht's!«
Und nun läuft alles wie bestellt. Angel zahlt. Sie rennen aufgeregt zum Wagen, und los geht die wilde Fahrt. Ein paar Hühner stieben gackernd auf die Seite, sie fahren durch ein Rudel wilder Hunde, zwei Ziegen retten gerade noch ihr Leben, sie hinterlassen eine Wolke von Staub, und fünf Minuten später halten sie bereits im nächsten Ort und stürmen in die winzig kleine Post. Angel greift zum Telefonbuch und fängt an zu blättern, und Eva schlägt sich fassungslos an ihren Kopf. Wieso ist sie nicht selbst darauf gekommen...? Ach, wie einfach wäre es gewesen...! Doch DARAN... hat sie nicht gedacht!
»Hier – !«, sagt Angel triumphierend. »Im ganzen Caracas gibt's nur einen einzigen von dieser Sorte...! Ist er das...?«
»Georg Petermann«, liest Eva und nickt. Sprechen kann sie nicht. Ihr Finger auf dem Namen ihres Vaters zittert, und wieder einmal schlackern ihre Beine.
Angel schreibt Nummer und Adresse auf. Schon sind sie wieder in dem Auto. Er greift sein Handy, wählt und drückt es Eva in die Hand.
Die lauscht. Atemlos hört sie es läuten. Dann eine warme, angenehme Männerstimme: »Jorge Petermann...!«
Eva schluckt. Ihr Herz klopft bis zum Hals.
»Alooo...?«, fragt es verwundert auf der anderen Seite. Eva nimmt ihren ganzen Mut zusammen. Wie oft hat sie von diesem Augenblick geträumt, und nun ist ihre Stimme weg...
»Vater...«, flüstert sie mit einem Kloß im Hals. »Vater, hier ist Eva!«

Schweigen auf der anderen Seite... Sie hört schweres Atmen. Dann kommt es wie ein Schrei. »Eva...! Du...? Du lebst...?! Und hastig: »Wo bist du, Kind...? Bist du gesund...? Wie geht es dir...? Sag schnell...! Mein Gott, wie hab' ich dich gesucht...!«

Eva schluchzt. Wie Bäche rollen ihre Tränen. Sie schnauft und schnieft und sucht nach einer Serviette. Hilflos schneuzt sie die Nase in ihr Hemd.

Angel sieht die Tränenbäche stürzen und nimmt ihr hilfreich das Handy aus der Hand.

»Señor Petermann, mucho gusto (sehr angenehm)! Mein Name ist Angel. Ich bin Disipbeamter, und neben mir steht ihre Tochter. Machen Sie sich bitte keine Sorgen! Sie ist putzmunter und gesund! Und außerdem ist sie ein fabelhafter Mensch und ganz besonders mutig!

Der Vater kämpft um seine Fassung. »Wo ist sie...? Kann ich sie holen...? Am besten gleich...?«

»Wir sind in Naiguatá und bringen Eva in Ihr Haus«, beruhigt ihn Angel. »Das ist der schnellste Weg! Dort können Sie sich dann in Kürze selbst von ihrem Wohlbefinden überzeugen.«

Eva hat sich ausgeschnieft. Sie zappelt vor Aufregung und reißt Angel das Telefon jetzt einfach aus den Fingern.

»Vater, geht es dir gut...? Und freust du dich...?«

»Ich bin völlig aus dem Häuschen!«, brüllt der Vater, und dann kippt seine Stimme. »Ach, Eva, wenn du wüßtest...! Doch nun bist du ja da...! Endlich! Und JETZT... geht es mir gut!«

»Ich habe Freunde, Vater. Viele...! Dürfen alle mit mir kommen?«

»Alles, was du möchtest, Eva! Affen, Läuse, Hunde, Krokodile...«, scherzt der Vater.

»Ganz so schlimm ist's nicht«, beruhigt Eva. »Nur ein paar rauhe Straßenjungen...!«

»Bringe alles mit, mein Mädchen! La casa es tuya, mi amor (Dir gehört das Haus, mein Liebes)! Deine Freunde sind auch meine Freunde!«

»Danke, Vater!«, ruft Eva glücklich.

Angel nimmt erneut das Telefon, läßt sich genau erklären, wo der Vater wohnt, versichert noch einmal, daß Eva gesund und munter ist, und dann fahren sie los.

Heimkehr

Evas Anruf löst einen kleinen Wirbel aus... sowohl in ihres Vaters Haus als auch in seinem Herzen, und bei seiner Wirtschafterin Donna sogar einen echten Wirbelsturm!
Sie weinte damals bittere Tränen, als Maria mit der kleinen Eva vor langer Zeit das Haus verließ. Und jetzt schlägt sie vor lauter Glück die Hände über dem Kopf zusammen, und dicke Freudentränen rollen über ihre dunklen Wangen. Rund, gemütlich, immer ein Lächeln auf den breiten Zügen, ist sie ein Segen für das ganze Haus. Ein Glück, daß es sie gibt! Und nach der ersten großen Freude ist sie sofort bereit, alle Freunde ihrer »süßen kleinen« Eva aufs beste zu versorgen.
Es ist noch reichlich Zeit, bis Eva und die Gäste kommen, und Herr Petermann, ein sportlicher, frischer Typ, führt zwei Telefongespräche, reibt sich zufrieden seine Hände und begibt sich in das Zimmer seiner Tochter. Er betrachtet es ein wenig sorgenvoll mit einem sogenannten »letzten Blick«!
»Ein bißchen mager...!«, stellt er fest. »Sieht fast aus wie ein Jungenzimmer...! Dabei ist alles da! Ein Bett, der Sessel (vielleicht zu groß für sie...?) und ein Regal für ihre Siebensachen.
Ein ausgestopftes Krokodil hängt über ihrem Bett. Eigenhändig hat er es drangenagelt und fragt sich jetzt voll Zweifel, ob sie das wohl mag...? Daneben hängt die Rassel einer Klapperschlange, die hat er selbst gefunden, ein Köcher mit Indianerpfeilen und ein handgemachtes Sieb, womit die Indios Goldkörner aus dem Sand der Flüsse waschen.
Nachdenklich krault der Vater seinen Kopf. Hier fehlt die Hand von seiner Frau...! Eindeutig! Doch Maria hat es vorgezogen sich zurückzuziehen. Erst von ihm und dann aus dieser Welt. Ob sie wohl dort ist, wo sie glaubt...?
»Glaubte...!«, verbessert er sich. Wer tot ist, lebt nicht mehr! Basta! Das sind Hirngespinste! Jetzt fängt er auch schon an zu spinnen, bloß weil sie so felsenfest an ein Weiterleben nach dem Tode glaubte!

Doch eins steht fest, Maria hätte längst mit leichter Hand ein Zauberreich aus ihrem vormaligen Arbeitszimmer hier geschaffen...! Wieder blickt er sich zweifelnd um. Vielleicht *mag* Eva keine Krokodile...? Und schon gar nicht, *tote* und erst recht nicht *über ihrem Bett*...?

Kurz entschlossen holt er es herunter und stopft es weit nach hinten *unters* Bett. Wer weiß, ob sie nicht lieber Puppen hätte...? Diese überlangen, dürren Dinger, die überall in den Schaufenstern herumliegen und kleine Mädchenherzen zu entzücken scheinen...? Oder weiche Wuscheltiere...? Womöglich graust ihr vor der Klapperschlangenrassel? Er seufzt. *WAS* weiß er schon von seiner Tochter...?

Gar nichts weiß er! Noch nicht einmal, in welchem Winkel dieses Landes sie in diesen mühevollen Wochen seiner Suche steckte...!

Und, da er nun schon mal dabei ist, gleich die nächste Frage. Was weiß und wußte er in Wirklichkeit von seiner Frau...?

Eigentlich genauso wenig...!

Erschüttert über diese plötzliche Erkenntnis beginnt er, auf und ab zu wandern. »Waren wir nicht glücklich miteinander...?«, flüstert er. »So glücklich wie zwei Menschen überhaupt nur sein können...?«

Keine Antwort!

Maria, *warst du glücklich...?*«

Es ist das erste Mal, daß er sich diese Frage stellt. Jäh läßt sie ihn in seinem Laufe innehalten und nagelt seine Füße an den Boden. *Er*... war glücklich! Ohne Zweifel! Aber sie...? Maria...? War sie es auch...?

Sie war es *nicht*, stellt er schmerzvoll fest. Zwar nahm sie teil an seinem Leben, war immer für ihn da! Doch was tat *er*...?

So vieles war in ihr, an dem er keinen Anteil hatte! An dem er keinen Anteil haben... *wollte!*, stellt er erschüttert fest.

Er greift nach seiner Pfeife, stopft umständlich den Tabak in den Pfeifenkopf und beschließt, den Dingen einmal ehrlich auf den Grund zu gehen, ohne falschen Stolz und kleine Lügen. Und während er mit langen Schritten durch das Zimmer wandert, tauchen bereits die ersten Bilder in ihm auf.

Was war ihr liebstes Buch...?

Die Bibel!
Für Maria war sie heilig, lag immer griffbereit auf ihrem Nachttisch, und sie las sie täglich! Doch damit nicht genug! Ganz unauffällig und auf ihre fröhlich-heitere Weise versuchte sie, danach zu leben und gehörte zu den seltenen Menschen, denen es fast gelang!
Zorn steigt auf in seinem Herzen.
Dieser Jesus...! Seine angeblichen Wunder...! Das, was er tat und von sich gab, war ihr wichtiger als alles andere! Er schnauft erregt. Wichtiger noch als ihr eigener Mann...! Voll Empörung stoppt er seinen Lauf.
Ist er etwa eifersüchtig...?
Auf jemand, der schon längst gestorben ist...? Ans Kreuz genagelt, mausetot...? Lächerlich...! Erneut beginnt er zu marschieren.
»Und wieder *auferstanden...!*«, mahnt es in ihm.
Mit langen Schritten rennt er durch das Zimmer und versucht, mit ein paar kräftigen Rauchwolken diese albernen Gedanken von sich zu blasen. »Sei ehrlich, Georg!«, mahnt er sich selbst. »Du *bist eifersüchtig...!* Und sogar mit Recht! Denn dieser Jesus war letzten Endes wohl der Grund, warum sie dich verließ...?«
Heftig pafft er an der Pfeife und denkt nach. Nicht zu leugnen, sie unternahm es immer wieder mal, ihm etwas aus der Bibel vorzulesen, sich ihm mitzuteilen, sein Verständnis für ihre Belange in ihm zu erwecken und ihre Gedanken mit ihm zu teilen. Und am Anfang ihrer Ehe versuchte er auch brav, ihr zuzuhören, Geduld für Dinge aufzubringen, die ihm ferner lagen als die Landung auf irgend einem der Planeten. Doch immer schwerer fiel es ihm, die Ungeduld zu zügeln! Und noch später bat er sie, ihn mit diesem Thema zu verschonen, denn er habe wirklich anderes zu denken und zu tun.
Er seufzt. Was ihr das Liebste war, erschien ihm völlig überflüssig! Um ehrlich zu sein, es ging ihm auf die Nerven und war ihm regelrecht verhaßt!
Und so verschloß sie sich.
Die kleine Bibel lag weiter auf dem Nachttisch. Die Regale und ihr Schreibtisch füllten sich mit Schriften und mit Büchern, die von intensiver Arbeit zeugten. Immer das gleiche Thema: Christus ... Liebe... GOTT...!

Er verstand es nicht, und sie zog sich zurück!

Als Eva fünf war, ging sie fort. »Für eine Weile...«, wie sie sagte! »Um nicht seelisch zu verhungern...!«, begreift er plötzlich. Und schreckhaft geht ihm auf: NICHT SIE HAT IHN... ER HAT SIE VERLASSEN!

Zerschmettert saugt er an der kalten Pfeife. »Wo bist du...«, flüstert er. »Warum nur bist Du fortgegangen? Hätten wir es nicht anders regeln können...? Du hast es versucht! Du wolltest mich ja gar nicht *überzeugen!* Du wolltest weiter nichts, als daß ich Anteil nehme an deinem Tun und was du liebtest! Doch ich...«, er stöhnt, »ich war nicht reif für dich und deine Sachen! Ich habe niemals aufgehört, von dir zu träumen...! Ich liebe dich noch immer! Auch du hast mich geliebt! Du warst das Licht in meinem Leben! Allein dein Lachen... Ich wette, selbst im Sterben hast du noch gelächelt.

Wieder wandert er durch das Zimmer.

Sie kannte ihn so gut, daß sie in seinem Herzen las, als wäre es ein offenes Buch...!, entdeckt er plötzlich und hält erschrocken inne. Ja, so war es! Sie kannte seine innersten Gedanken, auch die kleinen Lügen, die er um sich selber rankte. Wie liebevoll und wissend schaute sie ihn manchmal an.

Plötzlich ist dem Vater so, als wäre jemand bei ihm hier in diesem Raum. Jemand Urvertrautes, Wohlbekanntes... ganz dicht an seiner Seite. Suchend blickt er sich um.

Er ist nicht mehr allein!

Maria?

»Quatsch!«, sagt er, doch seine Stimme schwankt. »So was gibt es nicht!«, behauptet er und wischt mit einer Handbewegung energisch seine Spinnereien fort. »Das kommt jetzt nur, weil ich so voller Sehnsucht an dich dachte...!«, versucht er sich zu überzeugen.

Von irgendwo erklingt ein leises, ach so wohlbekanntes Lachen. Er seufzt. »Und ich...«, murmelt er, und seine Stimme bebt schon wieder, »ich Trottel hoffte immer noch, du würdest wiederkommen! Doch nun ist es zu spät..!«

»Nie... ist es zu spät!«

Von irgendwoher kommen diese Worte, mehr geahnt als mit dem Ohr gehört (selbstverständlich wieder seine eigenen Gedanken!)

Der Vater überlegt. »Wieso denn nie zu spät...?«
Langsam gefällt ihm dieses sonderbare Selbstgespräch, das er mit jemand führt, den es nun leider nicht mehr gibt. »Klar ist es nie zu spät«, begreift er plötzlich, »denn du, Maria, schickst mir unsere Tochter, und das bist mindestens zur Hälfte *du!*«

Ein schockender Gedanke schießt durch seinen Kopf: »Was ist, wenn Eva nun wie ihre Mutter wäre...?« Mit einer energischen Handbewegung wischt er diesen unbequemen Hirnausrutscher in weite Ferne: »Ach was, sie ist ja noch ein Kind...!«

Er hört so etwas wie ein Kichern, und eine innere Gewißheit überkommt ihn, daß Marias Tochter niemals ein Kind sein kann wie andere Kinder.

»Sie ist wie ihre Mutter...!«, fühlt er deutlich, *»und braucht auch keine Puppen...!«,* stellt er erleichtert fest und bückt sich, um das Krokodil unter dem Bett hervorzuholen... da hört er wieder dieses Kichern...! Irgendwo... vielleicht sogar in seinem eigenen Kopf.

Unvermittelt muß er lachen. »O Maria...! *Deine Tochter Eva wird mich genauso glasklar durchschauen wie du...!* Ich muß ihr keine Puppen kaufen oder Wuscheltiere! Und auch nicht Händchen halten und den Vater spielen, der ich erst werden soll! Ich brauche ihr nichts vorzumachen! Wir werden *Freunde* sein...!« Er atmet auf. »Sie *ist* Maria!«, weiß er plötzlich, »auch wenn sie Eva heißt und seine Tochter ist... und kommt jetzt wieder heim!«

Donnernd rutscht ein riesengroßer Berg von seiner Seele und läßt einen leicht zerknirschten, aber dafür maßlos erleichterten zukünftigen Vater zurück.

Donna taucht auf. »Alles ist gerichtet, Señor!«, meldet sie. Und fast im gleichen Atemzug und sozusagen ohne Luft zu holen: »Por favor, Señor (bitte sehr, Señor...), das Zimmer hier sieht aus, als wär«s für einen Jungen! Aber doch nicht für unsere Eva...!«

»Das merk' ich auch gerade«, bekennt der Vater schuldbewußt. (Ein Glück, noch liegt das Krokodil ganz hinten unterm Bett...!)

Donna blickt sich um. »Das mach ich schon! Oben auf dem Boden steht noch der hübsche Sekretär von der Señora Maria. Gleich morgen holen wir ihn herunter, der Gartenjunge und ich. Und ebenso den kleinen runden Tisch. Und dann noch ein paar schöne bunte

Blumen oder Pflanzen...!«
Ihre Augen glänzen.
Draußen läutet's plötzlich Sturm. Der Vater zuckt zusammen. Schrill gellt die Klingel durch das Haus. In großen Sprüngen rast er die Treppe hinunter, immer gleich drei Stufen auf einmal nehmend, und Donna trippelt eilig hinterher.
Sie sind da...!
Des Vaters Herz klopft bis zum Hals. Er reißt die Tür auf, sie fliegt knallend an die Wand, und fünf braune Jungen von unterschiedlicher Größe und Farbe lachen ihn freundlich an. Sie platzen fast vor Neugier und Erwartung, und ebenso die Männer hinter ihnen.
Alles gut und schön! Aber... *wo ist Eva?*
Suchend blickt sich der Vater um. Panik steigt hoch in seinem Herzen. »Oh bitte nein...! Nicht noch einmal dieses wochenlange Suchen und das fürchterliche Warten...! Wieso ist seine Tochter jetzt nicht da...?«
Ein kleines Bürschchen plaziert sich selbstbewußt vor seiner Nase und lacht ihn schelmisch an: »Adivina, mi Señor! (Raten sie, mein Herr...!)« Spitzbübisch sprühen seine dunklen Kulleraugen. Alle diese vielfarbigen Jungen freuen sich von einem Ohr zum andern, und auch die Männer schmunzeln.
Der Vater reißt sich zusammen. »Georg, behalte deine Nerven!«, mahnt er sich selbst. »So schlimm kann es nicht sein, wenn alle fröhlich lachen...!« Leicht verwirrt und etwas hilflos mustert er die Burschen. Die braunen Jungenaugen blitzen nur so vor Vergnügen, und »ojo...« dazwischen strahlen ein paar *blaue* Augen! Der Vater stutzt und schaut sich diesen schmalen Knirps genauer an. Hübsch ist er, ein zartes Kerlchen, fast *zu hübsch* für einen Jungen! Und... er ist *weiß!* Dies Kerlchen ist trotz aller Sonnenbräune weiß...!
Sollte das....? Dem Vater stockt der Atem. Sein Herz macht einen aufgeregten Sprung. »Eva...?«, fragt er zögernd und breitet seine Arme aus. Und schon hängt sie an seinem Hals und lacht und weint vor lauter Freude.
»Eva...! Kind! Du als ein Junge...?« Er wirbelt sie im Flur herum, Tränen rollen über seine Wangen. Fest hält er sie in seinem Arm und läßt sie nicht mehr los.

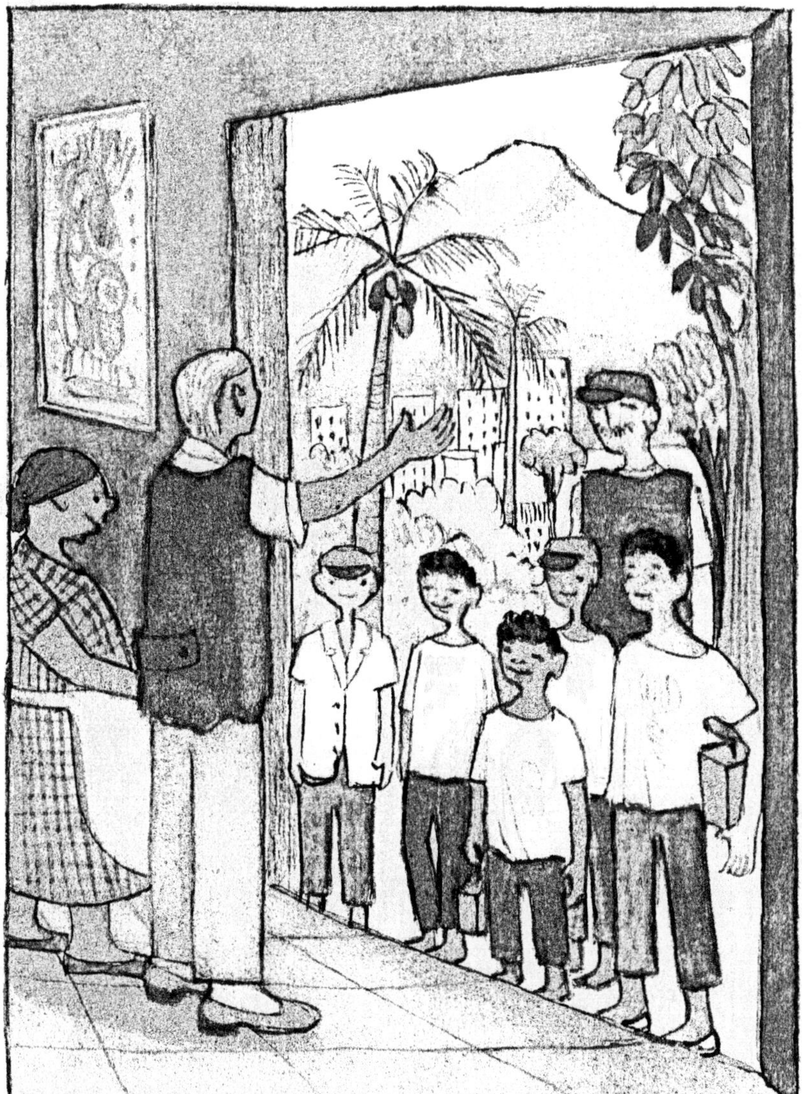

Und nun ist Donna dran. Fassungslos stemmt sie die Arme in die runden Hüften und kann nur mühsam fassen, was sie hier sieht. Ihre »süße, kleine« Eva kommt als Junge...! Mit einem Bürstenschopf...! Und einer Menge Sommersprossen auf der Nase...! Und ist sooo groß...! Abgeschnitten sind die wunderschönen Locken...!

Stürmisch reißt sie Eva in die Arme und drückt sie fest an ihren umfangreichen Busen. »Kannst du dich an mich erinnern...?«, fragt sie voller Hoffnung. Und Eva nickt. »O ja, sie kann!« Sie weiß noch ganz genau, daß Donna etwas Wunderbares, Warmes, Gutes ist und sie, so oft es irgend ging, auf ihren Armen trug.

Endlich gibt es eine kleine Atempause, und Eva nutzt sie aus und macht bekannt: »Das hier sind meine Freunde, Vater! Alles Schuhputzer, genau wie ich«!, erklärt sie stolz und nennt die Namen. »Pedro ist unser starker Boß! Der Lange hier heißt Dreizehn! Sonntag ist der Schlauste von uns allen, und zum Glück gibt's Unschuld, der ist immer lustig!«

Der Vater schluckt. *Seine Tochter lebte also auf der Straße...!* Er mustert ihre Kameraden. »Anständige Jungen«, stellt er fest. Sauber, klug und offen! »Ihr seid also selbständige Unternehmer...!«, lobt er und schüttelt kräftig ihre Hände. »Wußtet ihr Burschen, daß sie ein Mädchen ist...?«

Pedro blickt beschämt auf seine Fäuste. »Leider nein, Señor. Bis heute wußten wir es nicht...!«

»Das haute bei uns allen ein wie ein Bombe...!«, schmettert Unschuld.

»Als Mädchen hätten wir sie niemals aufgenommen!«, stellt Sonntag richtig. »Dabei ist sie mindestens so mutig wie ein Junge!«

»Mutiger...!«, behauptet Dreizehn, und der Vater wundert sich, was wohl noch alles kommt. Er muß nicht lange warten. Schon geht es weiter.

»Das ist Angel, Vater!« Eva greift seine Hand und präsentiert ihn Donna und dem Vater. Er und seine Leute haben die Bande festgenommen, die uns entführte!«

»ENTFÜHRTE...? Man hat euch... entführt?« Eine Gänsehaut läuft über Herrn Petermanns Rücken. Entsetzt starrt er die Kinder an, und Donna schlägt jammernd die Hände über ihrem Kopf zusammen: »Por DIOS y la SANTISIMA VIRGEN (um GOTTES und der *Heiligen Jungfrau Willen),* wie kann man solche netten Kinder bloß entführen...?«

»Alles ist jetzt überstanden!«, beruhigt Angel. »Diese Jungen«, er verschluckt sich und mit einem Blick auf Eva, »wollte sagen, diese Kinder ... haben sich durch ihren Mut und ihre Klugheit selbst gerettet! Mit ihrer Hilfe erwischten wir den größten Teil der Bande und hoffentlich jetzt bald den letzten Rest.«

Dem Vater sträuben sich die Haare, doch Eva läßt ihm keine Zeit zum Gruseln. Sie schiebt Pepe, der sich verlegen sträubt und windet, gewaltsam zu Donna und dem Vater hin. »Das ist Pepe, unser Steuermann und Käpten auf dem Banditenschiff. Der ist so gut wie nie an Land, und deshalb braucht er für sein Gleichgewicht jetzt dringend einen Schnaps...!«

»Käpten auf dem Banditenschiff...?« Der Vater ringt mal kurz nach Luft. Dann hat er diesen Brocken auch geschluckt und schüttelt kräftig Pepes Hand. »Donna, wir brauchen dringend ein paar Schnäpse! Ich nämlich auch nach diesen Neuigkeiten«, erklärt der Vater etwas mitgenommen, und Pepe strahlt ihn an und seine Augen leuchten auf.

Liebevoll greift Eva jetzt Mujicas Hand, den sie mit einem Seitenschlenker auf ihrer Heimfahrt auch noch holten. »Mujica ist ein Heiler«, berichtet sie, »doch nur am Wochenende. Sonst ist er nämlich Taxifahrer. Er hat uns geweissagt und beraten, als wir mit Pepe nach Kolumbien fuhren, um die Verbrecherbande aufzustöbern...!«

Dem Vater schwirrt der Kopf von diesen vielen Neuigkeiten und leicht verwirrt führt er die Gäste in das Haus. Und das ist nun wahrhaftig keine Hütte, sondern ein wunderschönes festes Haus mit starkem Dach und festen Wänden! Eine echte 'quinta' (Villa)...!

Die Jungen sind noch am Bewundern, da klingelt's wieder an der Tür.

»Eine Überraschung...!«, flüstert der Vater in Evas Ohr und nimmt sie an die Hand. Gemeinsam öffnen sie die Tür.

Und wer steht dort...? Der Kapitän...!

Kann es so viel Glück auf einmal geben...? Alles an einem Tag...?

Sprachlos starrt der Kapitän den kurzgeschorenen Knirps vor seiner Nase an..!«»Dunnerlittchen...! Is dat de lütte Deern....?« Tief beugt er sich zu diesem Knirps hinunter, stemmt beide Arme in die Seiten und fragt besorgt: »Willst du behaupten, daß du Eva bist...?« Dann faßt er sich, lacht schallend los und breitet seine Arme aus. »Komm her, du Lausebengel...!«

Mit einem Jubelruf stürzt Eva sich hinein. Hoch hebt der Käpten sie empor und schwenkt sie kräftig durch die Lüfte. Seine Augen sind verdächtig feucht. Ganz fest drückt er sie an sich. »Was du so alles anstellst, lütte Deern...! Wo hast du dich bloß rumgetrieben, als alle Welt dich suchte..?« Ganz fest nimmt er sie in den Arm, und wieder schluchzt sie in sein blütenweißes Hemd. Doch diesmal sind es Freudentränen.

Gerührt schaut alles diesem Freudenausbruch zu.

»Wo auch immer Blanco hinkommt, macht er Freunde und krempelt selbst Verbrecher um...!«, berichtet Dreizehn und verbessert sich, »ich meinte 'sie'...!«

»Scheint so...«, bemerkt der Vater staunend. »Denkt nur, dieser wunderbare Kapitän wollte sie wahrhaftig zu sich nehmen und als Tochter adoptieren, da der Vater sie nicht holte...«, erklärt er voller Rührung. Auch seine Augen sind jetzt feucht, und voller Dankbarkeit schüttelt er dem Kapitän immer wieder seine Hand.

Gemütlich sitzen sie unter großen Bäumen in dem wunderschönen Garten, knabbern lauter Leckerbissen, trinken frische Säfte und sonstige Getränke, und Pepe kriegt selbstverständlich seinen Schnaps. Die Schubkarre mit Rost und Kohle steht schon bereit zum späteren Grillen. Und gerade soll es ans Erzählen gehen, da klingelt es schon wieder an der Tür.

Don Carlos ist es, des Vaters guter alter Freund. Sofort ist er auf seinen Anruf hergeeilt, genauso wie der Kapitän, der wunderbarerweise seit gestern früh mit seinem Schiff in La Guairas Hafen liegt. Ohne sonderliches Staunen schaut er Eva sehr gründlich und voller Liebe an. »Genau wie deine Mutter! Und immer voller Überraschung...!«, stellt er zufrieden fest. »Ich ahnte es...! Und du...? Weißt du denn, wer ich bin...?«

Eva nickt und strahlt ihn an. Sie weiß von ihrer Mutter, welch wunderbarer Mensch Don Carlos ist.

Dann geht es endlich ans Erzählen! Evas Wangen glühen, und manchmal reden alle durcheinander. Der Vater, der Kapitän, Don Carlos und Donna hören fassungslos und voll Entsetzen zu. Ein Gruselschauer nach dem anderen rieselt über ihre Rücken. Kaum zu fassen, daß diese Jungen alle Abenteuer ohne einen Ratscher überstanden haben und ihre Eva jetzt putzmunter zwischen dem Käpten und dem Vater sitzt. Erschüttert streichen sie immer wieder über ihren kurzen Schopf, und Donna wischt sich schluchzend dicke Tränen in die Schürze.

Zwischendrin schaut Eva immer wieder mit großen Augen ihren fast unbekannten Vater an. Gut sieht er aus, braungebrannt und sportlich. Wie seltsam, plötzlich hat er weiße Haare...! Ein sonderbarer Kontrast zu seinem sonst so frischen Anblick! Sie holt die Bibel aus der Hosentasche und zeigt mit ihrem Finger auf sein letztes Foto. Doch der Vater sieht nur das Buch und zuckt zusammen. Marias Bibel...! Und die trägt ihre Tochter jetzt als großen Schatz und einzigen Besitz mit sich herum...! Plötzlich muß er lachen. Hat er es nicht geahnt...? Ja, ja... der Apfel fällt nicht weit vom Stamm!

»Du bist wie deine Mutter...«, flüstert er ganz leise in ihr Ohr.

Das hört sie gern, und Eva strahlt.

Wieder stupst sie den Finger auf sein Foto. »Vater, dies ist dein letztes Bild und kam ganz kurz vor meiner Abfahrt an. Und *damals*...«, forschend blickt sie den Vater an, »damals hattest du noch *dunkle* Haare...!«

Der Vater schweigt.

Schon kommt die nächste Frage. »*WO WARST DU*, Vater, als ich ankam...? Warum hast du mich nicht abgeholt...?« Ihre Augen füllen sich mit Tränen, und traurig schaut sie den Vater an...! Diese Wunde schwelt noch immer tief in ihrem Herzen, und der ganze Schreck und Kummer dieses fürchterlichen Tages steigt wieder in ihr hoch.

Alle Blicke wenden sich zum Vater. *Wo* hat er wohl gesteckt an diesem denkwürdigen Morgen...? Das möchten sie jetzt alle gerne wissen.

»Ich war schuld...!« Don Carlos hebt den Finger: »Ich habe ihn am Tag davor zu einem langen Flug verführt.«

Traurig schaut der Vater seine tapfere kleine Tochter an. Sein

Herz schmerzt immer noch und tut ihm weh. Was mag sie von ihm denken...? Sie kennt ihn nicht und er nicht sie. Wie sieht es in ihr aus? Muß sie nicht glauben, daß er sie schmählich sitzen ließ...? Hinter ihnen liegt die stürmische Begrüßung, doch zwischen ihnen ist der Abgrund vieler Jahre und muß noch überwunden werden...! Wird sie und werden auch die andern seine seltsame Geschichte glauben...?

Hilfesuchend greift er nach der Pfeife. »Das ist nicht mit drei Sätzen zu erzählen...!«, warnt er.

Seit einer ganzen Weile steht Mujika tabaccokauend hinter ihnen! Jetzt tritt er vor den Vater, zerfleddert die Zigarre mit den Fingern, tastet die Blätter ab und fühlt...

»Wenn er den Tabak raucht, kann er die Zukunft lesen!«, flüstert Eva.

»So«, brummt der Vater skeptisch. Er hat nicht viel im Sinn mit solchen Leuten. Doch dies hier ist ein angenehmer Mann und außerdem sein Gast. Und wenn er diese überlange Zigarre rauchen und unbedingt in ihre Nase blasen möchte, soll er es herzlich gerne tun. Freundlich reicht er ihm sein Feuerzeug.

Dankend lehnt Mujica ab, greift lächelnd zu den eigenen Hölzern und zündet feierlich den Tabak an. Voller Andacht pafft er ein paar Züge, und wieder formt sich diese sonderbare Kugel.

»Zu mir hat er gesagt: Bald wirst du deinen Vater finden...!«, flüstert Eva. »Er hat gesagt, daß du mich suchst und traurig bist, weil du nichts von mir weißt...! Doch das ist schnell vorbei, hat er gesagt...! Bald sind wir froh...! Und siehst du wohl, wie froh wir sind...?« Glücklich strahlt sie ihren Vater an.

Der Vater schluckt. »Weiß GOTT...!«, sagt er verblüfft.

Mujicas Rauch formt sich zu einer runden Kugel. Doch dann zerteilt sie sich und zieht in langen, dünnen Fäden um ihre Köpfe, als wäre sie lebendig...

»Erzähle...!«, fordert er den Vater auf und legt die Hand auf seinen Kopf. »Alle werden sie dir glauben...!« Und dann orakelt er:

»Du sprichst die Wahrheit! Was euch geschah, war Schicksal...!« Er blickt Don Carlos an. *»Ihr hattet keine Schuld...! Doch alles, was geschah, ist gut! Denn was auch immer uns begegnet, läßt uns reifen...!«*

Ein seltsam warmer Strom dringt in des Vaters Kopf und breitet sich in seinem ganzen Körper aus. Mujicas Hand und seine Worte tun ihm gut.

Der Mann ist echt! Das fühlt er plötzlich. »Genau wie diese sonderbaren Worte, die er spricht!«

Mujica lächelt und neigt sich zu dem Vater. »*Ich bin so echt wie deine Frau, die dich vorhin besuchte!*«, sagt er freundlich.

Der Vater seufzt. »Wenn das die Wahrheit wäre...!«

Ist es der Tabakduft, den dieser sonderbare Mann hier durch die Gegend pafft und der ihn betört...? Oder die Hand auf seinem Kopf mit diesem angenehmen, sonderbaren Strom, daß er dies glauben möchte...?

Entspannt lehnt er sich in den Stuhl zurück. Alle Schuldgefühle und Bedenken fallen von ihm ab. Er schaut zum Himmel. Der erste Stern ist schon am Leuchten. Der Duft des Tabaks hüllt ihn ein und seine Gäste auch. Der Vater dreht die Uhr zurück zu diesem ganz bestimmten Morgen. Alles, was an diesem sonderbaren Tag geschah, steht wieder klar vor seinen Augen, und er berichtet.

Am Ende des Berichtes packt Eva tief ergriffen seine Hand. »Daß du lebst, Vater...!« Und mit einem dankbaren Blick auf Don Carlos: »Daß ihr beide lebt...! Kriegtest du *deshalb* plötzlich weiße Haare...?«

»Die kamen über Nacht, weil ich nicht wußte, was nun mit dir geschieht...!, erklärt der Vater.

»Und wie seid ihr nach Haus gekommen...?«, will Sonntag wissen.

Jetzt ist Don Carlos dran. »Furchtbar einfach, denn unser Funkgerät hat GOTTLOB überlebt! Wir meldeten sofort den Absturz mit unserer Position an die Zentrale. Und irgendwann am nächsten Tag schnurrte ein Hubschrauber um uns herum und seilte uns nach oben.

»Und Ihre Maschine...?, fragt Pedro atemlos.

»Die ruht sich jetzt für immer auf den grünen Urwaldkronen aus...?«, versucht Don Carlos einen kleinen Scherz zu machen.

»Ach sooo...!«

Schweigen...!

Der Kapitän ergreift das Wort. »Dieses tapfere kleine Jungenmädchen ist nun zum großen Glück in seinem eigenen Nest gelandet, und ich... ich kann sie nicht adoptieren. Doch hier sind ja noch mehr von dieser Sorte! Was wird denn nun aus euch, ihr Burschen...?« Fragend blickt er die Jungen an. »Ihr könnt und wollt doch wohl nicht länger nachts im Freien schlafen...!«

Angel greift sofort das Thema auf. »Mindestens zwei von ihnen möchten später Disip-Beamte werden!«

Pedro und Dreizehn heben augenblicklich ihre Finger.

»Und ich«, kräht Unschuld, »möchte gerne lesen lernen so wie Blanco, und schreiben auch!«

Genau das möchten alle anderen auch.

»Seid ihr denn bereit, täglich ein paar Stunden ganz still auf einer Bank zu sitzen...?« forscht Don Carlos.

Einstimmig kommt ein lautes »Si«!

»Und haltet ihr es aus, ab jetzt in einem Haus zu leben in geschlossenen Räumen...?«, forscht der Käpten voll Verständnis, denn auch ihm muß immerzu der Wind um seine Nase wehen.

»Wir haben mal drei Wochen lang im Gärtnerhaus geschlafen«, berichtet Sonntag. »Da waren wir echt froh, weil's draußen kübelweise goß! Doch hinterher hat's dann gereicht...!«

»Wenn ihr echt gewillt seid, euer Straßenleben und die große Freiheit aufzugeben, damit aus euch was wird, und wir Sponsoren für euch finden, dann könnten wir euch unterbringen!«, erklärt Don Carlos ernst.

»Müßten wir uns dazu trennen...?«, fragt Unschuld höchst besorgt.

»Durchaus nicht! Ihr gehört zusammen! Gemeinsam fangt ihr ganz von vorne an und werdet in dem gleichen Zimmer wohnen...! Diese Schule beherbergt lauter Kinder, die einstmals auf der Straße lebten. Der Unterricht findet deshalb meist im Freien unter großen Bäumen statt!« Don Carlos hat dieses Institut persönlich mitgegründet, schaut ständig nach dem Rechten und weiß Bescheid. »Dort müßt ihr euch nicht um das Essen kümmern, sondern fleißig lernen...! In der Freizeit könnt ihr auch mal Fußball spielen, oder aber Schuhe putzen, um euch was zu verdienen! Und einmal in der Woche besucht ihr mich zum Schwimmenlernen, mein Garten hat ein großes Becken.

Übrigens war ich mal fast so arm wie ihr und jemand unterstützte mich, genau wie wir jetzt euch...!«

»Gol...!«, schreit Unschuld glücklich.

Der Vater beutelt ihn und lacht. »Kleiner Floh, dich übernehme ich...! Bist du einverstanden...? Du paßt genau zu meiner Eva!«

Begeistert wackelt Unschuld mit dem Kopf. Fast ist ihm so, als ob ein zweiter Vater direkt für ihn vom Himmel fiel. Einer, der für ihn sorgt...!

Der Kapitän hat mittlerweile seine Wahl getroffen. Er winkt Pedro zu sich und schaut ihn forschend an.

»Du bist ein Boß wie ich«, stellt er gelassen fest. »Gehorchen wird dir weitaus schwerer als den andern fallen...! Ich kenne das und hab es auch geschafft! Denk gründlich nach, mi hijo (mein Sohn). Wenn du es wirklich willst, wirst du mein Patensohn. Ich würde mich sehr freuen...! Zweimal im Jahr komm ich bestimmt vorbei und schau euch Burschen an!«

»Und ob ich will...!« Pedro lacht ihn strahlend an. Endlich mal einer, der ihn genau versteht.

»Don Carlos hat sich ebenfalls erhoben und klopft dem langen Dreizehn kräftig auf die Schultern. »Für diesen klugen Denker sorge ich...! Und für diesen Schlaukopf auch!« Damit ist Sonntag dran. »Dem einen leuchtet Weisheit aus den Augen, und der andere platzt nur so vor lauter Pfiffigkeit. Muchachos (Jungs), seid ihr bereit für dieses neue Leben...?«

»Jupiii...!«, jubeln die Jungen, und damit ist sowohl die Schulzeit als auch die Unterkunft geritzt.

»Und Blanco...?«, fragt Pedro plötzlich tief besorgt. »Was ist mit »ihr«...?«

»Sie wird eine Schule besuchen, die sowohl Spanisch als auch in ihrer deutschen Heimatsprache unterrichtet!«, erklärt der Vater sehr bestimmt.

Bestürztes Schweigen...!

Mit einem Schlag ist alle Fröhlichkeit erloschen. Wie bedeppert schauen sich die Jungen an. Ohne Blanco ist ihr Leben nicht mal die Hälfte wert. Auch Evas Herz schlägt plötzlich dumpf und schwer. Schon wieder Trennung...? Nachdem sie gerade diese wunderbaren Freunde fand...?

»Nein, keine Trennung...!, greift Don Carlos ein. »*Gemeinsam* habt ihr eine große Schlacht geschlagen und solltet in der Freizeit zusammen sein...! *Lernen* allerdings müßt ihr vorerst getrennt!«
Hoffnung flammt in aller Augen auf.
Jetzt greift der Vater ein. »Hört zu, ihr Jungen...! Wann immer ihr nur könnt und wollt, kommt ihr zu uns! Und falls ihr anfangs Platzangst kriegt, könnt ihr bestimmt an freien Tagen draußen in dem Garten schlafen! Eva natürlich auch! Nicht wahr, Donna? Was sagst du...?«
»Und ob...! schnieft die begeistert. »Wir haben Hängematten, und arepas mach ich, soviel ihr schafft und wollt...!« Glücklich wischt sie ihre letzten Tränen ab, denn endlich füllt sich dieses Haus mit neuem Leben!
»Das Angebot ist da, jetzt liegt's an euch...!«, sagt Angel ernst. Auch er hat sich erhoben und klopft den zukünftigen Kollegen kräftig auf die Schultern. »Ich werde nach euch schauen, sooft ich kann! Ihr wißt ja, meistens bin ich unterwegs. Doch wer weiß, ob wir nicht wieder mal zusammen eine heiße Sache machen...?«
Alle atmen auf und lachen. Die Zukunft ist geritzt! Sie werden fleißig lernen! Sie werden Freizeit haben und dann zusammen sein!
Donna hat schon längst die Kohle in dem Karren angezündet, und es beginnt der heitere Teil des Abends! Und während sich die Gesellschaft mit großem Spaß ans Brutzeln und ans Grillen macht, verdrückt sich Eva wieder einmal völlig unbemerkt und geht tief hinein in diesen großen Garten.
Der Mond steigt wieder einmal rund und voll durchs Blätterdach und taucht jedes Blatt und jeden Halm in sein geheimnisvolles Silberlicht. Evas Herz ist bis zum Platzen angefüllt mit Glück und Freude, und jubelnd streckt sie ihre Arme weit zum Himmel hoch.
»Danke, großer GOTT, daß du uns heil und ganz durch alle Abenteuer zu meinem Vater führtest und daß nun auch die Jungen eine Heimstatt finden, Amen.«
Ein tiefer Atemzug hebt ihre Brust.
Da legt sich sanft ein Arm um ihre Schulter. »Ich danke auch«, sagt der Vater leise. »Hilf du mir, großer GOTT, daß ich ein guter Vater werde, Amen!«

Nachwort

Ein Text voll äußerer und innerer Bewegung, alles andere als eine ermüdende Lektüre!

Die Verfasserin hat eine Botschaft, und sie wählt die Erzählung von der Begegnung eines europäischen Kindes aus gutem Hause mit südamerikanischen Straßenkindern, um diese Botschaft zu vermitteln. Es ist eine christliche Botschaft, wie sie in einer bestimmten Ausprägung von Frömmigkeit zuhause ist.

Im Mittelpunkt steht die Figur der neunjährigen Eva. Durch dramatische Umstände wird sie selbst für Monate in Caracas zum Straßenkind. Was die Verfasserin ihren Lesern sagen will, das teilt Eva einer Gruppe von Jungen mit, die sich als Schuhputzer durchs Leben schlagen. Dabei spricht das Kind Sätze aus, die weit über das Verständnis einer Neunjährigen hinausgehen. Das würde den Leser befremden, wenn er nicht erführe, daß das Kind sein Wissen durch Eingebung bekommt. Es ist die Mutter, die aus ihr spricht; bei der Mutter ist die Quelle allen Wissens, aller Weisung. Somit steht die Erzählung auf der Ebene der Legende, und alle Fragen nach dem Realitätsbezug erübrigen sich.

Das Eingreifen Gottes in die Geschichte der Straßenkinder und ihrer kleinen Missionarin sieht oft nach »Deus ex machina« aus: Da geschieht Erkenntnis von Gottes Willen ganz plötzlich, nachdem es bei dem/der Erleuchteten »geschnackelt« oder »klick gemacht« hat; da kommt die für die Situation genau passende Bibelstelle, nachdem das Buch irgendwo aufs geratewohl aufgeschlagen wurde; da ist Gebetserhörung förmlich garantiert usw.

Man kann diese Art der Darstellung geistlicher Vorgänge als simplifizierend zurückweisen, und nicht wenige Leser mit Glaubens- und Lebenserfahrung werden das tun. Man kann die überzeichnende Darstellung aber auch als eine frisch-fröhliche evangelistische Provokation aufnehmen, als forschen Anstoß, den Verheißungen der Schrift mehr zuzutrauen, also: mit der Möglichkeit ernsthaft zu rechnen, daß einem einmal ganz plötzlich »ein Licht aufgeht«; daß die Bibel in eine konkrete Situation hinein ganz konkret und hilfreich spricht; daß ein Gebet erhört wird.

Wenn man selbst auch nicht so sprechen mag, wie in unserem Text gesprochen wird, so mag es Menschen geben, die in dieser Weise angesprochen werden müssen, um aus Glaubensmüdigkeit und -resignation herauszukommen.

Die ganze Geschichte macht auf mich, der ich ihr mit der Erfahrung des langjährigen Auslandspfarrers in Südamerika begegne, den Eindruck einer – vielleicht ungewollten – Parabel, eines Gleichnisses, das mehr erzählt als die Geschichte jener Kinder. Da kommt ein europäisches Kind nach Südamerika, auf einen fremden Kontinent. Die Ankunft wird zur Enttäuschung, das Einleben wird unerwartet erschwert. Der neuen Existenz, vom noch unbekannten Vater symbolisiert, stellen sich die Probleme des Landes in den Personen der Straßenkinder in den Weg. Die Auseinandersetzung mit ihnen muß bewältigt werden, ehe das deutsche Kind im Vater die neue Heimat findet. Halt gibt die Mutter in der alten Heimat, sie ist ständig präsent, zeigt den Weg, gibt die Kraft, geistig-geistlichen Halt.

Die Eva der Erzählung will mir als Metapher, d.h. als Bild erscheinen für die Auswanderergemeinde, wie ich sie am anderen Ende des Kontinents erlebt habe: Eingetroffen im fremden Land und doch (noch) nicht wirklich angekommen, im Reden und Denken getragen und gelenkt von dem, was in der alten Heimat galt, der »Mutter«, – und nun am neuen Ort herausgefordert von den Problemen des Landes, in der Hoffnung, das noch im Unbekannten liegende Ziel, den »Vater«, zu finden. Was als fremd und bedrohlich erscheint, wird durch die offene Zuwendung zu einer Verheißung für die Zukunft.

Volker Gürke, evang. Pastor in Freiburg

Biographie

Auf einem alten Familienbauernhof direkt hinter dem Elbe-Nordsee-Deich wurde ich 1928 geboren und wuchs mit dem vielen Viehzeug auf, das auf einem Bauernhof herumkreucht. Dadurch bekam ich schon als Kind eine tiefe Beziehung zu allem Lebendigen. Die Nachkriegsjahre lehrten mich früh, die harten Arbeiten auf Feld und Hof zu verrichten. Die Neigung meiner Mutter zu Kunst und Literatur führte mich jedoch zu meiner handwerklich-keramischen Ausbildung und der späteren Tätigkeit im keramischen Designerbereich. Nebenbei versuchte ich mich schriftstellerisch, schrieb einen Roman und Märchen, und mein erstes Kinderbuch erschien 1960 im Fischer-Verlag. Durch meine Heirat zog ich 1955 nach Venezuela-Südamerika, wo ich mit meinem Mann hoch oben in den Bergen am Rande des Urwalds sehr abenteuerlich eine kleine keramische Werkstatt aufbaute. Wir gewannen auf internationalen Ausstellungen diverse Gold- und Silbermedaillen. Ich hängte meine schriftstellerischen Wünsche an den Nagel und widmete mich voll der Keramik und der Familie.

Vielleicht brauchte ich die langen Jahre der Lebenserfahrung in Werkstatt und Familie, um erneut zu meiner Lieblingsarbeit zurückzufinden, und es entstand dieses Buch 'Gottes Schuhputzer'.